輔導原理與實務

實務

（第三版）

黃政昌　主編

黃政昌、黃瑛琪、連秀鸞、陳玉芳　著

作者簡介

❖ 黃政昌

（主編、第 1 章、第 7 章、第 11 章、附錄）

學歷：國立台灣師範大學教育心理與輔導研究所（諮商心理學組）碩士

　　　國立台灣師範大學教育心理與輔導研究所（諮商心理學組）博士

證照：中華民國諮商心理師高考合格

經歷：小學教師、軍中心理分析官、中學實習輔導教師、高職主任輔導
　　　教師、大學輔導教師、大學心理輔導課程講師及助理教授、醫院
　　　實習心理師、醫院特約心理師、強迫症特約心理治療師

曾任：中國文化大學學生諮商中心主任；臺灣諮商心理學會理事、專業
　　　實習委員會主任委員；臺北市諮商心理師公會常務理事、理事長
　　　及常務監事；財團法人董氏基金會心理健康促進諮詢委員；國家
　　　通訊委員會（NCC）「廣播電視節目廣告諮詢會議」諮詢委員；
　　　新北市政府消防局心理顧問

現職：中國文化大學心理輔導學系副教授、臺灣心理治療學會理事長、
　　　華人心理治療基金會資深特約心理師

❖ 黃瑛琪

（第 2 章、第 6 章、第 9 章）

學歷：國立彰化師範大學輔導學系學士
　　　國立高雄師範大學輔導與諮商研究所碩士
　　　國立高雄師範大學輔導與諮商研究所博士

證照：中華民國諮商心理師高考合格

經歷：國立高雄師範大學兼任助理教授、嘉南藥理科技大學兼任助理教
　　　授、高雄市立小港高中主任輔導教師、高雄市教育局學生輔導諮
　　　商中心督導、各大專校院輔導與諮商研究所諮商實習課程督導、
　　　高雄市諮商心理師公會理事

現職：高雄市小港高中專任輔導教師

❖ 連秀鸞

（第 3 章、第 5 章、第 10 章）

學歷：國立台灣師範大學教育心理與輔導學系學士

國立高雄師範大學輔導與諮商研究所碩士

國立彰化師範大學輔導與諮商學系博士

證照：中華民國諮商心理師特考合格

經歷：高雄市立中山國中輔導教師、國立彰化師範大學兼任助理教授、
台北義務張老師、高雄義務張老師督導、高雄市家扶中心兼任諮
商心理師、高雄市學生諮商中心兼任督導、國立高雄師範大學輔
導與諮商研究所及國立台東大學諮商實習課督導、醫院實習諮商
心理師、大專實習諮商心理師

現職：高雄市立明華國中輔導教師、高雄市學生諮商中心兼任督導

❖ 陳玉芳

（第 4 章、第 8 章、第 12 章）

學歷：國立台灣師範大學教育心理與輔導學系學士

國立台灣師範大學教育心理與輔導研究所（諮商心理學組）碩士

國立台灣師範大學課程與教學研究所博士候選人

證照：中華民國諮商心理師高考合格

經歷：國立台灣師範大學學生輔導中心實習諮商心理師；臺北市諮商心
理師公會兼任幹事；新北市立中和高中主任輔導教師、輔導資料
組長、專任輔導教師；教育部生涯規劃學科中心研發人員；教育
部 102 年度訪視直轄市、縣市政府推動國中學生適性輔導工作訪
視委員；教育部 102 學年度志願選填試探輔導策略中央諮詢團諮
詢委員；新北市立中和高中輔導主任

現職：新北市立中和高中教務主任

三版序

　　本書於 2012 年 1 月首次出版，短短三年就有五刷；2015 年 6 月再版，迄今七年已有九刷，可見本書的編排與內容，大致能符合使用者的需求，所以深受大學校院師資培育單位或輔導相關科系「輔導原理與實務」相關課程任課教師所採用，此亮眼的銷售成績，讓四位作者覺得相當光榮與驕傲。

　　本書共有十二章，包括輔導概念、輔導方法、輔導實務等三篇各四章，乃針對大一新生或修習教育學程低年級學生所設計的輔導類入門科目，因此內容設計強調「深入淺出、兼顧實例」之原則，以幫助學生輕鬆理解；另一方面，亦考量授課教師需花費時間、精力蒐集教學資源的辛勞，因此本書已準備好各種豐富的教學資源，以幫助老師輕鬆教學。至於本書的四大特色[1]，就請讀者參閱後面的主編序，此處就不再贅述！

　　從 2015 年再版至今七年來，教育、輔導與諮商界的環境與相關法令也有一些變化，因此為了讓讀者能夠了解到最新的相關法令與輔導新知，本書進行第三版的修正與更新，主要內容包括：

　　1.就這七年來使用本書的授課教師們所提出之相關指正與修改意見，納入各章中進行修改與調整。

　　2.根據社會時事變化、最新調查報告，修改本文中的調查數據、引用時事，以及更新每章最後的 12 題「問題與反思」。

　　3.更新各章的延伸閱讀之書籍期刊、相關影片和網站等教學資源。

　　4.更新最新出版的學校輔導工作相關的心理測驗或量表工具。

---

1. 第四特色因應網路查詢快速與資料經常更新，因此相關輔導法規、影片、機構、資源等均已刪除。

5.根據王麗斐主編（2020 年）、教育部出版的《國民中學輔導工作參考手冊》和《國民小學輔導工作參考手冊》，進行介紹與引用。

6.根據「108 課綱」（2019 年 9 月）中，綜合活動學習領域「國中輔導活動科」部分的課程要求，進行介紹與引用。

7.因應 2021 年 5 月疫情爆發開始停課，說明「遠距諮商」的應用時機與特性。同時引用與介紹「心理師執行通訊心理諮商業務核准作業參考原則」（2020 年 7 月 29 日）。

8.本書的引註、圖表、文獻等撰寫格式，採用 APA（2019 年）第七版的最新格式，方便學生提早熟悉學術研究的寫作格式。

9.引用的資源網址，採用網址和二維條碼同時呈現的作法，方便學生直接用手機掃描即可快速進行參閱。

10.配合學校輔導相關法規不斷修正，同時進行引用條文的修正與更新，包括：《大學法》（2019 年 12 月 11 日）、《高級中等教育法》（2021 年 5 月 26 日）、《高級中等以下學校及各該主管機關專業輔導人員設置辦法》（2020 年 6 月 28 日）、《國民小學與國民中學班級編制及教職員員額編制準則》（2018 年 7 月 6 日）、《教育部國民及學前教育署補助公立國民中學及國民小學置輔導教師實施要點》（2021 年 4 月 23 日）、《少年偏差行為預防及輔導辦法》（2021 年 2 月 24 日）、《國民小學與國民中學未入學或中途輟學學生通報及復學輔導辦法》（2020 年 6 月 8 日）、《強迫入學條例》（2019 年 4 月 17 日）等。

本書另提供任課教師相關課程的教學大綱範例及教學簡報 PPT 檔，需要者可逕向心理出版社索取。

本書第三版的修訂，首先感謝心理出版社林敬堯總編輯，對於出版過程中的全力支持與各項協助；其次，感謝瑛琪、秀鸞、玉芳等三位作者繼續在繁忙的學校輔導工作中騰出時間進行改版工作，真的很辛苦，謝謝您們！本書細心體貼的編排設計和實用豐富的教材內容，一直深受

授課教師與學生的認可與採用，很榮幸進入第三版發行，這也是我們四位作者辛苦寫作之餘，最欣慰的回饋與肯定。最後，本書雖然盡力求完善，難免仍有疏漏之處，還請讀者與輔導先進們不吝指正。

主編　黃政昌

2022 年 8 月於中國文化大學心理輔導學系

二版序

本書自 2012 年 1 月出版至今，雖然才剛滿三年，卻已經進入第六刷了，可見本書的編排與內容大致能符合使用者的需求，所以深受大專校院師資培育單位或輔導相關科系於「輔導原理與實務」等相關課程的任課教師所採用。因此，當林敬堯總編輯提出改版建議時，我們四位作者真的是受寵若驚、與有榮焉呀！

本書是針對大一新生或修習教育學程低年級學生所設計的輔導類入門科目而撰寫，因此內容設計強調「深入淺出、兼顧實例」之原則，以幫助學生能輕鬆理解；另一方面，考量授課教師需花費許多時間與精力蒐集教學資源的辛勞，因此本書已準備好各種豐富的教學資源，以幫助教師輕鬆教學。本書具有下列四大特色：(1)本書僅三篇十二章，不但兼顧理論與實務，也涵蓋重要的輔導工作主題；(2)專為輔導界新鮮人所撰寫，內容深入淺出、簡單實用、資料新穎；(3)在每一章的最後，還附上問題與反思、書籍與期刊、相關影片、網站等豐富的教學資源；(4)提供最新、最實用的附錄，包含：教學大綱、相關影片目錄、輔導資源與機構名單、相關法規等。我想就是因為這樣用心與體貼的編排設計，以及實用與豐富的教材內容，因此一直深受授課教師與學生的肯定與採用，這也是我們四位作者願意擔負責任、再接再厲進行第二版修正的重要動機與使命。

這三年來，教育、輔導與諮商界的環境與相關法令有了一些變化，因此為了讓讀者能夠了解到最新的相關法令與輔導新知，本書進行第二版的更新與修正。修正的主要內容包括：

1.這三年來使用本書的授課教師們所提出之相關指正與修改意見，均

納入各章中進行修改與潤飾；同時也更新各章的閱讀與反思、書籍、影片和網站等教學資源。

2.考量修課學生大多是輔導相關科系的低年級學生，但也有教育學程高年級學生或研究生修課，因此將原來每章最後的 8 題「問題與反思」，進一步修改為基本題 8 題，進階題 4 題，以利授課教師能依據學生的不同程度來選擇運用。

3.美國精神醫學會（APA）於 2013 年 5 月 18 日出版《精神疾病診斷與統計手冊》（DSM-5）一書後，台灣精神醫學會隨即進行翻譯，並在 2014 年 8 月出版中文版，同時將許多精神疾病重新譯名，例如：精神分裂症改譯為「思覺失調症」等，本書已同步更新。

4.《高級中等學校學生輔導辦法》已於 2014 年 1 月 2 日修正發布，並於 2014 年 8 月 1 日起實施，該法修正了三級輔導工作的內容和輔導教師任用資格等條文，本書已同步更新。

5.《學生輔導法》已於 2014 年 11 月 12 日制定公布，明令規定各級學校三級輔導工作的內容、輔導資料的轉銜，以及各級學校必須設置輔導教師與專業輔導人員等重要內容，本書已同步更新。

6.附錄中相關輔導資源與法規的更新，包括：附錄 1「『輔導原理與實務』教學大綱」，更新參考書目；附錄 2「諮商輔導相關影片目錄」，更新「七、一般上映電影系列」；附錄 3「諮商輔導資源與機構」，更新「一、全國性免費心理諮商／諮詢專線」、「三、台北市衛生局合格心理諮商機構」、「五、各縣市合法立案之心理諮商所與心理治療所」；附錄 4「諮商輔導工作相關法規」，更新《國民教育法施行細則》（2014 年 3 月 28 日）、《高級中等學校學生輔導辦法》（2014 年 1 月 2 日），新增《學生輔導法》（2014 年 11 月 12 日）。

最後，感謝心理出版社林敬堯總編輯對於改版過程中的全力支持與各項協助；其次，感謝瑛琪、秀鸞、玉芳等其他三位作者再度攜手合作，

一起貢獻自己的輔導專長與實務經驗,尤其是學校輔導工作永遠那麼繁忙,又要另外騰出時間進行寫作,真的很辛苦!謝謝您們。本書雖然力求完善,難免仍有疏漏之處,還請讀者與輔導先進們不吝指正。

主編　黃政昌

2015 年 5 月於中國文化大學心理輔導學系

主編序

本書緣起

當心理出版社林敬堯總編輯邀請我主編《輔導原理與實務》一書時，我是既興奮又緊張，因為「輔導原理與實務」除了是輔導、教育、特教、社工等輔導相關科系的必選修科目外，更是師資培育中心各級教師教育學程的必修科目，修習這門科目的學生將來都是各級學校或相關機構的輔導老師或輔導人員，因此這是一本非常重要的入門書籍，影響著這些輔導界的新鮮人如何來看待輔導工作，這是何等的重要與神聖啊！

回想自己就讀師專準備當小學老師時，曾修過「輔導原理與實務」，就讀師院時又修了一次「輔導原理與實務」，就讀研究所準備當中學輔導老師時，又第三度修了該課程。接下來，我當了幾年的小學老師、實習輔導老師、中學主任輔導教師，當兵時也曾擔任軍中心理輔導老師，以及後來的大學輔導老師及學生輔導中心主任；最後，我也站在講台上開始教授這門科目，台下曾經有心輔系、教育系的學生，更多的是修習教育學程的未來中小學老師，幾年下來教授該科目的心得與督導學校輔導工作的經驗，還真的讓我產生一些特別的想法與心得，幾經考慮，或許是自以為是的使命感吧！我答應來試試看。

由於該門課程通常是輔導相關科系大一新生或修習教育學程學生的輔導入門科目，因此重點在於「深入淺出、引導認識」，如果有太多理論介紹、內容太冗長深奧，反而不適合初學者且容易受挫，甚至折損對輔導工作的正確了解與熱忱，因此，如何深入淺出、兼顧實務案例，乃編著的方向之一；其次，考慮到一個學期僅十八週，扣除開學第一週、

期中考週、期末考週等三週，僅剩十五週，加上很多老師都希望能有影片欣賞、參觀報告等課程納入，因此，太多的章節，不但老師教不完、需要趕課，也會增加學生的自修壓力與經濟負擔，因此確認章節的內容是當前輔導工作最重要主題的呈現，乃編著的方向之二；最後，本書是輔導工作原理與實施方式的正確認識，因此授課老師往往需要透過各種教學資源來闡述這些理念，因此，如何提供本書的每一個章節都有豐富的教學資源，例如：問題與反思、延伸閱讀與相關影片、網站等資源，甚至有輔導影片之目錄、全國諮商輔導機構及輔導相關法規等附錄等，以方便老師上課進行分組討論或尋找補充資料時，毋須再另行花費時間準備，如此兼具教科書與工具書的特性，乃編著的方向之三。

　　很幸運地，我邀請到三位資深的學校輔導專家一起來共同撰寫，包括：黃瑛琪主任、連秀鸞老師，以及陳玉芳主任，她們不但是長期在國、高中工作的第一線輔導老師，也是大學相關課程的兼任老師，更是擁有執照的合格諮商心理師，因此輔導經驗豐富，兼顧理論與實務，實在是撰寫本書的最佳人選。撰寫期間，我與每位作者逐章討論與不斷修改撰寫架構與內容，並且在初稿完成後即先行校閱，以確定介紹的內容是最重要的、引用的法規是最新的，以及案例說明是最適切的，再經過最後這一年密集的寫作與不斷修改，終於完成本書。本書有四大特色，略述如下。

特色一：本書僅三篇十二章，不但兼顧理論與實務，也涵蓋重要的輔導工作主題

　　基於每一個學期的週數有限，且希望能夠兼顧理論與實務，又能涵蓋重要的章節，我透過參考國內所有此類書籍的內容、諮詢該科目的授課老師，以及參考其他老師的教學大綱，終於確認出本書的章節內容共三篇十二章，依序是：第1篇「輔導概念篇」，包括：輔導的基本概念、

輔導組織與人員、學校輔導工作的內涵，以及三級預防的輔導模式等第
1 章至第 4 章，能幫助學生了解輔導的相關概念與輔導工作的內容；第 2
篇「輔導方法篇」，包括：個別諮商、團體輔導、心理測驗與應用，以
及個案研究與管理等第 5 章至第 8 章，能幫助學生了解學校常見的輔導
方法與技術；第 3 篇「輔導實務篇」，包括：人際困境學生的認識與輔
導、中輟生的認識與輔導、心理疾病學生的認識與輔導，以及自殺危機
學生的認識與輔導等第 9 章至第 12 章，能幫助學生了解校園常見的問題
類型與輔導處遇措施。

特色二：專為輔導界新鮮人所撰寫，內容深入淺出、簡單實用、資料新穎

由於這是一本專為剛踏入輔導領域的教師或相關輔導人員所撰寫的
書，該課程不但在大一就開始修習，而且教育學程中的學生很多都不是
來自於相關科系，這些修課學生均尚未具備充分的心理或輔導相關背景
知識。因此，在撰寫過程中，以「深入淺出、引導認識」為原則，盡量
避免太多抽象理論的介紹，或是太冗長、深奧的內容；其次，引用最新
的輔導法規、撰寫最重要的輔導議題，以及透過案例說明等，幫助初學
者能輕鬆的了解輔導的原理與工作模式，進而培養學生正確的輔導理念
與態度。

特色三：每章最後附上問題與反思、書籍與期刊、相關影片、網站等豐富教學資源

本書在每一章的最後，提供了豐富的補充資料與教學資源，兼具教
科書與工具書的特色。首先，根據本章的主題內容與涉及的相關議題，
整理出 8 個問題與反思，可作為學生上課分組時的討論提綱、心得報告
題目，甚至是期中考或期末考的題庫；其次，作者也詳細搜尋與篩選與

該章內容目前最直接相關的書籍、期刊、報告、手冊、網站，以及具有代表性的教學影片或上映電影等索引資料，供授課教師或學生參考或進一步查詢，以大量節省另外蒐集資料的教學準備時間。

特色四：提供最新、最實用的附錄，包含：教學大綱、影片目錄、輔導機構，以及相關法規等

首先，附錄 1 提供了「輔導原理與實務」教學大綱範例，包括：範例 A 版本「需要期中考、期末考，以教師上課為主」，以及範例 B 版本「毋須期中考、期末考，以多元評量為主」，提供授課教師直接參考運用或進一步修改使用；其次，附錄 2 的諮商輔導相關影片目錄，透過網路搜尋、輔導教師推薦、個人授課經驗、查詢圖書館影片、上映電影等方式，獲得了大量的輔導相關影片資料，再經過繁瑣的整理與歸納、確認與篩選，終於完成了目前國內最新的諮商輔導相關影片目錄；每部影片都有所屬分類、簡介說明、時間長度、發音字幕，以及出版單位等資料，方便老師或學生進一步借閱或欣賞；再者，附錄 3 是最新的全國諮商輔導資源與機構一覽表，包括：全國性免費心理諮商／諮詢專線、全國各縣市心理諮商／諮詢機構、台北市衛生局合格心理諮商機構、行政院衛生署指定各縣市精神醫療責任醫院名單，以及各縣市合法立案之心理諮商所與心理治療所等，每個機構都有地址與聯絡電話，供老師參考說明或輔導轉介之用；最後，附錄 4 則是當前學校輔導工作最新與最重要的法規，能提供老師上課時快速查詢與對照說明。附錄部分因考量本書的篇幅及查詢的方便性，故直接放於心理出版社的下載區，供讀者使用。

使用對象

本書可以作為大專校院師資培育課程之「輔導原理」或「輔導原理與實務」一科的上課用書，也是心理、輔導、教育、特教、社工等相關

科系之「輔導原理」、「輔導原理與實務」、「學校輔導」、「學校輔導工作」等課程的上課用書；其次，由於這是一本深入淺出、資料豐富、簡單實用的輔導人員入門用書，對於正在從事社區輔導相關工作的社工員、輔導員，以及各級學校導師、教師、助教、輔導員、教官等人員，也非常適合參考使用。

感謝的人

本書的完成，首先要感謝心理出版社林敬堯總編輯，對於出版本書的全力支持與出版過程中的各項協助，讓作者群可以忠於輔導專業與寫作風格，謝謝您！其次，要感謝其他三位作者的齊心協力，一起貢獻自己的輔導專長與實務經驗，尤其是在國、高中輔導處（室）任職的您們，學校輔導工作永遠是那麼繁忙，又要另外騰出時間進行寫作，真是與時間賽跑、相當辛苦！謝謝您們參與合著本書與全力配合寫作進度，也容忍我對章節內容的擇善固執；最後，更要感謝我及其他三位作者的所有家人，謝謝您們在寫作過程中的包容支持與生活照顧，讓我們的撰寫之路沒有後顧之憂，如今，也與您們分享此成果。本書雖然盡力求完善，難免仍有疏漏之處，尚請讀者與輔導先進們不吝指正。

主編　黃政昌
2012 年 1 月於中國文化大學心理輔導學系

目 次
Contents

第2篇　輔導方法篇

第3篇　輔導實務篇

第1篇
輔導概念篇

CHAPTER *1*
輔導的基本概念

黃政昌

前 言

【情境一】

認輔老師（志工）：「輔導主任，下學期開始我可能無法再擔任認輔志工了！因為擔任認輔工作，太累了！我實在做不來，連我先生都有意見了。有位受輔學生家庭經濟不好，又隔代教養，家人疏於照顧，功課完全跟不上，而且經常沒吃早餐到校，衣服很髒又重複穿，好像都沒洗……我看了於心不忍，於是每天幫他帶早餐、課後留下來教他做功課，甚至請他週五把髒衣服帶來學校給我，我週末洗好，週一再帶還給他……」

這是在學校認輔工作會議上常聽到的問題，輔導工作除了需要熱忱與愛心外，更需要專業上的認知與技能。在上述案例中，受輔學生的問題真的是比較複雜與嚴重：首先，此個案是否適合轉介給一般老師或志工來認輔？或是應由專任輔導老師，甚至資深認輔人員來接案會比較適合？這是值得再討論的，以避免超過認輔老師的能力，而導致其熱忱耗損與無力感；其次，輔導工作並不等於無止盡的給予，而是應考量自己的能耐、能力與限制下的協

助;而且,輔導的目的應是盡量培養學生解決問題的能力,而非一直替他解決問題,如此一來輔導工作才能長久,學生也才能學習獨立自主。甚至有時候需要轉介或通報,讓學校內外系統中更多的輔導資源能夠進來,以共同協助學生,並非是由自己獨自承擔過大的壓力與責任。

【情境二】

輔導老師正在和數學老師討論學生的輔導與管教問題,數學老師慷慨激昂的說:「時代變了!管教太多,學生未必領情,而且現在手機可以錄音和錄影,學生動不動就亂投訴媒體,雖然常是以偏概全或是誤會一場,但到時候還是要大費周章的一一向學校或家長澄清解釋,好累喔!有時遇到不明理的家長,還要告你,甚至還揚言找人打你呢……既然吃力不討好,還是少管為妙吧!」

每次當新聞媒體刊登此類事件時,老師們總會感嘆:「教師難為、輔導無用」之類的看法。其實,輔導真的是一門助人專業,有其心理學、生物學及社會學的基礎,也有其信念、特性與實施原則。雖然上述案例中所描述的情境讓人感到挫折無奈,但畢竟少數不好的結果並非是常態現象。以輔導重視發展性、預防性的概念而言,各級學校應該要規劃輔導活動計畫,以增進學生在學習、人際及生活各方面的適應能力,進而能安心於學習。對於少數適應不良或有心理困擾的學生,也要及早發現、及早介入,以防患問題惡化。如此一來,以預防重於治療的輔導工作理念,才能讓輔導人員感受到輔導的價值性與有效性。

由上述二個情境的說明,即可了解輔導人員必須對輔導的精神、實施方法與相關限制,具有一定程度的了解,方能在學校輔導工作中,找

到自己的工作價值與實踐自己的輔導信念。本章的主要目的,即在了解
輔導的意義與特性、輔導的內容與實施原則,以及輔導工作和其他助人
專業之間的關係。

第一節　輔導的意義與特性

壹、輔導的意義

　　所謂「輔導」,是由英文「guidance」翻譯而來,也就是「to
help」、「to assist」的意思,亦即去幫忙、去協助的意義。雖然在 1968
年實施九年國民義務教育時,即採用「指導」一詞,然而經過多年演變
以後,「輔導」一詞則更為適合,因為「輔」字有幫助、協助的意義,
「導」字有引導、啟發的意義。因此,在 1979 年公布《國民教育法》
時,即規定國民中小學必須推動輔導工作,此時已將所有的「指導」一
詞改為「輔導」;迄今從國民小學一直到大專校院,均是採用「輔導」
一詞(賴保禎等,1993)。

　　輔導的定義到底是什麼?以下先列出幾位國內外學者的一些看法:

　　宗亮東(1969):「輔導是對於個人各種幫助的一個教育過程,輔
導人員須充分了解個體生理與心理的生長發展,及所處環境的各種情況,
在民主社會生活方式中,運用輔導的專業知識與技能,以一個有組織的
工作計畫,為青少年或成人作熱忱的服務」(引自劉焜輝,1979)。

　　鄭心雄(1976):「經由一個專業化的人際關係,由此關係中之合
格訓練的一方,幫助另一方的個人,使能發動、整理並綜合自己的思考
能力,進而求得深度的自我了解,並依此能成立一較佳的自我選擇及決
定,而解決難題,面對未來」(引自劉焜輝,1979)。

　　吳武典(1980):「輔導乃是一種助人的歷程或方法,由輔導人員

根據某種信念，提供某些經驗，以協助學生自我了解與充分發展。在教育體系中，它是一種思想（信念），是一種情操（精神），也是一種行動（服務）。」

張春興（1989）：「輔導是一種教育之歷程，在輔導歷程中，受過專業訓練之輔導人員，運用其專業知能，協助當事人了解自己、認識世界，根據其自身條件（如能力、興趣、經驗、需求等），建立其有益於個人與社會之生活目標，並使之在教育、職業及人際關係各方面之發展上，能充分展現其性向，從而獲得最佳之生活適應。」

賴保禎等（1993）：「輔導是輔導人員給予學生或受輔者的協助，使其了解自己、適應環境與做明智的抉擇，並有計畫地安排自己將來所要前往的方向，達到自我實現的境界。」

馮觀富（1997）：「協助個人得到自我了解、自我決定，以調適學校、家庭和社會的一個歷程。」

張德聰（1997）：「以輔導之英文單字（guidance）每個字母之聯想單字來界定輔導的意義，包括：G-rowth（成長性）、U-nderstanding（覺察性）、I-ndividual（個別性）、D-evelopment（發展性）、D-irection（方向性）、A-rrangement（妥善之安排）、N-eed（需求之契合性）、C-hance（機會性）、E-ducation（教育性）。」

宋湘玲等（2000）：「輔導為有計畫的助人工作，其目的在幫助個人認識自身各種特殊能力與需求，在學習、生活或職業各方面，用自己的思考與判斷做明智的抉擇，以最有效的活動方式，圓滿達成其最終的目標。」

周甘逢等（2003）：「輔導是一種助人的方法，由輔導人員依據誠信原則，來協助個體探索自我與剖析環境，有效解決所面臨的問題，並積極管理自我，建構完美人生的歷程。」

林孟平（2008）：「輔導是一個過程，在這個過程當中，一位受過

專業訓練的輔導員，致力與當事人建立一個治療功能的關係，來協助對方認識自己、接納自己，進而欣賞自己，以致可以克服成長的障礙，充分發揮個人的潛能，使人生有統合並豐富的發展，而邁向自我實現。」

《學生輔導法》（2014）第 6 條明令規範學校輔導工作的內容是：「學校應視學生身心狀況及需求，提供發展性輔導、介入性輔導或處遇性輔導之三級輔導。……」

Rogers（1942）：「輔導是一個過程，其間輔導者與當事人的關係能給予後者一種安全感，使其可以從容地開放自己，甚至可以正視自己過去曾否定的經驗，然後把那些經驗融合已經變了的自己，作出統合」（引自林孟平，2008）。

Jones（1970）：「輔導是某人給予另一人的協助，使其能做明智的抉擇與適應，並解決問題」（引自吳武典，1990）。

Mortensen 與 Schmuller（1976）：「輔導是整個教育計畫的一部分，它提供機會與特殊性服務，以便所有學生根據民主的原則，充分發展其特殊能力與潛能」（引自吳武典，1990）。

Krumboltz（1976）：「輔導是一個幫助處理困難的過程……，而行為輔導就是一個助人去學習如何解決有關人際、情緒和抉擇問題的過程」（引自林孟平，2008）。

Shertzer 與 Stone（1981）：「輔導是協助個人了解自己及其周遭環境的一種過程。」

Chaplin（1985）：「輔導是協助個人在教育與職業生涯中獲得最大滿足的方法。它包括使用晤談、測驗和資料蒐集，以協助個人有系統地計畫其教育與職業的發展」（引自賴保禎等，1993）。

Brown（1991）：「輔導是一種提供個人與職業輔導的助人歷程，是一個澄清取捨的歷程。在此歷程中，助人者會提供建議、諮商、評估、賦予權力、辯護與回饋，同時也要表現出以案主為中心、維護隱私、開

放性與親和性、自主性、有意願幫忙等五個價值」（引自鄔佩麗、陳麗英，2010）。

綜合上述國內外學者的定義，其實大同小異，筆者嘗試定義為：

> 「輔導是一種專業的助人過程，透過輔導員與當事人建立信任的合作關係，輔導員將協助當事人增進自我了解，有效解決問題，充分適應環境，以邁向自我成長與自我實現的境界。」

其次，由國內外學者的定義中，也可以發現輔導的目的，從短期至長期大致分為四項，分述如下：

1. **增進自我了解的程度**：充分了解自己的能力、興趣、價值觀、性向、人格特質，以及家庭、學校、社會等環境對自己的影響，以作為未來選擇與決定的參考依據。

2. **協助處理面臨的問題**：在成長與發展過程中，難免遇到學習適應、人際適應、生涯選擇等困擾或障礙，此時即需要輔導人員的專業引導與協助。

3. **培養獨立解決問題的能力**：在經過輔導人員的協助後，當事人獲得解決問題的成功經驗，進而能獨立自主、自我導引，且具備日後自己解決問題的能力。

4. **邁向自我實現的境界**：自我實現是一種能夠做自己真正想做的事之感覺，透過輔導過程之引導，當事人能充分展現自己、發揮潛能、不斷自我成長，進而達到自我滿足的最高境界。

貳、輔導的特性

根據上述幾項輔導的定義與目的，可知輔導具有一些特性，筆者提出最重要的五項特性，進一步說明如下。

一、輔導是一種專業（as a profession）

輔導是一種專業，需要經過專業的訓練過程，才能發揮此專業的效果與影響力。張德聰（1997）認為輔導工作若要達到專業化，須具備下列八個條件，包括：(1)專業之哲理；(2)專業之教育；(3)專業之組織；(4)專業之證照制度；(5)專業之倫理守則；(6)專業之認同感及使命感；(7)專業之服務對象；(8)受社會認定之專業地位及職稱。筆者根據上述這些條件，以檢核國內的輔導工作是否為一種發展成熟的專業工作，說明如下。

首先，國內至少有二十所以上的大學校院設有教育心理、諮商輔導等相關學系（所），都在培養輔導相關人員，而包括輔導的哲理、專業教育及專業認同感等，都已納入課程內容範圍，在修課與教育訓練過程中，都會被教導討論；其次，設置有台灣輔導與諮商學會、台灣輔導教師協會等專業組織，都會不斷地針對輔導人員進行繼續教育、專業研討，也代表此專業參與許多重要的輔導組織，並向社會大眾發聲，甚至台灣輔導與諮商學會也通過了會員倫理守則，來要求會員的專業實踐必須符合專業要求；最後，目前輔導人員，包括：輔導教師、社會工作師、諮商心理師、臨床心理師等，也都有相關的證照制度，而且此專業與職務深受社會大眾與服務對象認同。因此，從上述所提及的各種現狀，目前國內的輔導工作環境，都能符合張德聰（1997）所提出的八個條件，所以輔導當然是一種專業。

二、輔導是一種關係（as a relationship）

輔導非常強調輔導人員（輔導者）與受輔導人員（當事人）之間的關係，那是一種信任與合作的關係。輔導者必須獲得當事人的信任，有了信任，當事人才願意與輔導者合作，也才能進一步敞開心房，將自己內心深處真正的困擾與問題告訴輔導者，輔導者也才有機會能真正發揮

其專業去幫助當事人解決這些問題；反之，如果當事人感受到這份關係是不安全、不信任，甚至是有敵意的，當然就不會願意和輔導者合作。

所謂信任與合作的關係是指，由輔導者去建構出一種安全與信任的氣氛。首先，在輔導者的人格特質方面，根據人本主義大師 Rogers 的研究結果，輔導者的三項人格特質或態度乃是輔導關係的核心因素，包括：真誠或一致（genuineness or congruence）、無條件的積極關懷與接納（unconditional positive regard and acceptance）、正確的同理了解（accurate empathic understanding）。其次，在輔導環境方面，則包括：輔導者是否可以遵守保密的專業倫理、輔導的硬體空間是否安全，以及輔導者是否尊重當事人的價值觀與自由意志等。總之，輔導人員如果可以營造出一個安全、同理、溫暖、接納、真誠、尊重的氣氛，則在此信任的關係下，輔導的效果就能夠發生。

三、輔導是一種助人歷程（as a helping process）

輔導是由受過專業訓練之輔導人員，運用輔導方法或技術，對於需要協助之當事人提供個別或團體輔導的協助過程；在此過程中，輔導人員以專業態度與當事人建立良好的專業關係，使當事人在信任、安全、同理之氣氛下，逐漸由探索自我、接納自我，進而開放其困惑或問題、接納其問題，最後能夠探索解決問題之方法。輔導人員應協助當事人去分析其方法之利弊得失，選擇對其最適切且可行之方法，進而產生行動計畫、執行計畫與評估執行效果，最後再將成功經驗類化於生活中，或檢討失敗重新再出發（張德聰，1997）。因此，輔導是一種專業協助的過程。

簡言之，在個體成長與發展的過程中，難免會遭遇到一些困難或問題，例如：自我探索、父母管教、家庭問題、學習困擾、人際困境、生涯選擇等。此時，透過一個人格成熟、訓練有素的心理輔導專家，進一

步陪伴個案了解問題根源、找出解決問題的可行方法，以及分析各種選擇的利弊得失，最後再協助當事人有效解決問題的一種行動過程，這就是輔導。

四、輔導是在處理各種層面的問題（dealing with many concerns）

輔導是在幫助學生或當事人處理各種學習、人際、生涯等問題，而人生不同階段所面臨的心理社會問題，也有所不同。依據 Erikson 的心理社會發展理論，他認為個體心理社會發展有八個階段，每個階段都有不同的發展任務與危機，如果發展任務完成，則可以讓個體更為成熟與健康；反之，則會產生各種危機與心理問題。這八個階段敘述如下：

1. 第一階段「信任與不信任」（0～1 歲的嬰兒期）：對人信任有安全感；反之，在面對新環境時會焦慮不安。

2. 第二階段「自主行動與羞怯懷疑」（1～3 歲的幼兒期）：能按社會行為要求表現出目的性行為；反之，缺乏信心，行動畏首畏尾。

3. 第三階段「自動自發與退縮愧疚」（3～6 歲的學齡前兒童期）：主動好奇、行動有方向、開始有責任感；反之，畏懼退縮、缺少自我價值感。

4. 第四階段「勤奮進取與自貶自卑」（6～12 歲的學齡兒童期）：具有求學、做事、待人的基本能力；反之，缺乏生活基本能力，充滿失敗與自卑感。

5. 第五階段「自我認同與角色混淆」（12～18 歲的青少年期）：有明確的自我觀念與自我追尋方向；反之，生活無目的、無方向，時而感到徬徨迷失。

6. 第六階段「親密與孤立」（18～45 歲的成年期）：與人相處有親密感；反之，與社會疏離，時而感到寂寞孤獨。

7. 第七階段「生產與停滯」（45～65 歲的中年期）：熱愛家庭、

關懷社會、有責任心、有正義感；反之，則會不關心他人生活與社會，缺少生活意義。

　　8.第八階段「統整與絕望」（65歲以上的老年期）：隨心所欲、安享餘年；反之，悔恨舊事、絕望孤獨。

五、強調自我幫助（emphasizing self-help）

　　俗諺說：「授人以魚不如授人以漁」，即「與其送他一條魚，不如教他釣魚的技巧」。輔導不只是幫助當事人解決問題，更是培養其解決問題的能力。因此，在輔導的過程中，非常強調幫助當事人了解自己的能力、學習面對各種問題，進而獲得各種解決問題的能力，增進自我效能感，以致於在未來能夠獨立自主與適應環境。

　　舉例來說，之前很流行的教育議題：「直升機父母」（helicopter parents），它是指一群過度介入、過度焦慮的父母。他們像極了直升機，不斷地在孩子上空盤旋，無時無刻守望著孩子的一舉一動，經常性地往學校跑，幫孩子看頭顧尾，總是為孩子安排各式各樣「對他（她）好」的補習或活動等，深怕自己的孩子輸在起跑點，總是替孩子做很多決定，替他們處理很多他們自己應該面對的問題。而上述這些「直升機父母」的教育理念，可能無法培養孩子獨立思考、獨自解決問題與自我負責的能力。因此，輔導的概念不是當「直升機父母」，也不是當「直升機老師」，而是強調助人自助，幫助學生獨立自主。

第二節　輔導的內容與實施原則

壹、輔導的內容

　　筆者根據實務工作的經驗與國內學者專家的看法（吳武典，1990；

賴保禎等，1993），整理出輔導內容的類別，如表 1-1 所示。由於篇幅有限，僅針對學校輔導工作內涵、學校服務性質、問題嚴重程度等三個分類內容，進一步說明。

表 1-1　輔導內容的類別

區分的依據	內容	
依「學校輔導工作內涵」區分	1. 生活輔導 2. 學習輔導	3. 生涯輔導
依「學校服務性質」區分	1. 評量服務 2. 資訊服務 3. 諮商服務 4. 諮詢服務	5. 定向服務 6. 安置服務 7. 追蹤服務 8. 研究服務
依「問題嚴重程度」區分	1. 發展性輔導（初級預防） 2. 介入性輔導（次級預防） 3. 處遇性輔導（三級預防）	
依「輔導方式」區分	1. 個別輔導 2. 團體輔導	3. 心理測驗 4. 個案研究
依「輔導機構類型」區分	1. 學校輔導系統 2. 社會輔導機構	3. 企業員工輔導 4. 軍警輔導系統
依「輔導問題類型」區分	1. 學習問題 2. 人際問題 3. 家庭問題 4. 生涯問題 5. 性別認同	6. 情感問題 7. 自我探索 8. 心理疾病 9. 生理健康 10.經濟問題

一、以「學校輔導工作內涵」分類

以學校之輔導工作而言，可概分為生活輔導、學習輔導及生涯輔導等三大類，說明如下。

（一）生活輔導

由於兒童及青少年階段是個體人格發展的重要階段，很多生活適應能力都在此階段學習與養成，故學校教師或輔導人員應增進學生各方面的知

識技能與適應能力。生活輔導是指，針對學生個人的日常生活、健康生活、社交生活、休閒生活、經濟生活、家庭生活、品德方面等各層面的輔導，目的在協助學生家庭、學校、社會生活等各方面能有良好的適應。

（二）學習輔導

學習輔導是指，教師或輔導人員增進學生的學習活動，以提高學習的效果，進而能夠發揮個人潛能，達到自我實現的過程。學生在從事各種學習活動時，常因學習材料、方法、過程、動機、興趣、智能、性向、同儕、家庭等因素，而形成不同的學習效果；有的學習效果高，有的學習效果低，對於學習成就較低者，應利用各種適當的方式，協助其解決在學習上的困擾，以提高其學習效果。因此，包括定向輔導、轉銜輔導、升學輔導、課後輔導、補救教學等與學習有關的輔導事項，都是屬於學習輔導的重要課題。

（三）生涯輔導

生涯輔導是指，在教師或輔導人員的協助下，引導學生了解自身的能力、興趣、性向、價值觀，進而探索其生涯發展的任務、環境與機會，最後能夠學習發展其個人生涯所需的決定技巧，以協助學生對未來選組、選系或就業，甚至生涯目標，得以做出適切、明智的抉擇。因此，生涯輔導的策略，可包括：班級教學、參觀訪問、演講分享、團體座談、閱讀生涯資訊、生涯規劃活動、生涯諮商、心理測驗等。

二、以「學校服務性質」分類

輔導是一種服務工作，儘管學校輔導服務的項目有地區性的差異，並且常隨著學校主管的取向而有所偏重，但輔導應包含下列八項服務內容（吳武典，1990；宋湘玲等，2000；賴保禎等，1993；Shertzer & Stone, 1981）。

（一）評量服務

評量服務（appraisal service）著重個別差異的了解。此服務藉由各種主觀與客觀的方法，例如：測驗、問卷、觀察、家庭訪視，或是社會計量等，蒐集有關學生個人、家庭及友伴的資料，並加以分析與應用，以協助學生有效面對學習、升學或人際等議題上的困擾。學生累積紀錄的填寫與個案研究的實施，便是屬於這一種服務。

（二）資訊服務

資訊服務（information service）著重在充實學生的學習經驗。輔導人員配合教師、輔導教師、圖書館人員及其他行政人員，提供學生所需的學習、生涯與生活資料，並加以組織統整後，增進學生對於環境資訊的了解，以作為學生升學、就業及各項學習適應的選擇參考。

（三）諮商服務

諮商服務（counseling service）是輔導服務中的核心部分，能透過和學生建立安全且信任的關係，並採用個別或小團體的方式，逐步幫助學生了解自己的問題所在，進而能發揮潛能、有效解決問題的過程。輔導人員通常需要受過更專業的晤談技巧訓練，才能有效提供諮商服務。

（四）諮詢服務

諮詢服務（consultation service）主要是在提供資訊與建議給當事人有關的重要他人（如父母、教師、朋友等），使其對當事人有充分的了解，並獲得必要的助人知識與技能。這是一種間接的服務，有別於直接面對當事人的諮商服務。

（五）定向服務

定向服務（orientation service）是指，針對新入學、轉學、交換、外

籍等學生，幫助他們認識新環境、新課程和新的人際關係，使其能在環境的轉換中盡快適應，如此才能安心於學習的內容上。

（六）安置服務

安置服務（placement service）包括校內的學習安置，如編班、選組、選課等，以及校外的升學輔導與就業安置，如就業或實習機會的提供與運用。其目的在使學生於求學與求職上，各適其性，各得其所。

（七）追蹤服務

追蹤服務（follow-up service）是指，對於離校的學生（無論是升學者、就業者或適應困擾者）繼續保持聯繫並提供必要的服務，使其在新環境中，仍能獲得良好的適應發展與輔導處遇。其次，也能了解其就業或進修的情形，以作為學校輔導工作改進的參考。

（八）研究服務

研究服務（research service）是指，對於輔導需求與輔導績效施以定期或不定期的評鑑，以便作為擬定新輔導計畫的參考。輔導是一種連續的歷程，因此輔導的評鑑與研究也需經常地進行，以保持輔導工作的朝氣與活力。

三、以「問題嚴重程度」分類

根據學校三級預防的輔導模式，一般學生即實施發展性輔導（初級預防），以增進個體生活適應的能力，預防問題發生；針對有問題徵兆的高關懷學生，則實施介入性輔導（次級預防），實施相關的輔導措施，把握介入處理的黃金時期，以達到預防問題惡化、事半功倍的效果；而針對嚴重行為偏差、精神疾病或自傷傷人的危機個案，則進行處遇性輔導（三級預防），提出各種危機處理措施，以防止個案症狀惡化、功能

障礙或發生危機。

在教育部所公布的《學生輔導法》（2014）第 6 條中，也規定學校應視學生身心狀況及需求，提供三種層級之輔導，內容如下：

「一、發展性輔導：為促進學生心理健康、社會適應及適性發展，針對全校學生，訂定學校輔導工作計畫，實施生活輔導、學習輔導及生涯輔導相關措施。

二、介入性輔導：針對經前款發展性輔導仍無法有效滿足其需求，或適應欠佳、重複發生問題行為，或遭受重大創傷經驗等學生，依其個別化需求訂定輔導方案或計畫，提供諮詢、個別諮商及小團體輔導等措施，並提供評估轉介機制，進行個案管理及輔導。

三、處遇性輔導：針對經前款介入性輔導仍無法有效協助，或嚴重適應困難、行為偏差，或重大違規行為等學生，配合其特殊需求，結合心理治療、社會工作、家庭輔導、職能治療、法律服務、精神醫療等各類專業服務。」

貳、輔導的實施原則

輔導工作是與人工作的一門專業，不但是一門科學，也是一門藝術。因此，輔導工作的實施，不僅要遵循生物學、心理學、社會學、教育學的原理，也要遵循輔導工作的共同基本原則。筆者根據實務的工作經驗與國內學者專家的看法（吳武典，1990；宋湘玲等，2000；賴保禎等，1993），整理出九項最重要的學校輔導工作的實施原則，說明如下。

一、尊重個人的獨特性

　　輔導工作是一項建立在人性尊嚴上的工作，因此相信每個人都是獨特的個體，尊重每個人的價值、尊嚴，以及選擇權。輔導人員必須時常自我提醒，尊重學生的個別差異性，避免在輔導歷程中，將自己的價值觀有意或無意地加諸於學生身上。

二、重視全人發展過程

　　人是複雜而統整的個體，認知、行為、情緒等三方面會交互影響其心理適應；同樣的，學生的身心健康、學習成就、生涯發展、家庭氣氛、同儕互動、社會適應等各方面，也會影響個體的人格發展。因此，輔導關心的是個人全人之發展，輔導人員應以整體角度來了解學生，不能以偏概全。

三、了解學生需求為前提

　　學校教育上的課程、教材、教法、活動等規劃，通常是為了大多數學生的需求所安排設計的，未必能夠滿足少數學生的個別需求，此時即需要由輔導工作加以彌補。因此，在學生人格發展與學習適應過程中，如果遇到困擾或阻礙，應透過輔導工作的實施予以排除或克服，以幫助學生身心健全發展。

四、重視合作與溝通過程

　　輔導是一種透過有效溝通而達到幫助學生的專業，學生必須在信任輔導人員與願意共同合作的前提下，輔導人員才能協助學生自我了解、發揮潛能與解決困擾。因此，輔導人員應以尊重學生、平行關係、雙向互動、溫暖真誠、安全信任等晤談態度，才能夠幫助學生願意敞開心房與輔導人員合作溝通。

五、強調預防重於治療

　　校園心理衛生工作的模式與精神，仍是以教育性與預防性活動為主，亦即「預防重於治療」的概念。與其問題發生或問題惡化時，再來勞師動眾、亡羊補牢，不如增進學生的適應能力、滿足學生的成就感，防患問題發生於未然。常見的實施方式，包括：班級座談、集會宣導、文宣廣告、親職教育、團體輔導、心理測驗、家長晤談等。

六、運用系統合作的模式

　　校園輔導工作不只是輔導處（室）與輔導教師的責任，也不僅限於生活輔導組、教官、導師等少數輔導人員的事情，而是全校教職員工以及全體家長共同的責任；只是每個人的角色與功能不同，猶如一個系統或團隊，大家各司其職，皆是為了學生的心理健康而努力；必要時，可以透過定期個案會議，來整合校內相關的輔導資源。

七、整合校外專業資源

　　有時候學生的心理問題過於複雜與特殊，例如：學生出現嚴重精神疾病、自殺或殺人的危機，或是性侵害事件時，如僅依靠校內資源可能無法有效面對；因此，必須適時納入校外專業資源的協助，常見如精神科醫師、心理師、社工師等專業人員，透過參與學生問題的深入研討，提供學校更專業有效的輔導處遇措施，以協助學生解決危機問題。

八、充分整合各項資料

　　透過完整且深入的學生資料，才能真正了解學生的問題與可行的解決方法。因此，從學生入學後，即應開始建立學生的輔導資料，包括：基本資料表、心理測驗、晤談紀錄、學期成績、家長聯繫、出席狀況、

獎懲紀錄等，並逐年更新或累積。一旦學生出現個別輔導之需求時，輔導人員即能透過完整資料的分析與研究，更快速有效的幫助學生。

九、連續不斷的過程

配合學校的教育目標與課程規劃，學生從小學入學後，就要規劃各項輔導活動，在進入中學後，根據其身心發展與教育目標，也要有該階段的輔導計畫，而在進入高中職、大學後，更有該階段的輔導計畫與重點特色，甚至在畢業後進入社會，也有各種社會輔導機構從事輔導服務。因此，輔導是一個連續不斷的過程，只要個人有輔導的需求，不論是在校內或校外，都可以請求輔導的協助。

第三節　教育、輔導、諮商、心理治療與精神醫療

壹、定義上的差異

輔導與其他助人專業，例如：教育、諮商、心理治療、精神醫療等的關係非常密切，其目的都是在助人解決問題與自我成長，因此五種助人專業有其重疊相似之處，也有其程度上之差異。由於「輔導」很容易與其他四者的概念混淆，以下先說明其名詞上的定義，進而針對其異同之處，再進一步比較分析。

所謂「教育」（education）是指，透過教學設計與活動，針對一般對象，進行知識的傳遞與品格的陶冶，使其能增進各方面的知識與技能，進而適應環境、發揮潛能與貢獻社會的過程。

所謂「輔導」（guidance）是指，一種專業的助人過程，透過輔導人員與當事人建立信任的合作關係，輔導人員將協助當事人增進自我了解，有效解決問題，充分適應環境，以邁向自我成長與自我實現的境界。

　　所謂「諮商」（counseling）是指，透過諮商師（心理師）和當事人建立良好的信任關係，運用連續而深度的晤談，引導當事人不斷自我覺察，進而行動改變，以解決心理適應上的各種問題，達成不斷自我成長與充分適應發展的目標。

　　所謂「心理治療」（psychotherapy）是指，透過治療師（心理師）和病患所建立的專業性與治療性的人際關係，運用心理學的原理和方法，來改善病人認知、情緒和行為上的問題，以減除臨床症狀、增進人格統整，進而適應正常生活。

　　所謂「精神醫療」（psychiatry）是指，針對精神疾病患者，進行精神醫學診斷、精神衛生教育、精神科藥物治療、心理治療，以及其他精神科治療方式，以減緩症狀、增進現實感，進而改善生活、人際、職業、學習等適應功能。

貳、助人專業之異同比較

一、相同處

　　由上述定義發現，教育、輔導、諮商、心理治療與精神醫療基本上都是一種助人專業，均強調助人關係的重要性與助人改變的歷程，也強調其目的是在協助當事人自我了解、問題解決、良好適應，進而發揮潛能。

　　其次，就服務對象的廣度而言，教育可以涵蓋輔導、諮商、心理治療與精神醫療；就處理問題的深度而言，精神醫療則可涵蓋心理治療、諮商、輔導與教育，如圖 1-1 和圖 1-2 所示。五者之間都有一些共同的基礎，只是因為服務的對象範圍與處理的問題深度不同，而有程度上的差異。在圖 1-1 和圖 1-2 中，有五個代表不同專業的同心圓，如果兩種專業間的重疊面積愈多，就表示相似之處愈高（如輔導與教育）；反之，兩種專業間的重疊面積愈少，也表示相似之處愈低（如輔導與精神醫療），而個別獨特性則較高。

圖 1-1　五種專業在服務對象的廣度上之關係

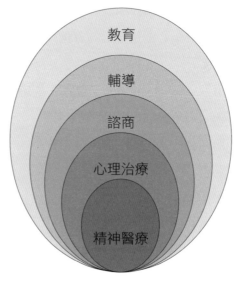

教育
輔導
諮商
心理治療
精神醫療

註：修改自吳武典（1987，頁 315）及張德聰（1997，頁 28）。

圖 1-2　五種專業在處理問題的深度上之關係

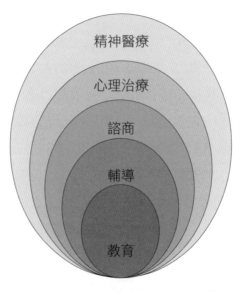

精神醫療
心理治療
諮商
輔導
教育

註：修改自吳武典（1987，頁 315）及張德聰（1997，頁 28）。

二、相異處

吳武典（1987）最早即針對教育、輔導、諮商、心理治療等四種專業進行有系統的比較，並強調之間的異同之處。筆者繼續參考吳武典的比較方式，再加入精神醫療一項與其他比較向度，修改如圖1-3所示。這五種助人專業，猶如同一條線段不同程度上的五個常態分配圖，相鄰的兩個專業之間的相同性最高，如圖中的陰影區。此外，很多向度都是連續而非間斷的，往往是程度上的差異而非本質上的不同，例如：教育中需要發揮輔導的精神，輔導中也需要一些教育的功能，然而基於助人服務專業化及分工原則，教育不宜過度強調輔導的方式與目標，輔導也不宜過度以教育為主而失去輔導的獨特性；因此，個人當然可以接受二種以上的專業服務，而且各種助人專業間應該互相尊重和協調合作，方可對當事人提供適切、深入而完整的服務。以下即根據圖1-3，進一步說明五種專業在各向度上的程度差異：

1.**就對象方面**：教育這一端比較注重常態的；精神醫療這一端則比較注重異常的。教育的對象最廣，包括所有發展中的學生，輔導次之，諮商又次之，心理治療只限於有嚴重適應問題者，精神醫療更是只針對精神疾病患者。

2.**就功能方面**：教育這一端比較著重預防性，預防問題發生；精神醫療這一端則比較強調治療性，強調症狀治療，甚至藥物治療。

3.**就內容方面**：教育這一端以認知活動為主，強調目前知識的學習傳播；精神醫療這一端則以情感活動較多，強調對早年經驗的深層頓悟與覺察。

4.**就重點方面**：教育這一端較重視團體的發展特性與團體的共同需求；精神醫療這一端則較強調個人的特殊狀況與個別需求。

5.**就方法方面**：教育這一端較著重高結構性的服務過程與內容，如

圖 1-3　五種助人專業在各向度之程度差異

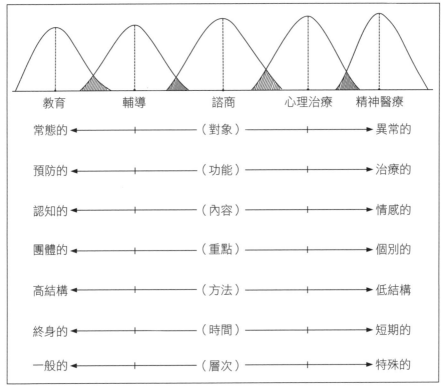

註：修改自吳武典（1990，頁 7）。

每學期的教學進度與評量考試；精神醫療這一端通常屬於低結構性的服務方式，視個案的狀況隨時調整各種治療方式與內容。

　　6. **就時間方面**：教育這一端強調終身的歷程，隨時都可以接受相關的教育活動，而能不斷自我成長；精神醫療這一端則視為短時間的服務，較針對嚴重的情緒困擾或急性症狀，進行密集性的緩解處理。

　　7. **就層次方面**：教育這一端強調一般性的助人歷程，各種相關人員都可以進行教育規劃與活動；精神醫療這一端則較需要特殊性的助人技術，需要透過專業的訓練過程，才能擁有此能力。

　　最後，筆者再根據服務對象、問題取向、服務目標、服務性質、需

要時間、服務方式、重視時機、互動關係、專業人員、服務場所等十個向度，進一步簡單快速的比較五個專業之間的差異，如表 1-2 所示。

表 1-2　教育、輔導、諮商、心理治療、精神醫學之比較

類別	教育	輔導	諮商	心理治療	精神醫療
1. 服務對象	學校學生、一般人	有疑問或輕微困擾的正常人	有中度適應困擾或症狀的正常人	有嚴重情緒困擾或症狀的正常人或病患	有精神症狀的病患
2. 問題取向	知識、認知	認知、資料	社會、情緒	情緒、人格	人格、疾病
3. 服務目標	知識的傳授與品格陶冶	提供資料或談話，協助個體成長及解決問題	透過連續晤談，幫助個體成長和解決問題	解決案主內在較嚴重的情緒衝突、情結、困擾等	治療心理異常的症狀或人格
4. 服務性質	學習性、教育性	發展性、預防性	發展性、矯治性	補救性、治療性	治療性、復健性
5. 需要時間	終身的	長期的	中短期	短期而密集	短期而密集
6. 服務方式	資料提供	資料提供、輔導會談	諮商會談、心理測驗	治療會談、心理測驗	精神科晤談、藥物治療
7. 重視時機	重視現在與未來	重視現在與未來	重視過去、現在與未來	重視過去、現在與未來	較重視過去重大影響因素
8. 互動關係	講述、教導與雙向溝通	指導的、協助的、平等的雙向溝通	溫暖、信任、接納、平等的關係	平等的，但治療師更具有「專家」地位	強調「醫生」與「病患」的相對關係
9. 專業人員	導師、一般教師	輔導教師、輔導人員	諮商心理師、臨床心理師	諮商心理師、臨床心理師、精神科醫師	精神科醫師
10. 服務場所	各級學校、教育機構	學校、教會、社區、監獄等相關輔導機構或單位	專業諮商機構、心理衛生中心、心理諮商／治療所	專業治療機構、醫院精神科、心理諮商／治療所	醫療院所精神科、精神科診所

結　語

　　輔導到底是什麼？「輔導不是說教，而是聆聽；輔導不是偵訊，而是了解；輔導不是訓誡，而是接納；輔導不是教導，而是引導；輔導不是解答，而是領悟；輔導不是幫忙解決問題，而是培養解決問題之能力。」因此，輔導是一種專業的助人歷程，有其共同特性與實施原則，也有輔導員個人的輔導工作特色，所以輔導是一門科學，也是一門藝術。如果輔導人員都能充分了解輔導的意涵與精神，也能了解輔導與其他專業分工合作、相輔相成的重要性，則不論在學校或社區進行輔導工作時，都能發揮自助助人、助人自助的崇高目標，也能獲得自我成長與服務社會的成就感。

問題與反思

基本題

1. 請以「輔導不是什麼……，而是什麼……」的句型，至少以五句來進一步說明輔導的意義。

2. 請試著根據自己的看法，給輔導下個定義，並說明此定義背後所強調的意涵與特性。

3. 輔導為何是一種專業？為何輔導人員需要透過專業訓練，才能發揮輔導的效果？

4. 在輔導的實施原則中，相當強調「運用系統合作模式」，請舉例說明其意涵為何？

5. 我們經常聽見：「輔導是一門科學，也是一門藝術。」請舉例說明其背後的意涵。

6. 你覺得當一個學校老師和一個輔導老師，其最大的不同在哪裡，請舉例說明。

7. 輔導人員經常提及「自助助人、助人自助」的概念，請加以說明其意涵為何？

8. 「輔導是在幫助學生解決問題，還是培養學生解決問題的能力」，請說明你的體會與看法。

進階題

1. 你覺得國小、國中、高中的生活輔導、學習輔導及生涯輔導等輔導工作內容，應該強調的重點有何不同？

2. 請以國中的校園輔導工作為例，說明發展性輔導、介入性輔導、處遇性輔導的實施對象與實施方式，有何不同之處？

3. 請以生命教育中的「自殺」議題為例，說明教育、輔導、諮商、心理

治療、精神醫療等處理的問題性質有何差異？

4. 同樣面臨憂鬱情緒的議題，請說明輔導、諮商、心理治療等三種助人
專業，在處理的問題程度與介入方式上有何差異？

延伸閱讀與相關影片、網站

1.書籍與期刊

王麗斐（主編）（2020）。大專校院學校輔導工作參考手冊。教育部。

王麗斐（主編）（2020）。高級中等學校輔導工作參考手冊。教育部。

王麗斐（主編）（2020）。國民中學學校輔導工作參考手冊（第二版）。教育部。

王麗斐（主編）（2020）。國民小學學校輔導工作參考手冊（第二版）。教育部。

邱珍琬（2020）。圖解學校輔導工作。五南。

葉一舵（2013）。臺灣學校輔導發展史。心理。

陸方鈺儀、李文玉清（2011）。學校輔導：趨勢與實務。香港大學出版社。

蘇益志（2011）。一個社工師的喃喃自語：青少年輔導工作手記。心理。

林萬億、黃韻如（2010）。學校輔導團隊工作：學校社會工作師、輔導教師與心理師的合作（第四版）。五南。

高雄市學生心理諮商中心（2010）。我不壞，我只想要愛：高雄市諮商案例故事集。心靈工坊。

教育部（2009）。校園安全與生活輔導案例彙編：校園的守護天使。作者。

心理心（半年刊）。介紹最新發行的測驗，由心理出版社發行。

張老師月刊。介紹教育、輔導相關的趨勢與重要議題的探討，由張老師文化出版。

諮商與輔導（月刊）。介紹測驗與諮商的相關理論，由天馬文化出版。

輔導季刊（季刊）。介紹輔導與諮商的相關理論、技術與研究報告，由台灣輔導與諮商學會出版。

2.影片

你的孩子不是你的孩子（簡介：台灣電視劇，包括〈媽媽的遙控器〉、〈貓的孩子〉、〈茉莉的最後一天〉、〈孔雀〉、〈必須過動〉等五個故事共10集，內容諷刺台灣教育體制下扭曲的親子關係與教育困境，以及多數家長對孩子錯誤的教育方式來喚醒社會大眾。時間：每集47分。語言：

國語發音、中文字幕。出版：公共電視台）

五個小孩的校長（簡介：根據真人真事改編而成，講述全香港最低薪幼稚園校長呂麗紅，成功挽救元朗錦田元岡幼稚園避免滅校的真實故事。時間：112 分。語言：國語發音、中文字幕。出版：香港）

三個傻瓜（簡介：三位反抗填鴨式教育學生如何為自己找到一條出路。時間：170 分。語言：印度語發音、中文字幕。出版：威望國際）

心中的小星星（簡介：描述一位曾經是學習障礙的美術老師，如何輔導與協助同樣遭受父母與學校歧視的學習障礙兒童，重新找回希望與未來。時間：165 分。語言：印度語發音、中文字幕。出版：印度）

小孩不笨 2（簡介：諷刺新加坡教育，以及家長普遍對孩子的錯誤管教方式，來喚醒社會大眾的正確教養理念。時間：121 分。語言：國語發音、中文字幕。出版：弘恩文化）

放牛班的春天（簡介：充滿創意與愛心的老師如何感化一群無可救藥的孩子。時間：95 分。語言：法語發音、中文字幕。出版：金革科技）

老師你好（簡介：一心想作育英才的都市老師被迫來到偏僻純樸的小學校，意外找回人生的感動。時間：115 分。語言：韓語發音、中文字幕。出版：仟淇科技）

小孩不笨（簡介：這個世界沒有笨小孩，只有懶家長和蠢老師，小孩萬歲。時間：105 分。語言：國語發音、中文字幕。出版：星霖電影）

壞孩子（簡介：透過性侵害事件的處遇過程，了解學校輔導工作的精神與內涵。時間：90 分。語言：國語／法語發音、中文字幕。出版：好消息電視台）【老師上課了（I）】

3. 網站

教育部學生輔導資訊網 www.guide.edu.tw		教育部學生輔導諮商中心 ccme.cloud.ncnu.edu.tw	
財團法人「張老師」基金會 www.1980.org.tw		台灣心理諮商資訊網 www.heart.net.tw	
台灣輔導與諮商學會 www.guidance.org.tw		台灣輔導教師協會 www.rocgta.org.tw	

參考文獻

中文部分

吳武典（1980）。**學校輔導工作**。張老師文化。

吳武典（1987）。**散播愛的種子：輔導的理念與方法**。張老師文化。

吳武典（1990）。輔導的基本理念。載於吳武典（主編），**輔導原理**（頁 1-44）。心理。

宋湘玲、林幸台、鄭熙彥、謝麗紅（2000）。**學校輔導工作的理論與實施（增定版）**。品高。

周甘逢、徐西森、龔心怡、連廷嘉、黃明娟（2003）。**輔導原理與實務**。復文。

林孟平（2008）。**輔導與心理治療（修訂版）**。香港商務印書館。

張春興（1989）。**張氏心理學辭典**。東華。

張德聰（1997）。輔導之基本概念。載於劉焜輝（主編），**輔導原理與實務**（頁 1-35）。三民。

馮觀富（編著）（1997）。**輔導原理與實務**。心理。

鄔佩麗、陳麗英（2010）。**輔導原理與實務**。雙葉。

劉焜輝（1979）。**輔導原理與實施**。天馬。

學生輔導法（2014 年 11 月 12 日制定公布）。

賴保禎、周文欽、張德聰（1993）。**輔導原理與實務**。國立空中大學。

英文部分

Shertzer, B., & Stone, S. C. (1981). *Fundamentals of guidance* (4th ed.). Houghton Mifflin.

CHAPTER 2
輔導組織與人員

黃瑛琪

前 言

　　學校輔導工作的推展已有相當之時日，自頒布《國民教育法》和《高級中學法》至今，也超過四十年的歷史，但長期以來卻苦於未能展現預期效益之說。同時，在學校中也常面臨輔導工作未能獲得領導者及教師們的支持，形成在處理學生困擾或問題上，與輔導人員並非為一體的經驗，讓輔導人員有苦難言，造成輔導工作長期以來的困境。因應世代演進，學生差異性增加及問題逐漸多元、輔導需求日益增加之故，在有志教育輔導工作者的努力倡議推動下，2014 年《學生輔導法》及 2021 年《少年偏差行為預防及輔導辦法》制定公告後，不僅擴充各縣市各級學校的輔導人力及資源，並使得輔導工作系統合作的推展出現極大之轉變。

　　「工欲善其事，必先利其器」，學校輔導工作的推展需要健全的組織與人力資源，才能適時發揮效益，故當我們期許學校輔導工作能發揮效益之時，必須先了解目前各級學校輔導組織的現況，以及其中的人力編制、角色任務等。本章描述當前輔導的組織及人力資源，協助讀者理解目前學校行政系統中的輔導組織、輔導人力概況，以及組織如何發揮輔導工作的效能。

第一節　各級學校輔導組織現況

壹、學校輔導組織及其運作機制

　　學校的主體為學生，為協助學生心智健全發展，學校中的教育工作者組成了相關的行政組織，例如：教務處、學務處、總務處、輔導處（室）（中心）等，並區分各行政單位中參與人員的角色、職責，以及各處室之間可能的分工合作關係。

　　在學校的教育工作人員，以其所發揮的主要教育功能，約略可分為四個領域：

　　1.**教學工作**：如導師、科任教師（含綜合領域）、特教老師、教官、護理老師等。

　　2.**行政工作**：學校組織中的行政人員，包含兩大系統：

　　　(1)教師兼任行政工作，如校長、教務主任、學務主任、輔導主任、總務主任、教學組長、註冊組長、訓育組長、衛生組長、體育組長、輔導組長、資料組長等。

　　　(2)行政人員，如會計主任、人事主任、各處室職員、工友等。

　　3.**服務人員**：如學校的校護、圖書館人員等。

　　4.**助理人員**：如校車司機、宿舍管理人員、營養午餐的工作人員、學校保全等。

　　其中，為了協助學生心理健康，統籌運用輔導人力資源，協助進行各項學生輔導工作，學校因而建構了輔導處（室）的組織，統籌輔導工作，將學校的人力資源組成輔導團隊，以發揮學校輔導工作之效能。

　　2008 年 9 月 25 日教育部訂定《教育部補助直轄市縣（市）政府增置國中小輔導教師實施要點》，並於 2011 年 11 月 7 日頒訂「學校三級輔導體制中教師、輔導教師及專業輔導人員之執掌功能表」，該法後經

幾次名稱修正，2021 年 4 月 23 日再次修正為《教育部國民及學前教育署補助公立國民中學及國民小學置輔導教師實施要點》，進一步將上述的執掌功能表修訂為「學校輔導體制中校長、教師、輔導教師及專業輔導人員之工作內容與職掌」，明確指出各級學校系統中的教育工作者以學生發展三級預防的概念為基礎，依學校學制、規模、特性，建構以學生為主體之分工合作模式，以催化學校輔導工作效能之展現。

在學校輔導體制中明訂，校長綜理學校推動發展性、介入性及處遇性輔導相關措施，領導教師、輔導教師及協助專業輔導人員落實其輔導職責；擔任學生輔導工作委員會主任委員，主持學生輔導工作之推動事項，並依學校學制、規模及特性，建構校內輔導體制與跨網絡合作模式，落實學生輔導工作之績效責任。教師、輔導教師及專業輔導人員之工作內容與職掌，如表 2-1 所示。

學生事務及輔導是全體教職員工的承擔，然因各級學校系統各項主客觀條件不同，輔導組織可能有所差異，但輔導工作內容卻不得刪減。在此前提下，輔導工作的推展需顧及各級學校系統之各項主客觀條件的不同，各處室工作職掌切不可因過分強調輔導，而忽略學生發展的其他需求，以及學校其他事務的推展；另外，在組織分工合作的狀況下，輔導處（室）需提升教師對輔導的認識，並提升其輔導學生的相關輔導知能，以利學校組織分工合作精神之推展及學生初級輔導工作之推動。

依上述學校三級輔導體制中的職掌功能表，進一步歸納輔導組織的原則要點如下：

1. 輔導組織的組成以學生為主體，目標在促進其心理健康與社會適應，並對於適應困難的學生能整合專業資源，以期早期發現與早期介入，務使全體學生獲得最佳的適應發展。

2. 輔導組織的建構，除了輔導處（室）外，應延伸納入校園教師人力資源，是全體教師的共同職責。

表 2-1　教師、輔導教師及專業輔導人員之工作內容與職掌

輔導體制	內容	教師	輔導教師	專業輔導人員
發展性輔導	促進學生心理健康、社會適應及適性發展，針對全校學生，訂定學校輔導工作計畫，實施生活輔導、學習輔導及生涯輔導相關措施。	1. 與學生建立友善與信任的互動關係，蒐集並建立學生基本資料，了解學生的生活狀況、學習情形及行為表現，積極關懷並協助認輔學生。 2. 掌握學生出席狀況，詳實記錄學生缺席並立即進行了解及處理。 3. 落實學生生活、學習、生涯及身心健康之教育與輔導，積極進行班級經營，建立班級常規與正向互動友善氛圍，並協同各處室管理班級事務。 4. 處理班級學生問題、偶發事件及違規問題，並覺察辨識學生受輔需求，申請介入性輔導，因應危機情形及時通報。	1. 規劃全校心理健康活動。 2. 提供學生生活、學習及生涯輔導之相關活動與課程。 3. 規劃教師輔導知能研習。 4. 規劃親職教育活動。 5. 辦理及協助導師辦理團體心理測驗之施測與解釋。 6. 輔導資料之建立整理與運用。 7. 協助學生適應環境，增進自我認識及生活適應的能力。 8. 參與學生輔導工作的執行與評鑑。 9. 提供家長及教師有關學生輔導與管教之諮詢服務。 10. 協助推動各項學校輔導相關工作。	1. 提供教師與家長輔導專業諮詢及協助。 2. 協助宣導教師心理健康、壓力調適、情緒管理、性侵、家暴、精神疾患等議題相關知能。

表 2-1　教師、輔導教師及專業輔導人員之工作內容與職掌（續）

輔導體制	內容	教師	輔導教師	專業輔導人員
發展性輔導		5. 與學生家長建立溝通聯繫管道，發展合作關係，必要時進行家庭訪問及親師座談。 6. 配合輔導教師處理學生輔導相關事宜，協助介入性受輔學生轉回發展性輔導之追蹤與關懷。 7. 持續強化輔導知能，與輔導人員保持聯繫與合作。 8. 辨識學生危機情形，依規定進行中輟（離）、兒童少年保護、性平事件或自我傷害之通報，並與校內外輔導人員合作。		
介入性輔導	針對經發展性輔導仍無法有效滿足其需求，或適應欠佳、重複發生問題行為，或遭受重大創傷經驗等學生，依其個別化需求訂定輔導方案或計	1. 透過正向輔導與管教措施，提供受輔學生之學習及多元表現資訊，並配合各處室相關輔導措施，完善受輔學生輔導需求。	1. 受輔學生之個別與團體諮商與輔導。 2. 個別心理測驗的施測與解釋。 3. 學校心理危機事件的即時介入與輔導，事	1. 協助學校輔導室進行個案諮商與團體諮商。 2. 協助學校評估高風險學生。 3. 協助個案管理。 4. 參與個案輔導會議。

表 2-1　教師、輔導教師及專業輔導人員之工作內容與職掌（續）

輔導體制	內容	教師	輔導教師	專業輔導人員
介入性輔導	畫，提供諮詢、個別諮商及小團體輔導等措施，並提供評估轉介機制，進行個案管理及輔導。	2. 參與個案會議，依會議共識並視受輔學生輔導需求，彈性處理出缺勤紀錄或成績評量，積極協助其課業及在校生活適應。	後之心理復健與團體輔導。 4. 校內輔導團隊的聯繫與整合，完善發展性與介入性輔導工作之銜接。 5. 協助建構輔導資源網絡，進行系統合作。 6. 中輟及中離學生、在校生活適應不良受輔學生之個案輔導、管理與追蹤輔導。 7. 受輔學生之家庭訪視、家長會談或諮詢，提供親師輔導資訊及策略。 8. 於假期（日）持續關懷並適時提供學生輔導支持。	
處遇性輔導	針對經介入性輔導仍無法有效協助，或嚴重適應困難、行為偏差，或重大違規行為等學生，配合其特殊需求，結合心理治療、	1. 持續關懷及了解受輔學生處遇性輔導情形，提供受輔學生之課堂觀察與在校行為資訊。 2. 參與跨專業資	1. 支援重大心理危機事件發生後之心理復健與團體輔導。 2. 學生嚴重行為問題之轉介，及依個案學生狀況，持續與專	1. 學生與其家庭、社會環境之評估及協助。 2. 個案諮商與心理治療。 3. 團體諮商與心理治療。

表 2-1 教師、輔導教師及專業輔導人員之工作內容與職掌（續）

輔導體制	內容	教師	輔導教師	專業輔導人員
處遇性輔導	社會工作、家庭輔導、職能治療、法律服務、精神醫療等各類專業服務。	源整合之個案會議，依會議共識並視受輔學生輔導需求，彈性處理出缺勤紀錄或成績評量，積極協助其在校生活適應。 3. 協助重大校園危機事件之心理輔導與介入措施。	業輔導人員及輔導資源網絡進行系統合作、管理與追蹤。 3. 精神疾病學生之轉介，並依個案學生需求適時與專業輔導人員進行合作之輔導與追蹤。建立校園與相關單位疑似精神疾病學生通報後之追蹤、輔導及訪視之合作管道。	4. 提供教師與家長輔導專業諮詢及協助。 5. 提供學校輔導諮詢服務。 6. 學習診斷與輔導。 7. 進行特殊個案學生之安置。 8. 個案資源運用與整合。

註：取自《教育部國民及學前教育署補助公立國民中學及國民小學置輔導教師實施要點》（2021 年 4 月 23 日修正）之附件六。

3. 教師之間依其角色不同，彼此分工合作，並扮演持續引導學生的角色，每位教職員應秉持教育熱忱，願意協助、輔導學生。

4. 在三級預防的輔導體制下，學校中的每個角色均是學生的輔導工作者，須具備辨識學生問題及蒐集學生資料的能力，以利協助學生適應發展的過程。

5. 對於適應不良或特殊需求的學生，輔導工作應進一步推展至其家庭、環境的評估，並針對其特殊需要及問題，給予適切協助或進行轉介服務。

6.輔導之初級工作須具備積極、教育、預防性的理念，在行政組織之間橫向串聯、分工合作，共同規劃及辦理各種活動，以預防問題的發生，並找出最佳的解決辦法。

7.一個有效的輔導計畫應為學校整體教育計畫中的一部分，它應能滲透學校組織，使學校與學生、家庭、社會及校外生活經驗密切配合。

8.有效的輔導組織應具備縱向的與其他層級學校，以及橫向的與其他社區、社會機構之協調、配合責任，共同為協助學生長期發展適應之目標而努力。

在上述輔導組織的運作原則下，輔導處（室）的主要工作內容如下：

1.聯合學校行政中之其他單位組織，促使輔導工作成為學校教育規劃的一環，以協助每位學生成長發展。

2.統籌規劃全校學生輔導工作計畫，為學校教育計畫的一部分，並應能滲透學生校內外生活中，與其生活經驗密切連結。

3.取得其他處室的認同及合作，並能與各處室、教師等，溝通協調學生輔導工作之合作與分工。

4.推動及催化學校之教師，共同執行輔導工作之各項計畫內容，例如：學生生涯輔導計畫、生命教育暨憂鬱防治計畫、家庭教育計畫、兒少保護相關措施等。

5.聘任符合資格的輔導人力及爭取適切的其他輔導相關資源，進入校園，以利輔導工作之推展與進行。

6.輔導處（室）為學校教師的資源或後盾，不僅為學校教師的諮詢者，且在協助教師參與輔導學生之工作上共同合作，並能勝任愉快。

7.取得教師的合作，並強調全校教師守護學生身心健康的責任，積極催化學校初級輔導工作之推展。

8.建立完善的學生輔導資料系統，協助教育工作者了解及正確、有效的運用學生資料，以輔導學生。

9. 與校外相關之社區心理衛生資源或醫療單位連結，建立學校與社區之間的輔導資源網絡，健全全校師生心理衛生的發展。

10. 輔導組織應為學生三級預防輔導工作的守護員，當偏差行為學生需要轉介時，輔導專業能適時提供協助。

根據上述輔導組織的原則要點及工作內容，以下簡介各級學校的輔導組織及運作概況，以協助讀者了解各級學校輔導組織的運作情形。

貳、各級學校的輔導組織及運作概況

一、國民中小學的輔導組織現況及人力編制

學校行政組織的組成主要是為了推動學校內部工作得以正常運作，同時為協助學生的健全發展，各處室彼此連結、建立合作，尤其在學生輔導工作上，更需建立起資源銜接及橫向、縱向連結的關係。學校的學生輔導工作多由一明確組織，例如：輔導處、輔導處（室）或是輔導中心，來統籌規劃，並協調其他處室或單位的資源或人力，以下簡介國民中小學輔導組織及運作概況。

（一）國民中小學輔導處（室）的組織現況

中小學行政組織編制之法令，係依據《國民教育法》、《國民教育法施行細則》、《國民小學與國民中學班級編制及教職員員額編制準則》等相關法規。各級學校輔導組織現況與學校組織大小、班級編制及教師員額之編制，係依據 2016 年修正公布之《國民教育法》第 10 條，明訂國民中小學各處室之設置規定如下：

「……國民小學及國民中學，視規模大小，酌設教務處、學生事務處、總務處或教導處、總務處，各置主任一人及職員若干人。主任由校長就專任教師中聘兼之，職員由校長遴用，均應

報直轄市或縣（市）主管教育行政機關核備。

國民小學及國民中學應設輔導室或輔導教師。輔導室置主任一人及輔導教師若干人，由校長遴選具有教育熱忱與專業知能教師任之。輔導主任及輔導教師以專任為原則。」

目前，國民中小學輔導處（室）的組織，十二班以下學校者，得設輔導、資料二組，但一般學校通常會基於經費的考量及對輔導工作的不重視，十二班以下學校多數僅設輔導室，且僅有輔導主任一人，綜攬全校輔導工作；而二十五班以上學校，多數輔導組織會依辦法設立輔導室，下設輔導、資料二組，組織上較為健全。同時，依據 2016 年 7 月 1 日修正發布的《國民教育法施行細則》第 14 條，明訂輔導室的相關工作內容：

「……四、輔導室（輔導教師）：學生資料蒐集與分析、學生智力、性向、人格等測驗之實施，學生興趣成就與志願之調查、輔導及諮商之進行，並辦理特殊教育及親職教育等事項。……」

依新頒訂的法令顯示，學校輔導組織及人力編制將依據學校班級數的規定而更為明確，輔導組織及人力資源在規劃完整的狀態下更有利於輔導工作的推展。

學校系統中有行政組織分工與合作的需求，故於組織系統的分工下，輔導室主掌校園學生輔導工作的統籌規劃與執行，並於行政組織間建立橫向的合作機制。筆者嘗試整理我國中小學可能較為健全的行政及輔導組織圖，如圖 2-1 所示。此組織圖為學校行政組織的基本架構，各校可再依法規及其需求，進行組織調整。

組織可以再造，然不論經歷怎樣的組織變革，學校輔導工作均需要每位行政人員及教職員工的密切配合，才能有效推展。身為第一線與學

圖 2-1　現行國民中小學學校輔導組織圖

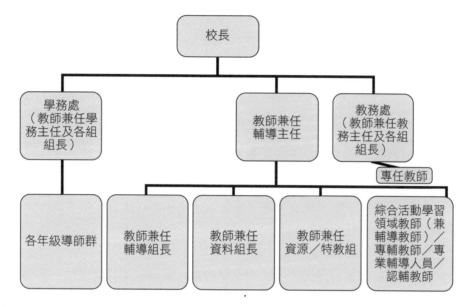

生接觸的教師，扮演的角色有二：一是教學；二是輔導。洪莉竹（2000）
進一步回歸教育本質的觀點，探討教師在學校輔導工作中扮演的角色，
有五：(1)專業知能與技能上的典範；(2)學習方向與方法上的指引；(3)傾
聽與關懷的支持；(4)提供訊息或知識；(5)示範與引導。並以此策勵教
師，身為教師不僅是教學、作育英才，學生輔導工作亦為教師專業工作
的一環，切記不可忘失本質。

（二）國民中小學專任輔導教師之編制

　　關於國民中小學專任輔導教師的聘任，仍依據 2016 年修正公布的
《國民教育法》第 10 條之規定：

「……輔導主任及輔導教師以專任為原則。前項專任輔導教師
員額編制如下：
一、國民小學二十四班以上者，置一人。

二、國民中學每校置一人，二十一班以上者，增置一人。

前項規定自中華民國一百零一年八月一日施行，於五年內逐年完成設置。……」

以及依據 2014 年制定公布的《學生輔導法》第 10 條規定：

「高級中等以下學校專任輔導教師員額編制如下：

一、國民小學二十四班以下者，置一人，二十五班以上者，每二十四班增置一人。

二、國民中學十五班以下者，置一人，十六班以上者，每十五班增置一人。……」

　　由新修訂的法規得知，國民中小學的專任輔導教師員額編制，因學生之需求漸被重視，與未修訂之前的法規相較，國民小學之專任輔導教師的地位更被確認；另外在班級數上的調整，國民中學過去班級數須達二十五班以上才得以增聘，而在新修訂之《學生輔導法》中，專任輔導教師之員額，班級數降為十六班以上即可增聘之。

　　而關於專任輔導教師授課的基本節數，則依據 2016 年 4 月 8 日修正的《國民中小學教師授課節數訂定基準》規定：

「五、輔導教師負責執行發展性及介入性輔導措施，並協助處遇性輔導措施，以學生輔導工作為主要職責；其授課時數，規定如下：

（一）專任輔導教師不得排課。但因課務需要教授輔導相關課程者，以不超過教師兼主任之授課節數排課。

（二）兼任輔導教師之減授節數，國民中學教師以十節為原則，國民小學教師以二節至四節為原則。」

據此，輔導教師在校教學與輔導工作之角色明確性漸升，與一般專任教師以教學工作為主有所差異。

（三）國民中小學兼任輔導教師之編制

在專任輔導教師完成充分設置之前，為避免輔導人力不足的狀況，故依據 2018 年 7 月 6 日配合《學生輔導法》修正發布的《國民小學與國民中學班級編制及教職員員額編制準則》，國民中小學兼任輔導教師之編制將逐年遞減直至完成專任輔導教師員額充分設置為止。該準則進一步分別訂定「國民小學專任及兼任輔導教師逐年配置基準表」及「國民中學專任及兼任輔導教師逐年配置基準表」，表中呈現自 2017 年起，國民小學直至 2031 年、國民中學直至 2025 年完成配置之前，兼任輔導教師將隨著時代趨勢逐年遞減，直至全數刪除。相關規定如下：

第 3 條：「國民小學教職員員額編制如下：……五、專任輔導教師：班級數二十四班以下者，置一人；二十五班至四十八班者，置二人；四十九班以上者以此類推。……第一項第五款有關專任輔導教師之配置規定，學校應自中華民國一百零六年八月一日起，於十五年內逐年完成。完成前，由符合學生輔導法施行細則第二條第二款規定之教師兼任。國民小學專任及兼任輔導教師逐年配置基準表，規定如附件一。」

第 4 條：「國民中學教職員員額編制如下：……五、專任輔導教師：班級數十五班以下者，置一人；十六班至三十班者，置二人；三十一班以上者以此類推。……第一項第五款有關專任輔導教師之配置規定，學校應自中華民國一百零六年八月一日起，於九年內逐年完成。完成前，由符合學生輔導法施行細則第三條第二款規定之教師兼任。國民中學專任及兼任輔導教師逐年配置基準表，規定如附件二。」

根據此準則，兼任輔導教師之配置目的主要在補專任輔導教師之不足，避免專任輔導教師設置完成前輔導人力的缺口。故待專任輔導教師完成設置後，兼任輔導教師將全數刪除。

由該準則的調整中得知，學生輔導工作的專業需求更被重視，輔導教師的充實性更被在乎，希望透過法令的催化與輔導人力的到位，期許未來學生的問題得因輔導資源的挹注而減少。

（四）專業輔導人員之編制

隨著社會、時代變遷，學生問題日趨複雜，需更多輔導人力資源挹注，因此在 2016 年修正公布之《國民教育法》中，確認了專任專業輔導人員在校園組織中的角色。依據《國民教育法》第 10 條的規定：

> 「……國民小學及國民中學得視實際需要另置專任專業輔導人員及義務輔導人員若干人，其班級數達五十五班以上者，應至少置專任專業輔導人員一人。直轄市、縣（市）政府應置專任專業輔導人員，視實際需要統籌調派之；其所屬國民小學及國民中學校數合計二十校以下者，置一人，二十一校至四十校者，置二人，四十一校以上者以此類推。……」

以及 2019 年教育部依據《國民教育法》第 10 條第 8 項之規定，修正《高級中等以下學校及各該主管機關專業輔導人員設置辦法》（原《國民小學國民中學及各直轄市縣（市）政府置輔導人員辦法》），後又於 2020 年進行修正，其中第 2 條明訂：

> 「本辦法所稱專業輔導人員，指高級中等以下學校（以下簡稱學校）及各該主管機關依下列規定聘用之人員：
> 一、依學生輔導法第十一條第一項、第二項、國民教育法第十條第六項及第七項規定聘用之專任專業輔導人員。

二、依兒童及少年福利與權益保障法第八十條第一項規定聘用
　　之社會工作人員或專任輔導人員。

三、依偏遠地區學校教育發展條例第十一條第五項聘用之專業
　　輔導人員或社會工作人員。」

　　至此，國中小的輔導工作因專任專業輔導人員的加入，使學校三級預防的輔導專業架構更為完善。雖然校園內的專任輔導教師可以協助學生進行初級及二級之預防性輔導工作，然而，當學生發生危機事件，乃至嚴重行為偏差，或罹患精神疾病（如憂鬱、焦慮）等問題時，仍亟需二、三級諮商、治療性的專業人力資源。目前，輔導專業、專任因法令的修正而更被重視，同時透過法令的修正，亦使國民中小學輔導組織及輔導人力更為完善，未來在學校中，不僅有專任輔導教師，亦有專任專業輔導人員之設置。

　　一般來說，行政組織的設置在學校中較無問題發生，較常發生的狀況是學校行政組織中的人力資源常出現非專人專用，或有缺乏專業人力的現象，例如：輔導處（室）應任用輔導相關背景的人力，但往往受限於組織編制或教師總額之限制，或是綜合領域授課非升學重要學科等因素之考量，學校無法聘足輔導專業人力，而由其他人力來支援；或是對輔導人力過度壓榨，例如：小學的輔導教師常兼任導師工作，雖因兼任導師得減授時數二至四節，但卻得兼負起國小班級中，由導師轉介至輔導處（室）之行為問題學童的輔導工作，以及協助輔導處（室）推動團體輔導之實施，此易造成輔導教師與其導師工作相衝突的情形，以及對該人力任務過度期許，致使學校中的輔導人力衰竭、耗損。近年來，因《國民教育法》的修正、《學生輔導法》的立法通過，以及教育部積極推動，縣市國民中小學的輔導工作因輔導人力之挹注，正呈現一股新氣象。由此也可以看出，政府在法令上不斷釋出的善意、美意，輔導人力

之專業、專任已讓輔導工作呈現不同於過往之風貌。

　　另外，因「十二年國民基本教育課程綱要」（「108 課綱」）的頒訂，綜合領域課程的推動，將輔導、家政、童軍放在同一綜合領域學科；即使各國中於該領域學科配課方式不同，部分學校仍依教師專業來授課；但多數學校朝向綜合領域課程共備方向進行、更加關注學生的生活經驗，於綜合領域課程中融入各輔導相關議題，引導學生於課程中進行體驗、反思與實踐、創新；綜合活動學習領域教師雖於備課負荷增加，但校園內預防發展性輔導課程卻因綜合領域教師的努力，責無旁貸地承擔起初級輔導任務，使得學生得以更廣闊的多元視野，思辨統整個人經驗。

（五）各縣市學生輔導諮商中心

　　依據 2014 年制定公布的《學生輔導法》第 4 條和第 11 條：

第 4 條：「各級主管機關為執行學生輔導行政工作，應指定學生輔導專責單位或專責人員，辦理各項學生輔導工作之規劃及執行事項。

高級中等以下學校主管機關應設學生輔導諮商中心，其任務如下：

一、提供學生心理評估、輔導諮商及資源轉介服務。

二、支援學校輔導嚴重適應困難及行為偏差之學生。

三、支援學校嚴重個案之轉介及轉銜服務。

四、支援學校教師及學生家長專業諮詢服務。

五、支援學校辦理個案研討會議。

六、支援學校處理危機事件之心理諮商工作。

七、進行成果評估及嚴重個案追蹤管理。

八、協調與整合社區諮商及輔導資源。

九、協助辦理專業輔導人員與輔導教師之研習與督導工作。

十、統整並督導學校適性輔導工作之推動。

十一、其他與學生輔導相關事宜。

學生輔導諮商中心之建置規劃、設施設備、推動運作及與學校之協調聯繫等事項之規定，由高級中等以下學校主管機關定之。」

第 11 條：「高級中等以下學校得視實際需要置專任專業輔導人員及義務輔導人員若干人，其班級數達五十五班以上者，應至少置專任專業輔導人員一人。

高級中等以下學校主管機關應置專任專業輔導人員，其所轄高級中等以下學校數合計二十校以下者，置一人，二十一校至四十校者，置二人，四十一校以上者以此類推。……」

另外，為落實預防輔導機制，促進學生健全發展，依 2022 年修正的《教育部國民及學前教育署補助直轄市縣（市）政府設置學生輔導諮商中心要點》，各縣市教育局（處）為解決輔導專業人力缺乏的問題，並協助學校改善目前的輔導工作環境，設置「學生輔導諮商中心」，建立專業心理諮商服務模式及統籌規劃專業輔導人力，積極促進學生身心健康福祉。

以高雄市學生輔導諮商中心為例，其直接隸屬於高雄市政府教育局，召集人為教育局主任秘書，由教育局國中教育科管轄，其專業輔導人力支援含括高雄市國中、國小及高中職，組織架構如圖 2-2 所示。

高雄市學生輔導諮商中心於 2010 年擴大為七個分區服務，分別於民族國中（行政中心）、大義國中（左營分區）、青年國中（鳳山分區）、路竹高中（岡山分區）、前鎮國中（前鎮分區）、旗山國中（旗山分區）、忠義國小（大寮分區）等駐點學校設置分區中心，分區中心下設有專任督導一職，統籌規劃各區專業輔導人力的運用及輔導事務的推動。

圖 2-2　高雄市學生輔導諮商中心行政組織架構圖

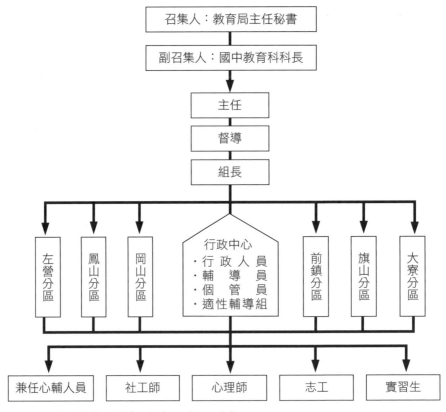

註：取自高雄市學生輔導諮商中心（無日期）。

　　中心服務對象的範圍含括高雄市各級學校之學生、學生家長、教師。任務包含：(1)提升學校心理諮商專業知能；(2)輔導協助學校轉介嚴重適應困難之學生個案；(3)協助學校辦理個案研討會議；(4)協助學校處理危機事件之心理諮商工作；(5)協助學校整合及運用社會輔導資源；(6)進行成效評估和個案追蹤管理；(7)提供家長和學校諮詢服務；(8)提供教師諮詢與諮商服務；(9)協助國中階段適性輔導之工作；(10)教師心理健康支持方案。

二、高中職的輔導組織現況及人力編制

(一)高中職輔導處(室)的組織現況

高中職的輔導組織係依據 2021 年 5 月 26 日修正公布的《高級中等教育法》第 20 條:

> 「高級中等學校設輔導處(室),置專任輔導教師,由校長遴聘具有輔導專業知能之教師擔任之。
> 高級中等學校輔導處(室)置主任一人,由校長於專任輔導教師中遴聘一人兼任之。
> 高級中等學校設輔導工作委員會,置主任委員一人,由校長兼任,其餘委員由校長就各處(室)主任及有關專任教職員聘兼之,負責協調整合各處(室)之輔導相關工作,並置執行秘書,由輔導處(室)主任兼任。」

以及 2014 年 10 月 17 日訂定發布的《國立高級中等學校組織規程準則》第 5 條規定設置:

> 「學校置教師、專任輔導教師、導師、科主任、學程主任、組長、秘書、主任、軍訓教官及護理教師;其員額編制,依高級中等學校組織設置及員額編制標準(以下簡稱本標準)第七條及第十二條規定。……」

依據《高級中等學校組織設置及員額編制標準》第 7 條:「……九、兼行政職務人員:……(三)輔導處(室)置主任一人,由校長就專任輔導教師聘兼之。如因業務設組,其組長由校長就具輔導知能之專任教師聘兼之。……」第 12 條:「學校附設國民中學、國民小學部者,其組織及員額編制,依國民教育法及其相關法規之規定。」

依據《高級中等教育法》，一般高中職的輔導組織以「輔導處（室）」為其法定名稱，統籌學校三級輔導工作，為學校一級單位。

依據《高級中等學校組織設置及員額編制標準》，輔導處得設二級單位，其組別為輔導、資料二組。但實際的組織編制上有其困難實施之處，實際組織編制如圖 2-3 所示，在多數高中職之輔導組織中，主任輔導教師下並無輔導組或資料組來分擔輔導行政，因此輔導行政多由專任輔導教師分擔之。而在綜合高中之輔導組織中，則因之需求業務，得設「輔導組」協助行政工作。

2000 年，教育部推動教訓輔三合一實驗方案，依據教訓輔三合一的精神，企圖進行輔導組織再造，當時有些實驗學校自動更名為「輔導處」，下設「心理衛生組」及「資源組」二組。然於實驗方案結束後，在無相關經費支援的狀況下，「輔導處」的名稱雖仍存在，但下設分組之編制撤除，此致使目前高中職的輔導組織有些學校稱「輔導處」，有些稱「輔導室」之窘境。不論名稱為何，目前大部分的高中輔導組織編制仍如圖 2-3 所示。

圖 2-3　高中職輔導工作委員會架構圖

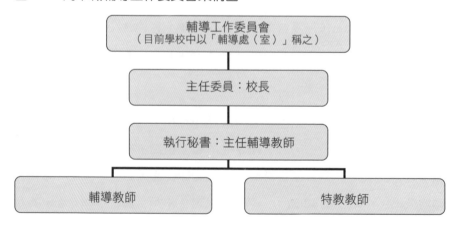

　　圖 2-3 為當前高中職輔導工作委員會主要的組織架構。主任輔導教師下並無其他行政組織之編制，致使高中職專任輔導教師須承擔輔導行政工作，並在教育部國民及學前教育署多項政策及計畫的推動下，例如：友善校園相關之輔導活動及競賽、配合教育改革「108 課綱」學習歷程檔案的建置與推動，高中職輔導教師之行政業務亦趨繁重，導致學校組織中的教職員多將輔導教師視為學校行政人員，輔導教師在行政組織及工作職掌中常有妾身未明的狀況。

（二）高中職專任輔導教師人力編制

　　高中職專任輔導教師的人力編制，係依據 2016 年修正公布的《高級中等教育法》第 20 條、《學生輔導法》第 10 條、《學生輔導法施行細則》第 11 條規定辦理。

　　《高級中等教育法》第 20 條規定：「高級中等學校設輔導處（室），置專任輔導教師，由校長遴聘具有輔導專業知能之教師擔任之。高級中等學校輔導處（室）置主任一人，由校長於專任輔導教師中遴聘一人兼任之。……」

　　《學生輔導法》第 10 條規定：「高級中等以下學校專任輔導教師員額編制如下：……三、高級中等學校十二班以下者，置一人，十三班以上者，每十二班增置一人。學校屬跨學制者，其專任輔導教師之員額編制，應依各學制規定分別設置。」

　　《學生輔導法施行細則》第 11 條規定：「本法第十條所定高級中等以下學校專任輔導教師員額編制之計算方式如下：……三、高級中等學校班級數十二班以下者，置一人，十三班至二十四班者，置二人，二十五班以上者以此類推。……」

　　目前，高中輔導處（室）的輔導人力現況，仍因輔導組織未能健全，輔導行政工作除了主任輔導教師外，專任輔導教師仍需共同承擔輔導行

政工作；另外兼任生涯、生命等綜合領域課程、個案管理與輔導工作等，仍呈現輔導人力困窘之境。

但因為相關法令的調整，例如：高中職輔導人力依據 2014 年通過之《學生輔導法》第 7 條：「學校校長、教師及專業輔導人員，均負學生輔導之責任。……」以及 2014 年修正發布的《高級中等學校學生輔導辦法》第 3 條：「學校校長與全體教師均負學生輔導之責任，透過教務、學務、總務及輔導相關人員互助合作之互動模式，與家長及社會資源充分配合，對學生實施輔導工作。」再加上 2021 年教育部修訂之「學校三級輔導體制中教師、輔導教師及專業輔導人員之職掌功能表」，明確指出各級學校系統中的教育工作者，需以學生發展三級預防的概念為基礎，確實落實以學生為主體之分工合作。由此可知，全體教育工作者在學校中不僅是初級輔導工作的重要推手，同時也是學生適應發展的引領者，更是輔導組織的重要人力資源，故充實全體教職員工的輔導知能，乃成為輔導處（室）重要且必要的工作要項。

（三）高中職專業輔導人員之編制

高中職專業輔導人員之編制及人力運作，係依據《學生輔導法》第 11 條的規定辦理：

> 「高級中等以下學校得視實際需要置專任專業輔導人員及義務輔導人員若干人，其班級數達五十五班以上者，應至少置專任專業輔導人員一人。
> 高級中等以下學校主管機關應置專任專業輔導人員，其所轄高級中等以下學校數合計二十校以下者，置一人，二十一校至四十校者，置二人，四十一校以上者以此類推。……」

各縣市高中輔導人力多依法規確實執行，因專業輔導人員的挹注將

更形紮實。各縣市之專業輔導人員的晉用及運作，依教育局（處）下之學生輔導諮商中心的統籌調派作法不一，無一明確形式。以高雄市為例，各高中職所置之專業輔導人員由高雄市教育局學生輔導諮商中心依其心理師、社工師在各行政分區的人力需求晉用，並由中心統籌調派之。

三、大專校院的輔導組織現況及人力編制

（一）大專校院的輔導組織現況

自 1990 年代起，各大專校院紛紛成立「學生輔導中心（諮商中心）」，為學生輔導工作之統籌單位；儘管如此，大專校院之輔導組織名稱與架構，卻是各校各異。法源依據主要為 2019 年 12 月 11 日修正公布之《大學法》第 5 條和第 14 條之規定及辦理：

> 第 5 條：「大學應定期對教學、研究、服務、輔導、校務行政及學生參與等事項，進行自我評鑑；其評鑑規定，由各大學定之。……」
>
> 第 14 條：「大學為達成第一條所定之目的，得設各種行政單位或召開各種會議；行政單位之名稱、會議之任務、職掌、分工、行政主管之資格及其他應遵行事項，於大學組織規程定之。……」

《大學法》對於大專校院學生輔導工作組織缺乏明確制定，輔導專責單位的層級與歸屬無清楚規範，係完全尊重大學自主的精神及學校發展、自治原則，容許各校自行訂定組織架構。故多數大專校院在處理學生事務的單位下，以學生事務相關工作進行分組，包括：課外活動指導組、生活輔導組、諮商輔導組（或心理輔導中心、心理諮商中心）、學生職涯發展中心、特殊教育學生資源中心等，以及教官室等單位之專兼

任人員，故有些學校稱之為「學生輔導中心」、「諮商輔導組」、「健康及諮商中心」、或「學生諮商中心」。再從各校組織架構中，將學生輔導中心視為一級單位、或隸屬學務處下的二級單位之差別，可看出各校對於學校輔導工作之重視程度及定位之差異。國內多數大專校院之輔導中心多歸屬於學生事務處所管轄，為學生事務處的一組，以下以圖 2-4 簡介大專校院輔導行政組織之概況。

圖 2-4　大專校院輔導行政組織圖

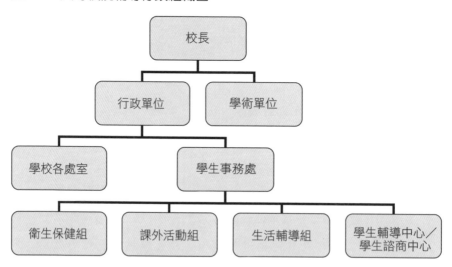

根據圖 2-4 所示，學生輔導中心隸屬於學生事務處，為學生事務處的一組，在學校裡為二級單位，須依學生事務處之指示或命令行事。大專校院中的一級主管多由各系所教授兼任，此一行政主管不一定為輔導背景或相關專業，故對專業之輔導工作內涵的了解，由聘任的輔導教師或諮商心理師協助之，內部組織中各項事務的承辦人員需多與其主管溝通，以協助主管理解輔導工作之內涵與重要性。

（二）大專校院的輔導人力編制

大專校院的輔導人員編制依據《學生輔導法》第 11 條規定辦理：

「……專科以上學校學生一千二百人以下者，應置專業輔導人員至少一人；超過一千二百人者，以每滿一千二百人置專業輔導人員一人為原則，未滿一千二百人而餘數達六百人以上者，得視業務需求，增置一人。但空中大學及宗教研修學院，不在此限。

學校分設不同校區者，應依校區學生總數分別置專業輔導人員。」

法令期許各大專校院聘足輔導人力，以利輔導工作推展，但各校因組織規劃及運作差異，或因學校需求等考量因素不一，故在專業人員的晉用，目前未有明確規則。

第二節　輔導教師／人員的資格條件與角色任務

壹、學校輔導教師／人員的資格條件

一、國民小學專任、兼任輔導教師

國民小學專任及兼任輔導教師之聘任辦法，主要係依據《學生輔導法施行細則》第 2 條規定辦理：

「國民小學輔導教師之資格如下：

一、專任輔導教師：

（一）於一百零一學年度至一百零五學年度，應具有下列資格之一：

1. 輔導、諮商、心理相關系所組畢業（包括輔系及雙主修）
    且具國民小學合格教師證書，或同時具輔導（活動）科或
    綜合活動學習領域輔導活動專長教師證書及國民小學合格
    教師證書。
2. 國民小學加註輔導專長教師證書。

（二）自一百零六學年度起，應具有國民小學加註輔導專長教
　　　師證書。

二、現任校內合格教師兼任輔導教師，應依下列專業背景之優
　　先順序選任：

（一）具備擔任專任輔導教師資格。

（二）修畢輔導四十學分。

（三）修畢輔導二十學分。」

　　同時，全國各縣市政府教育局（處）依據 2018 年 7 月 6 日修正的
《國民小學與國民中學班級編制及教職員員額編制準則》所確認之「國
民小學專任及兼任輔導教師逐年配置基準表」，以及 2021 年修正的《教
育部國民及學前教育署補助公立國民中學及國民小學置輔導教師實施要
點》，自 2012 年起逐步增置國小專任輔導教師，各校專任輔導教師尚未
補齊前，學校得因學生輔導工作需求設置兼任輔導教師，直至 2031 年以
後專任輔導教師全數到位，兼任輔導教師全部退場。

　　由上述法令設定的條件，確知國民小學之輔導教師的資格有其專業
性的要求。一般來說，在國民小學服務之輔導教師，須兼具國民小學教
師證書，以及輔導活動科／綜合活動學習領域輔導活動專長之證書（含
輔導第二專長證書）；換句話說，即為各大專校院中教育系所、輔導與
諮商系所、教育心理與輔導系所、心理系所畢業，或修畢輔導四十學分、
輔導二十學分者，並修畢小學教育學程，參與實習後，通過教師檢定者，

即具備輔導教師的資格。未來可參與取得各縣市教師甄試中輔導教師的缺額，成為正式的國民小學基本之輔導專業人力。

二、國民中學專任、兼任輔導教師

國民中學專任及兼任輔導教師之聘任辦法，主要係依據《學生輔導法施行細則》第 3 條規定辦理：

「國民中學輔導教師之資格如下：

一、專任輔導教師：

（一）於一百零一學年度至一百零五學年度，應具有下列資格之一：

1. 輔導、諮商、心理相關系所組畢業（包括輔系及雙主修）且具中等學校合格教師證書。

2. 中等學校輔導（活動）科或國民中學綜合活動學習領域輔導活動專長教師證書。

（二）自一百零六學年度起，應具有中等學校輔導（活動）科或國民中學綜合活動學習領域輔導活動專長教師證書。

二、現任校內合格教師兼任輔導教師，應依下列專業背景之優先順序選任：

（一）具備擔任專任輔導教師資格。

（二）修畢輔導四十學分。

（三）修畢輔導二十學分。」

目前，全國各縣市政府教育局（處）依據 2018 年 7 月 6 日修正的《國民小學與國民中學班級編制及教職員員額編制準則》所確認之「國民中學專任及兼任輔導教師逐年配置基準表」，以及 2021 年修正的《教育部國民及學前教育署補助公立國民中學及國民小學置輔導教師實施要

點》為準則，國民中學專、兼任輔導教師之消長，自 2012 年逐步增置國民中學專任輔導教師始，直至 2025 年兼任輔導教師全部退場。

由上述法令設定的條件，確知國民中學之輔導教師的資格有其專業性的要求。一般來說，在國民中學服務之輔導教師，須兼具國民中學教師證書，以及輔導活動科／綜合活動學習領域輔導活動專長之證書（含輔導第二專長證書）；換句話說，即為各大專校院中教育系所、輔導與諮商系所、教育心理與輔導系所、心理系所畢業，或修畢輔導四十學分、輔導二十學分者，並修畢中等教育學程，參與實習後，通過教師檢定者，即具備輔導教師的資格。未來可參與取得各縣市教師甄試中輔導教師的缺額，成為正式的國民中學基本之輔導專業人力。

三、高級中等學校專任輔導教師

高級中等學校專任輔導教師之聘任辦法，主要係依據《學生輔導法施行細則》第 4 條規定辦理：

> 「高級中等學校專任輔導教師，應具有中等學校輔導（活動）
> 科教師證書或高級中等學校輔導科教師證書。」

另外，依據《高級中等學校學生輔導辦法》第 7 條規定，輔導教師每年的輔導知能研習時數，可確認其專業能力能與時俱增，以確保其協助青少年的專業品質：

> 「學校應定期辦理相關人員之輔導知能研習，並納入年度輔導
> 工作計畫實施。
> 學校教師，每年應接受輔導知能在職進修課程至少三小時；輔
> 導處（室）主任及專任輔導教師，每年應接受在職進修課程至
> 少十八小時。但初任輔導處（室）主任及輔導教師於當年度已

完成各主管機關辦理之四十小時以上職前基礎培訓課程者，不
在此限。
學校教師依前項規定接受在職進修課程時，學校應給予公（差）
假。」

依據上述法令，欲擔任高中職輔導教師者，應具有中等學校輔導（活
動）科教師證書者或高級中等學校輔導科證書。一般而言，為大專校院
輔導、諮商、社工或心理相關系所畢業，並修習教育學程，參與教育實
習後，通過教師檢定，領有合格輔導教師之證書，便可參與各縣市高中
職教師甄試中學輔導教師的缺額，成為正式的輔導教師，此為高中職基
本的輔導專業人力。

目前，校園中多元家庭型態的產生及家庭功能的式微，使校園中的
學生問題更形複雜及嚴重，學生輔導之需求相當沉重；高中職輔導教師
之專業能力備受重視，故多能晉用專業輔導人力，以達專業專任之實。

四、大專校院輔導人員的資格

各大專校院由於強調大學的自主性，故各校學生輔導諮商中心的編
制不盡相同。聘用的情形約略可分為：約聘僱人員、研究員、公務員、
學校教師兼任之編制。不同的編制反映出學校對學生輔導工作的重視程
度，舉凡輔導中心人力為學校教師或研究員的缺額時，學校輔導工作就
較為學校師生所重視，輔導諮商中心的專任教師才得以有升遷的機會。

過去大專校院輔導人員之資格多為輔導、諮商，或心理、教育、社
工等相關系所畢業，不需取得教師資格。但近年來，由於《心理師法》
的通過，使得輔導諮商工作的專業性更被強調，故大專校院輔導人員之
學歷條件大幅提升，以取得碩士以上層級，同時領有諮商心理師、臨床
心理師專技證照者擔任，使得輔導人力得以專業專任。另外，也受到《心

理師法》的影響，心理師可以學校輔導諮商中心作為執業的場所，使得該職業場所得以收碩三全職實習之諮商、臨床心理師，亦大幅提升大專校院輔導中心之輔導人力與品質，故催化了輔導人員的任用多以諮商心理師、臨床心理師為主，造成雙贏的局面。

五、高級中等學校以下之專業輔導人員

由於校園中的學生生活適應、人際情緒問題和偏差行為與日俱增，因而專業輔導人力進入校園的需求更形迫切。各縣市教育局（處）均依據《國民教育法》、《學生輔導法》，以及 2018 年修正發布的《高級中等以下學校及各該主管機關專業輔導人員設置辦法》，下置教育局（處）學生輔導諮商中心，統籌聘用專業輔導人員，進入校園協助輔佐學校三級性輔導工作。

在諸項法令中確認，此專業輔導人員係指：領有臨床心理師、諮商心理師或社會工作師證書之人員。以諮商心理師為例，多為輔導、諮商相關研究所畢業，選修碩三諮商心理師全職實習，經高考取得諮商心理師資格者。

貳、學校輔導教師／人員的角色任務

因時代變遷，學生所處生態系統及其面臨的挑戰與問題日新月異，學校輔導工作日趨繁複。尤其是近十年，學生在情緒、行為樣態乃至其身心發展上，問題漸呈多元性及複雜性，讓輔導專業需求更形白熱化。

目前，在中小學學校行政組織中，輔導處（室）因學校班級數的差異，而呈現出組織編制的不同，然在輔導處（室）中人員的角色任務並無太大差異。筆者依據中小學輔導組織之運作原則及工作職掌為基礎，檢視並整理輔導處（室）內人員的角色任務，再補充說明大專校院可能之情形，簡略說明主要工作內容如下。

一、輔導處（室）主任

　　輔導處（室）主任或稱為主任輔導教師，是中小學各級學校輔導工作的核心人物，主導輔導工作的推動方向、推動重點的選擇，並在校園三級預防及危機處理中扮演重要角色。下列幾項工作為輔導處（室）主任的重要任務：

　　　　1. 依教育部規劃應辦之訓輔工作及校長指示，推展全校輔導活動。

　　　　2. 擬定輔導工作實施計畫，統整年度輔導工作的推動。

　　　　3. 執行或督導輔導會議之決議事項，並進行內部考核。

　　　　4. 協調編列輔導經費預算，促進輔導工作的順利推展。

　　　　5. 參加或主持校內外相關會議，與各處室業務協調，或協助各處室在工作推展過程中，增加輔導的思維，以利學生發展。

　　　　6. 統籌、聯繫校外輔導相關支援機構或單位，尋求社會資源之挹注，共同為協助學生的身心健康而努力。

　　　　7. 確定輔導處（室）人員的執掌分工，協助推展各項輔導業務。

　　　　8. 提供學校行政人員、教師及家長等，相關的輔導專業諮詢服務。

　　　　9. 統籌規劃及辦理輔導工作評鑑、友善校園事務等事宜。

　　　10. 作為特殊個案（二、三級）的對外窗口。

　　　11. 規劃校內教職員師輔導知能進修，統整運用校內輔導人力資源。

　　　12. 其他輔導相關業務及主管單位臨時交辦事項。

　　在大專校院中，輔導中心主管的職稱仍為「主任」，但多為二級主管，或由學務處處長兼任，輔導中心之業務由心理輔導組組長承辦之。工作職掌與上述所列並無差異，可能會再加上教育部或校方當年度正在推展之重點輔導業務，例如：在教育部獎勵大學卓越計畫中，輔導中心計畫承辦之子計畫等，如學務處學輔中心之「同儕培訓工作坊」等相關業務。

二、輔導組組長

國民中小學的輔導組組長是輔導處（室）中的大樑柱，是執行各項教育部、教育局（處）推動重要輔導工作方針及事項的主要人員。下列幾項內容為輔導組長主要辦理之工作要項：

1. 規劃、擬定及執行輔導組之各項工作計畫。

2. 規劃並辦理教師輔導知能研習，以提升學校教職員工的輔導知能，有效協助學生。

3. 協助教師輔導特殊個案，並提供教職員工相關的輔導諮詢服務。

4. 推展認輔制度，辦理認輔會議、個案研討、團體輔導等。

5. 辦理中輟業務，含中輟生追蹤、復學輔導會議、計畫及執行。

6. 適應困難、行為偏差學生之個案管理工作。

7. 辦理中輟生復學安置教育計畫、資源式中途班之相關業務。

8. 引進專業輔導人員或校外社區機構資源，提供師生專業服務。

9. 辦理友善校園之學生事務與輔導工作計畫相關業務，例如：定期召開友善校園會議，並執行生命教育、憂鬱及自我傷害防治、生涯輔導、學習輔導，以及家庭暴力防治、兒少保護等輔導相關業務。

10. 協助輔導專欄專刊之製作及推廣工作。

11. 辦理高關懷學生轉銜會議，了解學區內所需的輔導資源，建立學校輔導網絡。

12. 作為在家自學學生的聯繫窗口，定期協助導師進行個案訪視，並提供相關學習資源。

13. 技藝教育課程及成果展事宜。

14. 其他交辦事宜，例如：辦理國小學習扶助課業輔導、國小「攜手計畫、課後扶助方案」、國小學童課後照顧班等，並支援資料組、特教組之工作。

三、資料組組長

在學校輔導行政組織中，資料組與輔導組並列為輔導處（室）之二大組。目前，國民中小學如設有資料組長，其主要工作要項如下所示：

1. 學生輔導資料系統之建立與應用，例如：管理學生校務行政系統中的輔導綜合資料（傳統上所稱的 A、B 卡），以協助班級導師初步認識學生。

2. 索取轉學生之 A、B 卡資料，以及移轉畢業生轉出之資料，協助學生移轉學校時適應發展之用途。

3. 建立教師輔導背景相關資料及家長人力資源庫，以協助學校輔導工作順利推展。

4. 辦理志工培訓事宜，鼓勵學生、社區家長成立志工制度，協助學校相關業務之推展。

5. 辦理家庭教育相關業務，例如：親職教育座談或演講活動、親子關係促進活動，並提供親職教育相關資訊，以協助家長提升親職知能。

6. 計畫及執行生涯發展教育計畫，例如：升學博覽會、高中職參觀、職業分享、職業探索、畢業校友返校座談會等。

7. 建置、管理學生生涯檔案及生涯輔導紀錄手冊等相關業務。

8. 擬定各項心理測驗之計畫與實施，並執行測驗結束後之解釋。

9. 編製校園輔導刊物、親師通訊，以及布置生涯教育專欄。

10. 輔導處（室）圖書及相關影片之管理。

11. 其他相關事宜，例如：教育部、教育局（處）臨時交辦之活動，支援輔導組（友善校園）學生事務與輔導工作相關業務計畫。

四、特教組組長

　　近年來，因國內教育逐漸重視特殊需求學生之適應發展，並在特殊需求學生「回歸主流」之教育理念推展下，故從國中小乃至高中校園，特殊需求學生比重漸增。目前，在國中小教務處或輔導處（室）設有所謂的特教組長〔此組長編制設在教務處或輔導處（室），目前並無規章有一定規定，多由各校校長依權責處理〕，掌管特殊需求學生之工作業務。

　　國民中小學特教組長主要之工作要項如下：

　　1. 擬定特教章程、組織及運作特殊教育推行委員會相關事項，規劃特教組年度工作計畫之實施方案及執行。

　　2. 特教組相關公文之處理、聯繫與傳達。

　　3. 協調特殊需求學生之安置，並安排特教班之課程教材、教學資源、教師管理。

　　4. 擬定及執行特殊需求學生之個別化教育計畫（IEP）、召開 IEP 會議，以及處理特殊需求學生之教學輔導及個案管理工作。

　　5. 辦理特殊教育輔導知能研習，協助特殊教育教師之教學研究，並協助教師輔導特殊需求學生之教學工作。

　　6. 執行特教組相關設備需求、特殊需求學生教學輔具、課業輔導、交通費等補助計畫之申請，以及各項獎學金、教育代金輔助等之申請與相關經費核銷。

　　7. 籌辦特殊教育之宣導週活動、親師座談會、成果發表會。

　　8. 於特教通報系統中，管理特殊需求學生之資料下載、更新、上傳等工作業務。

　　9. 規劃、辦理特殊學生轉銜輔導會議。

　　10. 辦理特殊教育班學生之個案研究與輔導事項。

11. 辦理資賦優異學生縮短修業年限及資優教育方案事宜。

12. 辦理特殊需求畢業學生之追蹤輔導事項。

五、專兼任輔導教師

在各級輔導組織中,學校之專任輔導教師為學校核心輔導人力,其角色任務與工作要項,依學校層級不同,工作事項差異頗大。在國中小階段,對於學校兼任輔導教師而言,主要是以綜合領域中輔導活動之授課為主;專任輔導教師則以學生個別輔導與諮商、團體輔導與諮商為主,餘者配合行政執行各項輔導工作任務。高中專任輔導教師則以配合行政執行各項輔導行政工作,以及個別輔導與諮商、團體輔導與諮商為主,餘者授課生涯規劃課程或生命教育課程為其工作任務;大專校院之專任輔導教師(或稱諮商心理師)與高中專任輔導教師工作相近,但無授課之需求。學校專任輔導教師之主要工作要項如下:

1. 出席各項輔導工作會議,理解各項輔導工作計畫之推動,於處室內輔導工作之目標與共識下,配合、協助各組辦理學生輔導相關事宜。

2. 融入生命、性別、生涯、生活、學習輔導等教育主題,設計輔導活動課程,實施有效之輔導活動教學,以利預防性、發展性輔導工作之推展。

3. 根據學生特殊需求,設計及實施班級團體輔導工作,以利個別班級學生適應發展之需求。

4. 配合、支援處室內各組之業務推動,辦理各項輔導活動,協助各年級輔導工作之推展。

5. 執行個案輔導諮商工作,實施介入性輔導措施,針對偏差行為及嚴重適應困難學生進行危機處理、諮商輔導、資源整合、個案管理、轉介和追蹤輔導服務,並進行輔導效能之自我評鑑,或進行個案研究等。

6. 出席個案研討會議,連結學生周遭資源人力並與之對話,以協助

個案身心正向發展。

7.提供導師輔導諮詢，與導師進行特殊個案家庭訪視，進行親職諮詢教育，並與導師密切配合，以協助學生有效改善或克服學習、認知、情緒、行為及人際問題，並增進其心理健康與社會適應。

8.運用班級團體輔導，執行各項心理測驗之實施、測驗與分析。

9.針對學生特殊需求，設計及執行團體輔導諮商活動，催化學生健全發展。

10.協助輔導刊物之編輯。

六、導師及一般任課教師

導師及一般科任教師主要是教育學生的第一線工作者，主要承擔的工作為學科的教學活動；然因其與學生的接觸機會（尤其是導師），遠甚於學校行政組織中的其他角色，故對學生的身心發展影響不容小覷。他們可視為學校輔導團隊的第一線工作者，是輔導工作的重要人物，擔負著學生初級預防性輔導工作。依據教育部 2012 年頒布的「國民中小學聘任班級導師注意事項」實施學生輔導管教，其主要工作要項如下：

1.學科教學為其主要工作，應在學科教學歷程中融入各種成長過程可能遭遇到的議題並加以討論，引領學生身心朝向適應發展方向成長。

2.能主動傾聽學生的需求、困難，並為學生解答學習、生活上的疑惑。不論是導師或是一般任課教師，皆具有為學生解惑的義務及權利，例如：學習方法的指導等。

3.與輔導人員協同守護、指導、輔導學生情緒和行為的適應性發展。如當導師發現學生在某些情緒、行為、想法或生活上產生困擾時，能主動提供關心及催化學生成長，幫助學生了解自己並接受自己的能力和限制，發現自己的長處或優勢，體認自己存在的價值，並建立自己存在的尊嚴。

4. 作為學生在校園中發生問題時的轉介者,能主動為學生連結輔導上的各項行政資源,挹注多元資源進入學生成長改變的系統,以利問題的解決,以及學生身心健康的適應。

5. 作為學校輔導理念及各項輔導工作計畫的支持者及第一線推動者。

6. 能主動發現學生困境,並進行初級性輔導工作,以及登錄學生輔導紀錄,以利學生追蹤輔導的進行。如導師與學生會談後,能主動繕寫輔導紀錄,以利學生困擾問題及改善歷程的追蹤,並在學生轉換年級或轉學時,適時協助接任的導師了解及接手學生的狀況。

7. 能積極運用班週會時間,進行學生預防性輔導工作的推展,例如:由導師安排班會活動的內容,協助學生討論發展過程中可能會遭遇的問題情境,並適時引領學生正向思考問題及學習尋找資源網絡,以解決問題。

8. 能主動參與學生個案研討會,因其為學生適應性發展成長的資源之一,並視為協同輔導人力的資源。

推動學校輔導工作計畫若無導師的支持,往往成效不彰;同時因為導師及一般任課教師與學生接觸的機會,遠比學校的行政處室及輔導人員高,在發現學生問題時,若能即時連結其他處室資源的加入,為學生挹注相關資源,緩解學生的情緒壓力,學生問題的解決便會多一份助力。故導師及一般任課教師不應將自己僅設定為教學工作者;事實上,若能把握「師者,所謂傳道、授業、解惑」的精神,將對學生身心成熟發展的歷程發揮極大的影響力。

七、高級中等學校以下之專業輔導人員

有鑑於時代轉變,學生的心理困擾和適應,以及偏差行為等議題,其發生年齡層有逐年下降趨勢,故輔導工作三級預防的概念更被重視。

為充實學校輔導人力資源，協助學生適應發展，各縣市教育局（處）下設置學生輔導諮商中心，統籌運用輔導人力編制中的專業輔導人員。

各縣市教育局（處）主要是依據 2016 年修正公布的《國民教育法》第 10 條、2014 年制定公布的《學生輔導法》第 11 條，確認了專業輔導人員在校園輔導工作中的地位，並依據 2020 年修正發布的《高級中等以下學校及各該主管機關專業輔導人員設置辦法》，確認專業輔導人員之設置。此專業輔導人員係指：領有臨床心理師、諮商心理師或社會工作師證書之人員。因法令的制定與執行，明確其在高級中學學校以下正式行政組織編制的合法位置。

（一）諮商／臨床心理師

目前此類人員之編制，包含：各縣市教育局（處）所屬科室中成立的學生輔導諮商中心之專業輔導人員，其角色任務說明如下。

依據 2020 年修正公布的《高級中等以下學校及各該主管機關專業輔導人員設置辦法》第 17 條規定：

「專業輔導人員服務對象為學校具正式學籍之學生，及二歲以上就讀幼兒園之幼兒。

專業輔導人員之服務內容如下：

一、學生及幼兒學習權益之維護及學習適應之促進。

二、學生及幼兒與其家庭、社會環境之評估及協助。

三、學生及幼兒之心理評估、輔導諮商及資源轉介服務。

四、教育人員、教保服務人員、父母、監護人或其他實際照顧學生與幼兒之人，其輔導學生與幼兒之專業諮詢及協助。

五、學校及幼兒園輔導諮詢服務之提供。

六、其他由學校主管機關指派與學生及幼兒輔導或兒童少年保護相關之工作。……」

據此，各縣市政府學生輔導諮商中心的心理師，其角色任務與主要工作事項如下：

1.作為各縣市教育主管單位校園諮商方案的宣導、經營者，以建立校園心理諮商服務模式，提升學校心理諮商專業知能，協同學校內的輔導人力，發展合作取向之輔導策略模式，成為學校的輔導資源、合作者。

2.支援各級學校諮商專業人力，協助學校轉介之適應困難學生個案，提供直接的心理諮商服務，並進行個案諮商方案之管理及諮商成效評估，以提升學生輔導工作的品質。

3.提供教師輔導知能，以及家長親職知能之專業諮詢服務，以協助教師、家長成為學生發展的重要正向資源或助力，強化學生適應發展。

4.學校突發性重大危機事件之支援或主責單位，例如：學生跳樓意外事件等，協助學校整合教育、醫療、社政、諮商等資源，建構完整危機處理之架構及資源網絡。

5.協助學校針對適應困難學生辦理個案研討會議，評估學生問題之成因與發展史，集結學生生態系統中重要的資源網絡，以協助級任教師、家長和學校輔導人員，成為學生正向發展的影響力。

6.作為各縣市適應困難學生個案追蹤輔導及轉介的管理者。由於其服務年齡層橫跨高中、國中、國小、幼兒階段的學生，可進一步建構適應困難學生之追蹤輔導及轉介流程，提供資訊，減少轉介接手的學校輔導工作者在協助介入時的摸索時間。

7.配合學生輔導諮商中心之規劃，協助執行辦理專業輔導人員與輔導教師之研習與督導工作，以催化助益輔導人力資源之提升。

8.協助統整並督導各縣市國民小學、國民中學校園適性輔導工作之推動。

　　各縣市學生輔導諮商中心依其地區需求及特色，在組織架構有所差異，例如：台北市推動駐區心理師的計畫，不僅於 2010 年 8 月成立「台北市學生諮商中心」（2011 年 8 月更名為「台北市學生輔導諮商中心」），支援學校專業人力，同時結合實施多年的「國民中小學駐區心理師專業服務實施計畫」，將中心與駐校之輔導人員人力合併重組，並分為東、西、南、北四區，提供心理師或社會工作師進駐校園服務。各區依學生人數、幅員範圍、交通狀況、社區特性等，遴選該區中的部分學校為駐區學校，負責該區有關本計畫之行政、宣導、與諮商心理師和區內各校之溝通協調，以及個案諮商時間之安排、成果彙整等事宜。該兩大專業人力資源的挹注，對學生輔導工作的協助有很大的幫忙。

（二）社工師

　　依據《學生輔導法》第 4 條及《高級中等以下學校及各該主管機關專業輔導人員設置辦法》第 17 條規定，各縣市政府學生輔導諮商中心的社工師之角色任務與主要工作事項如下：

　　　1. 作為校園社工方案的宣導、經營者，以建立校園社工服務模式，評估個案問題需求，研擬後續處遇計畫，協同學生生態系統中可能資源人力，發展合作取向之輔導策略模式。

　　　2. 提供轉介學生的家庭可能需求之資源並進行轉介，成為學校的輔導資源之一，以達區域內資源連結與共享之理念。

　　　3. 支援各級學校社工專業人力，於入校服務個案進行評估時，如發現學校轉介之適應困難學生個案，需要直接的心理諮商服務，得進行個案研討及轉介評估，以提升學生輔導工作的品質。

　　　4. 提供教師輔導知能與學生家長親職知能之專業諮詢服務，以協助教師、家長成為學生發展的重要正向資源或助力，強化學生適應發展。

　　　5. 學校突發性危機事件之支援或主責單位，例如：學生跳樓意外事

件等,得協助學校整合教育、醫療、社政、諮商等資源,建構完整危機處理之架構及資源網絡。

6. 協助學校進行高關懷學生評估及轉介輔導等工作,期能有效預防學生中輟情事,例如:協助追輔中輟學生復學後的適應情形,以降低學生再度中輟的危機;或脆弱家庭中可能需關懷的高危機個案。

7. 配合學生輔導諮商中心之規劃,協助執行辦理專業輔導人員與輔導教師之研習與督導工作,以催化助益輔導人力資源之提升。

8. 協助統整並督導各縣市國民小學、國民中學校園適性生涯輔導工作之推動。

社工師進入校園,始因校園內學生議題漸趨多元、複雜,亟需各專業領域共同合作;當個案服務引入社工專業,其運用社會資源得宜,學生問題逐步解決的可能性大增;唯其服務模式、工作內容與社會局(處)、衛生局(處)等相關單位社工師之區分,仍有待建立及磨合。

依據上述法令及有鑑於兒少問題的日益嚴重,並在處理過程中發現,兒少問題與學生的家庭環境有極大的相關,亟需社會工作專業與社會資源的運用,才能使複雜的學生問題獲得解決。故從 2000 年起,於台北縣市試辦學校社工師至今,希望以社會工作的專業,強調整合生態系統及網絡建構的概念,協助處理危機性、保護性個案與中輟學生等。在此試辦過程中,各地的執行模式及效果雖然不同,但多數學校均肯定學校社工師在校的功能。學校社工師在校的角色任務與主要工作事項如下:

1. 作為校園複雜個案之個案管理者,以學校中之危機性、保護性個案與中輟學生為大宗,採用「學生-學校-家庭-社區」的個案工作模式,處遇學生困擾問題,工作內容包含協助個案學生就醫、開庭、就業、心理支持及危機處理等。

2. 以人在情境中(person-in-the-environment)的生態系統觀,向教師及家長解釋學生的問題內涵,提供學校人員專業諮詢服務,例如:學

校行政主管、教職員工、學生家長等，以協助學生系統中的重要他人能理解學生問題發生的因素，建構共同協助學生的生態系統。

3. 為學生、家長及社區民眾，開辦發展性、預防性的團體輔導，或進行社區的家庭教育活動，以協助社區家長或民眾，提升家庭教育知能。

4. 作為學校與外界溝通的整合平台，與學校外各種社會福利資源或其他社會資源加以連結，是學校與社會資源連結的窗口。在處遇學生問題的過程中，有任何問題需要轉介或與外界機構合作時，例如：社會局（處）、少年輔導委員會、安置機構等，都可透過學校社工師的服務。

5. 參與社區發展工作，並能開發且運用社區資源。

6. 協調學校輔導工作相關人員共同合作，以協助學生問題之處理，提升學校教育功能。

第三節　輔導教師／人員的專業展現與工作內容

壹、輔導教師／人員的專業展現

輔導工作的終極目標，是以協助學生獲得最佳發展與成長為宗旨，這實非僅憑學校輔導處（室）的幾位輔導教師所能為之；學校中的每一位教育工作者均負有此一守護學生健全發展之責，並在不同的角色任務及專業分工合作下幫助學生。

在此所稱之輔導人員包含兩類：一類是直接輔導學生者，包括專兼任輔導教師、學校專業輔導人員（諮商／臨床心理師、社工師）、輔導處（室）組長及主任；另一類是協同輔導人員，包括校長、全體教師、學務人員，以及其他可能參與輔導工作之教職員等。這些人依其專業角色任務，統籌規劃學校輔導工作之進行與執行，並能與校園組織中的其他處室人員及教師橫向互動合作，倡導及引領學校教職員工，共同推展

學生輔導工作，並運用其輔導知能協助學校師生。

因此，輔導工作專業性的展現，除了輔導人員的專業背景、資格條件外，更需要重視輔導教師的專業態度、修養及倫理判斷。

一、輔導教師／人員之專業態度及修養

輔導教師／人員在與學生接觸的過程中，除以展現其知識專業外，輔導教師／人員所展現的修養及其專業態度，關係著輔導專業對人的影響。以下僅列出幾項提醒輔導教師／人員應有的專業態度及修養。

（一）負責及不棄不捨的態度

對自己的行為負責，俯仰天地能問心無愧，這件事相當不易。輔導教師／人員也是人，不會時時刻刻都是樂觀、正向，也會有悲傷的經驗，以及難以度過的難關，此時需時常提醒自己的行為，在每一個當下是否自在、清明，有助於人或有助於學生；當自己的狀態不佳時，能為自己的行為負責，坦然告知他人自己的不佳狀況，或當學生的議題已超過自己能處理的範圍時，應尋求資源適時轉介，不棄不捨案主並能加以負責。

（二）反思的態度與修養

建立輔導教師／人員自身對自己、對與個案工作反思的能力，此等能力有助於輔導教師／人員進行輔導工作的自我督導。確認在與學生個案的輔導歷程中，每一個當下的諮商意圖，有賴個體思辨能力的釐清，以建構更具深層同理、反映及影響力的輔導關係與工作。

多數的輔導教師／人員來自於中產階級，面對其所服務的弱勢或少數族群，常須調整其見識思維的位置。反思不僅能協助輔導教師／人員在協助個案的歷程中正向影響與個案的關係，並催化輔導教師／人員更清楚體認自己及個案如何受其所處的文化社會脈絡、家庭環境及教育制度所影響，並得以界定自我；此自我又如何影響自己在教育組織中的角

色、任務及自我定位。此一反思的價值在於重新定位自己對「人」的價值之信任,並敏感社會建構的影響及增強自己與個案同在的能力。

(三)尊重案主權益的態度,並耐心等待

學校學習制度將人帶出了家庭,開始與社會進行接觸,學生在與社會接觸的過程中發展成長,學習適應社會環境的要求,同時保有真實自我。輔導工作常需面對適應不良(佳)的學生狀況,當輔導教師/人員與案主的看法相左,甚至衝突時,如何站在案主的角度,協助其看見有利的發展權益、方向、目標,並鼓勵其採取有利社會的方法,以照顧自己的身心,並在處理抗拒型學生的歷程中,能運用策略,保持關心,維持關係,適時地等待時機,以介入協助案主適應發展。

(四)身心成熟並具情緒管控能力

身心成熟的輔導教師/人員之情緒穩定度高,心理調適能力佳,在面對學生問題當下的衝擊或是校園危機事件處理時,較能持客觀成熟、多元的角度,表現適切的態度和言行,使案主產生信賴感,以協助學生因應各種成長發展問題。如有導師轉介學生案主至輔導處(室)的態度是:「你有病,你去輔導室報到!」或僅填轉介單,而未告知學生案主將進行轉介,輔導教師/人員在此狀況下常成為學生案主的出氣筒,乃至須面對學生的防衛態度、抗拒行為。此時,輔導教師/人員的身心成熟及情緒管理能力相當重要,如此才能以尊重、同理態度,接觸貼近學生,紓解學生抗拒行為,理解其行為並非針對輔導教師/人員個人,以緩解導師轉介不當的衝突。

(五)對人、事敏感,並以同理心待人

對人、事敏感,並能以同理心待人的人,總能對許多事物了然於心,即能防患於未然。有時,案主不敢直接表達自己的困難或需要,乃致於

期望或以間接的方式，隱晦地傳遞訊息，此時輔導教師／人員應能對其態度或反應具敏感性，並能以同理的態度理解與回應案主可能的內在訊息，催化案主的覺察及經驗，才能真正地協助對方。

二、輔導教師／人員的專業倫理判斷

從事學校輔導工作，輔導教師／人員總免不了面對人性的考驗時刻及陷入兩難的情境。2015 年，台灣輔導與諮商學會制訂「學生輔導工作倫理守則」，說明學生輔導工作實務者輔導學生歷程之相關倫理議題及倫理責任，期許輔導教師／人員在進行學生輔導工作時，以致力達成維護學生權益、促進學生福祉之目標，並進一步在守則中論述十一項重要議題，提醒輔導工作實務者進行學生輔導工作兩難議題時的倫理思考與判斷。以下幾個狀況值得關注並提醒實務工作者進行釐清。

（一）輔導教師／人員的多重角色切換

輔導教師／人員在面對多重角色的考驗時，須清楚注意自己的角色切換，並能適時澄清自己面對學生案主時的狀態及角色。校園裡的輔導人員，有些人先是發展性輔導教學教師的角色，之後才是介入性輔導的諮商心理師之角色。尤其是在中小學學校組織的工作中，輔導教師因其特殊的多重角色，在工作上常將「教育」、「輔導」、「諮商」等混在一起而不自覺，在與案主的個案工作中，很難維持單純的諮商關係，諮商效果自然就會打折扣。因此，輔導教師／人員須適時提醒自己角色的變換及切割，給自己緩衝及預備好的時間，以進入諮商工作，此時才較有可能關注及理解案主的內在變化，以幫助案主人格成長，以及自我、情緒等面向的發展。

（二）輔導教師／人員澄清雙重關係的勇氣

在現行的教育制度下，國小的兼任輔導教師可能是案主的導師，國

中的綜合領域課程教師可能是案主的輔導教師，高中的輔導教師則可能是案主的生涯規劃科教師，或是生命教育課程教師。輔導教師在教學上，有指導、評量、裁決及規範學生學習行為之責任，但在學生案主有個別輔導需求時，則須轉換為諮商輔導的角色，來配合學生案主的獨特性以輔導學生。學生案主可能會困惑於輔導教師角色的轉換，不確定是否能信任輔導教師，擔心若表達出自己的負向情緒或想法時，會遭到輔導教師的評量或裁決，故在與學生案主進入諮商關係互動歷程中，不僅需注意角色的轉換，同時如何與案主澄清在不同情境下所創造出的雙重關係對彼此的影響，並協助其認知自己與輔導教師的輔導諮商關係，以及課程教師和輔導教師的角色確認，以真切地與案主進行深度諮商工作或發展療癒的歷程。

（三）輔導教師／人員認知並承認維持價值中立的困難

輔導教師／人員應能認知及承認維持價值中立的困難，勇於面對及表達自己對案主選擇或作為的價值觀，在開放、尊重的涵養中，協助案主負責地承擔行為的結果。學校輔導教師／人員沒有拒絕任何學生案主或選擇學生案主的權利，但許多時候，我們在面對價值衝擊的兩難中而不自知，例如：學生案主或家長請教輔導教師／人員對於婚前性行為、未婚懷孕，乃至墮胎、多元性別、性取向的看法時，身為輔導教師／人員的你，該如何在協助案主自主性發展的同時，亦能保有自己價值的獨立性，並承認價值中立的困難，覺知輔導教師／人員的價值觀及態度如何影響案主。

再者，當前教育思潮強調自主、自由是個體的基本人權，人有天賦的自主決定權，諮商尤其強調接受諮商與否應由案主自主決定，然在學校情境中，當被轉介的學生案主拒絕諮商輔導，甚至出現抗拒性行為時，輔導教師／人員應如何在尊重案主自由權利及協助案主成長發展的狀態，

抉擇訊息並傳遞給案主，澄清諮商是否進行及雙方對諮商進行的責任；另外，對於案主的拒絕行為及身為輔導教師／人員角色的教育責任，如何等待適切時機再行介入，並能適切回應轉介的導師，以利導師能持續幫助案主，尊重案主需求，非捨棄教育案主的責任，並轉換應用不同的輔導策略，經營輔導工作。

（四）輔導教師／人員敏感輔導關係的變化並能真誠因應

　　輔導教師／人員受聘於教育系統，協助對象多為發展中的未成年兒童和青少年，在輔導諮商歷程中，須面臨輔導關係中保密、學生／父母或監護人自主權，以及告知同意權執行時的兩難。輔導教師／人員是學校教職員工的一分子，與學校組織中的其他教職員工，共同承擔學生成長發展的責任，並肩負達成教育目標之職責。當學生案主與學校發生利益衝突時，輔導教師／人員是否能夠尊重學生案主／父母、監護人的自主權，站在學生這一方執行保密？或當案主於諮商歷程揭露之議題，關乎保密例外，或涉及案主重大決定，或可能自傷、傷人，或涉及責任通報時，輔導教師／人員如何於諮商輔導過程中與學生案主討論，並能與案主一起經歷揭露對輔導關係的考驗，執行告知同意權？或能站在保護學生案主的立場，執行保密的倫理？這種種的兩難情境，對於學校的輔導教師／人員是很大的考驗。

　　在學校的輔導諮商實務上，有幾個實際發生的情況值得探討，學校校長、訓導人員，乃至教育局（處）的軍訓室，是否有權力查看輔導教師／人員的輔導紀錄？輔導教師／人員是否要呈現歷程中的輔導紀錄或是重新撰寫成個案報告格式，給校方、教育局（處）欲查看的相關人員？輔導教師／人員是否要在與案主諮商輔導歷程之初進行場面結構，執行「告知同意權」，而非到諮商進行一半，當案主告知輔導教師／人員他與男（女）友的親密行為時，輔導教師／人員才發現情形不對，此時才

告知案主將進行責任通報，而使得輔導效果大打折扣？

在輔導關係中的真誠是輔導教師／人員的重大考驗。在學校執行輔導諮商業務時，盡可能地真誠是對案主負責的態度。故宜告知學生案主關於自己的職責及角色，並能先行告知案主有哪些狀況將進行責任通報，以執行告知同意權；尤其是個案紀錄，若有多人有權限閱覽，例如：不僅僅是輔導主任，乃至學務主任、校長，甚至是教育局（處）的軍訓室人員（這荒謬現象僅在台灣才得以出現），則須注意對學生案主權益的保護，執行告知同意權，使案主斟酌表達內容的深度，並為自己表達的結果負責。

貳、輔導教師／人員的工作內容

依學校所處的城市差異、學校組織大小，學校輔導處（室）內的輔導人員編制及輔導人力相當不同，若再加上學校行政層級上的差異，例如：國小、國中、高中、高職、大專校院等，學校輔導處（室）的組織、人力所執掌的工作任務亦有所差異。

以下以國中、高中為例，略加說明學校輔導處（室）中主要的輔導人員典型的一週，雖未能代表所有輔導處（室）的工作，但能作為輔導工作全貌的一角，讓讀者參考。

一、輔導主任典型的一週

1.規劃、掌管本學年度輔導工作計畫，確認輔導工作各組執行的進度及概況。

2.處理本學年度各項輔導活動之經費預算、請購，以及管控經費預算相關事宜。

3.協調輔導處（室）內各組辦理各項輔導活動，並統籌、管理、核銷相關輔導經費預算之運用。

4. 呈報上一學年度友善校園各項輔導計畫，以及教育局委辦之各項輔導活動執行成果。

5. 參與學校行政會議、導師會議，以及各委員會會議。

6. 參與教育局（處）要求之各項會議、研習、觀摩會。

7. 處理教育局（處）、各級學校之來函及公文，並溝通協調各處室，以利來函公文指派工作之進行。

8. 主動關心教師生活、心理健康，並提供教師輔導諮詢服務。

二、輔導組長典型的一週

1. 各項友善校園工作計畫，例如：生命教育暨憂鬱、自傷防治工作、生涯輔導、學習輔導等活動的事前準備，上簽核准、借場地、辦理活動，之後撰寫成果填報、進行經費核銷等。

2. 針對導師來談之學生問題行為、轉介的案主進行輔導諮商服務。

3. 召開處室內部的個案會議，進行個案評估，如案主不須通報，則協調輔導教師處理，輔導組長參與策略討論，支持輔導教師及相關人員。

4. 對已通報的個案，例如：中輟、性侵害、家暴、自傷等案主，召開個案會議，進行初評，協調校內相關人員分頭進行輔導工作，與社區資源系統，例如：精神科醫師、臨床心理師、諮商心理師或機構資源對話協調，並與其他局處及單位進行行政協調〔如與社會局（處）、學生諮商中心等〕，家訪，並追蹤後續輔導。

5. 辦理輔導處（室）例行活動，例如：認輔小團體、中輟業務等，包含中輟生追蹤、復學輔導會議、計畫及執行、資源式中途班、家長讀書會、輔導志工等例行行政業務（如資料繕打、開會通知、會議進行、會議記錄、簽呈、經費核銷等）。

6. 技藝班例行之行政聯繫協調工作，例如：技藝競賽、技優甄選、實用技能班分發等。

7. 協調輔導教師進行輔導刊物之編撰事宜，例如：學生稿件之批閱、繕打、校對、送印、出刊等。

8. 教育局（處）交辦工作之進行，例如：全市性或區域性的生命教育活動計畫之事前準備、上簽核准、借場地，辦理活動，之後撰寫成果填報、進行經費核銷等。

9. 綜合活動學習領域課程之授課、批改作業、領域研習活動的參與等。

10. 任教班級學生之個案輔導諮商工作。

輔導主任與輔導組長的工作非常龐雜，以下是一位接受筆者訪談的國中輔導組組長之陳述，由此我們看見了學校輔導組織中輔導組長的承擔，也突顯了輔導人力編製不足的問題。

「……每週有不少會要開，幾乎每天都有個案的問題要處理，有時是與個案個諮，有時是跟輔導老師討論、處理學生家長的諮詢、處理導師抱怨，或與社政聯繫、與心理師協調配合等事項，尤其是中輟學生案主的狀況，常令輔導工作人員疲於奔命，這些學校內個案的工作，就占據了輔導人員大部分的能量，更遑論其他工作行政事項了。……」

三、輔導教師典型的一週

近年來，兒童和青少年的身心發展因其過早接觸網路，在豐富其內在世界的同時，亦複雜了其周遭的生態環境系統，故時下的兒童和青少年出現了一些提早邁向社會化的歷程。有些學者指出，當今的教育工作面對的是一群「消失童真的兒童和青少年」的說法，這讓許多學校系統中的教育工作者不知所措；同時，也因為教育改革的衝擊，在要求尊重人權、強調民主自由精神的立基下，使得當今校園內的兒童和青少年深

受這些思潮的影響，人權意識抬頭，更有自我的主張，他們強烈要求自己的權利要受到保護，卻不問自己身為學生該付出的義務及責任。這使得校園內的個案輔導工作服務量大增，身為國中輔導教師的責任就更形加重，以下是輔導教師典型的一週：

1. 兼任輔導教師每週進行十至十四節的綜合領域教學活動，而專任輔導教師則比照主任、組長的授課鐘點，批改學生作業、學習單，以及進行領域進修活動。

2. 進行主動求助或教師轉介之適應困難學生的個別諮商輔導工作。

3. 追蹤中輟學生、電訪家長、連結催化學生案主的周遭關係人，共同協助學生案主。

4. 輔導班級導師諮詢服務，協助處理導師壓力情緒，協調聯繫相關人力資源，進行諮詢服務。

5. 協辦友善校園輔導工作規劃之活動，例如：生涯輔導、生命教育、憂鬱防治、性別教育及學習等班級團體輔導、週班會演講講座。

6. 出席個案會議，撰寫個案概況，進行個案報告，以及持續後續的輔導工作。

7. 利用午休或其他時段，帶領小團體諮商活動。

8. 協助編撰輔導刊物。

四、專業輔導人員典型的一週

由於《學生輔導法》的修法與執行，各縣市教育局（處）紛紛成立「學生輔導諮商中心」，直接隸屬於各縣市教育局（處），並以分區概念進行統籌調派、任務編組方式進行業務分工，各分區中下含：心理師／社工師督導、心理師及社工師，其中的業務分工因其專業性角色任務、服務內容有所差異。由於以分區概念執行業務，為支援該分區學校轉介的適應困難學生之服務單位，故其進入校園之際，多須了解及適應學校

校園文化並與轉介服務學校建立信任關係，以利其專業工作順利推展及進行。以下為專業輔導人員典型的一週：

1. 協助分區中各級學校（含小學、國中、高中職）轉介的適應困難學生心理評估、輔導諮商，以及資源轉介服務。

2. 協助分區中各級學校（含小學、國中、高中職）中有需求之教師、學生家長專業諮詢、諮商輔導服務。

3. 支援分區中各級學校（含小學、國中、高中職）進行個案研討會議，並於會議中進行專業服務分工，以利轉介學生之輔導工作順利進展。

4. 支援分區中各級學校（含小學、國中、高中職）校園重大危機事件（如學生自殺）之安心服務，如安心講座、安心團體、個別需求學生心理評估、心理諮商等。

5. 進行各分區學校轉介學生輔導諮商成果評估及嚴重適應困難學生個案追蹤管理，如各分區校園內之中輟學生、校安通報網中需關懷的學生。

6. 協助辦理教育局（處）委辦之專業輔導人員、輔導教師之研習與督導工作。

7. 協助教育局（處）統整及督導學校適性輔導工作之推動、檢核及督促事宜。

8. 協助各縣市教育局（處）推動之學生輔導重點工作。

結　語

學生輔導工作的落實，有待校園內的教職員工在不同的角色、職務上，能承擔不同層次學生輔導的職能與分工。教育部為回應近年來激增的校園學生問題，以及學校學生事務和輔導工作的需求，進一步結合「友善校園」學生事務及輔導工作計畫的推動，企圖為學生適應問題的困難程度，與學校校園內組織分工、角色任務分工做出新的組織與規劃，以建構

校園三級輔導工作的內涵，而增置與晉用專任專業輔導人員，更是校園輔導工作的重大進展。

　　值得慶幸的是，校園裡的學務、輔導事務因教育部多項整合計畫的推展，許多工作計畫須進行協商及討論，例如：教訓輔三合一計畫、訓輔合一計畫，乃至今日之友善校園計畫等，都促使校園行政組織漸漸具備及發展了一、二、三級輔導預防的概念；校園中的教師同仁，得透過各方案計畫進行輔導知能相關的進修研習，充實輔導相關職能。並因各縣市教育局（處）漸重視學校校園二、三級輔導的概念，建構學生諮商中心，協助推動校園二、三級輔導工作，以補校園內輔導人力不足的現象，助益全校師生。

❈ 問題與反思 ❈

基本題

1. 在學校三級輔導工作中，脆弱家庭之學生，例如：家庭經濟弱勢、單親、新移民、隔代教養等，學校中的導師、輔導教師、專業輔導人員可以如何作為及分工，以協助學生穩定就學？

2. 若有學生因憂鬱症經常拒絕上學，在學校三級輔導工作中，導師與學校輔導教師、專業輔導人員可以如何作為及分工，以共同協助該生回到校園？

3. 「學生輔導工作是全體教職員的承擔」，故當校園學生之間發生肢體衝突時，學校各處室可能如何運作，以處理該事件，以及輔導行為人與被行為人？

4. 在十二班以下的國民中小學中，輔導單位常是輔導主任一人處室，請問在此情況下，輔導工作可能面臨哪些困境？

5. 請分組分別訪談學校裡的兼任輔導教師及專任輔導教師，比較兩者在校園三級輔導工作中的服務內容及任務上的差異。

6. 請分組分別訪談社會局的社會工作師，以及學生輔導諮商中心或學校系統中的社會工作師，比較兩者的服務內容及任務上的差異。

7. 請訪談學校中的兼任輔導教師，其目前在校的角色分別為：綜合領域教師及兼任輔導教師，這兩種角色在輔導學生案主時可能出現哪些兩難情境？他們如何處理及平衡自己的兩種身分？

8. 在學校三級輔導工作中，導師是第一線輔導工作者，兼具初級預防的角色。如學生呈現網路成癮、時輟時復的就學情形，導師與家長聯絡時，須注意哪些事情，以維持親師關係，幫助學生？

進階題

1. 目前的學校輔導工作因學生問題日趨複雜與困難，多元助人專業系統
   （如諮商心理師、臨床心理師、社會工作師、精神科醫師等）的引進
   勢在必行，校園輔導工作模式如何重新建構，以共同合作助益學校師
   生？

2. 輔導教師在協助學生的過程中發現，學生之所以被導師轉介，是因為
   與導師時常發生言語衝突，而衝突的起因是老師上課時經常性地以貶
   抑的語言刺激學生。身為輔導教師的你，在輔導學生案主過程，導師
   探問關懷時，你如何溝通因應？如何處理？在此種情況下，可以如何
   協助學生或導師？

3. 輔導教師／人員與導師在共同合作協助學生時，常有機會互動溝通學
   生的概況，身為輔導教師的你，如何在溝通過程中，把守「專業倫理
   中為案主守密」的倫理判斷？

4. 某一未成年學生哭著進入輔導室，表示想跟輔導教師說話，在晤談過
   程中，你了解到該生因家庭經濟陷入困境，而感到痛苦、難過，掙扎
   著是否繼續求學或休學，身為輔導教師／人員的你，會採取哪些協助
   行動及可能的策略，以幫助該位學生？

延伸閱讀與相關影片、網站

1.書籍與期刊

王文秀、田秀蘭、廖鳳池（2011）。**兒童輔導原理**（第三版）。心理。

鄔佩麗、陳麗英（2010）。**輔導原理與實務**。雙葉。

劉焜輝（主編）（2007）。**輔導原理與實務**（二版）。三民。

Srebalus, D. J., & Brown, D.（2006）。**輔導與諮商原理：助人專業的入門指南**（王智弘、林意苹、張勻銘、蘇盈儀譯）。學富文化。（原著出版年：2000）

周甘逢、徐西森、龔心怡、連廷嘉、黃明娟（2005）。**輔導原理與實務**。復文。

林建平（2001）。**兒童輔導與諮商**。五南。

劉焜輝（編著）（2001）。**輔導原理與實施**。天馬文化。

宋湘玲、林幸台、鄭熙彥、謝麗紅（2000）。**學校輔導工作的理論與實施**（增定版）。復文。

馮觀富（編著）（1997）。**輔導原理與實務**。心理。

盧欽銘等人（1995）。**輔導原理與實務**。中國行為科學社。

吳武典、王文秀、李湘屏、周美伶、陳金定、陳明終、…鄭玄藏（1990）。**輔導原理**。心理。

張老師月刊（張老師文化）。

諮商與輔導月刊（天馬文化）。

2.影片

可可夜總會（簡介：青少年階段的自我認同與生涯追尋。時間：128 分。語言：英語發音、中文字幕。出版：華特迪士尼影業）

貧民窟教室（簡介：青少年議題與教師的教育熱忱與智慧。時間：93 分。語言：英語發音、中文字幕。出版：天馬行空）

文生去看海（簡介：認識青少年常見精神疾患。時間：95 分。語言：德語發音、中文字幕。出版：海鵬電影）

危險心靈〔簡介：教育制度下的青少年議題與師生溝通。時間：約1440分（共30集，每集約48分）。語言：國語發音、中文字幕。出版：公共電視台〕

十月的天空（簡介：青少年生涯發展與教師教育熱忱與智慧。時間：104分。語言：英語發音、中文字幕。出版：環球）

女生向前走（簡介：少女罹患思覺失調症後，重新找回人生意義。時間：126分。語言：英語發音、中文字幕。出版：哥倫比亞影業）

男孩別哭（簡介：理解多元性別。時間：113分。語言：英語發音、中文字幕。出版：探照燈影業）

心靈捕手（簡介：認識心理治療對創傷復原的影響、青少年諮商。時間：127分。語言：英語發音、中文字幕。出版：杜比數位音效）

危險遊戲（簡介：青少年議題與教師的教育熱忱與智慧。時間：99分。語言：英語發音、中文字幕。出版：博偉）

春風化雨（簡介：青少年議題與教師的教育熱忱與智慧。時間：129分。語言：英語發音、中文字幕。出版：博偉）

3. 網站

台灣心理諮商資訊網
www.heart.net.tw

台灣輔導與諮商學會
www.guidance.org.tw

全國法規資料庫
law.moj.gov.tw/index.aspx

青少年諮商：輔導與諮商學系專業整合能力提昇方案
youth.ncue.edu.tw

教育部學生輔導資訊網
www.guide.edu.tw

參考文獻

大學法（2019 年 12 月 11 日修正公布）。

少年偏差行為預防及輔導辦法（2021 年 2 月 24 日訂定發布）。

洪莉竹（2000）。從回歸教育本質的觀點探討教師在學校輔導工作中扮演的角
色。學生輔導，**71**，30-39。

高級中等以下學校及各該主管機關專業輔導人員設置辦法（2020 年 6 月 28 日
修正）。

高級中等教育法（2021 年 5 月 26 日修正公布）。

高級中等學校組織設置及員額編制標準（2018 年 7 月 16 日修正發布）。

高雄市學生輔導諮商中心（無日期）。中心簡介：組織架構。http://www.kscc.
kh.edu.tw/aboutus.aspx?id=1

國民小學與國民中學班級編制及教職員員額編制準則（2018 年 7 月 6 日修
正）。

國民中小學教師授課節數訂定基準（2016 年 4 月 8 日修正）。

國民教育法（2016 年 6 月 1 日修正公布）。

國民教育法施行細則（2016 年 7 月 1 日修正發布）。

國立高級中等學校組織規程準則（2014 年 10 月 17 日訂定發布）。

教育部國民及學前教育署補助直轄市縣（市）政府設置學生輔導諮商中心要點
（2022 年 3 月 23 日修正）。

教育部國民及學前教育署補助公立國民中學及國民小學置輔導教師實施要點
（2021 年 4 月 23 日修正）。

學生輔導法（2014 年 11 月 12 日制定公布）。

學生輔導法施行細則（2015 年 10 月 15 日訂定發布）。

CHAPTER **3**

學校輔導工作的內涵

連秀鸞

前　言

　　我國的輔導工作肇始於 1921 年左右，從職業輔導作為開端，而學校輔導工作完整體系的建立，則是於 1979 年頒布的《高級中學法》與《國民中學法》後，有較明確的規定與法令依據（吳武典，1992）。1991 年開始實施的「輔導工作六年計畫」，曾經一度使「輔導」成為大家關心的重要議題，然而其中的生活、學習、生涯等三個領域完整與缺一不可的輔導工作內容，似乎已經逐漸被兩性教育、性別平等教育、生命教育、認輔、春暉、親職教育、心靈教育等工作坊或專案所取代（劉焜輝等，2003），而學校輔導工作的推動便成為當代學校教育改革運動的重心。學校輔導工作應該並不僅止於輔導處（室）或輔導中心的業務範疇而已（林清文，2007），因此該如何界定學校輔導工作在學校中的角色與定位？學校輔導工作究竟在做些什麼？而我們又該如何真正兼顧專業諮商知識與技能於學校教育中呢？

　　筆者回顧從 1994 年開始參與學校輔導實務工作至今，已將近三十年，經由學校輔導工作的實際接觸經驗與結合諮商理論後發現，學校輔導工作涵蓋的範圍極為廣泛；而回顧過去學校輔導工作從「無」到「有」的計畫，再從

「有」計畫的擬定輔導工作,到真正「有品質」的實施輔導工作之實際執行過程中,的確還有許多不同階段性的努力目標與歷程。

根據教育部已頒布的「國民中小學九年一貫課程綱要」指出,綜合活動學習領域能力指標與其重點意涵,在原來的國民中小學輔導活動課程中,已被編制在綜合活動學習領域的課程範圍,其中,綜合活動學習領域特別強調「提供反思訊息、擴展學習經驗、推動整體關聯、鼓勵多元自主」的基本理念,以及「生活實踐、體驗學習、個別發展、學習統整」(教育部,2000)、「實踐體驗所知、省思個人意義、擴展學習經驗、鼓勵多元與尊重」(教育部,2003)的課程目標,而綜合活動學習領域的範圍則強調跨領域、跨班級、校際性的概念,得以融入其他學習領域和六大重要議題(李坤崇,2001,2011;教育部,2000,2003)。雖然現行學校的輔導活動、家政教育、童軍教育,均為綜合活動學習領域的一部分,但國民中小學綜合活動課的班級輔導活動課程之內容,並不等同於目前學校輔導工作的全部工作範疇所在。

此外,依據《學生輔導法》(2014年11月12日制定公布)第1條,即開宗明義的指出學校輔導工作之宗旨:「為促進與維護學生身心健康及全人發展,並健全學生輔導工作,特制定本法。學生輔導,依本法之規定。但特殊教育法另有規定者,從其規定。」另外,第6條則明示了各級學校輔導工作所包括的三個層級:「學校應視學生身心狀況及需求,提供發展性輔導、介入性輔導或處遇性輔導之三級輔導。前項所定三級輔導之內容如下:一、發展性輔導:為促進學生心理健康、社會適應及適性發展,針對全校學生,訂定學校輔導工作計畫,實施生活輔導、學習輔導及生涯輔導相關措施。二、介入性輔導……。三、處遇性輔導……,結合心理治療、社會工作、家庭輔導、職能治療、法律服務、精神醫療等各類專業服務。」其中,「發展性輔導」包括:生活輔導、學習輔導及生涯輔導等內涵;個案管理、轉介服務和延續輔導等,均屬於

「介入性輔導」之範圍；而針對三級預防（處遇性輔導）的工作，則可進而結合社政或精神醫療體系等不屬於學校體系內的機構實施（張麗鳳，2007；陳秉華等，2007；學生輔導法，2014）。因此，《學生輔導法》從一開始的草擬草案內容，到最後正式立法公告的內容可以得知，學生輔導工作內涵從原先的兩個層級擴展為三個層級，也更明確說明發展性輔導、介入性輔導、處遇性輔導的具體工作內涵。根據《學生輔導法》的規定，學校應該依照學生的身心狀況與需求，提供發展性輔導、介入性輔導、處遇性輔導之三級輔導。為使學校輔導工作發揮全面性、及早介入及多元資源整合的效能，非常需要建置生態合作取向之學校三級輔導工作運作模式（王麗斐，2020）。

雖然輔導工作內容的分類，各家說法有所不同，但從各級學校的輔導工作委員會以及輔導工作內涵來看，除了輔導行政工作以外，大致上均兼顧生活輔導、學習（教育）輔導、生涯輔導等三類輔導工作內涵，而透過此三類輔導工作內涵直接與間接方式之實施，同時可以擴展與落實預防性與矯正性層級之輔導目標，以充分運用學校輔導人員的專業知識與技能，對學生亦有所幫助。因此，參酌相關文獻（周甘逢等，2003；張德聰等，2007）與結合諮商實務經驗，分別從學校輔導工作內涵的主要三大主題探討之。

第一節　生活輔導的內容與實施

學校輔導工作的規劃與實施，是由許多人共同參與完成的，舉凡從校內的輔導老師、導師、處室行政人員、科任／專任教師、認輔教師、愛心媽媽、家長等，到校外的醫療系統（如精神科醫師、臨床心理師、護理人員）、諮商心理師、社會工作師、志工團體等人力系統，以及透過班級輔導、團體輔導、個別諮商、日常生活、家庭訪問、晤談、電話、

信件／函件、電子郵件等不同輔導方式的相關輔導資源之介入與運用，以協助學生的人格發展與生活適應。此外，過去傳統強調服從、懲罰、管教、警告、指責等「訓導」方式，也轉變為目前強調以學生個體為本位的「輔導」工作重點，強化學生自我負責與自我決定，以培養學生人格發展與生活適應的能力。因此，訓導與輔導不再是二分、壁壘分明或對立的角色，而是合作分工的角色；如何整合輔導工作的相關資源，以充分發揮輔導專業團隊的分工合作功能，就成了學校輔導工作內涵的重要實施重點之一。

學校輔導老師的主要輔導工作，包括：班級輔導活動教學、個別諮商、團體諮商、行政協助事項等，其中班級輔導活動教學占用的時數最多，也因而可能會壓縮輔導老師介入處理個案輔導的時間。此外，學校輔導老師是以大學以上學歷和具有專科教師證書為主，可能是心理或諮商輔導相關科系畢業，也可能是非相關科系畢業；而諮商心理師則以心理或諮商輔導相關科系的研究所畢業，經國家考試及格而取得證照為主。就輔導專業的角色定位與其主要工作內容而言，兩者在輔導專業性上顯然有明顯的不同。此外，諮商心理師與學校輔導老師分別處於校園文化的體制外與體制內之不同角色，也可能矮化或侷限學校輔導老師的諮商專業角色。

因此，基於上述理由，和可能面臨的現況、困境與困難，學校輔導老師需要具備更積極與主動的態度，從無形的日常生活中建立諮商效能，舉凡預防性的推廣、治療性的介入處遇，或者是處遇性的治療等，從學生的不同生活層面之接觸與協助，進而發揮更大的諮商效果，提升學生更良好的生活品質。

生活輔導，顧名思義指的是：以「全體學生」為主體，概括學生的全部「日常生活」之輔導工作內容，其實施的目的在於協助學生個人的生理與心理層面之健全發展與成長，以及個人與環境的社會適應情形。

因此，舉凡從學生的個人日常生活（如自我探索議題）開始，擴及到不同層面的家庭生活（如親子關係、家庭互動等）、學校生活（如同儕關係、師生關係、人際議題等），以及社會生活（如法律服務、人身安全議題等），故生活輔導也是最基本與最基礎的輔導工作內涵（張德聰等，2007）。

學校生活輔導工作擴及的層面甚廣，也因此位居重要的基礎位置，先從個人層面的身心發展做起，再擴大到個人與個人之間的人際關係與社會適應議題，而學校也必須要有相關的配套措施，來因應這個重要的生活輔導工作，其考量的層面也需要從個人層級擴大到整個生態系統的實際考量。以下即就生活輔導的主要內容和實施方式，分別敘述如下。

壹、生活輔導的主要內容

一、日常生活方面

一個人的日常生活所涉及到的層面是很廣的，以下就主要的身體健康方面、心理健康方面（含情緒管理）、心靈健康方面、休閒生活方面、品德教育方面等（張德聰等，2007）與參考其他相關資料、實例說明，分別敘述之。

（一）身體健康方面

個人身體健康為生活輔導內涵中，最基本也最重要的部分。根據 Maslow 的需求層次理論（即需求金字塔），個體內在的成長動力是動機，而動機是由不同需求層次所組成，其中從最底層逐步到最高層的需求層次分別是：生理的需求、安全的需求、愛與隸屬（被接納）的需求、自尊的需求、自我實現的需求等，各有高低層次與前後順序之分。因此，人類成長動機與需求有不同層次，最基本的需求是「生理需求」，在生

理與身體需求滿足之後，方能順利的逐步追求心理層面的滿足。一個人在生理方面的基本物質滿足以及生理安全的免於受傷害，是個體身體健康的重要日常生活指標，也是學校生活輔導的基本重點實施工作之一，能夠為學生在維持身體健康之後，逐步帶來其他不同層面的成長與滿足，以提高生活滿意度與生活品質。

（二）心理健康方面

個人在身體或生理方面出現問題（如生病感冒發燒），比較容易被發現，但心理方面是否健康卻是較難被察覺的；學校輔導老師可藉由發現學生在心理症狀方面出現異狀的線索，而加以辨識與評估。心理健康程度會不經意的透過間接或直接方式影響其身體健康，如果學生能夠愈早獲得適當協助，則愈能降低心理困擾程度。此外，也可以進而整合學校內的學校輔導老師、輔導行政相關人員，以及學校外的精神醫療資源（例如：精神科醫師、心理衛生專業人員等），或是藉由自我檢視心理健康的評量工具（例如：董氏基金會提供了一份線上憂鬱情緒自我篩檢簡易量表，請參見 https://www.jtf.org.tw/psyche/melancholia/overblue.asp）等資源，來檢視學生的心理健康程度。心理健康與身體健康彼此相互影響，絕對不可忽視因為心理因素而導致身體健康問題出現，像是吃不下、睡不著、提不起勁等重要線索，這些都和情緒低落或憂鬱情緒有關。

（三）心靈健康方面

廣義來說，個人整體可以分為身（身體）、心（心理）、靈（精神靈性）等三個層面，除了前述身體健康與心理健康之外，心靈健康也成為日常生活的重要一環，因此如何提升心靈方面的成長與成熟度，也就成了學校生活輔導工作的重要工作內涵之一。

心靈溝通技巧有助於學生個人與外在環境中的人、事、物等產生連

結，而學生對自我的了解程度、意識層面的自我覺察程度等，也可以增加個體在靈性（心靈）層面的能量與成長。因此，個體可以透過心靈感應而與另一個個體產生感官知覺的內在接觸，兩個接觸個體的視覺（所見）、聽覺（所聽）、味覺（所嚐）、嗅覺（所聞）、感覺（所感）等，透過有形或無形、間接或直接、語言或非語言方式等內在能量之接觸，來傳達有意義的訊息，藉以產生彼此關聯與具影響力的語言，而進行交談與心靈交流。因此，透過個體心靈健康方面的實施，讓學生學習如何傾聽個人的內在聲音與喚起靈性生活的指引，以增加學生對自己與他人心靈的了解，提升良好的人際溝通與生活品質，增加心靈交流與互動的能量。

（四）休閒生活方面

　　休閒生活是指，學生在自由時間內所參與的休閒活動（排除了學生在日常生活生存所需與義務性活動，例如：上學、念書、吃飯、睡覺、工作等之外所空出來的時間，可以讓學生達到放鬆、紓解情緒、娛樂、追求自我發展等功能。適當的休閒生活可以拓展學生的生活經驗，開啟創造力與潛能，促進學生自我實現的機會，亦能增進學生的生活和諧度。

　　休閒生活究竟具有什麼樣的重要性呢？首先，「休閒」是一種壓力的紓解與能量釋放的調節器，是增進個人生活品質的重要關鍵，所謂「休息是為了走更長遠的路」，「休閒」或「休息」並非人生的終點站或目標所在，然而它卻是達到終點站前的重要中繼站，而協助學生找到適度的休息方式與管道，方可為其日後的努力目標帶來工作效能與獲致更好的生活品質。以棒球比賽的投手調度來說，球隊教練在安排投手調度時，會有所謂的「先發投手」、「中繼投手」與「救援投手」，每個投手都有其重要性，少了中繼投手就可能會影響比賽的投手調度問題。因此，學校教育不可忽視休閒活動對學生的意義、影響力與重要性，而學校輔

導人員可以藉由學生與環境間的連結與體驗，來協助學生樂在休閒活動，以規劃適當的休閒生活，並提升休閒活動之樂趣。

此外，學生的休閒活動項目不需要立即被標籤化，學校輔導人員可以先行了解學生偏好的休閒活動類型，討論該休閒活動對學生的意義和重要性，以釐清價值觀與需求所在，經由與學生討論和諮商過程，找到喜好休閒活動背後所突顯的興趣、能力與價值所在，得以引導學生往生涯方向發展，兼顧學生的興趣與能力。舉例來說，學生偏好網咖類的休閒活動，學校老師可以先了解學生流連網咖的個人內在需求，或許是基於人際需求與獲得成就感，進而擴大討論各種不同的選擇空間。

（五）品德教育方面

品德教育屬於學校教育的重要基礎工作，結合了學生性格、思想、道德與人生觀等層面，以落實認知、情意與行動等三個品德內涵層面的全人教育，著重的是體驗與反思的動態互動歷程，藉以了解影響學生的核心價值，得以建立個人行為準則與標準，提高正向與良善的人文道德素養，故有其必要性與重要性。相關資料可參見教育部的「品德教育資源網」（https://ce.naer.edu.tw/）。

值得注意的是，隨著時代進展與社會變遷，學校在實施品德教育內涵時，需要考慮的是「文化」與「時代」背景的重要性，在後現代哲學思潮的影響下，學校教育需要以「多元化」的統整思維，取代過去單一僵化的「一元化」價值；諮商輔導人員更需要敏銳關切的是，相較於優勢「主流」文化外的弱勢「非主流」文化族群、價值或制度，兼顧學校本位的「在地性」文化特色與價值，也要強化學校輔導與教育人員本身的自我覺察與反思能力，從教師本身思想觀念的改變做起，藉由師生互動關係的改變，進而帶動學生在品德教育素質的提升。此外，也可以進行校內、外品德教育資源的整合，包括下列兩項：

　　1. **校內資源**：教師言教與身教方面的品德教育專業知能，品德教育融入學校的正式（如不同學科與領域的教學活動）、非正式（如校園活動與規定），以及潛在課程（如校園環境與設施、師生互動）等。

　　2. **校外資源**：包括外在人力、物力、財力等資源整合，以多元方式促進學生品德的提升，建構學校品德教育的自我檢視與反思機制，建立良好品德教育的校園文化氛圍。

二、家庭生活方面

　　學生早期人格特質的養成可以追溯到家庭教育的起源，家庭的互動關係大大影響學生日常生活的成長，其中又以父母親或其他重要他人對學生的影響最大，故家庭生活亦是學校生活輔導工作內涵之一環。此外，家庭是開啟個體學習如何與人產生良好互動的起點站，一個良好的親子互動品質與和諧的家庭互動關係，是一個人形成正向自我概念的重要基礎；相反的，如果家庭功能不健全或是家庭衝突常出現（包括夫妻衝突或親子衝突），例如：父母未善盡保護與教導子女之親職責任；家庭環境的風雨飄搖，而間接造成個人的不安全感；管教態度的不一致，導致教養效果的事倍功半；子女過早扮演或取代父母的親職功能；人我界限的模糊等，均可能造成學生在學校生活上的不適應與困難。舉例來說，一個常滿口髒話的學生來諮商，輔導老師詢問他有關衝突人際互動的學習對象時，學生可能會毫不猶豫的說：「這是父母說的、教的，我只不過是把它學起來而已。」由此可見，父母親教養的影響力是超乎想像的。

　　學校輔導人員需協助學生自我覺察到家庭對個人的影響力，雖有些未成年青少年實際能解決家庭衝突的能量有限，但如果輔導老師能夠帶領學生看見個人的生活目標與重心，找到解決問題的能力，在有限空間之內做可以改變的事情，重新改變原生家庭環境的人際互動模式，就能夠一步步引導學生改寫新的人際互動模式，以提升個人生活品質。

三、學校生活方面

　　Erikson 指出，青少年階段的發展任務和危機是「自我認同與角色混淆」，也處於 Super 所謂的生涯發展階段之「探索期」（15～24 歲），青少年於學校生活環境中發展出符合其個人特色的生活方式，當然也面臨著不一樣的挑戰與改變。因此，兒童期學生於學校環境中多處於「群友期」的階段，影響其價值觀的養成仍以父母親和師長為主，然在其進入青春期後，由於生理與心理雙方面的快速發展與改變，整個生活重心會逐漸從家庭環境轉移到學校生活，而形成自我中心、尋求同儕支持與隸屬感的青少年特質，積極尋求發展自我形象的認同感，注重團體生活適應和社會人際網絡的發展。此外，社會變遷的形成與社會現象的不同樣貌，也直接或間接影響學生的社會化行為，形成校園同儕次文化的特色。舉例來說，一個在學校找不到學業成就感的學生，可能會覺得「父母不重視我，一點都不在乎我」、「學校老師討厭我」或是「同學故意找我麻煩」，而對外尋找他認為會「關心我」的同儕隸屬團體。

　　故青少年價值觀的形成基礎可能源起於嬰幼兒期或兒童時期，他們接受重要他人（主要是「成人」）的教導，與大人互動的經驗開始形成人格發展的重要起點。然而，青少年在學校生活中與同儕互動的經驗，更是直接促成其如何看待這個世界的關鍵階段，如何找到屬於自己的位置（個人定位），便影響了其對特定團體的認同感，以及發展個人認知、思考與判斷的能力。如果學生能夠認同自己是屬於團體的成員之一，自然就會認同此團體所形成的價值觀，學校因而也可發揮更大影響力。

四、社會生活方面

　　現代科技的快速發展，無形中加速了人與人之間的連結方式，人們不再只是靠傳統的信件、電話、面談等方式來聯絡感情，取而代之的是

網際網絡的連結方式，例如：行動電話、電子郵件、Skype、MSN、Facebook、Line、IG（Instagram）、視訊軟體（如 Zoom、Google Meet 等）等，這些聯絡方式跨越了國與國、人與人的空間與時間藩籬，也擴大了人際互動範疇，加速人際「滾雪球」般的熟識速度。然而，學生處在社會如此快速變遷的 e 世代環境下，是否同時也做好過濾與篩選朋友的準備呢？

社會生活的輔導工作是指，舉凡學生在家庭與學校環境以外的社會生活與人際交往層面，都算是社會生活的輔導工作範疇。網際網路有它使用上的便利性，例如：加速彼此聯繫的速度與查閱資料的方便，然而也有網路交友的潛在危險性，例如：網路上的虛擬遊戲往往涉及你死我活的打鬥遊戲，或是潛藏金錢交易、色情交易與援交的可能性。如果學生在學校中尚未做好面對社會大染缸之萬全準備，提升道德發展層次與價值判斷、價值澄清訓練，以增強個人免疫力，那麼不僅是學生自己本身會受到傷害，也可能會因此而牽連到他人，陷入金錢誘惑與陷阱中無法自拔、向下沉淪。尤其，青少年特別重視同儕的隸屬感與認同感，當他們的隸屬團體漸漸從校內同學擴大到校外團體時，就增加了更多不可預知的因素（如黑道幫派、毒品交易、中輟問題等），進而從校外回過頭來影響整個校園。

貳、生活輔導的實施方式

一、實施原則

學校於生活輔導工作的實施過程中，應涵蓋全體學生為其服務對象，而在實施學校輔導工作的過程中，特別需要注意以下五個重要原則。

（一）合作性

生活輔導工作首重教師與學生所建立的信任合作關係，唯有建立在信任關係的基礎下，學生獲得接納與尊重，願意重新拾回對人的相信與建立對自我的信任感，如此方能產生學生與學校輔導人員的雙贏效果，落實生活輔導工作的內涵。

（二）有效性

學校輔導人員在實施生活輔導的不同層面工作內涵時，為了發揮事半功倍的效果，實施工作重點可以按其重要性，而依輕重緩急排定執行生活輔導工作的先後順序。因此，在時間有限的情況下，需要針對學生的個別需要而提供對其有效的實施項目，基於「有效性」的實施原則，而落實行動實踐能力的執行。

（三）全體性

學校教育強調的是不分階級高低的公平介入原則，而學校內的每一位學生都需要，也值得被尊重且公平化的對待。既然全體學生為學校的主要輔導服務對象，因此學校生活輔導實施服務的對象，理所當然也需要遍及到學校內的全體學生，並針對每位學生日常生活的所有不同層面之議題進行處理，「全體性」的實施原則乃是超越學業成就、行為表現與權力階級之分。

（四）個別性

諮商輔導強調的是「個別差異」，因應個別需要而提供諮商服務。每一位學生的個別狀況與需求有所不同，例如：同一個家庭訓練出來的孩子，其生活習慣未必相同，對問題因應方式、主觀解讀的個別化經驗與事實也有所差異；因此，在實施生活輔導時，需要注重「個別化」原則，方能「適性化」地提供有效的介入協助。

（五）全面性

所謂「牽一髮而動全身」，不同系統之相互影響，不論是從個體內（inter-）的身、心、靈層面，身體與口語的相互牽動，抑或是個體外的人際間（intra-）之大系統、小生態系統環境的交互影響，包括：個人與家庭、個人與學校、個人與社區、個人與社會等，均可能影響生活輔導的整體實施品質。此外，如果從個人、家庭及學校等三個部分來看其連結關係，特別是學校層面的實施原則，可參照九年一貫綜合活動學習領域所強調的統整課程與協同課程教學原則，強調「實踐、體驗與反思」，統整「知」（知識學習）、「情」（情感表達）、「意」（技能學習）等全面性的實施原則。

二、實施方法

生活輔導著重於全體每一位學生的個別性與獨特性，也強調不同互動系統間的合作性與輔導介入的有效性；此外，日常生活議題有可能因個人議題而衍生，也有可能是由於團體、環境或不同系統因素而交互影響。因此，綜合上述，生活輔導工作的實施方法，大致包括：建立學生基本資料、同理理解與設定解決目標、蒐集相關資料、形成個案概念化、擬定介入處理策略、追蹤關懷或輔導、實施班級活動、進行個別諮商、進行團體諮商等九個部分。茲說明如下。

（一）建立學生基本資料

一般而言，學校需要建立學生的基本資料與相關紀錄表格，這包括了學生的個人基本資料、導師晤談資料、個別諮商和團體諮商紀錄、心理測驗資料、學生綜合表現、家庭訪問資料等，不同學校可能會把學生的不同個別相關資料區分為 A 表、B 表、C 表等，因各校而異。

（二）同理理解與設定解決目標

了解學生待解決問題背後的正向動機與原因，是同理、理解學生和建立信任關係的基礎，而建構出學生問題解決後的正向目標，更是促進學生連結下一步的任務與目標，以及設定行動計畫的重要方向。因此，同理理解與設定解決目標，是學生生活輔導工作的重要方法之一。

（三）蒐集相關資料

蒐集任何與學生有關的重要相關資料，包括：學生的身心狀況、性向能力、興趣、學習態度、人格特質、價值觀、信念、內在需求或渴望、人際互動議題、社交技巧、升學資料等，以協助老師對學生能夠有更多面向的理解與看見，同時也擴展了學生的內、外在資源與優勢能力之運用。

（四）形成個案概念化

不同的諮商理論取向有其不同的理論假設與評估，因此形成的個案概念化也有所不同。「個案概念化」是指，針對學生的整體狀況形成全面性的假設與評估，進一步再配合學生的需要而提供最適當的協助。通常學生前來晤談，諮商師會從與個案的晤談過程中產生理解和覺察，而個案概念化可以協助輔導老師，從一堆凌亂與片面的資訊中形成較完整性的評估，而這些評估與了解並非一成不變，需要視學生的狀況而略做調整與改變，是一個不斷修改的過程。

（五）擬定介入處理策略

輔導老師應根據諮商取向而形成不同的理論假設與評估，擬定介入策略與計畫。舉例來說，如果偏向理性情緒行為治療（Rational-Emotive Behavior Therapy, REBT），則應優先選擇從改變當事人的非理性信念作為諮商介入的核心；然而，一位焦點解決短期諮商取向的諮商師，諮商

歷程即是一種賦能過程，其諮商介入重點在於協助當事人找到解決問題的優勢與能力。

（六）追蹤關懷或輔導

諮商的有效與否，乃涉及諮商過程（process）與諮商效果（outcome），其中蘊含不同的評量工具與評量者來源，故不能單從最後一次結案而論斷諮商成功與否；因此，不同的量化（如諮商晤談滿意表）與質性（如訪談）評估工具，均有助於評估諮商效能。一般而言，結案可能分為兩種情形：第一種是當事人問題已獲得解決而順利結案；另一種則是當事人問題未獲得解決，而需要轉介給學諮中心、其他相關諮商人員或機構，再予以協助。因此，倘若學生需要轉介給學諮中心、其他醫療機構或社福單位的話，諮商結案後的追蹤輔導或重新開案、學校與學校外的系統合作與整合，則會變成輔導老師重要的後續追蹤輔導工作。

（七）實施班級活動

導師可以透過班級活動而培養學生分工合作的精神，建立人際網絡支持系統；此外，班級的輔導活動屬於學校綜合活動學習領域課程的一環，輔導老師可以透過班級輔導活動的進行，協助學生自我探索、自我了解與相互合作。此外，當學生遇到生活中可能需要解決的議題時，導師、任課老師或輔導老師皆可成為學生的重要諮詢或輔導資源，因為這些老師可以透過平日與學生在班級內的互動機會，與學生建立彼此信任合作的師生關係，也比較容易建立信任與合作的重要基礎。

（八）進行個別諮商

個別諮商是指，學生（當事人）與老師（輔導老師／諮商心理師）的一對一個別晤談方式。透過一對一的個別方式，不但顧及了當事人的「隱私性」與「保密性」，同時也增加了雙方的「信任感」與「合作

性」，輔導老師或諮商師可以利用與學生個別晤談的機會，提高其晤談意願與改變動機，建立諮商目標，增進自我覺察，發現資源與能量，找到問題解決的方法。特別是兒童和青少年當事人多為非自願案主，諮商師或輔導老師特別需要以相當的耐心去建立合作的諮商關係。

（九）進行團體諮商

團體諮商是指，團體領導者提供一個尊重、安全、信任、支持性的團體氣氛，並建立團體凝聚力，以幫助學生與他人有直接和真誠的人際互動機會，協助團體成員進行主題性（結構團體）或低結構的自我探索和了解；此外，成員在團體中開放自我，面對與接納真實自我，藉由團體領導員或其他團體成員彼此的正向回饋而有所收穫。團體成員的投入愈多，個人的學習與收穫就會愈豐富！

第二節　學習輔導的內容與實施

「學習」是兒童和青少年階段中最主要的工作任務，也是學校教育的重點工作所在，而教育學習領域擴及德、智、體、群、美等五育均衡的範疇。廣義而言，學校教育包含生活、學習與生涯等全面性的輔導，然而就實際的執行層面而言，學校教育的重心偏重在學生的「學習」輔導，期待學生於現行學校教育體制的學習過程中，產生有效的學習效果。

通常，學校教育為考量學生的個別差異與心理需求，會透過各種不同輔導活動相關課程的學習，協助學生達成有效與有意義的學習目標，提升學習環境的適應能力，此乃學習輔導的主要意涵，因此舉凡：學校校內各項學習課程、不同學習領域活動課程、多元彈性學習課程，或者是校內外各項活動項目等，均可從中培養良好的學習態度與方法，協助學生獲得更積極與有效的參與和學習，從學習活動中獲得成就感，以達

成教育學習的目標與成效（張德聰等，2007）。

　　然而，「學習輔導」等於「升學輔導」嗎？長久以來，教育體制高層高喊「德、智、體、群、美」的五育均衡口號，實際上卻還是傾向偏重於課業成績的學習，如此一來，可能忽略學生的特殊專長，相對也壓縮了這些孩子的學習成長空間；因此，某些學業成就低落，卻具備其他特殊專長能力的孩子，無法在學校遇見懂得他們的伯樂，無法被看見他們的努力與表現，社會也缺乏欣賞這些非主流價值與成就的多元文化視框。此外，這些一直處於升學主義掛帥與高度競爭壓力下的學子，彷彿會念書就代表其將來「一定會成功」，社會價值觀的扭曲，造成了某些會讀書孩子的驕傲與缺乏挫折容忍力，而不會念書的孩子卻往往需要背負「笨」或「失敗」的汙名。我們該如何讓這群不在主流文化價值優勢（即升學主義掛帥）下的孩子，也能從中獲得成就感呢？

　　因此，學校學習輔導的目標在於，使教師能依據學生的個別差異，提供適性學習與發揮潛能的機會，從中協助學生了解學習過程與學習目的，養成良好的學習態度與習慣，及早為未來而預做準備。學習輔導的五項主要功能包括：(1)發揮個人潛能，提供適性學習環境；(2)因材施教與個別差異，擬定適性發展計畫；(3)不示範評價的接納態度，創造學習機會；(4)縱向與橫向的交錯發展，促進終身學習；(5)重視有形與無形的學習，創造無限可能。而學生可從學校所安排的多元化課程學習活動中，例如：不同領域課程的個別化學習、跨領域的協同教學課程等，發現學習的樂趣與成就，亦可從平日生活觀察、自我覺察與省思、他人觀察與回饋、標準化的心理測驗中，了解自己的人格特質、專長、興趣、性向能力等，以發揮個人專長與潛能，體驗學習歷程中的快樂感與學習過後的滿足感，也因學習的快樂感與滿足感而願意繼續學習下去，擴展學習範疇與強化學習動機。以下即分別就學習輔導的主要內容與其實施方式分述之。

壹、學習輔導的主要內容

「學習」可以從小學到老，是一輩子的事情，因此學校學習輔導的工作項目，可分別從九種不同的學習層面來說明學習輔導的重要工作內涵，茲說明如下。

一、養成良好的學習態度和習慣

任何一件新事物的接觸與學習歷程，均可從個人的學習態度和習慣來預測學習後的成果。當一個人對學習事物所投注的心力愈多、專注程度愈高時，愈容易產生學習興趣與樂趣，延續學習動機與表現學習成就。對學生而言，培養良好的學習態度與習慣是一切學習的重要基礎，因此輔導老師應協助學生檢視學習習慣與態度，分辨與找出有助於學習的良好習慣和阻礙學習的不佳態度。舉例來說，學生上課專心聽講可以獲得較好的學習效果，然而，如果學生上課時聊天講話，產生立即學習的效果就不大，學生可能要花費更多的時間去補足上課分心的部分。

二、精進有效的學習方法

學習要能發揮效能的前提是：找到有效的學習方法，發揮「省時省力」的學習效果。由於不同專長的學科內容各自有不同促進學習成效的讀書方法，其中，文史科目特重記憶與背誦能力，數理科目強調理解與邏輯分析能力，藝能科目則強調表演、實作與肢體動作的表達能力；因此，每一個科目特別重視的專長能力不同，並無法採用「放之四海而皆準」的相同學習方法，來達成相同的學習效果。舉例來說，「背多分」的讀書方法偏向於記憶科目（如社會領域），可以獲得不錯的效果，然而如果用在數理邏輯科目的學習方面，學生有可能很努力的背誦數學公式，但學習效果卻不大。因此，學校的學習輔導宜針對不同學習領域內

容的個殊性，運用彈性多元的方式，方能促使學生獲得最佳的學習效果。

三、充實學習的重要內涵

學校提供學生學習的內容與範圍很廣，因此學校輔導的內容與主題不應只侷限於學校內的課程，舉凡任何與學生學習有關的課程內容，都可以變成學習的重要內涵。故課本內或課本外、課堂上或課堂外、校內或校外、學校或社會等學習活動內容，都可以變成重要的學習內容與題材。鼓勵學生多多接觸和試探與學校課程或主題的相關活動，透過不同活動方式的進行（如上課聽講、體驗活動、實作練習、回家作業等），而擴增學習內容，以充實學生的學習內涵。

四、提高學習的成就表現

許多學生問題的產生，可能是因為缺乏學習成就感，例如：學生在學習過程中產生習得無助感，無法對學習產生樂趣，也因此降低到校意願與學習動機，進而出現蹺課、輟學、人際孤立等行為問題。相對而言，如果學校可以提供增加學習成就感的機會，促使學生在學習過程中增加成就感，達到學生「真的」學會的境界，那麼在獲得成就感的學習活動與項目上，便可以進一步轉化為一種學習技能，甚至運用到未來個人的生涯安排或職業選擇上。舉例來說，學生可能懷疑自己能做些什麼，也不知道自己的專長是什麼，如果可以讓學生從學習活動中培養成就感，並看見自己的專長，也就能夠提高個人的學習成就感。

五、增加學習樂趣

兒童對探索事物是很有興趣的，可是為什麼隨著年紀的增長，學生就愈來愈不喜歡參與學習活動呢？此和學校課程偏重升學的主流價值觀有關。此外，學生常見的學習困擾之一，是學習意願低落或對學習課程

缺乏興趣,導致學生被動式的學習模式,因此排除學習過程中的不利因子與阻力,以增加學習的有利因子與助力(例如:安靜舒適的學習環境、豐富有趣的學習內容、活潑生動的教學方法等),將可有效提升學生學習的主動性和積極性,促進學習的參與度和踴躍投入的意願與動機。此外,教材的難易程度也會影響其學習興趣,如果學習教材過於困難(會產生挫折感)或過於簡單(會缺乏挑戰性),都會影響學生參與學習的動機與樂趣,例如:學校月考的作文題目為「上○○課真好」,能協助老師從其寫作內容看到學生喜歡參與學習的科別,以及學習樂趣的來源,從中發現與豐厚個人的學習樂趣。

六、激發學習潛能

激發學生的學習潛能,與其學習樂趣、學業成就表現息息相關,如果學生能夠從學習過程中「看見」自我潛在的優勢與資源,那麼他就能「借力使力」,善用個人優勢,充分發揮個人所長。老師可以協助學生先問問自己過去在學習過程中的成功經驗,例如:「我是如何學會做○○○○事情的?而如今我是如何運用過去與現在所學的東西,在日常生活中加以應用之?」此外,在激發學生學習潛能的過程中,也可以培養其獨立思考能力與建立自信,鼓勵其將做的不錯和好的地方,訂定出具體和細微的努力目標,從探索個人潛能中了解到與個人未來相關的學習性向能力,以及未來可以考慮的生涯選擇方向。

七、改善讀書技巧

有效的學習方法與讀書技巧,可以協助學生獲得更有效率的學習效果,上課前要事先「預習」功課,上課時要「練習」與「學習」,認真專注聽講並整理筆記重點,然後在上課後,將重點加以「複習」,這些都是很重要的讀書技巧。此外,美國心理學教授 Robinson 提出了一套有

效閱讀參考書與教科書的方法——SQ3R學習法，有助於學生提高學習效率；SQ3R學習法將學習分為下列五個步驟：(1)瀏覽（survey）：將所要學習的主題、摘要、章節與標題瀏覽一遍，對初步的概念有基本的理解；(2)發問（question）：對課程內容的概念提出問題，提升學習動機，激發學習潛能與參與力；(3)閱讀（read）：詳讀書本課程內容的重點與其隱含的意義，但未必要逐字逐句的細讀；(4)背誦（recite）：透過重點畫線、口頭複誦或筆記摘要等方式協助記憶，背誦書中的重點內容（例如：相關理論、名詞釋義與應用等），並理解哪些是自己清楚的，哪些是不夠理解的，運用各種閱讀技巧精進自己融會貫通的能力；(5)複習（review）：配合學校進度或個人閱讀速度，而達到完全吸收的學習效果。

八、提供良好的學習環境

如果學習的課程資料缺乏系統性整理，或長期處在雜亂的學習環境中，那麼學生容易因為受到不良環境的干擾，而影響到原本預期的學習效果。學校的學習輔導可以協助學生，將上課講義、科目大綱、相關資料與筆記分別放在個別資料夾或檔案夾中，並建議學生在開始讀書前，把書桌整理乾淨，將不相關的資料或設備（如音響、偶像相關物品、照片、圖片或擺飾等）移到別處，或找一個不會被打斷念書的地方，選擇有充裕光線、舒適桌椅和空間的場地，避免在過多干擾因素的場所（如家中的客廳或臥房）念書。此外，建議學生可以在學校或家裡找一個獨立安靜的地方（如圖書館或書房）念書，擁有安全而穩定的讀書環境。在學校的學習環境中，除了教室（硬體設備）的舒適與穩定性外，如果導師可以協助學生提高班級讀書氣氛，也可以營造另一種正向學習的讀書環境（軟體環境）。

九、獲得穩定快樂的正向情緒

　　學校的學習輔導工作可以協助學生學習做好情緒管理工作，降低個人因素（如感情、現實生活壓力、情緒緊張壓力等）干擾個人的學習效果，因此教師可以在學生的學習過程中，以精神上的「鼓勵」代替言語或肢體上的「懲罰」之教導方式，從正向的眼光來看學生的優勢與強項能力，提高其快樂感，協助其學習做自己的主人，避免因為受到環境升學的壓力，而造成挫折感與負向自我概念，從穩定學習情緒中充分發揮學生潛能。美國心理學家 Seligman 認為，真正的快樂是能夠發揮個人的長處與道德，因而產生正向情緒。老師鼓勵學生在學校持續從事有意義的活動，積極參與社會，可以讓學生獲得真正長久的正向快樂感，而學習輔導工作的目標即在於讓學生獲得穩定而快樂的正向情緒，而在正向情緒環境下學習的孩子，都能夠變成自己生命的贏家，發揮學習潛能。

貳、學習輔導的實施方式

一、實施原則

　　學習輔導的實施原則有八項，說明如下。

（一）專業化

　　所謂「知識就是力量」，正確的專業知識可以輔助個人獲得重要的學習基礎，再加上「一技之長」之實作技能培養，就能夠協助學生達到理論與實務等兩個層面雙管齊下的學習能力之成長。因此，學校教育的學習不只是在協助學生獲得專業知識，也在於幫助學生獲得知識以外的為人處事之道。

（二）個別化

善用個人五覺（即視覺、聽覺、觸覺、味覺與嗅覺）的個別差異，訂定適當的學習目標，從中發展個人所長。同時，也可以針對個別差異，了解學生的學習困難與適應狀況，提供適性化教學與有效多元的學習策略。舉例來說，學校對於特殊身心障礙（如視障、聽障、語言障礙、學障等）的學生，應提供無障礙環境，界定個別學習目標，透過不同的教育訓練與學習，邀請專業輔導老師（如教導視障生學習點字及盲用電腦課程），加強充實資源教室之軟體設備與器材設備，並於課餘時間加強課後輔導活動，舉辦座談會，以加強他們在各自專業領域的學習，希望能提升其日後進入職場的適應力與競爭力，增進學習技能的養成。

（三）彈性化

學習輔導的價值與意義之一，在於創造學生發現潛能與優勢的機會，然而，學生具有的潛能與優勢未必與社會大眾所重視的主流價值有相互的一致性。舉例來說，如果某位學生的田徑運動能力很好，但是學業成就或學習成績很差，便很可能因為學校強調課業表現之「主流」行為表現，而忽視其在運動成績上的「非主流」成就表現，進而使其產生在學習輔導與生活適應上的困難，因此保持彈性是非常重要的。

（四）多元化

多元化的彈性學習課程，可以提供學生多元價值的新視框，學生所認同的價值不該只是主流所認同的「升學主義」價值。因此，具有不同學習潛能的孩子，可以在不同專長的學習活動過程中，探索與發現不一樣的自己，進而獲得自尊、價值感與自我認同感，建立正向的自我概念。此外，一個有自信的孩子，同時也是一位懂得尊重他人的人，其眼中不會只看到自己存在的驕傲感而已。

（五）確實性

學習無法一步登天，需要腳踏實地的態度，正所謂「一步一腳印」，因此舉凡學生良好的學習習慣、學習態度、學習環境、學習方法、學習計畫、學習技巧等重要內涵，均需要按部就班循序漸進的認真學習學會。因此，學校可以協助學生運用眼到、口到、心到、手到等「四到」工具，並配合SQ3R（瀏覽、發問、閱讀、背誦與複習）的讀書技巧，確實達到完全學習的效果。

（六）有效性

採取有效的讀書方法可以提高學習效率，從學生的主動性、積極參與力、高昂的學習動機、堅持下去的決心、毅力與恆心、訂立合適的目標、與同儕團體相互討論等，來促進讀書的有效性，也方能真正應用在學生的日常生活之中，例如：學生採取積極主動參與和消極被動的不同學習態度，其整體學習效果便有所差異。

（七）變通性

學校的課程學習不在於死背書本內容，其學習範圍也不限於學校課內的讀物，應適時鼓勵學生花時間在閱讀課外讀物上，刺激其自我思考與分辨能力。「課本是死的，而人是活的」，學生在學習過程中，可以從基本學理知識中融會貫通，培養「帶得走」的能力，再活用到其他相關事物上，以符合「變通性」的實施原則。

（八）適配性

社會需要的是多元化的人力資源，從學習過程中發現學生的智力能力、人格特質、興趣、性向、學業成就等，提供能引發學生學習動機的適性化教學課程與課程內容，留待日後探索個人特質、能力與職業組型是否相適配的議題。

二、實施方法

學習輔導的實施方法，包含：團體學習、個別學習，以及大眾媒體與網路的學習，茲說明如下。

（一）團體學習

學習輔導工作主要是透過團體學習（如班級團體課程活動、社團活動、校隊、資源班課程等）的方式，協助學生透過理論知識的學習，以及實作活動體驗的互動練習過程中，進而探索個人專長與習得實用技能，從「不會」到「學會」，再到「精熟學習」的階段。因此，教師傳授理論知識上的學習，也許只停留在「知道」階段，然而如果配合習作與回家作業、考試，或者是其他相關實務技能的練習，就可以更加知道自己已經學會或尚未學會的部分，進而達到確實學會的學習效果。

（二）個別學習

學習輔導工作的實施原則之一是「個別化」，有些學校課程內容（如中途式資源班的彈性課程）或是學習對象（如特殊教育學生），不適合以多數人的群體班級方式來進行，而採取小班制或是一對一的個別化教學方式，也因此學校應針對學生的個殊性，安排個別化的教學課程與練習活動，以因應學生的個別需要來有效提高學習成就。

（三）大眾媒體與網路的學習

大眾媒體（包括電視、報紙、雜誌、VCD、DVD、YouTube 影片等）與網路（包括視訊軟體Zoom/Google Meet、Line、MSN、Skype、IG等）的無遠弗屆，超越人與人、國與國的距離，也拉進了人我之間的距離，例如：電視防治新冠病毒的宣導短片，透過大眾媒體而達到普遍宣傳的效果；從 2019 年底至今，因應新冠病毒（Covid-19）疫情的不同嚴

重程度而做學習上的滾動式調整，透過電視與手機／電腦網路通訊軟體的即時傳送資訊，實體上課與線上課程（遠距教學）的交替運用，學生使用視訊媒體的頻率增加。然而，也正因為資料取得的便利性，心智未臻成熟的青年學子可能會對某些網路資訊「照單全收」或「來者不拒」，在螢幕背後的年輕學子是否真正有達到借力使力的學習效果？或者，進而造成對網路誘惑（隱含許多網路詐騙或兒少性剝削事件）的難以抗拒？沉迷於虛擬網路世界的學生大有人在，除了造成網路沉迷之外，也可能無法分辨真實世界與虛擬世界的差異，因而模仿與學習網路中的色情和暴力行為，使得網路世界變成青少年在真實世界中犯罪的溫床。過去曾經發生過這樣的社會案例：有位國小學童的父親與友人在家看色情影片，而學童卻在旁嬉戲，該孩童因此模仿片中情節，進而性侵害鄰居女童。另外值得一提的是，新聞媒體主要傳播管道的轉變：從報紙新聞的文字、廣播新聞的口語、電視新聞的影片，到網路／手機的「文字、影像、動畫」的動畫新聞等不同媒材，所帶來的快速轉變與衝擊，甚至有許多人際衝突是在學校以外的社群媒體或粉絲專頁所產生，由個人轉而為群體，由網上擴展到校內，因此導致生活作息不正常與日夜顛倒、學習中斷，甚至中輟，同時也可能導致嚴重親子衝突問題的出現，不得不謹慎處理之。

舉例來說，2009 年 12 月初，壹傳媒「動新聞」對社會新聞事件題材的選擇與「細節描述」的表現方式，乃致於後來申請執照與相關頻道的申請案，引起了很大的關注與爭議性，兒少保護團體亦有批評聲浪，而國家通訊傳播委員會（NCC）當時拒絕發照，直接否決了壹電視「新聞台」和「資訊綜合台」兩個頻道的執照申請案。當時 NCC 認為，壹電視以動畫呈現新聞報導，並不符合新聞專業（因為「新聞」是需要經過查證後再告知讀者的），而其帶起的狗仔文化也可能違反維護人性尊嚴的核心價值，因此壹傳媒申請的五個頻道（新聞、娛樂、電影、資訊綜合、

體育），在當時是無法「動起來」的。後來，電影、體育兩個頻道先獲得NCC通過，接著在壹傳媒集團主席黎智英以七項承諾（包括：未來的播出內容所提供的樣帶、側錄帶一致，並成立新聞自律機制，以及性、暴力、裸露情節不製作動新聞，以真實為原則製作動新聞，不替當事人配音等）及改善節目內容的情況下，終於在2011年7月獲得NCC通過，拿到了頻道執照，而引發新聞和戲劇爭議的新聞頻道則可在MOD（非有線電視）播出。

究竟要如何在維持新聞自由之下，又能兼顧保護未成年人的權益？所有人都需要負起把關的工作與責任。

學校教育強調的是良好的學習環境，重要的是提供學生「價值思考」與「推論過程」的機會，而非仰賴教師一味強行給予學生「知識灌輸」與「提供答案」的部分。對學生而言，教師的建議也未必是最好的答案，因此與其「直接給學生魚吃」，不如「教他如何釣魚」；學生需要培養的是自我思辨與做決定的能力，才能從中建立自信與學習成長。

第三節　生涯輔導的內容與實施

談到生涯輔導的緣起，就必須先從社會變遷的發展過程來談起，從過去仰賴基本人力的「農業化」社會型態，進展到「工業化」、「民主化」的社會變遷過程。十八世紀到十九世紀的工業革命與一系列的技術革命，帶來了社會生產組織形式的變化與生產力的提升，例如：使用機器為主的工廠取代了手動工廠，從「手工勞動」朝向「動力機器」生產轉變的大躍進；人口開始由鄉村轉移到都市的社會結構之改變，但也同時也帶來了貧富分化、住屋擁擠與環境汙染等社會問題，因此改變了人們原有的觀念與日常生活習慣，也帶來了不同視框的轉變（金樹人，1997，2009）。

　　此外，在十九世紀末時，由於社會變遷與需求量變大等因素的影響，「職業輔導」成為美國輔導運動發起的重要根基。再加上二次世界大戰後，人本心理學、Rogers 個人中心學派的興起，在歷經社會變遷與逐漸重視人權的情況下，改採「生涯輔導」來概括原有的「職業輔導」概念，職業輔導便成為生涯輔導的一部分，而生涯輔導則涵蓋職業輔導的層面。接著，在二十世紀初，有「職業輔導之父」之稱的 Parsons，將職業輔導的相關理論付諸於實施層面，連結了個體的自我了解與職業工作的相關客觀要件等兩者的關聯，進而建立協助個體生涯選擇與決定的基本概念架構，也成為開啟生涯輔導先河的重要倡導者（金樹人，1997）。

　　回顧我國的經濟建設與發展階段，1970 年代的經濟快速起飛與重大的交通建設發展，帶動了許多相關企業的發展，進而為國人創造了許多的就業機會，因此人們可以憑著一技之長而找尋合適的工作謀生。過去，人們找工作可能只是純粹為了滿足「生理需求」與「吃一口飯」，而現在的人們則在生理層面的滿足之外，更要追求心靈層面的生活品質之滿意度，亦即可以從工作過程中進而找到工作的成就感、工作價值與生命意義。

　　綜上所述，生涯輔導是指：「學校協助學生從自我了解、自我試探的學習活動中開始，進而針對各種不同的選擇項目，做出適合自己的生涯抉擇過程。因此，個人可以透過生涯規劃與生涯抉擇的過程，進而找到適合自己的職業與工作，發揮個人專長與獲致成就感，並獲得合理的經濟報酬。」因此，生涯輔導是一種人對人的服務，重視個別差異的心理需求，以「適性化」的生涯規劃與生涯選擇，協助人們「各盡其才、各司其職」，充分發揮每個人的專長與能力，扮演適得其所的適合角色與位置。以下就生涯輔導的主要內容與實施方式，分別說明之。

壹、生涯輔導的主要內容

「生涯」的英文為「career」，其時間面向則可跨越一個人從出生到死亡的整個生命過程，因此總體來說，「生涯」包含了一個人的「生命」與其選擇過哪一種「生活方式」的過程，而其主要工作項目可分別從以下五個不同生涯面向來討論與說明。

一、滿足個人需求與自我實現的目標

協助學生找到適合自己的生涯目標，是學校生涯輔導工作之重要核心之一，而進一步協助學生如何兼顧學生的生理與心理需求，以及自我實現個人生涯目標，是學校在設計與推行生涯輔導活動相關課程之重要關鍵因素。一個人如果清楚知道個人需求與理解自我實現的方向與目標，就能夠找到個人生活實踐之意義感與價值感。

二、引出學生的內在發展潛能〔賦能（empower）〕

「你真的相信你的孩子未來可以變成一位實踐者嗎？」讓孩子相信自己真的有能力可以完成與實踐的信念，對自己的能力有信心，相信自己的力量，就有更多機會創造更多實踐未來生涯目標的可能性，同時也可以開發孩子對個人潛能的認識與了解，製造自我實現的機會。

三、發掘熱情、性向與興趣，培養學生「帶得走」的實作能力

在學校生涯輔導工作內涵中，其中一項重要內容是在協助學生發現自己的興趣和性向能力與對未來工作世界的探索、發展職業活動的投入熱情與參與感，這樣的歡喜和快樂感可以豐富學生對該項工作世界的興趣和投入程度，而投入的興趣愈高，就愈能夠增加完成與實踐該項工作的可能性，該能力則是足以讓學生可以從學校帶到校外去實踐與完成的，

是一種「帶得走」的能力。

四、協助學生在生涯的自我探索過程中，建立自我認同

協助學生思考「我是誰？」「我位於何處？我在哪裡？」等重要的生涯探索議題，懂得分辨個人真正的內在本質與外在表徵自我之差異，進一步透過生涯輔導課程內容的實施，了解「我要往哪裡去？」的生涯選擇目標與方向目標，從中看到自己偏好的自我認同之意義感與價值，而在擬定好生涯選擇的方向與目標之後，該如何找到實踐此目標的有效方法（也就是「抵達目的地」），就變成生涯規劃課程的重要工作項目。

五、發展主體性與擴大選擇之可能

生涯輔導是一種從生涯「選擇」到生涯「安置」的過程，生涯抉擇從個人對生涯概念的基本認知開始，進而試探個人的人格特質、專長、興趣、性向能力，協助個人準備開始就業的選擇過程，以及發展到生涯目標的就業與安置階段，後續追蹤個人在生涯就業後的適應情況。此外，在面對高失業率年代的來臨，社會變遷的因素會間接影響個人的生涯選擇與生涯就業議題，因此除了個人因素之外，環境因素（如離家近）與資訊因素（如升學資訊的正確資料）也成了個人選擇生涯目標的重要考慮因素之一。

貳、生涯輔導的實施方式

「生涯」是指，人從出生開始到死亡結束的一輩子過程。Super的生涯發展論認為，生涯選擇是個人生涯長期發展的結果，從不同生涯角色比重的生涯彩虹圖，來了解個人生涯發展的過程與規劃，重視個人的學習歷程；Holland 的職業類型論則著重個人的自我概念、人格特質、能力、職業興趣、價值、工作世界的探索，也藉由何倫碼的組合（R、I、

A、S、E、C），而了解個人職業興趣的一致性、分化性，以及未來職業的適配性（金樹人，1991）；Krumboltz的社會學習論之生涯諮商，則著重在從當事人的生命故事中，找到影響其背後想法的生涯信念，其目標即在於協助當事人確認、了解，以及在必要時得以修改此事件背後的原則（金樹人，1997，2009）。因此，學校輔導工作不只是協助學生找到工作，更可以進一步協助學生規劃生涯，變成一生的生涯規劃，故學校生涯輔導工作的實施可分別從實施原則與實施方法來說明。

一、實施原則

生涯輔導首先要回歸學生的「主體性」，除了職業的一般客觀化特性外，也需進一步考慮當事人對某些特定職業的主觀解釋與想法，創造適才適所與多元選擇的環境與空間，實施原則包括四項：個別化、適性化、彈性化、連續性。

（一）個別化

生涯輔導工作理應回到當事人個別心理需求而進行個別化探索，擬定短期與長期的生涯選擇與目標之規劃，其中，立即或短期的生涯目標多數與案主因應其暫時性（如短期性急難救助）的迫切需求有關，而長期的生涯目標則經歷自我了解、自我試探、生涯抉擇等不同時期的規劃歷程；在試探與了解的過程中，往往需要協助學生從人格特質與性向能力中，擴展到學生與家庭環境、學校環境、社會環境（如父母、家人、老師、上司）的互動關係，以掌握正確的社會脈動與完整資訊，做出滿足自己個人內在需求的合適生涯決定。

（二）適性化

兼顧個人特質與職業、環境的適配性，是學校生涯輔導工作實施的重要目標與原則之一，「適性化」的「因人」、「因事」、「因時」、

「因地」、「因物」而異的生涯輔導實施原則,可以有效協助學生依照個別差異,找到適合並為自己量身訂做的職業選擇。如果學生可以從了解個人的優點與缺點中,找到合適的工作,發揮專長與能力,即能從工作中找到成就感與獲得快樂感,繼續維持對此工作的熱情,參與度和投入感。如果一個人無法找到合適的工作,可能會因此變得不快樂或缺乏成就感,進而影響個人情緒之穩定以及無法展現各種不同能力的可能性。

(三)彈性化

對學生而言,從「做」中「學」的行動面之體驗與實踐,可以協助自己提早對生涯選擇與工作世界有更多的嘗試與挑戰,不同發展階段的學生在面臨不同發展任務時,需要培養不同的因應能力,因此為了考量個人在生涯發展的變動性與可能性,「彈性化」的生涯輔導實施原則是需要的,也是重要的。舉例來說,根據Erikson提到心理社會發展理論的八個不同發展階段之發展危機與任務,其中青少年時期的發展任務與危機是「自我認同(自我形象的認定)與角色混淆」,學生需要學習面臨升學、就業、多元性別、隸屬感、自我探索,以及人生價值與意義的追尋等相關主題發展任務,開始思索「我是一個怎麼樣的人?我未來要往哪裡去?」青少年需要學習認識自己,了解社會團體與人我的關係,否則將會出現自我統整的疑惑。因此,在面對人生價值及未來規劃不確定的情況下,青少年需要增加自我探索與自我認同的能力,以及對工作世界的理解與工作價值觀的釐清,培養對未來工作世界的適應性與自我情緒管理能力。這和面臨「親密與孤立」發展任務的青年晚期之大學生與研究生的發展階段並不相同,後者已然傾向從就讀的科系所選擇的過程中,確定了個人職業生涯興趣範疇,實施重點將會改在「職業適應」上。

(四)連續性

生涯發展是一個人從生到死的連續發展過程,不同發展階段所扮演

的生涯角色與須完成的生涯發展任務是不盡相同的，因此不論是從「直線式」的時間軸或是「橫向式」的空間軸而言，生涯輔導實施的確需要考量生涯選擇的連續性議題。究竟有哪些學生需要接受生涯諮商呢？就當事人的主觀知覺而言，只要當事人覺得他有生涯選擇與決定方面的待解決議題，或者想要透過生涯諮商而確定生涯目標的具體計畫與行動，都可以經由生涯諮商的輔導過程而獲得解決。因此，面對求助生涯諮商的當事人，可能是處於生涯已決定者、未決定者、生涯猶豫者，或是生涯不適應者的狀態（金樹人，1997）。學校生涯輔導工作的實施原則之一，首先需要注意的是案主的外顯或內隱的焦慮與不安情緒，是否在生涯議題背後潛藏其他心理諮商議題，而須留待日後處理；其次，需考量當事人生涯發展階段（時間性）與不同生涯角色發展（空間性），和影響當事人的相關社會文化脈絡因素（如傳統父權社會強調的「男主外，女主內」之觀念，將可能限制女性在生涯選擇與專業能力的發展空間），也希望藉此擴大當事人在生涯方面的自我覺察能力與生涯抉擇能力。

二、實施方法

由於生涯輔導強調個別性，因此生涯諮商的介入方式也因學生個別需求而有所不同，除了參考金樹人（1997，2009）所提出的六種實施方式，包括：資訊提供、自助式活動、工作坊、生涯課程、團體諮商、個別生涯諮商等，另外再結合諮商實務經驗而整理出以下幾項生涯諮商實施方式，包括：角色扮演；調查、訪談與實地參觀；生涯規劃與探索課程；資料蒐集與提供；個別諮商；團體諮商；班級輔導活動等七種，茲分別說明如下。

（一）角色扮演

學校生涯輔導工作強調「自我覺察」與「實地體驗」的意涵。由於

學生可能透過不同的接觸管道（如家人、朋友、學校師長與同學、社會大眾媒體等）而認識工作環境中的人、事、物，自然而然也會對職業世界工作者的樣貌有初步的了解。然而，如此粗略的了解未必能夠看見職業的多元內涵，因此透過學生在進行生涯探索活動的過程中，利用班級輔導活動、分組活動、生涯探索與生涯規劃等課程，角色扮演與想像模擬人生的不同生涯階段（如嬰幼兒期、兒童期、青少年期、成年期、壯年期、老年期等）與不同生涯角色（如兒童、學習者、工作者、家長、夫妻／伴侶、公民、休閒者角色等）之工作任務與內涵，藉由親身體驗與觀察他人角色扮演的生涯諮商課程，提供學生對不同專業工作者有更多元的認識與了解。

（二）調查、訪談與實地參觀

學校生涯輔導工作的實施過程，可以透過調查、訪談與實地參觀的方式，讓學生能更加貼近第一線實際工作者的工作世界、心情與感受。學生想像中與期待中的工作世界是一回事，而實際工作世界裡的工作環境與工作性質，可能又是另外一回事；學校可協助學生理解個人「想像」的工作世界面貌，以及「實務工作者」的職業世界樣貌之差異，幫助學生調整個人生涯目標與生涯規劃。

（三）生涯規劃與探索課程

舉凡學生生涯檔案的製作、個人成長檔案等，有關於過去、現在與未來生涯資料的彙整，均有助於生涯規劃與生涯決定。此外，經由生涯規劃課程的進行，釐清影響生涯選擇之重要因素，做出合適的生涯目標與生涯決定。因此，舉凡自我概念與生涯決策能力的發展、個人生活方式與休閒方式的選擇，以及價值觀的澄清等，蘊涵自由、選擇、尊重與責任等重要人生價值的生涯規劃課程，實在有其必要性。

（四）資料蒐集與提供

生涯資訊的蒐集與提供，可以協助學生對工作世界有基本的了解與認識，學校輔導人員可以藉由陳列靜態的書面資料（如生涯升學與就業資訊、不同學校與科系介紹、不同職業簡介、名人偶像成長史、職業分類別等），以及社會大眾媒體（如電視媒體，像是台視的「熱線追蹤」節目、民視的「台灣演義」、三立的「台灣亮起來」等；報章雜誌，如小人物介紹、《天下雜誌》等）等所提供的生涯資訊與諮詢服務，透過文字、聲音與畫面等靜態與動態方式，來協助學生獲得更多生涯資訊的認識與了解，協助學生發展未來期待的工作樣貌，以及發展正向的自我認同形象。

（五）個別諮商

舉凡生涯組合卡、生涯卡、能力強項卡、職業憧憬卡、大學選擇科系介紹等測驗工具的運用過程，除了可以對生涯檔案產生興趣和促進自我了解外，也可以增加趣味性與促進諮商合作關係。雖然學校生涯輔導工作強調環境因素（如社會需要）與資訊因素（如職業世界的認識與升學科系的資訊），然而終究還是要貼近學生個別主觀的心理需求。舉例來說，有人在個人生涯抉擇的過程中，會基於家庭因素而放棄個人偏好的生涯安排，有人會因為性別因素（如男性強調成家立業）而有不同的生涯選擇，也有人會因為高薪（經濟因素）而放棄自己喜歡的工作（興趣）。人生的不同時期與不同發展階段均可能有不同的變化，故必須了解學生的真正需求，方能提供適切的服務。

（六）團體諮商

學校生涯輔導工作的進行，除了個別諮商外，另外一個較為經濟而省時的實施方式，即是招募合適的團體成員，以進行生涯團體諮商；學

生可以在團體成員的互動與探索過程中，增加自我了解與促進人際互動技巧，從一個小型生涯團體的互動狀態，擴大到未來工作世界的選擇與適應，讓成員可以提早為未來的工作世界做準備。

（七）班級輔導活動

領導班級，是一門學問，也是藝術。身為一位輔導活動或綜合領域課程的教師，需要了解班級輔導團體的特質（性）、結構、團體動力型態，以及學生的各階段發展特徵與任務（吳武典等，1995）。因此，舉凡從國小的生涯檔案與學生成就表現的彙整、國中綜合領域課程的班級輔導活動之進行，到高中的生涯輔導課程等，均是屬於一種透過「班級團體」的方式，進而達到自我認識、生涯探索與生涯選擇的課程目標。學生可以在班級活動的人際互動過程中，看見個人多元面貌與發現多項能力，也可藉由練習活動，勾勒出未來理想工作世界的圖像，訂立生涯目標與具體的生涯計畫。舉例來說，國三的綜合輔導課程會透過活潑且有趣的「價值大拍賣」活動而釐清生涯價值觀，協助學生做適切的生涯目標之選擇。

結　語

生涯金字塔的中心為「生涯目標」，個人在生涯目標的抉擇過程中，與個人因素、環境因素、資訊因素等三個因素有密切關聯，其中「個人」因素包括：人格特質、興趣、性向能力、性別、個人價值觀等；「環境」因素涉及離家遠近、同儕關係、家庭因素、家庭經濟狀況等；「資訊」因素則包括：升學就業資訊、工作概況、經濟報酬、社會變遷、市場需求、社會景氣狀況等相關因素。因此，如果能夠充分了解個人優勢與妥善發揮個人專長，清楚知悉不同環境因素對個人的影響，以及正確掌握

生涯資訊，就能夠有效協助個人訂立合適的生涯目標。

　　總括來說，協助個人找到適合自己的生涯目標，是學校生涯輔導工作的重心所在。如果學生無法在學校中培養個人的性向專長，或者找到合適自己的生涯目標，那麼將會產生工作無助感或挫敗感，可能因而導致經常轉換個人工作跑道，也較無法從工作的過程中找到其價值感與意義感所在。因此，兼顧興趣與性向能力，考量個人因素（如生理因素、心理因素、學經歷背景、專業經驗）與職業特性（如因社會時代的變遷而要求不同的專業能力、市場需求、工作的精密程度）等兩者的適配性，以及其影響個人工作滿意度、工作成就感（做自己擅長做或會做的事情）與內在快樂感（做自己喜歡做的事情）等相關因素是相當重要的。因此，學校在推動生涯輔導的相關課程上（如班級輔導活動、生涯週／工作坊、生涯團體、發行生涯刊物等）須不遺餘力，不能輕忽生涯輔導工作「人境適配」的重要基礎；但是同時也強調「個人主體性」的規劃與選擇，協助當事人看到在有限資源下卻能創造無限的希望與可能性，在面對主流文化價值與非主流位置撞擊下所做的努力與難得之處，找到個人資源與能量。如此，方能協助學生從感興趣的生活經驗以及想要做的事情中，充分發展出個人的興趣與能力，進而找到工作背後的渴望、價值、信念與意義感，當一個人能夠有自主選擇的權利，學習能夠為自己的生涯選擇負起責任，發揮個人潛能，那麼即可落實學校生涯輔導工作的重要目標之所在。

＊問題與反思＊

基本題

1. 如果你是一位高中（職）的輔導主任，依據不同年級（高一、高二、高三學生）的學生需要，你會如何規劃本學年度的輔導工作計畫（包括執行內容）？

2. 請討論高中職、中學、小學等各級學校，在生活適應上的常見困擾有哪些不同？在進行生活輔導工作時，又有何特殊的規劃與因應之道？

3. 請討論高中職、中學、小學等各級學校，在學習適應上的常見困擾有哪些不同？在進行學習輔導工作時，又有何特殊的規劃與因應之道？

4. 請討論高中職、中學、小學等各級學校，在生涯適應上的常見困擾有哪些不同？在進行生涯輔導工作時，又有何特殊的規劃與因應之道？

5. 學校在進行生涯輔導工作時，需要特別注意哪些核心就業生涯能力？

6. 請簡述個別諮商和團體諮商於學校輔導工作實施過程中，所扮演的重要角色。

7. 對於學科科目完全不感興趣或者學業低成就的同學（例如：只對課外的電腦遊戲與上網有興趣），你要如何面對與處理？可以如何提升與找回孩子對學習的熱情與成就感呢？

8. 對於蹺課而流連網咖的同學，你要如何協助這類學生進行生涯探索、擬定生活目標與努力方向呢？

進階題

1. 學校教育中最重要的核心信念與價值為何？在進行學校輔導工作時，如何能夠協助孩子發現與看見自我存在的價值所在，而活出個人的自信與意義感？

2. 學校輔導工作團隊不僅限於以輔導處（室）為核心的輔導教師與專業輔導人員、支援輔導人員、輔導課程相關教師等。請從學校三級輔導工作的內涵與責任分工合作的觀點，分別說明學校各處室（包括：教務處、學務處、輔導室）、導師、專任老師，以及學校認輔、兼輔、專輔老師與專輔人員等不同的輔導工作重點內涵。

3. 學生輔導工作包括生活、學習、生涯輔導等三種內涵，以及預防（發展）與介入性的輔導措施，而學生輔導工作的目的在維護全體學生的身心健康與全人發展。請問：你同意「學生輔導工作等於協助處理適應困難學生的心理諮商介入」之說法嗎？請說明與討論同意與不同意的理由、想法與觀點。

4. 根據《國民教育法施行細則》第 13 條規定：「國民小學及國民中學之學生事務及輔導工作，應兼顧學生群性及個性之發展，參酌學校及學生特性，並依相關法令之規定辦理。校長及全體教師均負學生之學生事務及其輔導責任。」此外，《學生輔導法》第 1 條也提及：「為促進與維護學生身心健康及全人發展，並健全學生輔導工作，特制定本法。學生輔導，依本法之規定。但特殊教育法另有規定者，從其規定。」因此，在進行學生輔導工作時，全體教師可以如何更有效能的合作，進而促進全體學生的身心健康與全人發展呢？試舉例說明之。

延伸閱讀與相關影片、網站

1.書籍

王麗斐（主編）（2020）。國民中學學校輔導工作參考手冊（第二版）。教育部。

王麗斐（主編）（2020）。國民小學學校輔導工作參考手冊（第二版）。教育部。

洪莉竹（2013）。學生輔導工作倫理守則暨案例分析。張老師文化。

張英熙（2013）。看見孩子的亮點：阿德勒鼓勵原則在家庭及學校中的運用。張老師文化。

嚴長壽（2011）。教育應該不一樣。天下。

林萬億、黃韻如等（2010）。學校輔導團隊工作：學校社會工作師、輔導教師與心理師的合作（第四版）。五南。

鄔佩麗、陳麗英（2010）。輔導原理與實務。雙葉。

林維能（2008）。輔導原理與個人成長。三民。

林清文（2007）。學校輔導。雙葉。

村上龍（著）、濱野由佳（繪）（2007）。工作大未來：從 13 歲開始迎向世界（曹姮、江世雄譯）。時報。（原著出版年：2003）

吳武典、王文秀、李湘屏、周美伶、陳金定、陳明終、…鄭玄藏（1990）。輔導原理。心理。

2.影片

天下雜誌 561 期＋天下雜誌【生命教育】紀錄片（簡介：教出不怕失敗的一代，學習者、實作者、溝通者是台灣下個世代所需要的創新領袖人才，而創新人才更需要的是「面對失敗」的勇氣。全球經歷許多風暴與災難後，什麼是 2020 年最需要的關鍵能力，在人生的旅程中，什麼才是最重要的技能？時間：117 分。語言：國語發音、中文字幕。出版：天下雜誌）

東京家族（簡介：深刻描繪一個家庭的重要價值、核心信念與溝通表達等議題，父母對子女的關愛與生活方式，親子、夫妻與手足關係之經營，兄弟姊妹在家庭中所扮演的角色與責任，不同世代的生活型態與覺察反思等。

時間：146 分。語言：日語發音、中文字幕。出版：傳影互動）

49 歲的電車夢（簡介：即將邁入 50 歲的筒井肇，汲汲營營為公司賣命，因家庭因素鼓起勇氣辭去了人人稱羨、前途無量的工作而找回兒時夢想，追尋夢想的力量永不磨滅，緊握勇氣的鑰匙，在這條名為「人生」的鐵道上重新駛動，其積極熱情感動了乘客、親友，更喚回家人的真摯情感！時間：132 分。語言：日語發音、中文字幕。出版：昇龍數位）

街頭日記（簡介：老師設法讓不同種族的學生和平相處，並以獨特授課方式誘發對課業的興趣。時間：123 分。語言：英語發音、中文字幕。出版：得利影視）

當幸福來敲門（簡介：改編自美國賈納理財公司執行長克里斯・賈納的努力奮鬥、白手起家與其中讓人動容落淚之父子親情故事。時間：117 分。語言：英語發音、中文字幕。出版：哥倫比亞影業）

放牛班的春天（簡介：充滿創意與愛心的老師如何感化一群無可救藥的孩子。時間：95 分。語言：法語發音、中文字幕。出版：金革科技）

老師你好（簡介：一心作育英才的都市老師被迫來到偏僻純樸小學校，意外找回人生的感動。時間：115 分。語言：韓語發音、中文字幕。出版：仟淇科技）

兩難之間（簡介：父母分居與教養態度分歧造成孩子情緒適應障礙。時間：87 分。語言：國語／法語發音、中文字幕。出版：好消息電視台）【老師上課了（III）：赤子心、師生情】

真情相待（簡介：同性戀家庭與子女教養適應。時間：90 分。語言：國語／法語發音、中文字幕。出版：好消息電視台）【老師上課了（III）：赤子心、師生情】

兩性教育與輔導（簡介：教學影片。時間：61 分。語言：國語發音、中文字幕。出版：心理出版社）【諮商實務有聲圖書（二）】

親師溝通（簡介：教學影片。時間：44 分。語言：國語發音、中文字幕。出版：心理出版社）【諮商實務有聲圖書（二）】

生涯諮商（簡介：教學影片。時間：54 分。語言：國語發音、中文字幕。出版：心理出版社）【諮商實務有聲圖書（二）】

破繭而出（簡介：追求真正屬於自己的生涯興趣。時間：92 分。語言：國語

　／法語發音、中文字幕。出版：好消息電視台）【老師上課了（II）：我
　　遇見一位好老師】

陽光依舊（簡介：父母失業導致子女被安置的無奈。時間：85 分。語言：國
　　語／法語發音、中文字幕。出版：好消息電視台）【老師上課了（II）：
　　我遇見一位好老師】

3. 網站

學校輔導網路
study.ncue.edu.tw/
guidancenet.shtml

輔導工作方案資訊網
program.heart.net.tw

團體輔導工作資訊網
guidance.heart.net.tw

教育部學生輔導資訊網
www.guide.edu.tw

大專校院四區輔諮中心
www.guide.edu.tw/resources

助人資源網站大觀園
weblist.heart.net.tw

天下雜誌
www.cw.com.tw

Cheers：快樂工作人
www.cheers.com.tw

參考文獻

王麗斐（主編）（2020）。**國民中學學校輔導工作參考手冊**（第二版）。教育部。

吳武典（主編）（1992）。**學校輔導工作**。張老師文化。

吳武典等（1995）。**班級輔導活動設計指引**。張老師文化。

李坤崇（2001）。綜合活動學習領域教材教法（第二版）。心理。

李坤崇（2011）。綜合活動學習領域概論（第二版）。心理。

周甘逢、徐西森、龔心怡、連廷嘉、黃明娟（2003）。**輔導原理與實務**。復文。

林清文（2007）。**學校輔導**。雙葉。

金樹人（1991）。**生計發展與輔導**。東華。

金樹人（1997）。**生涯諮商與輔導**。東華。

金樹人（2009）。**生涯諮商與輔導**。東華。

張德聰、黃宜敏、許維素、洪莉竹、陳金定、林蔚芳、…鄭玉英（2007）。**輔導原理與實務**（第二版）。三民。

張麗鳳（2007）。學校輔導工作團隊的分工與合作。載於 **2007 年第三屆中小學校輔導與諮商學術研討會論文集**。國立嘉義大學輔導與諮商學系。

教育部（2000）。**國民中小學九年一貫課程暫行綱要**。作者。

教育部（2003）。**國民中小學九年一貫課程綱要**。作者。

陳秉華、吳芝儀、許維素、張麗鳳（2007）。**95 年度研擬學生輔導法草案期末報告**。教育部委託之研究計畫。教育部。

劉焜輝、洪莉竹、周麗玉、賈紅鶯、李玉嬋（2003）。**學校輔導工作的多元面貌：專業理念與實務的對話**。天馬。

學生輔導法（2014 年 11 月 12 日制定公布）。

CHAPTER **4**

三級預防的輔導模式

陳玉芳

前 言

我們都知道,平時做好汽車保養,比旅途中拋錨後找人拖吊和維修更划得來;定期做身體健康檢查,比患病後才投入金錢或人力來尋求醫療診治更有效,此正所謂的「上醫治未病、防患於未然」。而如同醫療診治一樣,「預防勝於治療」的觀念,也適用於心理衛生教育的領域,尤其是現今的兒童和青少年,他們需要面對的是比以往同年齡的孩子更多的生活壓力,處在競爭激烈、資訊爆炸、疫情籠罩的世代裡,形形色色的問題難以預測。

因此,當前校園心理輔導的工作,已經突破過去那種等待問題出現才介入的處遇方式,「預防」的觀念扮演了重要的角色;除了針對特殊族群學生的問題提出有效的輔導策略之外,更致力於增進全體學生的心理健康,以因應未來可能發生的問題,例如:在憂鬱症、自傷自殺行為、藥物濫用、性騷擾、性侵害或性霸凌防治、網路成癮等課題上,針對兒童或青少年規劃初級、次級、三級的預防方案,藉此減少學生的心理問題或危險行為,而這正是輔導工作三級預防的概念。

本章將從公共衛生領域三級預防的觀點談起,繼而介紹三級預防的輔導模式,並說明此概念如何在校園輔導工作中的應用。

第一節　三級預防的概念與意涵

「預防」的概念是源自於十九世紀的公共衛生運動，直到近幾十年才正式被心理衛生領域所引用，而且有進一步的發展（Bloom, 1996）。在心理學方面逐漸形成一個「預防心理學」的次領域，甚至運用在臨床心理、社區心理，以及校園輔導工作上，成為整體社區心理衛生工作的重要價值與實務模式之一。

壹、心理衛生服務三級預防的概念

早期心理治療的觀點是從病態醫學的角度出發，治療的重點聚焦於危險因子的探討，把心理諮商或臨床醫學的介入運用在案主或病患身上，著手改變其心理或行為問題，而「預防」的觀點則鮮少被提及，案主之復原因子的分析也很容易被忽略。1964 年，Coplan 提出了一個不同於以往的看法，他認為心理衛生工作除了初級預防外，還應包括次級、三級的預防，因此提出了心理衛生工作三個層次處理的概念（引自黃政昌，2001；Gultin & Renolds, 1999），此概念援用了公共衛生疾病預防中，相當經典的分類方式。之後的學者，像是 Mrazek 與 Haggerty，其於 1994 年所建立的精神疾病預防框架，就是依照這個概念，將其分為一級預防、二級預防和三級預防（引自 WHO, 2004, p. 17），筆者將其架構整理如圖 4-1 所示。

在圖 4-1 中，最下層代表目前沒有心理疾病的大多數民眾，當中又可依其程度來做普遍性、選擇性或指向性的一級預防工作，以防止心理疾病的發生；圖的中層代表的是已經確診為心理疾病的患者，屬於二級預防的範圍，目的是早期發現、早期治療，以降低其在人群中的患病率；圖的上層代表目前較為嚴重的心理疾病患者，是三級預防的主要對象，

圖 4-1　心理疾病三級預防架構圖

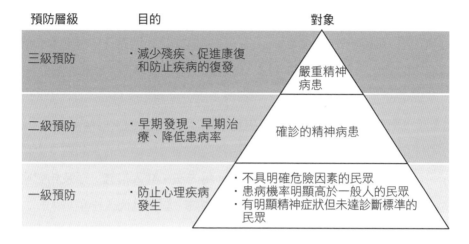

預防層級	目的	對象
三級預防	・減少殘疾、促進康復和防止疾病的復發	嚴重精神病患
二級預防	・早期發現、早期治療、降低患病率	確診的精神病患
一級預防	・防止心理疾病發生	・不具明確危險因素的民眾 ・患病機率明顯高於一般人的民眾 ・有明顯精神症狀但未達診斷標準的民眾

目的在於減少殘疾、促進康復和防止疾病復發。

　　近年來，「國際心理健康機構」（National Institute of Mental Health, NIMH）努力提倡心理預防科學，呼籲大家同時注意危險與復原因子，此觀點也呼應了三級預防的概念（連廷嘉，2005）。而如同心理疾病的醫療診治一樣，預防勝於治療的觀念，也同樣適用於心理輔導及教育的領域，成為當前極為重要的輔導模式。

貳、校園心理健康服務三級預防的啟動

　　美國輔導學者 Shaw 從事學校輔導研究多年，他認為有必要對整體輔導工作範圍做明確且有系統的探討，因此提出了一套學校輔導工作的模式，據此擬訂輔導計畫，在學校裡推廣心理衛生教育及預防的概念（吳武典，1983）。此模式分為三個層次：第一個層次是**初級預防計畫**，對象是一般正常或健康的學生，提供其適當的教育和活動，目的在增進學生心理健康及自我調適的能力；第二個層次是**次級預防計畫**，對象是在教育及生活適應上有較高形成問題可能性的學生，藉著心理諮商及父母、

師長的合作，以減低其問題的嚴重性；第三個層次是**診斷治療的計畫**，對象是問題已經嚴重的學生，由輔導專家或心理醫師直接實施個別的輔導與治療，以便早日回復正常狀況。這個模式受到世界各國專家學者的重視，即使在二十一世紀的今日，仍是當代學校輔導工作模式的基礎。

　　Walker 與 Merrell（2004）即根據美國公共衛生服務局（U.S. Public Health Service）的預防方法，針對校園內所有學生的心理健康需求，提出介入的模式；此模式也是依據三級預防的架構所建立的，如圖 4-2 所示，由圖中可進一步說明三級預防的評估方法、介入措施，以及相對應的大概學生比例。圖的最下層是第一級預防，對象為尚未出現重大行為

圖 4-2　行為和情緒問題學生的支持三角圖

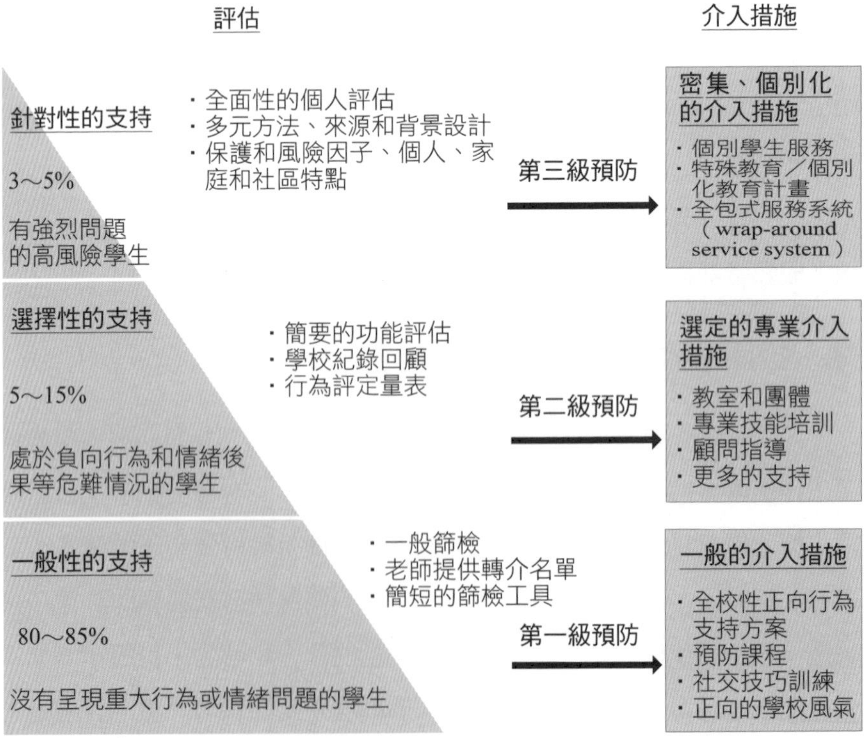

註：取自 Walker 與 Merrell（2004, p. 905）。

或情緒問題的一般學生，由於此層級的預防成效，無法像第二級或第三級預防般容易顯現與評估，且所需要的輔導專業能力門檻較低，往往容易被忽略。然而，第一級預防工作往往是最容易成功實施，且節省學校資源的重要策略（黃政昌，2001），況且 80～85%的大多數學生，絕對值得學校著手發展一些方案，朝著營造正向學習環境、減少適應不良學生的方向來努力。圖的中層是第二級預防，對象是 5～15%處在負向行為或情緒後果的學生，他們需要輔導人員以更具體或特定的測量工具來篩檢，藉由班級性或團體輔導的方式，提供其需要的課程或訓練，以避免問題惡化。而圖的最上層是第三級預防，主要對象是針對 3～5 %在行為和情緒功能方面風險極高的學生，他們較需要的是全面性的個人評估，以深入了解其問題所在以及需要、可運用的資源，並從中擬定個別化的諮商輔導方案，協助其降低風險，防止社會功能退化。

參、我國學校輔導工作三級預防的實施

教育部有鑑於當前學校輔導工作的二大困境：一為家庭、學校、社區等三大輔導層面，未能密切配合，功能無法發揮；再者為學校輔導系統本身雖強調輔導工作應由全校教職員共同負責，但實際上卻未能彼此交互支援，績效不如預期。因此，在 1998 年 6 月的《教育部公報》（教育部，1998a）中，提出了中小學「教育、訓導、輔導三合一的輔導新體制」（架構圖請參見圖 4-3），引進輔導工作三級預防的觀念，本著「發展重於預防、預防重於治療」的教育理念，期望透過教、訓、輔各種重點工作的推動，引導教學人員與訓輔人員產生交互作用，激勵一般教師全面參與學生輔導工作，並結合社區資源，建構學校輔導網絡，為學生統整規劃出更為周延的輔導服務工作（教育部，1998b）。

2011 年進一步於「國民中小學三級輔導體制之角色分工建立與強化計畫」研究成果中提出「W-I-S-E-R」的學校三級輔導工作架構。

一、「教、訓、輔三合一的輔導模式」主要內涵

在「教、訓、輔三合一的輔導模式」中，其主要內涵如下所述。

（一）全體教師參與輔導工作，善盡輔導學生的責任

在圖4-3的架構中，將教學人員清楚納入輔導體制之中，再次強調教師是推行教育的靈魂人物，原本就具有輔導學生的職責，須具備基本的輔導知能，並將輔導理念融入教學歷程中；同時，藉由教學研究會議及教師專業發展評鑑的方式，提升教學的效能與品質，幫助學生獲得滿意的學習。

（二）彈性調整訓、輔行政組織，建立最佳互動模式

行政人員是教師面對學生各項問題時，最佳的後勤支援，因此學校在行政組織的調整與運作上，應規劃出同仁間良好的互動模式。教育部

圖4-3 「教育、訓導、輔導三合一輔導新體制」整合架構圖

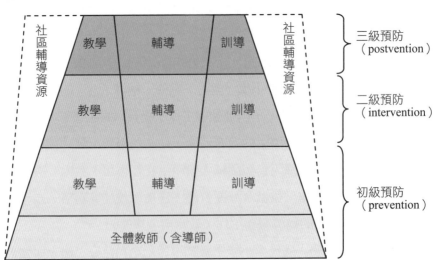

註：取自教育部（1998a）。

亦建議，學校可將訓導處調整為學生事務處，以兼具輔導學生之初級預防功能；將輔導室調整為輔導處（室），屬一級單位，以加強各級心理輔導與諮詢服務的工作。

（三）教、訓、輔整合發展，建立三級預防的體系

教、訓、輔三合一的輔導新體制融合了三級預防的觀念，認為校園的學生輔導工作必須整合教學人員、訓導人員、輔導人員之力量，在各層級預防工作中各司其職，以發揮功能。有關內容詳述於本章第二節。

（四）結合社區輔導資源，建構學校輔導網絡

我們現有的社區輔導資源非常多元，它可能是機構、團體或個人，學校必須有效地建構、整合與應用。而輔導網絡的建構是以學校為核心，當中同時包括教育人員、輔導人員、社工人員、護理人員、心理治療人員等，同時兼顧橫向和縱向的連結。這些可能結合到一級預防的輔導工作，例如：親職教育、生涯規劃課程，以及各式講座之講師資源等；或者在二級、三級預防的層級，例如：需要轉介學生時，將更能合乎時效，發揮輔導功能。圖4-4為學校輔導網絡架構圖，學校應於平時便彙整各類別資源之聯絡清單，俾便需要時聯繫與運用。

二、「W-I-S-E-R」學校三級輔導工作之主要內涵

「W-I-S-E-R」模式的學校輔導工作強調「全校性」、「系統性合作」、「資源整合」，且重視合作概念，其乃延續教育部之教、訓、輔三合一體制之三級輔導工作內容，以及教育部所規範之「應該做什麼（What）」的輔導體制，進一步說明這些輔導工作「可以如何做（How）」的工作架構（如圖4-5所示）。無論是資深的、新進的，或是校內、校外的輔導專業工作者，在「W-I-S-E-R」模式的架構下，均應認識與善用校園輔導人力，並建立彼此間的合作策略。

圖 4-4　學校輔導網絡架構圖

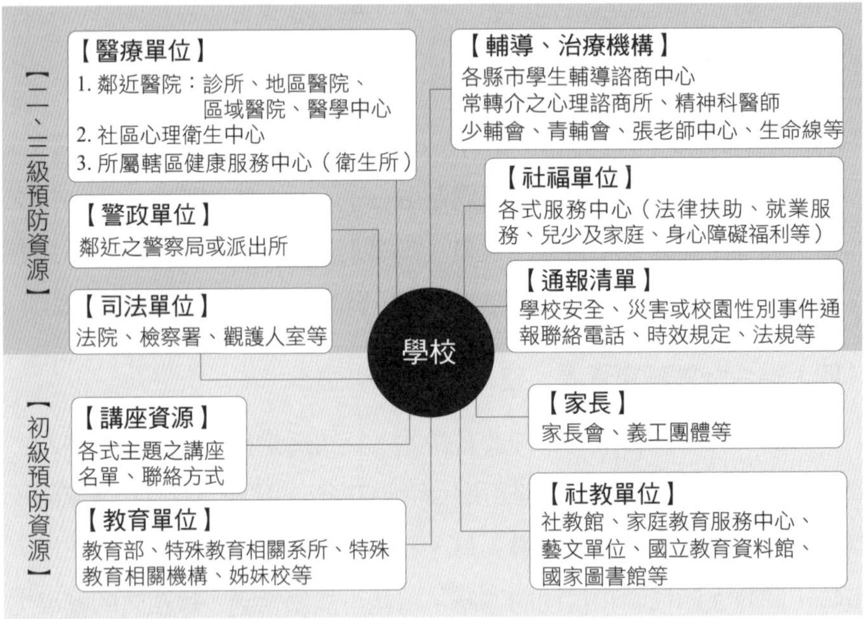

【二、三級預防資源】

【醫療單位】
1. 鄰近醫院：診所、地區醫院、
　　　　　　區域醫院、醫學中心
2. 社區心理衛生中心
3. 所屬轄區健康服務中心（衛生所）

【警政單位】
鄰近之警察局或派出所

【司法單位】
法院、檢察署、觀護人室等

【初級預防資源】

【講座資源】
各式主題之講座名單、聯絡方式

【教育單位】
教育部、特殊教育相關系所、特殊教育相關機構、姊妹校等

學校

【輔導、治療機構】
各縣市學生輔導諮商中心
常轉介之心理諮商所、精神科醫師
少輔會、青輔會、張老師中心、生命線等

【社福單位】
各式服務中心（法律扶助、就業服務、兒少及家庭、身心障礙福利等）

【通報清單】
學校安全、災害或校園性別事件通報聯絡電話、時效規定、法規等

【家長】
家長會、義工團體等

【社教單位】
社教館、家庭教育服務中心、藝文單位、國立教育資料館、國家圖書館等

圖 4-5　WISER 學校三級輔導工作架構圖

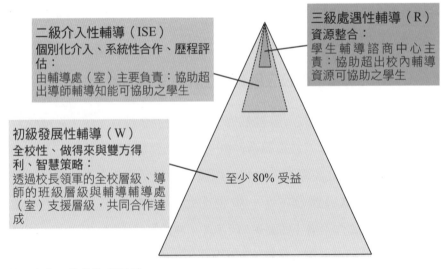

二級介入性輔導（ISE）
個別化介入、系統性合作、歷程評估：
由輔導處（室）主要負責：協助超出導師輔導知能可協助之學生

三級處遇性輔導（R）
資源整合：
學生輔導諮商中心主責：協助超出校內輔導資源可協助之學生

初級發展性輔導（W）
全校性、做得來與雙方得利、智慧策略：
透過校長領軍的全校層級、導師的班級層級與輔導輔導處（室）支援層級，共同合作達成

至少 80% 受益

註：取自王麗斐等（2013）。

　　在圖 4-5 中，W 代表初級發展性輔導工作，也就是以全校性（whole school）、做得來與雙方得利（workable and mutual benefit），以及智慧策略（working smart not working hard）為原則，並以全校學生為主體，藉由校長領航，全體教師共同推動，輔導處（室）適時支援來進行，於平日即融入一般教學與常規學習中，可關照到最多數的學生（至少 80% 受益）。ISE 則是指二級介入性輔導工作，以 I 代表重視「個別化介入」（individualized intervention）、S 說明「系統性合作」（system collaboration）的必要性，以及 E 強調「歷程評估」（evaluation）的重要性；二級介入性輔導工作的主責單位為輔導處（室），主要是輔導教師針對適應欠佳的學生進行個別評估、心理諮商，安排認輔、進行團體輔導，同時結合生態系統支援的概念，與導師、校內輔導資源（包括行政人員、專任教師等）以及家長共同合作，針對學生問題的警訊及早介入，以增進學生的學校適應能力。至於 R 則代表三級處遇性輔導工作，著重校內外的資源整合（resource integration），針對有嚴重適應問題，且已接受初級、二級輔導資源而仍未見改善的學生，能適時引進校外專業資源，整合已有的校內資源，協助學生重新適應。

　　「W-I-S-E-R」模式不同於過去將一個大三角形切割為三個區塊的分工方式，其更強調三級輔導工作間的相互合作與補位之成效，倘若學校輔導工作者能把握初級與二級輔導工作的關鍵要素，推動學生輔導工作，就如同把「W」加上「ISE」，成為「有智慧的」（wise）學校輔導工作推動者；如果又能成功整合校內外輔導資源，有效推動三級輔導工作，就如同把「WISE」再增加「R」，代表一種「更有智慧的」（wiser）學校輔導工作推動者。因此，學校輔導人員除了重視諮商專業與個案輔導知識之外，亦須從生態系統的觀點來理解學生如何受到影響，以發揮輔導效能。

第二節　三級預防輔導模式的內涵與作法

　　在心理衛生服務工作中，「預防」不是一個新的概念，在美國受到相關領域的重視已有一世紀之久，而我國教育部也在十幾年前，就將它納入學校輔導體制中，但是要把這些關注轉化為有效率的行動，卻是有難度的。以下將針對三級預防的輔導模式與概念加以詳細說明，進而探討其在輔導處遇上的應用。

壹、初級預防

一、內涵

　　所謂初級預防（primary prevention），又稱為一級預防，是明顯不同於次級或第三級預防的概念（Felner, 1983），主要是針對一般學生與適應困難學生進行一般輔導，以增進學生的心理強度、因應技巧與生活適應能力，期望學生未來在遇到困擾或危機時，能有效防止心理問題或偏差行為的發生，其功能接近於發展性、教育性輔導。

二、作法

　　美國初級預防的運動先驅 Albee 於 1982 年曾經提出一套公式，用來預測個人產生行為與情緒問題的可能性，預防方程式如下（引自 Bloom, 1996, p. 6）：

$$\text{個人產生行為與情緒問題的可能性} = \frac{\text{壓力} + \text{身體的脆弱性}}{\text{因應技巧} + \text{自尊} + \text{社會支持}}$$

　　社區心理學家 Elias（1987）則納入更多環境的因素，來對此心理健康程度的預測予以補強，其預防方程式如下（引自 Dalton et al., 2007）：

$$環境造成個人行為與情緒問題的可能性 = \frac{壓力源＋環境的危險因子}{正向的社會適應訓練 ＋ 社會支持相關資源 ＋ 正向關係與連結的機會}$$

　　從上述二個預防公式來看，影響學生心理健康的重要面向，不外乎是降低內、外在的限度，包含：身體的脆弱性（屬於個人生理因素）、環境的危險因子（屬於外在環境因素）等，同時提升個人及環境的強度，包含：因應技巧、社會適應能力、自尊、社會支持、正向人際關係等，這些都是學校進行初級預防時可參考的工作方向。而 Bloom（1996）根據 Albee 的公式、Elias 及相關學者提及的變項，將情境從個人本身、初級團體（如家庭、同儕團體、工作場所中的人際關係）、次級團體（如大型組織中一個部門裡的特定工作角色）、社會文化脈絡，乃致於物理環境等予以細分，進一步做結構分析，更具體的整理出初級預防的概念，如圖 4-6 所示。在此圖中，Bloom 給定了一個時間框架，用中央橫線來做區隔，橫線上方強調的是在社會情境脈絡下要增加社會行為的強度，橫

圖 4-6　初級預防結構方程式

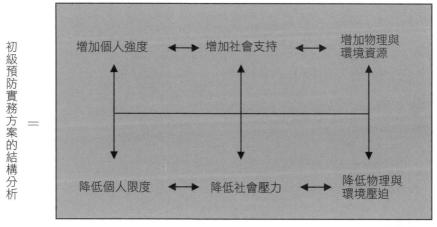

註：取自 Bloom（1996, p. 6）。

線下方著重的則是減少社會行為的限制，而雙箭頭代表著彼此的相互影響，例如：個人有可能會影響社會文化因素，但也可能會被社會文化因素所影響。

此外，Bloom 更進一步從上述結構方程式中，提出六個面向之六十八種初級預防方法（整理如表 4-1、表 4-2、表 4-3 所示），以幫助實務工作者更加了解預防性的行動該如何推展。

表 4-1 「增加個人強度」與「降低個人限度」的初級預防方案

面向	增加個人強度	降低個人限度
認知	1. 一般性的教育方法（例如：學習批判思考、創造力、人際技巧和價值觀等）。 2. 預防性的問題解決（例如：學習預期事情的短期、長期變化）。 3. 認知刺激（例如：依學生的年齡給予適當的刺激等）。 4. 預期教導（例如：了解可能獲得的協助是什麼，面對危機時積極以對）。 5. 因應壓力所需的認知能力（例如：去除「個人化」、覺察負向的認知思考等）。	1. 認知的再建構或應對（例如：協助學生改變習慣看待困境的方式）。 2. 預期應對（例如：情境的角色扮演）。 3. 自我指導訓練：思維停止法與思維啟動法（例如：覺察思考和情緒之間的關聯）。
情感	1. 態度改變（例如：可從態度與信念、行動之間的連結來看）。 2. 道德推理、價值澄清、品格教育（例如：配合 Kohlberg 的道德發展論來進行）。 3. 激勵希望、提升樂觀（例如：將樂觀的態度與行動連結起來）。	1. 防衛機制：否認（例如：覺察各種感受，包含恐懼、敵意、憤怒、性慾等）。 2. 壓力預防接種（例如：分階段進行演練）。

表 4-1 「增加個人強度」與「降低個人限度」的初級預防方案（續）

面向	增加個人強度	降低個人限度
行為與技巧	1. 學習理論（例如：操作制約、反應制約、社會學習等）。 2. 社交技巧訓練（例如：社會或生活技能訓練、日常生活所需的物理技能）。	1. 降低危機、預防意外、促進安全（例如：適時提供簡短的聲明或提醒）。 2. 減低自傷行為（例如：對自己的自傷行為是否有覺知）。 3. 減低傷人行為（例如：預防青少年犯罪和衝動行為）。 4. 行為演練：角色扮演（例如：用於解決青少年與父母的衝突）。 5. 預防復發與免疫追加（例如：視情形加強注射）。 6. 減少偏見與歧視（例如：透過立法或正規教育方案等）。
生理與生物	1. 營養（例如：提供膳食指南）。 2. 長期運動（例如：長期適量的運動）。 3. 免疫作用與接種（例如：在教育中融入預防接種的計畫）。	1. 診斷篩檢（例如：統計、分類、確定可能干預的目的等）。 2. 遺傳諮商（例如：基本的遺傳資訊）。 3. 放鬆訓練（例如：處於被動、接受、順其自然的狀態）。
整體或多方面的方法	1. 知覺自我效能（例如：藉由成功執行其他替代經驗以增加自我效能）。 2. 自信與阻力訓練（例如：什麼情況下我會焦慮？可以做什麼來減低焦慮）。 3. 情感教育（例如：透過教育心理的方案課程來協助情感的發展）。 4. 復原力（例如：個人、同儕、家庭、學校、社區的保護因子）。	1. 物質濫用的預防（例如：進行相關的課程）。 2. 壓力管理（例如：在生活中融入壓力調適的方法）。 3. 失業相關問題的預防（例如：提供工作技能訓練）。 4. 父母效能訓練（例如：多用「我訊息」，少用「你訊息」）。

註：取自 Bloom（1996, pp. 25-180）。

表 4-2 「增加社會支持」與「降低社會壓力」的初級預防方案

面向	增加社會支持	降低社會壓力
人際	1. 助人者治療原則、同儕教導（例如：賦予青少年助人角色，藉此提升自助的能力）。 2. 依附、人際連結（例如：親子之間建立和維持良好的依附關係）。 3. 友誼（例如：朋友之間興趣、價值觀的分享足以克服許多阻力）。	1. 同儕的協助（例如：同齡密友、朋友或學伴等的協助）。 2. 非同儕的協助（例如：在不同年齡的朋友間建立有意義的關係）。
初級團體	1. 社會支持、相互援助和自助團體（例如：學會相互提供支援）。 2. 自然協助網絡（例如：找到有意願、有能力分享資訊的合作者，如當地的牧師、社工等）。	1. 緩衝作用（例如：能預先察覺壓力，並評估可能的影響）。 2. 促進作用（例如：行為預演、技能塑造、集思廣益等）。
次級團體	1. 社會充權、倡導（例如：助人專業者將此概念融入工作之中）。 2. 諮詢（例如：對組織和員工提供諮詢）。 3. 社會團體的實質協助（例如：對於受限於年齡或發展階段而無法取得資源者，提供協助）。	1. 社會行動（例如：透過社會行動方案來減低人們的壓力）。 2. 社會機構（例如：因應社會趨勢的變化，重新省思社會機構的焦點何在）。 3. 「申訴專員」方案（例如：提供申訴的管道）。 4. 資訊與轉介系統（例如：建置各種問題的轉介資源）。
社會文化脈絡	1. 以機構作為初級預防的媒介（例如：對於機構預防和促進健康的功能予以善用）。 2. 象徵體系（例如：能敏覺到文化、信仰或其他信念等之影響）。 3. 大眾媒體（例如：善用媒體的傳播力量）。	1. 保險原則（例如：藉由分散集體風險，縮小個人損失）。 2. 社會運動（例如：運用社會賦權概念）。 3. 社會公平機制（例如：擬定初級預防的政策時亦顧及公平正義）。

註：取自 Bloom（1996, pp. 181-278）。

表 4-3 「增加物理與環境資源」與「降低物理與環境壓迫」的初級預防方案

面向	增加物理與環境資源	降低物理與環境壓迫
人與自然環境	1. 預防人類在未來掠奪自然環境（例：如將大量自然資源用於商業用途）。 2. 保護目前的自然環境（例如：永續發展的概念）。 3. 提升健康的自然生態（例如：以交換垃圾袋的方式保持貧民窟的環境整潔）。	1. 一般的環境壓迫（例如：環境汙染）。 2. 特別的環境壓迫（例如：自然災害）。
人與建物	1. 預防未來的錯誤（例如：聖路易城集合式住宅拆除的案例）。 2. 現有建築環境的保護（例如：無坑洞馬路、限時清運垃圾等）。 3. 提升健康的建築生態（例如：整體性的城市規劃）。	1. 意外事件的預防（例如：父母預防兒童發生意外的方法）。 2. 保護：針對現代生活的一般性危害（例如：噪音）。 3. 提升：針對人與環境的良好契合（例如：人是社會性動物但也需要隱私的時間或空間）。

註：取自 Bloom（1996, pp. 279-326）。

貳、次級預防

一、內涵

　　所謂次級預防（intervention prevention），又稱為二級預防，主要是針對瀕臨偏差行為邊緣的學生，進行較為專業之輔導諮商，希望能早期發現、早期處理，對學生的心理健康或行為問題提供即時的協助，把握介入處理的黃金時期，以達到防止問題惡化的效果。

二、作法

　　美國社區心理學家 Durlak 與 Wells（1998）認為，在次級預防的介入作法中，主要是確定目標對象、進行篩檢、治療等三種方式，而當前我

國教育部、教育局（處）所推動的許多方案或活動亦都屬於此類，也就是將有問題徵兆，例如：輕度行為偏差或心理困擾的學生等，加以篩選，並實施相關的輔導措施（黃政昌，2001）。此種作法確實是一種重要的介入方式，且目前也有多種標準化的心理測驗，可作為篩檢時的輔助工具。筆者將 2000 年以後於國內出版，且適用於中小學的篩檢性評估量表，彙整如表 4-4 所示。

表 4-4　國民中小學可參考使用之篩檢性評估量表（2000 年以後出版）

類型	測驗名稱	修訂／編製者（出版年）	測驗功能	適用對象
人格評估	健康、性格、習慣量表（修訂版）	柯永河編製（2003）	了解心理健康、性格偏差、自殺傾向等問題，作為臨床診斷之用。	國中、高中職、大專、成人
	新訂賴氏人格測驗	賴保禎、賴美玲編製（2003）	評估緊張性、焦慮性、憂鬱性等三個向度的心理健康情形。	國中至大專
	基本人格量表（第二版）	吳武典、林幸台、王振德、郭靜姿修訂（2016）	適用國中至大學之輔導工作，了解個人之人格特質；亦可用於醫療診所與諮商中心的人格評量與診斷。	七年級至大學
	邊緣型人格特質測驗	譚偉象、張淑慧、夏允中、蔣世光編製（2006）	幫助個人了解自己的邊緣型人格特質之程度。協助心理專業工作人員了解個案之心理狀況。	高中職至成人
行為和情緒評估	青少年社會行為評量表	洪儷瑜編製（2000）	提供學校發現與篩選嚴重情緒障礙的學生，以調整學校對青少年社會適應問題之介入策略。	六至九年級
	情緒障礙量表（第二版）	鄭麗月修訂（2022）	提供多元的評量方法（評量表、訪談表、觀察表），其目的為：辨認情緒行為障礙學生、擬定個別化教育計畫的參考、作為補充功能性行為評量、記錄進步情形、協助研究。	5 至 18 歲

表 4-4　國民中小學可參考使用之篩檢性評估量表（2000 年以後出版）（續）

類型	測驗名稱	修訂／編製者（出版年）	測驗功能	適用對象
行為和情緒評估	行為與情緒評量表	楊宗仁修訂（2001）	鑑定與診斷情緒障礙的學生。	6 至 18 歲
	生氣情緒反應量表	林蔚芳、張小鳳編製（2005）	協助澄清學生的情緒狀況，預防青少年校園暴力的發生。	國中
	台灣版兒童青少年憂鬱量表	陳淑惠修訂（2008）	快速有效的評估兒童與青少年的憂鬱傾向，提供臨床與輔導實務工作之參考。	8 至 16 歲
	貝克憂鬱量表（中文版）	陳心怡翻譯（2000）	評估個案的憂鬱程度，作為診斷、安置和介入措施的參考。	13 至 80 歲
	貝克焦慮量表（中文版）	林一真翻譯（2000）	評估青少年和成人的焦慮程度，以作為焦慮患者的篩檢工具。	17 至 80 歲
	貝克絕望感量表（中文版）	陳美君翻譯（2000）	評估個案對未來的負向態度之程度。	17 至 80 歲
	貝克自殺意念量表（中文版）	張壽山翻譯（2000）	評估個案的自殺想法，以有助於對個案的危機處理。	17 歲以上
	「我的人生」量表：學生自我傷害行為篩檢	程國選、吳武典編製（2004）	全面性篩檢具有自我傷害傾向的學生，減少自殺危機的發生。	國中至高中職
	行為困擾量表（第四版）	李坤崇、歐慧敏編製（2008）	評量學生之行為困擾，以協助輔導及補救工作推展。	四至九年級
	台灣版多向度兒童青少年焦慮量表	顏正芳修訂（2010）	有效評估臨床上各個重要的焦慮症狀；可敏感地偵測出治療前後焦慮症狀的細微變化。	8 至 19 歲
	學校行為量表	吳啓誠、張俊紳修訂（2016）	協助教師了解學生在校的優勢與需額外支持性介入的行為領域，作為擬定計畫和成效評估之參考。	一至六年級

表 4-4 國民中小學可參考使用之篩檢性評估量表（2000 年以後出版）（續）

類型	測驗名稱	修訂／編製者（出版年）	測驗功能	適用對象
心理健康適應篩檢	青少年心理健康量表：篩選性評估	黃政昌、呂紀韋編製（2008）	檢測青少年潛在困擾特質的類型與強度，以篩選出需要高關懷的對象，預防青少年偏差行為的產生。	七年級至高中職三年級
	中學生生活適應量表	陳李綢、蔡順良編製（2009）	了解中學生之生活適應心理指標，作為教師進行中學生生活輔導之參考，協助學生提高自我的生活適應能力。	七年級至高中職三年級
	青少年身心健康量表	盧奐均、黃財尉、李美遠編製（2013）	評量青少年的身心健康，作為篩選需要關懷之青少年的參考。	12 至 20 歲
	正向心理健康量表	陳李綢編製（2014）	評量國中至大學學生的身心健康，作為篩選高關懷學生之參考。	國中至大學
人際適應評估	中學生人際關係量表	陳李綢、蔡順良編製（2007）	協助教師了解與預測學生在校人際關係的表現與適應情形，藉此及早發現需要關懷的學生。	七年級至高中職三年級
	涂老師社交測量系統 4.0 版	涂春仁編製（2009）	快速篩檢人際適應欠佳之學生，從中了解其人際智能、同儕接納度、人格特質、社會適應能力，以及團體中次級團體分布概況。	幼兒園至成人
	國小學童人際經驗量表	羅品欣、陳李綢編製（2015）	評估國小高年級學童之人際經驗，及早發現校園霸凌的高危險群。	五至六年級

　　不過，對高危險群學生進行早期篩檢與診斷時，輔導人員必須特別留意「錯誤肯定」的問題發生，亦即在篩檢過程中，學生被誤以為可能有產生某些心理或行為問題，但實際上並沒有發生；結果對這些學生施予特別的關照或輔導，過程中耗費了相當多的人力與成本，卻未能協助到真正需要服務的學生。而且這樣的作法是否會導致「標籤化」的影響，值得從事次級預防的輔導人員注意與思考。

參、三級預防

一、內涵

　　所謂三級預防（tertiary prevention），又稱為「診斷治療」，主要是針對偏差行為、嚴重適應困難、罹患心理疾病的學生，進行專業的諮商、治療及身心復健，協助這些學生盡量維持常態生活，使情況不致於惡化，並預防復發，防止社會功能退化。

二、作法

　　在三級預防的層級中，通常是以個別學生或小團體為單位來進行，實施介入性的輔導措施，或是針對突發性之校園安全或災害事件，進行立即的通報、處遇及危機控管。分別說明如下。

（一）嚴重但非突發事件的個案

　　這一類個案可能是偏差行為、嚴重適應困難或罹患心理疾病的學生，須針對其個別情況進行輔導與諮商、個案研究、個案管理、資源整合、轉介服務、追蹤輔導等，並提供個案之家長與教師諮詢服務，以協助個案有效改善或克服其學習、認知、情緒、行為、人際等問題，並增進其心理健康與社會適應，預防問題復發。因此，身為學校輔導工作者，必須具備對兒童和青少年身心發展與高危險行為、心理疾病等之辨識與診斷的能力，以有助於早期的預防、治療與協助。

（二）嚴重且為突發性之危機事件

　　危機是突然發生、沒有預期的情況，也是第三級預防須因應的狀況。一個人在面對存在且無所遁逃的危機時，若無法利用現有的資源來解決，就可能會經歷到一段短暫心理不平衡的過程。但危機也是轉機，若妥善

處理,當事人或身邊的他人,皆有機會從中得到深刻的體驗與成長。因此,學校輔導人員對於各種危機的發生也須有因應之道,務必熟知處理流程、通報規定,以有助於將傷害降到最低。

　　有關校園危機事件處理之各處室分工事項,以及處遇工作清單,筆者根據學校輔導工作的相關行政經驗,自行整理如表 4-5、表 4-6 所示。表 4-5 是針對校園自傷自殺危機事件在三級預防的架構下,相關單位於各階段可能須進行的工作項目,並予以條列分工;表 4-6 則進一步以校園中發生嚴重危機事件為例(如學生意外死亡),彙整可能須進行之工作項目,其中包括:各項工作是否須進行、進行的時間,以及由哪一處室主辦等,均須視各校及危機事件的性質來判斷與調整。

表 4-5　校園自傷自殺危機事件三級預防輔導分工表

單位	初級預防 (預防處理階段)	次級預防 (危機處理階段)	三級預防 (事後處理階段)
校長	□成立校園自我傷害危機處理小組,召開小組委員會,研商校園自我傷害防治計畫。 □於各項會議宣導自我傷害的防治觀念,提升教職員的敏銳覺察度。	□指示適當人員召開危機個案處遇會議,共同研討危機處理的步驟,並採取一致的行動。	□啟動危機處理機制,召開校內危機處理小組會議,以研討各項事後處置事宜、評估事件對學校的影響、評估學校裡所擁有的應對資源。 若個案自殺已遂 □討論如何舉行適當的悼念活動。 □向教職員、學生、家長說明事件的發生經過。 □指派適合人員代表學校為公共傳播媒體發言人。

表 4-5 校園自傷自殺危機事件三級預防輔導分工表（續）

單位	初級預防（預防處理階段）	次級預防（危機處理階段）	三級預防（事後處理階段）
教務處	□落實生命教育及情緒教育融入各科課程教學，增進學生挫折容忍力及情緒管理能力，並能尊重生命、關懷生命、珍愛生命。	□協助導師、輔導教師篩選高危險群學生。 □會同導師、輔導教師、輔導教官對高危險群學生進行輔導，給予支持、關懷，並指派有關人員參加危機個案處遇會議。	□參加危機處理小組會議，擬定事後處置行動計畫。 □處理社會團體的介入事宜。 □維持校務正常運作。 □掌握高危險群學生，並給予協助。
學務處	□定期舉辦新生始業輔導活動、班級幹部訓練、聯課及社團活動，以協助學生適應校園生活，並擔任良好的班級及行政單位之溝通橋樑，並促進身心健康。 □成立危機處理小組，利用相關會議加強宣導，使小組成員熟悉校園自我傷害預防處理、危機處理及事件處理的流程。 □培訓交通服務隊，協助維護上、放學之交通安全。	□建立校園危機事件處理流程，以及全校緊急事件處理通報資料。 □針對高危險群的學生，導師、輔導教師、輔導教官應立即會同輔導，並給予支持與關懷，包括：傾聽、支持、對自我傷害的想法保持敏銳度、注意是否已有先前的企圖或計畫，並採取必要之行動。 □召開危機個案處遇會議，由適當人員主持，召集各處室主任、主任輔導教師、導師、學務處有關人員，以及全體輔導教師，共同研討危機處理的步驟，採取一致的行動措施。	□參加危機處理小組會議，擬定事後處置行動計畫。 □掌握師生事後反應、生活作息動態及安全問題，適切調整校內氣氛。 若個案自殺已遂 □事發後盡速召開導師會議公告事件，建立處理共識，並建立資料檔案。 □對家長表示弔慰並表達學校的關心，以及學校目前的處理程序。 □通知家長有關學校方面的悼念活動。 □了解葬禮安排程序，以及學校可能協助的事項。
總務處	□改善校園環境死角，避免不良環境的產生。	□重新評估校園是否存有危險狀況，並加以改善。	□參加危機處理小組會議，擬定事後處置行動計畫。

表 4-5　校園自傷自殺危機事件三級預防輔導分工表（續）

單位	初級預防（預防處理階段）	次級預防（危機處理階段）	三級預防（事後處理階段）
總務處	□培訓各班總務股長，協助維護班級安全。	□熟悉事件發生時之處理流程。 □參加危機個案處遇會議。	□評估現場是否為校園安全之疏失，並對事件現場的處理情形詳細報告。
輔導處（室）	教師部分 □舉辦研習課程或利用導師會報及校務會議宣導，使全校教職員工熟悉青少年的自我傷害警告訊息及緊急的處理原則。 □辦理「認識憂鬱和自我傷害」、「如何面對壓力／衝突情境」等促進學生心理健康的講座，以增進導師與家長對學生生活狀況的了解及問題處理之協助。 學生部分 □藉由新生輔導計畫，協助新生適應新的學習環境和課程。 □落實班級輔導課程，並透過心理測驗工具篩選適應欠佳的學生，及早給予適當的個別輔導。 □針對高危險群學生進行小團體輔導。 □建立同儕團體輔導制度，拓展學生人際網絡。	□針對高危險群學生，導師、輔導教師、輔導教官應立即會同輔導，並給予支持與關懷，包括：傾聽、支持、對自我傷害的想法保持敏銳度、信任自己的判斷、注意是否已有先前的企圖，並採取必要之行動。 □扮演關心、真誠的協助者之角色，鼓勵學生將其內心的感受與想法完整的表達出來，共同尋求解決該生所面對的壓力問題。 □盡快與高危險群學生建立相互信任的關係，並讓學生清楚地感覺到輔導者的關心。 □對高危險群學生進行篩檢，評估其所需要的輔導處遇。 □針對自我傷害想法或行動嚴重之學生，參加危機個案處遇會議，研商輔導事宜或轉介至醫療機構，並與家長尋求問題解決的對策。	□參加危機處理小組會議，擬定事後處置行動計畫。 若個案自殺已遂 □成立「特別輔導中心」，讓學生們清楚知道，當他們有需要時，可以「隨時」來尋求輔導協助。 □進行「團體輔導」，以評估高危險群學生，澄清事實、穩定班級情緒、增進學生處理班級壓力的因應技巧。 □針對與個案較親近的學生及其他高危險群學生，進行「支持性團體」。 □對個案周圍人、事、物的輔導。 □支持校內教職員工面對這件事。 □評估並引進校外的專業人員。

表 4-5　校園自傷自殺危機事件三級預防輔導分工表（續）

單位	初級預防 （預防處理階段）	次級預防 （危機處理階段）	三級預防 （事後處理階段）
輔導處（室）	家長部分 □透過親職教育的實施，向家長介紹有關維護身心健康及如何預防孩子自我傷害行為發生之相關資訊。 輔導教師部分 □參加專業訓練課程，熟悉校園自我傷害的輔導策略、技巧與可應用的社區資源。	□建立校園自我傷害危機處理輔導流程，並督導輔導教師依據輔導流程輔導高危險群個案。	
導師、教師	□積極參與有關自我傷害防治之研習活動，對學生的自我傷害有正確的認知。 □落實生命教育及情緒教育融入各科課程教學。 □協助學生適應學校環境，提供支持網絡及相關資訊。 □增進師生情感之交流，建立良好的師生關係。 □對異常舉動的學生保持高度敏銳性，並能辨識高危險群學生。 □高危險群學生的通報，並轉介至輔導處（室）認輔。	□針對高危險群學生，導師、輔導教師、輔導教官應立即會同輔導，並給予支持與關懷，包括：傾聽、支持、對自我傷害的想法保持敏銳度、信任自己的判斷、注意是否已有先前的企圖，並採取必要之行動。	□適時的與學生討論該事件，幫助其紓解悲傷情緒；並經由討論自傷行為的傳染與模仿作用，阻止類似的不幸事件再度發生。 □協助過濾哪些人是受到事件影響最深的「高危險群」。 □熟悉校內危機處理小組的運作，了解每位成員的工作職掌，以便需要時請求協助或相互配合。 若個案自殺已遂 □會同輔導教師馬上進入班級照顧班上同學，清楚掌握每位學生的行蹤。 □會同輔導教師進行「班級討論」，以評估高危險群學生、澄清事實、穩定班級情緒、增進學生處理班級壓力的因應技巧。

表 4-5 校園自傷自殺危機事件三級預防輔導分工表（續）

單位	初級預防 （預防處理階段）	次級預防 （危機處理階段）	三級預防 （事後處理階段）
導師、教師			☐配合危機處理小組，與家長聯繫告別式的時間、地點，以及校內如何派員參加追悼儀式。 ☐隨時留意個人情緒，並在需要時向有關人員尋求幫忙。
圖書館	☐購置生命教育及自殺防治相關書籍。	☐參加危機個案處遇會議。	☐參加危機處理小組會議，擬定事後處置行動計畫。
人事室	☐舉辦教職員壓力紓解活動研習或文康活動。	☐參加危機個案處遇會議。	☐參加危機處理小組會議，擬定事後處置行動計畫。

註：完成後於☐中打✔。

表 4-6 校園自傷自殺危機事件處遇工作清單

工作項目	工作內容	進行時間	主辦單位
1. 事件現場處理	☐即刻前往事件現場立即處理。 ☐通知家長，陪同家長進行後續處理。 ☐若發生在校內，輔導人員須進入事件者班級進行輔導安置。	事件發生接獲訊息後。	學務處 教官室 輔導處（室）
2. 啟動危機處理機制	☐校長召開主管會議（須每日召開，隨時掌握危機處理進度）。 ☐進入危機處理機制。 ☐安心服務簡報。 ☐發布新聞稿（做好每次隨時記錄）。	事件發生接獲訊息，並確定學生狀況後。	校長 學務處 教官室 輔導處（室） 發言人
3. 通報	☐通報：教官室進行校安通報。 ☐資源連結：輔導處（室）通報各縣市校園事件危機處理安心服務小組，並申請入校服務。	進入危機處理機制後。	教官室 輔導處（室）

表 4-6　校園自傷自殺危機事件處遇工作清單（續）

工作項目	工作內容	進行時間	主辦單位
4. 事實的宣布	□校長向全校師生宣布事件樣貌。 □若有傷亡，即進行默哀、祈福或相關活動。 □安心演說（選擇室內場所為宜）。	當天上午發生，應於下午放學前宣布；當天下午發生，應於第二天朝會時宣布。	校長 學務處 輔導處（室）
5. 全校教職員會議或導師會議	□說明危機處理進度及七十二小時內將進行的各項危機處理工作。 □說明「致家長信函」的內容。 □說明「導師協助事項」。 □協助導師了解重大事件後的壓力症狀，以及如何及早區辨特殊個案。 □發放「安心文宣」，幫助導師了解如何協助學生走出陰影。	向全校師生宣布事件後。	校長 學務處 輔導處（室）
6. 發放「致家長信函」	□全校學生每人發一份，提醒家長注意學生的壓力症狀反應。	事件發生二十四小時內。	輔導處（室）
7. 班級任課老師會議	□了解事件後課程進行時需注意的事項。 □注意學生的心理創傷壓力症狀。	事件發生二十四小時內，導師會報後。	校長 教務處 學務處 輔導處（室）
8. 班級座談	□班級輔導老師與導師入班進行減壓座談（視情形以社團為單位）。	事件發生二十四小時內，導師會報及班級任課老師會議後。	導師 輔導教師
9. 教職員減壓座談、學生減壓團體	□進行小團體減壓輔導，以紓解事件的心理壓力，降低創傷後心理壓力的症狀。	事件發生七十二小時內，最遲於一週內。	安心服務小組或輔導處（室）
10. 安心諮詢	□事件倖存者或好友的心理急救，降低心理創傷的嚴重性。	事件發生七十二小時內，最遲於一週內。	

表 4-6　校園自傷自殺危機事件處遇工作清單（續）

工作項目	工作內容	進行時間	主辦單位
11. 班級道別活動	□以班級輔導形式為事件做個「ending」。 □以學生為主的小型道別活動，協助學生向事件者道別，將事件者的課桌椅搬離。	事件者告別式前一天的第四節課。	輔導處（室） 導師
12. 班級其他事件處理	□班級或校內其他學生參加事件者告別式。 □協助事件者家長處理在校相關事務。	事件者的告別式前後。	學務處 導師 法律顧問
13. 專題講座	□家長如何協助子女面對同學意外死亡的心情調適。 □全校教職員輔導知能研習：如何協助學生走出意外的陰影。	事件後一週至一個月內，視情形辦理。	安心服務小組
14. 校長的一封信	□分別以「全校教職員」、「家長」、「學生」為對象，內容是此事件處理過程的經驗，與師生長共勉，期望全校能重新得力、重新出發。	事件處理完成後一週內。	校長
15. 重大事件後壓力症狀反應檢核	□輔導教師針對有心理創傷壓力症狀的學生進行檢核，以確實掌握需追蹤輔導的個案。	事件後一個月內。	輔導處（室） 導師
16. 特殊學生的追蹤輔導	□心理創傷壓力症狀反應的個案持續追蹤輔導／特殊個案轉介。	事件後三個月內。	輔導教師

註：1.完成後於□中打✔。
　　2.修改自蕭毓文（2009）。

　　由表 4-5 和 4-6 的說明可清楚明瞭，危機的因應與控管是全校性的工作，需要各單位通力合作，此亦呼應了圖 4-3「教、訓、輔三合一輔導新體制整合架構圖」所傳達的精神。

第三節　學校三級預防輔導方案的設計與實施

壹、學校三級預防輔導方案的設計

在學校三級預防輔導模式中，三個層級的預防工作有其內涵、功能上的差異，實施時須對其性質有所了解，俾便規劃與安排。然而，很多時候學生的問題有其連續性、發展性，要絕對區別此三個層級是有困難的，因此在訂定三級預防輔導方案時，須依各層級之性質規劃出大致的方向，在實際執行時，可依職責進行分工、合作與相互支援。表4-7為初級、次級、三級預防輔導方案的比較，將有助於學校輔導人員了解三個層級的服務工作。

表 4-7　初級、次級、三級預防輔導方案之比較

	初級預防	次級預防	三級預防
方案精神	預防（心理、行為）問題發生，即增進適應能力，重點是「預防」。	預防（心理、行為）問題惡化，即解決問題，重點是「介入」。	預防（心理、行為）功能退化，即預防傷殘發生，重點是「事發處置」。
實施目的	增進全體學生之適應能力。	以專業輔導、諮商或相關技能訓練，協助學生解決適應不良的困擾。	結合社區輔導資源及醫療系統之專業人員，對於學生的嚴重適應問題，以跨專業團隊之方式，進行適當之矯治服務。
方案性質	預防性、教育性。	介入性、矯治性。	治療性、重建性。
實施對象	全體學生、教師、家長。	適應不良或心理困擾的學生。	偏差行為、嚴重適應困難或心理疾病的學生。

表 4-7　初級、次級、三級預防輔導方案之比較（續）

	初級預防	次級預防	三級預防
實施人員	全體教師、行政人員、輔導教師、教育官員、家長、社會單位等和學生接觸的相關人員。	輔導教師、認輔教師、輔導行政人員、社區機構方案實施人員等。	輔導教師、醫護人員、社區專業機構、其他專業輔導人員等。
實施方式	班級座談、集會宣導、文宣廣告、親職教育、團體輔導等。	心理測驗、個別諮商、團體諮商、家庭訪視、個案研討等。	心理諮商、心理治療、藥物治療、職能復健、精神醫療等。
方案範例	校園自殺防治宣導計畫。 性別平等教育計畫。 憂鬱症防治宣導計畫。 生涯輔導計畫。 預防網路成癮宣導計畫。 預防校園霸凌宣導計畫。	認輔工作計畫。 中途離校學生輔導機制輔導計畫。 防止幫派入侵校園計畫。	中輟生輔導計畫。 高關懷學生輔導計畫。 懷孕學生輔導計畫。 春暉專案。

註：修改自黃政昌（2001，頁 22）。

貳、學校三級預防輔導方案的實施

　　三級預防的輔導模式所提供的是一個整體、全面的思維，據此模式擬定輔導方案時，不但需要具備特定輔導議題的專業知能（例如：了解「網路成癮」、「憂鬱自傷」所形成的脈絡），也要熟悉學校各單位之分工與職責（例如：不同層級下的各處室可提供的服務、導師角色的運用、適合進行的方式等），如此才能訂定符合學校特性、可行、有實用價值的方案。以下為筆者以實務工作經驗為依據，參考王智弘（2007）〈校園網路成癮五級預防模式之建立〉一文，所撰寫之學校三級預防輔導方案範例，可作為學校擬定計畫參考之用。

○○學校學生網路成癮防治輔導方案（範例）

壹、依據

○○年度教育部友善校園學生事務與輔導工作計畫

貳、目的

一、初級預防

（一）增進全體師生之網路使用的安全及法律觀念，並能遵守相關使用倫理與規範，進而以安全、健康之方式運用網路。

（二）提升全體師生與家長對網路成癮與相關心理問題的知能，並針對網路成癮之高關懷群學生建立預警機制。

（三）協助家長營造出能避免網路成癮與相關心理問題的家庭環境，建構安全、健康的網路學習環境。

二、次級預防

（一）協助全體教師了解網路成癮學生之心理與行為問題，進而能辨識網路成癮的高危險群學生。

（二）針對已發生網路成癮問題之學生進行輔導，以協助學生或家長，避免問題惡化。

（三）了解學生網路成癮有無同儕相互影響及惡化之趨勢，並採取相應措施，以避免問題擴散。

三、三級預防

（一）對嚴重網路成癮之個案進行輔導與諮商，並視個案情形予以適當之轉介與治療，並追蹤個案之治療與復原情形。

（二）提升輔導教師對嚴重網路成癮個案之專業輔導知能，以協助個案及其家長。

參、實施對象

一、初級預防：全體師生及家長。

二、次級預防：已有網路成癮或相關網路心理問題的學生。

三、三級預防：嚴重網路成癮的學生。

肆、指導單位：教育部、〇〇縣（市）政府教育局（處）

辦理單位：〇〇縣（市）立〇〇學校

伍、實施期程：〇〇年〇〇月〇〇日起至〇〇年〇〇月〇〇日止。

陸、推動小組之組織與任務

組織分工	職稱	工作內容
召集人	校長	綜理督導學生網路成癮防治工作之推展。
執行秘書	輔導主任	統整推動學生網路成癮防治工作之相關活動。
組員	教務主任	督導執行學生網路成癮防治工作進修活動、課程研發與融入教學、教材選讀等活動。
組員	學務主任	督導執行網路成癮相關宣導活動、網路成癮高危險群學生防治與追蹤、規劃校園危機事件處理運作機制。
組員	總務主任	督導執行相關採購事項、協助建立安全與健康之校園網路學習環境。
組員	會計主任	督導執行學生網路成癮防治工作之經費運用。
組員	教學組長	執行學生網路成癮防治工作進修活動、課程研發與融入教學、教材選讀等活動。
組員	訓育組長	執行學生網路成癮防治工作相關宣導活動。
組員	生教組長	執行網路成癮高危險群學生防治與追蹤、無故缺曠學生之通報。
組員	輔導組長	執行網路成癮高危險群學生篩選、安排輔導及定期追蹤等相關工作，統整結合校內外資源共同進行學生網路成癮之防治工作。
組員	資料組長	建置學生網路成癮防治宣導與相關心理測驗量表資料。
組員	導師代表	協助推動學生網路成癮計畫之導師相關職務工作。

柒、輔導策略與內容

設置網路成癮學生輔導小組，依需要召開輔導會議，評估學生的狀況及需要，依下列階段實施輔導策略。

一、初級預防階段

具體項目	執行措施	辦理單位或人員
增進全體師生網路之安全及法律觀念。	辦理網路成癮學生之輔導知能研習，以提升教師之辨識能力與輔導技巧。	輔導處（室）資訊媒體組
	在學生之電腦及相關課程中，融合網路使用安全、倫理及規範的觀念。	電腦課程教師 各科教學研究會
	辦理學生網路成癮防治主題之相關藝文競賽，以達宣導之成效。	學務處 教務處
	利用親師座談會、導師會議等大型集會時，對家長及教師同仁提供有關網路成癮、網路心理健康之宣導文章。	教務處 學務處 輔導處（室）
	及時發現中途離校高危險群學生，並予以適時輔導。	全體同仁
針對網路成癮之高關懷群學生建立預警機制。	掌握高關懷學生名冊，對高關懷學生進行追蹤輔導。	學務處 導師 輔導處（室）
	針對學生網路相關心理問題類型，研擬具體輔導措施。	輔導處（室）
	對於學業表現異常退步的學生，進行篩檢與追蹤。	教務處 導師 各科教師
	持續針對無故或頻繁缺曠課學生，進行追蹤與掌握。	學務處 導師
營造安全健康的網路學習環境。	檢視校園網路學習環境，並進行相關改善事宜。	資訊媒體組 教務處 總務處
	結合親師座談會，為家長舉辦網路成癮及網路心理健康為主題之親職講座。	輔導處（室）

二、次級預防階段

具體項目	執行措施	辦理單位或人員
提高全體教師對網路成癮學生之辨識能力。	主動轉介網路成癮學生至輔導處（室）。	全體教師 家長
	擬定網路成癮高關懷群學生指標，並藉由量表篩檢、師生告知或回報等方式，及時發現個案。	輔導處（室）
落實網路成癮學生之輔導。	對網路成癮學生進行個別或團體之輔導與諮商。	輔導處（室）
	對網路成癮個案進行相關之行為規範或補救教學。	導師 學務處 教務處
預防網路成癮之負向同儕影響。	對網路成癮學生之同儕、友伴，提供網路成癮問題之篩檢與預防輔導。	輔導處（室）

三、三級預防階段

具體項目	執行措施	辦理單位或人員
嚴重網路成癮個案之諮商與治療。	建立社區資源網絡，俾便需要時進行嚴重網路成癮問題學生之轉介。	輔導處（室）
	結合精神科醫師之巡迴諮詢與督導，進行個案轉介或個案研討。	輔導處（室）
提升輔導教師對嚴重網路成癮個案之專業知能。	辦理嚴重網路成癮問題之團體督導及個案研討。	輔導處（室）
	對嚴重網路成癮個案之家長，實施相關心理諮詢或家庭會談。	輔導處（室）

捌、經費：由業務相關經費項下支應。

玖、本實施計畫經行政會議通過後，敬陳　校長核可後實施，修正時亦同。

註：本範例之擬定主要參考筆者之實務工作經驗，以及王智弘（2007）之文章。

　　從上述範例可知，訂定三級預防輔導模式的方案或計畫時，各項角色分工、實施方式、工作內容等，會隨著三個層級中學生所顯現的問題特性，而有所改變與調整。故在擬定的過程中，務必與相關單位之人員進行溝通協調，以學生之問題脈絡為核心，聽取各方意見，審慎研擬之。

結　語

　　隨著社會經濟的變遷，學校輔導工作的實施也需因應時代趨勢而改變，三級預防的輔導模式就是極具前瞻性的作法，它突破了過往等待問題出現才介入的處遇方式，以「預防」的觀念為核心，納入社區資源，並為學校輔導工作提供了整合的契機。然而，理論的落實需要實務工作的悉心推動，在三級預防的概念下，輔導工作須整合教學人員、訓導人員、輔導人員的力量，在各層級之預防工作中各司其職，發揮功能；因此，在教育現場面對各種學生的身心發展議題時，有許多層面仍是需要細膩的溝通與因應，例如：不同角色的教職員間該如何適切的分工？如何提供所有教師基本的輔導知能與態度，進而讓所有教師都能各自承擔一部分初級預防的責任？輔導教師在人力有限的情況下，又將如何承擔起大部分二、三級預防的輔導工作呢？……，這些相應而生的問題，將是輔導工作持續要面對的挑戰。

問題與反思

基本題

1. 「教、訓、輔三合一的輔導模式」之主要內涵為何？

2. 「W-I-S-E-R」學校輔導工作模式之主要內涵為何？

3. 結合社區資源是三級預防輔導模式的重點之一，試說明學校輔導網絡的架構為何？

4. 試舉出「初級預防」輔導工作可以嘗試的作法？

5. 試舉出「次級預防」輔導工作可以嘗試的作法？

6. 試說明國內「次級預防」輔導工作可能會使用到的心理測驗篩檢工具。

7. 在學校三級預防輔導模式中，輔導教師之角色功能分別是什麼？

8. 學校初級、次級、三級預防輔導方案之擬定有何差異？

進階題

1. 試以「憂鬱自傷防治」為主題，擬定三級預防輔導模式之方案。

2. 關於學校危機事件之預防與處置作法中，三個層級各有哪些重點？

3. 「對高危險群學生進行早期篩檢與診斷時，輔導人員必須特別留意『錯誤肯定』的問題發生。」這句話是什麼意思？

4. 對於「嚴重但非突發事件的個案」，可針對其情況進行哪些輔導處遇呢？

延伸閱讀與相關影片、網站

1.書籍

王麗斐（主編）（2020）。國民中學學校輔導工作參考手冊（第二版）。教育部。

王麗斐（主編）（2020）。國民小學學校輔導工作參考手冊（第二版）。教育部。

李新民（2010）。正向心理學在學校教育的應用。麗文。

林萬億等（2010）。學校輔導團隊工作：學校社會工作師、輔導教師與心理師的合作（第四版）。五南。

林清文（2007）。學校輔導。雙葉。

2.影片

十七歲的冬天（2）：下一次的微笑（簡介：人際壓力與自我要求導致憂鬱自殺。時間：30 分。語言：國語發音、中文字幕。出版：董氏基金會）

十七歲的冬天（3）：當旋律再起（簡介：曾經罹患憂鬱症者，再次掙脫這個藍色漩渦。時間：30 分。語言：國語發音、中文字幕。出版：董氏基金會）

記錄（簡介：一段不被接受的情感，如何掙脫憂鬱症漩渦。時間：35 分。語言：國語發音、中文字幕。出版：董氏基金會心理衛生中心）

屋頂上的童年時光（簡介：家庭破碎對孩子成長的心理影響。時間：108 分。語言：義大利語發音、中文字幕。出版：葳勝國際）

兩難之間（簡介：父母分居與教養態度分歧造成孩子情緒適應障礙。時間：87 分。語言：國語／法語發音、中文字幕。出版：好消息電視台）【老師上課了（III）：赤子心、師生情】

喜劇之王（簡介：青少年創意話劇比賽，秀出對憂鬱症及憂鬱情緒的看法。時間：30 分。語言：國語發音、中文字幕。出版：董氏基金會）

琴韻心聲（簡介：父親過高期待造成子女的反彈。時間：93 分。語言：國語／法語發音、中文字幕。出版：好消息電視台）【老師上課了（II）：我遇見一位好老師】

黑潮（簡介：自我要求、情緒壓力與憂鬱自殺之關聯。時間：35 分。語言：

國語發音、中文字幕。出版：董氏基金會）

3. 網站

社團法人台北市生命線協會
www.lifeline.org.tw

❊ 參考文獻 ❊

中文部分

王智弘（2007）。校園網路成癮五級預防模式之建立。台灣心理諮商通訊，210。

王麗斐、杜淑芬、羅明華、楊國如、卓瑛、謝耀任（2013）。生態合作取向的學校三級輔導體制：WISER 模式介紹。**輔導季刊，49**（2），4-11。

吳武典（主編）（1983）。**學校輔導工作**。張老師文化。

教育部（1998a）。建立教、訓、輔三合一輔導新體制。**教育部公報，282**，39。

教育部（1998b）。**建立學生輔導新體制：教學、訓導、輔導三合一整合實驗方案**。教育部訓育委員會。

連廷嘉（2005）。學校心理學的回顧與前瞻。**教育研究月刊，134**，54-67。

黃政昌（2001）。學校三級預防策略之探討。**諮商與輔導，184**，19-23。

蕭毓文（2009 年 12 月）。校園危機事件行政處理流程。「**98 年度基北區校園危機事件處理安心服務研習會**」發表之簡報，國立板橋高中。

英文部分

Bloom, M. (1996). *Primary prevention practices*. Sage.

Dalton, J. H., Elias, M. J., & Wandersman, A. (2007). *Community psychology: Linking individuals and communities*. Thomson Wadsworth.

Durlak, J. A., & Wells, A. M. (1998). Evaluation of indicated prevention (secondary prevention) mental health programs for children and adolescents. *American Journal of Community Psychology, 26*, 775-802.

Felner, R. D. (1983). *Preventive psychology: Theory, research and practice.* Pergamon Press.

Gultin, T., & Renolds, C. R. (1999). *The handbook of school psychology* (3rd ed.). John Wiley & Sons.

Walker, H. M., & Merrell, K. W. (2004). Deconstructing a definition: Social maladjustment versus emotional disturbance and moving the EBD field forward. *Psychology in the Schools, 41*(8), 899-910.

World Health Organization. [WHO] (2004). *Prevention of mental disorders: Effective interventions and policy options*. Author.

第 2 篇
輔導方法篇

CHAPTER **5**

個別諮商

連秀鸞

前 言

「老師，你現在有空嗎？我最近的心情不是很好，常常動不動
就想哭，胃口也變得很差；我知道要讀書和寫功課，但我就是沒有
力氣寫，爸爸、媽媽和老師也常因為這樣而罵我，我想找個時間跟
你聊一聊。」（來自某位主動向輔導老師求助的同學）

在與學生進行個別諮商之前，輔導老師得先問自己幾個重要的問題：「學
生為什麼會有困擾？」（人為何受苦？）、「學生的困擾是如何形成的？」
（人如何受苦？）、「學生為什麼要改變？」「學生改變的動機與意願何
在？」「學生要如何改善目前的困境？」（人如何脫困？）、「學生在改變
之後會變得更好嗎？」不知道你的答案會是如何？因為這涉及到個人的諮商
取向問題，而會有不同的觀點。

學校輔導工作人員主要是透過輔導行政推廣與宣導活動、班級輔導活動
教學、個別諮商、團體諮商等教育推廣和諮商輔導方式，來協助學生解決問
題；其中的個別諮商或個別輔導方式，能夠協助當事人在一對一的隱密與安
全的空間裡，透過諮商輔導人員的專業知能，並運用諮商輔導工作團隊的合

作資源，進而有效協助當事人面對與解決問題。

此外，值得一提的是，關於遠距諮商（通訊心理諮商）的運用，2021年4、5月之際，因應新冠病毒疫情升溫，為避免群聚感染的風險，各級學校陸續從實體課程改為線上遠距教學，包括在校園、學諮中心、社會福利機構、社區心理諮商所，以及因為疫情期間心理壓力過大等而需要尋求心理諮商服務者的學生或當事人（其中還包括自殺高危機的學生、心理創傷與各式議題的求助者），他們需要從與輔導老師／心理師面對面的個別諮商方式，調整為遠距諮商（通訊心理諮商）方式，如何可以透過遠距諮商的「看的到」、「聽的到」，同樣也可以好似「感受的到」與「理解的到」當事人呢？亦即，電話關懷與輔導是否能達到與面談一樣的諮商效果呢？因此，校園輔導工作人員也需要彈性調整與當事人進行諮商晤談的模式，以因應疫情的瞬息萬變。以下即分別就個別諮商的意義與特性、常見的諮商學派之重點、諮商專業倫理等三個部分，分別敘述之。

第一節　個別諮商的意義與特性

學校諮商輔導人員所提供的諮商專業助人服務，主要工作在於諮商、諮詢與評鑑（評估）等三個部分，學校諮商師均須具備基本與特定的助人理論與技術，其中，諮商服務包括個別諮商與團體諮商，諮詢服務則包括親（父母）、師（老師）、生（學生）等三方面，以及諮商評估與教育評鑑工作，而學校輔導人員的「個別諮商」位居學校輔導工作的重要核心位置。以下即分別介紹個別諮商的意義與特性。

壹、個別諮商的意義

　　「老師，我的小孩最近不知道怎麼了？以前他從來都不會對我大小聲，但現在我只不過是唸了他幾句而已，就動不動跟我鬧脾氣，說什麼要搬出去找同學一起住，難道父母親就不能管小孩嗎？我這麼辛苦賺錢到底是為了誰啊？」（來自某位跟輔導老師述說親子議題的家長）.

　　「○○老師，我班上有一位同學提到，最近他的父母吵得很凶，吵到要離婚，一方面他覺得很煩，另一方面也提到爸爸以前就經常喝酒，喝完就醉茫茫的，亂丟東西，嚴重時甚至會打媽媽，而他有時會氣到想要打爸爸、希望他消失，或者選擇在外遊蕩，永遠不要回家算了！」（來自某位班上學生心理感到困擾的導師）

　　「老師，我覺得○○同學需要帶去輔導室輔導啦！他常常動不動就發脾氣，除了罵人、打人，還會講三字經喔！說他『很大尾』，他就說要叫別的學校的人來打人啦！我們又沒有對他怎樣啊！他是想怎樣啦？」（來自某位對另一位同學之人際行為表現不滿的同學）

　　上述當事人或轉介人員都正在試圖尋求諮商輔導的服務，以解決困擾，而這些話語，相信身為學校輔導工作人員的你，一點都不感到陌生吧！的確，每個人在不同成長發展階段的過程中，或多或少都會遇到一些讓自己感到困難、不舒服的低潮或壓力，而「心理諮商」正是一個幫助案主自我了解、探索及成長的歷程。在諮商過程中，諮商老師會協助案主對自己有更多的了解和覺察，除了釐清真實的感覺和想法外，同時也能發覺個人的優勢能力和內外在資源，採取更有效的方式去因應壓力，以解決問題。

　　林香君於《從故事到療癒：敘事治療入門》（*What is Narrative Therapy? An Easy-to-read Introduction*）一書的「序1」中提到，有品質的陪伴就是專業，專業不等於專家，專業品質不必然要是專家才做得到。因此，從「敘事實踐」（非專家取向）的觀點，來欣賞那些不被主流眼光看見的當事人難得之處，在「敘事」實踐（治療）的過程中，是一種「有品質的陪伴」之專業，學習被當事人啟發（引自 Morgan, 2000/2008）。因此，輔導老師既不是魔術師，手中也沒有仙女棒，不會直接替案主解決問題，也不會馬上將案主的困擾變不見，然而，透過敘說與一起討論的過程，可以嘗試一步步地將問題釐清，並使案主能更有勇氣和法寶去面對生活中的種種壓力和變動！

　　因此，綜上所述，個別諮商是指：「由具備諮商專業知能與訓練的一方（即學校諮商師或學校輔導老師），協助前來求助的困擾者（即學生或當事人），透過當事人與諮商師雙方一對一的諮商晤談過程，協助釐清當事人的困擾，並訂定諮商目標與具體可行的行動計畫，透過實際行動的改變過程，可順利而有效地解決當事人的問題，因此諮商歷程就是一種專業助人的過程，也是一種『有品質』的陪伴過程。」此外，除了談話／言語的方式之外，諮商師也會透過媒材的使用（例如：遊戲治療、藝術治療、閱讀繪本的讀書治療、音樂治療、戲劇治療等方式）來進行諮商，幫助諮商人員對當事人有更多元的理解與協助。

　　一般而言，諮商師和當事人進行每一次個別諮商都要有完整紀錄，包括：晤談內容摘要、主觀與客觀的事實陳述與資料蒐集、諮商師對當事人議題的假設與評估、介入策略與技巧、未來的行動計畫等主要內涵。

貳、個別諮商的特性

Prochaska 與 Norcross（2003）提出了六階段改變歷程，說明如下：

　　1. **醞釀前期**（precontemplation）：當事人還沒有想要改變，或者還

未覺察改變的需求。

2. **醞釀期**（contemplation）：當事人想要開始改變，但是還沒有做成改變的決定。

3. **準備期**（preparation）：當事人願意改變承諾並準備做改變。

4. **行動期**（action）：當事人真的主動採取行動，欲改變其行為與周圍環境。

5. **維持期**（maintenance）：當事人已經解決問題、做了行為改變，並嘗試維持改變、處理失效的問題，且持續六個月以上。

6. **結束期**（termination）：過去的行為不再是問題，有信心處理問題而不再復發。

由上可知，人的改變動機是很重要的，有了改變動機，就願意為自己的改變負責任，而且能夠在被另一個人（例如：諮商輔導人員）理解與聽懂的諮商合作關係下，願意繼續努力與持續正向改變的能量。如果學校諮商輔導人員能夠正確理解個別諮商的特性，將有助於協助個人發揮良好的諮商成效，增強對學生的理解，並加強其問題解決與正向改變的可能性。以下即分別介紹個別諮商的重要特性，說明如下。

一、以「當事人為中心」的觀點

在後現代（postmodern）思考與諮商專業發展的歷程中，後現代的心理諮商／治療的基本假定為：「人只能為自己建構真實」，當事人的自身經驗才是諮商主體（蕭文，2004）。傳統的 DSM〔《精神疾病診斷與統計手冊》（*The Diagnostic and Statistical Manual of Mental Disorders, DSM*），由美國精神醫學會（American Psychological Association, APA）所出版，是常被用來診斷精神疾病的指導手冊〕個案分類與診斷依據，可能是疏離於個案經驗之外與診斷標籤的思維模式，諮商過程不再專注於當事人「負向自我經驗的認知」（例如：「一個人為何會有困擾？」

「何以會犯錯？」「有哪些適應不良的行為或症狀出現在個案的負面自我經驗上？」）的概念上，因此諮商過程的主體必須移轉到當事人身上，方能顯現諮商的效果（益）。

Egan（2006）在其著作《助人歷程與技巧：有效能的助人者》（*The Skilled Helper: A Problem-Management and Opportunity-Development Approach to Helping*）第八版中，重新注入正向心理學與希望理論的新元素，並朝向更正向與心理健康的諮商模式，以協助當事人在諮商過程中，看見問題解決的可能性與其潛能和希望所在。因此，後現代取向（包括：合作取向治療、焦點解決短期治療、敘事治療等）的諮商模式，特別強調的是當事人的主體性，真正以當事人為核心，以及如何與當事人建立合作的諮商關係。

二、具有明確的意義性、方向性、建設性與目的性的助人專業過程

個別諮商的主要目的，在於協助當事人找到問題解決的方法，因此諮商過程具有明確的目的性與方向性，諮商師必須根據自己的諮商專業能力，來協助當事人朝向有利問題解決的方向，協助當事人成長與發展個人潛能，是一種具建設性方向、「有品質」陪伴的助人專業過程。

三、諮商關係不同於一般的社交關係或友伴關係

人際之間的交往或友伴關係往往會涉入個人情感，然而在諮商關係中，宜避免個人情感的涉入。諮商師需要自我覺察當事人情感轉移或諮商師反移情的部分，因此諮商關係的開始與結束是由諮商雙方來決定，諮商關係一旦結束，諮商師與當事人就不會再有其他的社交關係往來，諮商關係就僅止於雙方諮商晤談的期間而已。

四、諮商師必須具備專業的諮商理論背景與技能

諮商師與一般性的助人工作不同，一般性的助人工作（如幫忙資源回收）可能不需要有諮商專業助人的能力即可勝任，然而諮商工作卻需透過諮商專業課程的訓練、實習、督導過程等，才能逐漸具備諮商專業技能，統整個人的諮商理念，逐漸建立個人的諮商風格。因此，學校諮商輔導工作者需要釐清個人的諮商概念，並自我檢視個人錯誤或不正確的觀念可能對當事人的影響，因為不正確或錯誤的諮商迷思可能會幫「倒忙」，故從事諮商實務工作者宜運用專業諮商輔導知能去幫助學生，以增進諮商輔導效能。

第二節　常見諮商學派的重點

不同諮商師對於當事人的評估，會因其個人諮商理論取向的不同而有差異，而諮商師對當事人問題的諮商策略，也會因其理論假設之不同而有不同的諮商介入方式；因此，諮商輔導人員對於當事人問題形成的假設、評估（個案概念化）、介入，會進而影響其諮商成效。每個不同的諮商與心理治療取向，對於人類行為之理解有其不同的獨特貢獻與價值，以及對諮商實務工作者的特別啟示，不會因為受到某一個諮商理論的限制，而忽略了人類行為有意義或有價值的部分。舉凡不同諮商取向或學派，皆各有其基本人性觀、諮商歷程與目標、當事人與諮商師的諮商關係，以及使用的諮商技巧或程序等，各有其不同的理論假設與介入重點（Corey, 2005）。

因此，不同的諮商理論取向觀點並非互斥的，雖然不同的基本理論假設與評估，可能會對當事人形成不同的介入處遇，若各級學校的輔導工作人員能夠對不同的諮商理論有基本認識與了解，採取多元、彈性、

統整與開放觀點來看待學生的問題，將可以擴展個人對學生問題的認識與理解，進而透過多年的專業學習、實務經驗、生命體驗，以及同儕專業對話與訓練等方式，建立個人的諮商取向與諮商風格；同時，學校輔導人員仍可藉由不同學派的諮商技術，達到借力使力的諮商效果，而透過諮商專業訓練與實務經驗的累積，也有助於個人諮商專業角色之建立。

Corey 整理了十一種諮商與心理治療的理論和技術，包括：傳統諮商學派的精神（心理）分析治療、Adler 學派治療、存在主義／意義治療、個人中心治療、完形治療、行為治療、認知行為治療、現實治療、女性主義治療、家庭系統治療、後現代取向治療（Corey et al., 1997, 2006, 2010）。不過現今的諮商理論發展方向受到後現代文化思潮的影響，包括：合作取向治療、焦點解決短期治療、敘事治療等，均強調當事人的主觀經驗，並回歸當事人的主體性，諮商師帶著一種「好奇」與「未知」（not-knowing）的態度進行諮商，去除「專家」角色與病理（診斷）觀點，強調尊重當事人與合作關係。因此，某些傳統諮商學派也逐漸加入後現代思維，採取正向觀點來增加該學派的內涵，諮商師可以藉此理解與掌握不同諮商取向的內涵與介入重點，以提供更好的諮商服務品質。

以下分別整理常見的諮商理論學派類別，並說明其理論基本假設（人性觀）、諮商歷程（諮商目標與諮商關係）、諮商介入（諮商技術與程序）等內容，受限於篇幅，故僅論及諮商理論概要，不詳述其內容，有興趣的讀者可以閱讀相關書籍。

壹、心理分析取向

心理分析取向治療著重於探究當事人過去的早期經驗，並以此作為心理諮商介入的切入重點，而透過心理分析的過程，進而達到協助當事人頓悟與覺察的治療效果。以下即簡要介紹心理分析取向的兩個主要學派：精神（心理）分析治療與 Adler 學派治療（個體心理學）。

一、精神（心理）分析治療

精神分析學派的創始人是 Sigmund Freud（1856-1939），他是奧地利籍猶太人，代表作有 1900 年出版的《夢的解析》，他在心理學上的地位是無與倫比的（張春興，2000）；其中在《夢的解析》一書中，首度描述戀母情結（Oedipus complex），這可能是眾多想法中最驚人的一部分（Corsini & Wedding, 1994/2000）。而其最主要的貢獻是對於人類行為之複雜性的仔細觀察與關注，同時提出一套完整理論來廣泛與深入解釋人類行為。舉例來說，Freud 所提出的許多重要名詞，例如：投射、否認、潛抑、轉移、潛意識、歇斯底里、移情與反移情等，都可能會經常出現在不同諮商師、案主交談或督導討論中，以及其重視童年經驗與過去對現在的關聯性等，皆可看到其重要的影響性，可見 Freud 對心理治療的影響甚大（Jacobs, 1992/2000）。

Freud 學說之重點在於個人滿足基本需求的內在心理衝突。後來，新 Freud 學派將重點轉移到「社會與文化」因素對人格的發展，而 Erik Erikson（1902-1994）等人發展的「自我心理學」觀點，則將焦點轉移到心理社會發展過程。Carl G. Jung（1875-1961）挑戰了 Freud 的「性理論」觀點，創立了「分析心理學」，對人性持正面看法，著重個人的自主性，當事人朝向發展自我實現、成長與生命意義的能力，認為人不能只被過去的事件所塑造，人是可以超越過去而成長，並進一步探索人格的潛意識層面〔包括：個人潛意識與集體潛意識（潛意識的深層面）〕，因此治療目的不只是解決當前困擾，而是「人格改變」。當代晚近精神分析發展的趨勢是「自體心理學」（Self Psychology）以及「客體關係理論」（Object Relations Theory, ORT），兒童經歷從正常嬰兒自閉階段、正常共生、個別化，以及最後的統整階段之依附發展過程，有能力與父母連結但又不失其自主性（Corey, 2005）。

（一）基本假設

第一次世界大戰期間及戰後，Freud 不斷修訂和發展個人理論，並提出自戀、生和死的本能，以及本我（id）、自我（ego）、超我（superego）的人格三分結構論等重要結論，使精神分析成為了解人類動機和人格的方法。迄今為止，其精神分析學說對於人格理論、精神病、心理治療、變態心理學等方面，均有重大的貢獻與影響（Freud, 1919/2010）。其中，人格結構是由「本我」（生物層面，享樂原則）、「自我」（心理層面，現實原則）、「超我」（社會層面，道德原則）等三個能量系統所組成，而人類的行為即是由此三種不同的心理能量系統之大小變化所決定，三者互動良好表示人格正常，若長期衝突則會導致心理異常（張春興，2000）。

古典精神分析以「本我」為基礎，強調童年的早期發展，而當代精神分析則以「自我」為基礎，同時處理童年與成年後的發展議題。其中，Freud學派的人性觀是「決定論」，一個人的行為決定主要是由不自覺的潛意識和童年經驗所決定，而支配其潛意識的兩種來源：一為「本能性衝動」，此為其核心概念〔以性為基礎的慾力（libido）〕，包括能夠避苦趨樂的「生」的本能，以及象徵攻擊驅力的「死」的本能等兩種；另一則為壓抑（suppression），此為無法表現於外的部分意識層面被壓抑在潛意識層面中。Freud也認為人出生後前六年之早期發展，是日後人格發展的重要基礎，因此提出了人格發展的五個階段（也就是「性心理期發展論」），包括：口腔期、肛門期、性器期、潛伏期、兩性期；此種以性為中心的說法，又被稱為「泛性論」（pansexualism）（張春興，2000）。此後，Erikson以此為基礎，擴展了「自我」功能，強調社會心理因素對人格發展的重要性，並提出「心理社會發展階段」的看法，在人類發展的八大階段中（包括：嬰兒期、幼兒期、學齡前兒童期、學齡

兒童期、青少年期、成年期、中年期、老年期），都有其發展任務與因應危機的方法（Corey, 2005）。

Freud 提出的重要概念包括以下兩點：

1.「潛意識」與意識層次論著重的是個人內在巨大潛意識能量的理解與探討，透過不同途徑（如夢、說溜嘴、自由聯想、投射等）而間接推論潛意識內容，而潛意識正是儲藏個人全部的經驗、記憶與被壓抑的題材之處。

2.「焦慮」，包括現實、神經質與道德焦慮等類型，當自我無法理性控制焦慮時，會產生自我防衛行為來因應焦慮與暫時逃避現實，而在潛意識層面的運作中，否認與扭曲現實的自我防衛機轉，包括：壓（潛）抑作用（repression）、否認作用、反向作用、投射作用、替代作用（displacement）、合理化作用、退化作用（regression）、內射作用（introjection）、認同作用、補償作用、昇華作用等（Corey, 2005）。

綜上所述，精神分析治療的重要概念包括意識與潛意識層次論；生與死的本能；本我、自我與超我；意識心理的自我防衛能力與因應危機焦慮而出現的自我防衛機轉等。心理分析技術與方法，則包括：自由聯想、解釋、夢的解析（釋夢）、移情與反移情的分析、抗拒與防衛作用、分析等。

（二）諮商歷程

精神分析的治療過程可以分為四個階段，包括：(1) 開始階段：著重於病人的歷史與發展，探索意識與潛意識衝突本質，約三至六個月；(2) 移情作用的發展：連結病人困境與病人童年經驗對重要他人的潛意識衝突，將治療師當成病人的重要他人；(3) 修通：病人透過對治療師重複多次的移情作用，而對衝突得到更多的領悟與修通理解；(4) 移情作用的解決：此為結束階段，雙方滿意諮商目標的達成（Corsini & Wedding,

1994/2000）。

　　精神分析的治療目的（諮商目標），則在於促使個人潛意識動機能夠浮現到意識層面，以理解個人的需求與動機，面對現實且強化自我功能，減少受本能驅動的影響。諮商師的角色應以「匿名」（anonymous）的方式在治療中的進行。諮商關係可說是「移情作用」的過程與核心，亦即：當事人會潛意識的將過去生活中某個重要他人的情感連結到諮商師身上，因此需要「修通」移情情境而有所理解與覺悟。諮商師也可能將個人扭曲與衝突的知覺或是壓抑的情感，投射到當事人身上，而產生不當情感或非理性反應（稱為「反移情」），但此情況未必會妨礙諮商的進行（Corey, 2005）。

　　因此，綜上所述，精神分析治療師透過人類的「夢境」來探查潛意識，運用「催眠」來消除案主的內在壓抑，將「潛意識」比喻成「海下冰山」，並以「性」作為解釋人類行為的核心概念，對作夢的「夢境」內容進行解析，而發展出「釋夢」理論，在治療的歷程中，如涉及診療室內的潛意識互動狀態，都可以成為當事人的投射情境，能藉由自由聯想與移情等作用，來分析自己與他人的經驗。

（三）諮商介入

　　精神分析學派的介入重點，在於當事人過去的童年經驗，其處理焦點放在「過去成因」的探討；由於過去童年時期的心理壓抑與防衛作用，未能解決個人內在的衝突，進而影響到日後心理問題的形成，而夢是通往潛意識的大道，透過「夢」，即可連結當事人的內在訊息。

　　Freud的精神分析用於心理治療的主要方法，包括：自由聯想、夢的解析、移情（張春興，2000）。而心理分析的方法與技術，則可包括：運用潛意識、象徵、催眠、自由聯想、積極想像、夢的分析、移情作用，以及沙盤遊戲療法等工具，以展開探索深度心靈的旅程。透過夢及各種

方法等心理分析歷程，建立意識與潛意識之間的溝通橋樑，以進一步幫助當事人統合人格面具與陰影，重建完整主體（Corey, 2005）。

依據 Freud 的觀點，移情與反移情均屬於潛意識活動，也是一種潛意識的溝通歷程，透過心理分析可以讓存在於潛意識層面的事件轉移到意識層面來處理。因此，「移情」是心理分析治療很重要的條件，透過移情，即可探究當事人內在潛意識裡，過去孩童時期與重要他人的互動事件，將產生的壓抑情緒與感受投射到治療者身上，再將非現實情境的人際互動議題帶入此時此刻的治療關係中，在此關係中反應當事人與其他人的人際關係型態，同時也顯現出當事人的心理問題，進而產生動力性的自我了解與人格改變，以解決現今的內心衝突（Corey, 2005）。

二、Adler 學派治療

Alfred Adler（1870-1937），著有《自卑與超越》（*What Life Should Mean to You*）等書，早期與 Freud 結識，後來因彼此觀點的差異而自立門戶，創立了個體心理學會（張春興，2000；Corey, 2005），是個體心理學創始人、人本心理學先驅（張春興，2000），也是首位揚棄 Freud 學說的學者。其研究焦點從器官缺陷、自卑與補償作用，轉變為「行為目標論」、個體主觀認知（對現實的主觀知覺）、私有邏輯、生活方式／生命風格（lifestyle），以及社會興趣／社會情懷（social interest）與社會參與（社群感）對人格之重大影響等；同時，它也是一種成長模式，而非醫療模式，因此可以廣泛應用在教育與親職教育中，提供父母和老師諮詢，以作為提升父母教養效能的重要參考（Corey, 2005）。

楊瑞珠等（2010/2010）在《勇氣心理學：阿德勒觀點的健康社會生活》（*The Psychology of Courage: An Adlerian Handbook for Healthy Social Living*）一書的封面即提到：「『勇氣』是促進個人幸福感與改變世界的動力，我們需要勇氣，以面對害怕、克服自身的不適任與缺陷、彼此關

心與忍受痛苦，以及幫助我們與自己、家人、社會及全人類和諧共處。」因此，如何從「勇氣心理學」的角度，來了解Adler觀點的健康社會生活型態之樣貌，以及激發「勇氣」的方法等，均帶有正向與心理健康的觀點。

Adler強調「自我」的重要與自我超越，是人本主義心理學、認知取向、存在取向、正向心理學的先驅，可說是自助與現代自我心理學之父，更是精神分析學派第一個將生物學取向的「本我」，轉變成社會文化人文取向的「自我」的心理學家，素有東方孔子與西方蘇格拉底之名（楊瑞珠等，2010/2010）。

（一）基本假設

自卑感與追求卓越是Adler思想中的兩個重要概念，因自卑感而有適度補償，這是適合健康原則的作法，但若補償不當則會形成自卑情結與過度補償現象；而追求卓越則是指，個人在心理層面可克服自卑感，未必非得在團體中一定要勝過他人（張春興，2000）。Adler思想也強調人格的「不可分割性」與生命整體觀，其中「社群感」（與社會互動連結）亦是個體心理學的核心重要概念，而通往幸福的道路（生命意義）則是社群感的勇氣。其中，「工作」、「愛」（親密關係）、「社會關係」（家庭／友誼／社群／人際參與）為三大生命基本任務，與個人的健康生活密切相關，加上其他Adler學派的學者提出的「存在與隸屬」和「人類與宇宙的關係」等兩項生命任務，與我們早期童年的生活態度有關，而形成了生命風格。健康的社會生活之標準取決於個體透過貢獻，以及與他人合作的歸屬感，勇敢的為自己與他人負起責任（楊瑞珠等，2010/2010）。

Adler 思想和 Freud 思想最大的不同，在於人具有自由意志的人生觀，可以自己決定未來與創造生活（張春興，2000）；因此，Adler心理

學／個體心理學相信所有行為都有其目的，強調「行為目標論」，認為人是完整個體，在生活的各層面不可分割的和諧共處，而人是社會性的存在，所有行為都有獲得歸屬感和社會重要性的目的，人透過勇氣而克服個人的自卑感與害怕失敗的心理，引發出能量以因應生命任務中可能形成的阻礙，從自卑到追求卓越的努力傾向。此外，Adler也提出家庭星座、出生序與家庭排列（心理排序與生理排序）、自卑、補償、優越、私有邏輯、害怕與焦慮等概念（Corey, 2005）。

（二）諮商目標

講究「關係價值」的Adler與孔子的儒家文化思想似乎是接近的，他使用「社會情懷」（「社會興趣」）來描述與評估個體的心理健康狀態。人需要經歷合作、投入與認同的過程，以及「自我關注」（利己）到「關懷別人」（社會關懷，利他）的轉變過程，進而發展成為心理健康與統整的個體，此與後現代哲學強調「人必須在行動中經由社會脈絡的互動而建構健康的自我」之說法相近。如果個體能夠致力完成生活任務，與自己或他人和諧存在和充分合作，在面對不同生活任務的挑戰時，也會是一個很有勇氣與很勇敢的人（楊瑞珠等，2010/2010）。

Adler心理學鼓勵個人對於社會情懷的培養，強調教育價值與心理健康的重要性，致力於建構一個和諧共存的社會。因此，其諮商目標主要在於諮商師協助當事人從自卑與害怕的生活態度中，改變成為一個具有勇氣與行動力的個體，透過合作、參與和貢獻的方式來面對與因應困難，在社會參與的過程中找到生命意義。

（三）諮商介入

錯誤的生活方式可能會對生命造成危害與影響，舉例來說，兒童想獲得歸屬感與重視，可能會採取四大不合作的行為目標（獲得注意、尋求權力、採取報復、無能），而有利／不利社會的行為可能與過去兒童

時期未獲得修正的行為目標有關。

從 Adler 心理學的角度來看，個人可以用有利於社會的態度來面對和因應生活任務，包括蘇格拉底式的對話、鼓勵與催化改變的要素等，都可以有效激發勇氣；而某些助人工具的使用，例如：早期回憶、家庭星座（生理排序與心理排序的意義評估）、生命風格（生活方式）的評估等，均以 Adler 學派的心理評估技術為基礎；此外，諮商師也可以透過蘇格拉底式的對話與早期回憶，來理解當事人對於愛、工作、友誼、家庭生活與社會關係等生命任務的看法。

就個體心理學而言，改變的最終目標在於覺察個人的錯誤信念或生命風格，改變的歷程在協助個體對自我信念系統的再次評估與重新導向，諮商師需要催化當事人改變的勇氣，在整個改變的過程都需要鼓勵當事人，其中促進改變的因素，包括：建立合作關係、心理評估（生命風格之衡鑑）、心理洞察、重新導向（再教育）等，最後採取行動（楊瑞珠等，2010/2010）。

貳、認知行為取向

認知行為取向治療著重在當事人的「認知」與「行為」層面的諮商介入，一旦當事人的認知與行為有所改變，隨之而來的是，當事人的情緒感受也會跟著改變。認知行為取向的相關治療學派，包括：行為治療、認知行為治療、現實治療等；受限篇幅的關係，僅簡略介紹認知行為治療與現實治療等兩個理論學派，茲說明如下。

一、認知行為治療

認知行為治療（Cognitive-Behavioral Therapy, CBT）的主要派別，包括：Albert Ellis（1913-2007）的理性情緒行為治療（Rational-Emotive Behavior Therapy, REBT）、Aaron T. Beck（1921-2021）被視為認知療法

（Cognitive Therapy, CT）之父，以及 Donald Meichenbaum（1940- ）的認知行為矯正法（cognitive behavioral modification, CBM），三者各有其共通性與個殊性。其中，Ellis 被公認為認知行為治療之父，Beck 則是認知治療先驅，有著探討憂鬱最廣泛與成功運用在憂鬱症患者的理論（Corey, 2005）。認知行為治療取向強調思考、判斷、決定、分析與行動，認為認知、情緒、行為三者有其交互作用與互為因果關係。

（一）基本假設

認知行為取向的基本假設認為，人的壓力來自於認知功能障礙，因此治療的焦點放在挑戰個人的「認知」，藉由「認知」的改變，進而促成「情緒與行為」的改變，並可將其應用在教育方面，變成一種「心理－教育」的結構化模式，同時強調「家庭作業」。諮商師則扮演教導者角色，催化當事人負責任，並採取積極性的角色，運用所學到的認知行為策略促成改變的發生。

過去被稱為理性情緒治療（Rational-Emotive Therapy, RET），後來卻被稱為理性情緒行為治療（REBT），主要是因為 REBT 考量到身體的運作（行為）與心理（思考、感覺、慾望／需要）兩者的重要性，而當事人的人格改變可以透過諮商師之協助而改變心態，進而產生不同的行為（Corsini & Wedding, 1994/2000）。故其基本假設是：人生來即具有理性和非理性（思考扭曲），且具有自我成長與自我實現的傾向，卻因天生的思考扭曲與後天的自我挫敗模式而妨礙成長；而情緒主要來自於信念、評價、解釋、對生活情境的反應等，其中包括非理性信念與無效的思考方式，讓人產生困擾。一個人的困擾來源主要是來自重複性的錯誤思考，以及自我挫敗的非理性信念系統，其中的困擾核心來自「責備」，非理性信念往往從重要他人處學來的，而導致自我挫敗的非理性信念，通常包含「必須」、「一定」和「應該」的信念（例如：「我必須得到

所有重要他人的讚美與愛」）。

Beck 認為，了解困擾的本質需先找到困擾事件所引發的個人反應，探索其背後隱含的認知內容與想法，而「自動化思考」常導致個人的情緒化反應，故心理問題來自於「認知扭曲」，也就是錯誤的思考與推論，包括：獨斷的推論、選擇性摘要（選擇錯誤的）、過度類化、誇大與貶抑、個人化、標籤化與錯誤標籤化、極端化思考（全有或全無的二分法）等。憂鬱的認知理論認為，憂鬱症患者常有不合邏輯的個人特質（認知扭曲），負向思考則反映出一個人潛在與失功能的信念和假設，當事人可採取積極態度來修改使他們失功能的信念以減輕症狀（Corey, 2005）。

Meichenbaum 認為，自我陳述對個人行為與別人的影響一樣大，個人需要注意思考、感受、表現方式，及對他人的影響；而自我指導治療即在改變當事人的自我陳述，是一種認知重建形式（Corey, 2005）。

（二）諮商歷程

一般而言，認知治療取向強調當事人和諮商師的共同合作，諮商過程像是「教育／再教育的過程」，諮商師則扮演「教師」指導與說服的功能與角色，而當事人則是「學習者」或「學生」的角色，介入重點放在「現在」的經驗上，但不提供過多的溫暖與同理（以避免當事人對治療師的過度需求）。

舉例來說，理性情緒行為治療的諮商目標，在於指導當事人從理性信念出發而改變自我（張春興，2000），因此能夠協助當事人學習更真實與有效的生活方式，以減少情緒困擾與自我挫敗行為，而諮商師則扮演「科學家」的角色，來挑戰當事人自我挫敗信念。人格 ABC 理論（「A」指事件；「B」指信念；「C」指情緒和行為結果）是理性情緒行為治療的理論核心所在，諮商過程在於教導人們如何改變形成困擾的非理性信念。既然情緒困擾是因信念而起，因此當事人可透過諮商過程，

發現錯誤思考或非理性思考，透過其他思考模式的討論，「駁斥處理」（D）非理性與無效信念（駁斥歷程包括偵測、辯論、分辨），進而改變個人的思想與行為，建立有效、理性而正確的思考方式，以取代過去錯誤與不合理的思考方式（「E」指效果；「F」指新的感覺）。

　　Beck 認為，改善情緒與功能不佳的方法，是修正不正確與阻礙功能的思考方式，諮商師訓練當事人了解，錯誤思考是如何影響與檢驗支持其信念系統與否的證據，將自動化思考與現實做比對（可透過蘇格拉底式的對話），採取時間限制概念，重視諮商師與當事人的合作關係，其諮商目標在於教導當事人成為自己的治療者。Meichenbaum 則認為，行為改變的背後是經過一系列的中介歷程，包括：內在語言、認知結構、行為、行為結果等四方面的交互作用，而經過三階段的改變過程，包括：自我觀察、開始新的內在對話、學習新的方法等（Corey, 2005）。

（三）諮商介入

　　認知行為取向注重處理「思考」與「行為」，不在「情緒」的引發，藉由多元整合的行為策略與方法，達到促使當事人改變的目標。

　　其中，理性情緒行為治療包括：認知方法（含駁斥非理性信念、執行家庭作業、改變當事人語言、使用幽默等）、情緒技術（含理性－情緒的想像、角色扮演、攻擊羞愧感練習、使用有力的對話力量等）、行為技術（含操作制約、自我管理、系統減敏、鬆弛技術、示範等）。Beck 的認知治療包括：認知技術（諮商師協助當事人檢視自動化思考與對生活事件做新的替代性解釋）、「認知三角」的探討（對自己、世界和未來等持負向看法，與應用到家庭治療中重組扭曲的信念／基模）。Meichenbaum 則提出因應技巧方案和自我指導訓練，教導當事人以「壓力免疫」的策略與訓練進行壓力管理，其中壓力免疫訓練包括三階段模式：概念化階段、技能獲得與演練階段、應用與持續階段（Corey, 2005）。

二、現實治療

現實治療的創始人是 William Glasser（1925-2013），他認為個人要為其所做的事情負責，自己並非是過去的受害者，除非我們選擇如此。Glasser 在 1970 年代後期加入了「控制理論」，1998 年則改為代表正面積極的「選擇理論」（張傳琳，2003；Glasser, 1998/2004），是現實治療的重要基礎論述，其說明個人如何透過選擇行動的方式來促進關係。

（一）基本假設

現實治療認為，人出生就具有五大需求，包括：生存（生理層面）、愛與隸屬、權力、自由、快樂／樂趣（心理層面）等，會影響個人生活，每個人的需要程度都不同（Corey, 2005），有效滿足這些需求，可以使人覺得可以控制（Corsini & Wedding, 1994/2000）。人的腦部就如同一個監控系統，如果其中一個或多個需求未被滿足的話，就會導致心情不好，並會嘗試尋找讓心情變好的方式。人會將某些做了可能會讓我們心情變好的事情之知識，儲存在名為「獨特世界」的某個特定地方，其可能存在於生活的核心，或是想過的生活世界，然而個人會產生困擾的原因，極可能是在他們的獨特世界裡沒有讓他們滿意的人，或必須要和一些不滿意的人相處。

此外，現實治療主張行為目的論，人類的行為表現都有內在動機與選擇，而完整行為即是人類嘗試去獲取個人需要與滿足需求，所有行為是由無法分割的四部分組合而成，包括：行動、思考、感受、生理等。因此，在個人的行為抉擇中，由「基本需求」發動，朝向獨特世界的方向，行動與思考直接主導其行為選擇，而感受、生理則受到行動與思考的影響，而間接影響個人行為。故現實治療的特色在於：(1)強調責任，為個人的選擇負責；(2)拒絕移情的觀點，諮商師是做自己，而非做任何

一個人,可善用當下的諮商關係;(3)將諮商維持在「現在」目前的狀態;(4)避免聚焦在症狀(Corey, 2005)。

(二)諮商歷程

現實治療的目標在於協助當事人與某些人接觸或重新接觸,再與當事人產生連結。當事人之所以會出現困擾,主要是因為不清楚問題的根源是來自於其選擇行動的方式,重點在於當事人不滿意或匱乏的關係;而諮商師則聚焦在當事人可以掌握與選擇的事情上,不去聽太多的抱怨與責怪,而是引導當事人使用比目前更有效的方式行動,以獲得更滿意的關係,並探索什麼是他們想要的和如何可獲得他們想要的,教導當事人做更有效的選擇來解決生活需要,終止可能具有破壞性或毀滅性的選擇,來獲得與維持成功的關係。

人類都會產生行為來滿足需求,在嘗試完成不同發展任務與滿足個人需求的過程中,可能會成功或失敗,因此當一個人採取無效方式與屢次失敗,而無法滿足其需求和帶來負向的不良症狀時,此時諮商師可以幫助當事人了解他們的需要(W)與他們正在做的事情(D),並評估他們的行為(E)與計畫更好的未來(P)(此即為 WDEP 系統),以協助當事人做選擇,選擇其他可行的想法與感覺(Corsini & Wedding, 1994/2000)。當事人與諮商師應建立一個共融的合作關係,諮商師會以真誠與尊重等特質,勇於接受當事人挑戰,或面質當事人行為結果與現實的不一致或矛盾情形,扮演的是老師的教導角色,不放棄並協助當事人自我引導,且為生活負責。

(三)諮商介入

現實治療的歷程包括:(1)建立工作關係;(2)探索當事人的完整行為;(3)訂定促進改變的計畫;(4)追蹤當事人行動狀況與提供諮詢。此外,Glasser 和 Wubbolding 提出了 WDEP 的簡要治療程序與策略,包括:

(1)需要（wants）；(2)行動（doing）；(3)評估（evaluation）；(4)計畫與承諾（planning）（Corey, 2005），而 WDEP 的程序正是現實治療理論的血與肉，簡單卻實用（Corsini & Wedding, 1994/2000）。

參、人本存在取向

人本存在取向治療著重在當事人與諮商師的諮商關係，並以之建立基礎，強調自我發展潛能的實現，以及內在情緒感受層面的探索和諮商介入後的覺察。人本存在取向治療學派大致上可分為：存在主義意義治療、個人中心治療、完形治療等，因受限篇幅，僅簡略介紹存在主義意義治療與個人中心治療如下。

一、存在主義意義治療

存在主義意義治療的創始人是 Viktor E. Frankl（1905-1997），他是猶太人，歷經三年的納粹集中營苦難經驗後，屬於少數能夠活下來的倖存者，深深受到尼采（Friedrich W. Nietzsche, 1844-1900）的影響：「懂得為何（Why）而活的人，幾乎『任何』痛苦都可以忍受」、「那些打不垮我的，將使我更形堅強」，而展現其強大的生存意志（Frankl, 1984/1992），並體會到：「無論是在任何環境中，人都有選擇的自由，可以選擇自己的態度與方式來生活」，Frankl 相信人的存在本質在於意義和目的的追尋，藉由行動與努力，愛與成就的價值感經驗、掙扎，而發現存在意義。該治療法的其他代表人物，還包括：Rollo May（1909-1994），他是將歐洲存在主義觀點帶到美國的學者之一；James Bugental（1915-2008），他認為治療是一種喚起當事人潛在生命的歷程；Irvin Yalom（1931- ），他認為治療焦點在於四種人類的終極關懷：死亡、自由、存在的孤獨、無意義感（Corey, 2005）。

（一）基本假設

存在主義意義治療對人的基本假設是：人是自由的，人要對自己的選擇與行動負責，個人是其生活的創造者、生命藍圖的規劃者。因此，存在主義意義治療的基礎是對個人的尊重與身為一個人的意義之了解，協助當事人探索人生意義。存在主義意義治療共包括六個對人類的基本命題：(1)自我覺察的能力；(2)自由與責任；(3)追求自我認同與他人的關係；(4)意義的追尋；(5)焦慮是一種生活型態；(6)覺察死亡與無存（Corey, 2005）。

（二）諮商歷程

存在主義意義治療並非是要真的「治療」當事人，而是協助當事人重新檢視個人生活，從中找到最適合自己的道路與方向前進。因此，諮商歷程就是一種對人的生命價值與意義追尋的過程，透過「意義」來治療，諮商師能鼓勵當事人探索各種選擇的機會（如工作、愛與掙扎等生活事件），從中探索有意義的存在與目的；當事人不是被動被環境所決定的犧牲者，而是能主動成為自己生命的主宰者，創造出一種新的而有意義的生活與價值體系。諮商師與當事人的諮商關係品質是重要的，而諮商師對當事人的尊重、信任（欣賞當事人潛能），以及其自我的運用是治療的核心所在。

（三）諮商介入

存在主義以存在哲學觀點為基礎，與人的存在本質息息相關，不偏重技術取向。諮商師與當事人的「我／你」（I/Thou）平等和真誠的會心諮商關係，是整個治療的核心所在，以共同創造改變的發生，其包含三階段探索歷程：(1)初始階段：協助當事人辨識與澄清對世界的假設；(2)中期階段：鼓勵當事人完整檢視現今價值系統的來源與權威；(3)結束階

段：幫助當事人將諮商過程中所學到的一切付諸行動（Corey, 2005）。

二、個人中心治療

Carl R. Rogers（1902-1987）是人本主義心理學的發言人，而個人中心學派的基本概念來自於人本主義心理學，與存在主義意義治療的概念相近，兩者都把焦點放在當事人的知覺上，強調進入當事人的主觀世界。個人中心理論的發展歷經三個階段：(1)1940 年代（1940-1950）的「非指導性諮商」方式，挑戰諮商師「無所不知」的「專家」假設，諮商師需營造開放與非指導氣氛；(2)1960 年代（1950-1961）的「當事人中心治療」，焦點放在當事人身上與其自我實現的傾向；(3)1960 年代以後（1961-1987），Rogers 於 1961 年出版《成為一個人》（*On Becoming a Person*）一書（Rogers, 1961/1995），焦點放在「成為一個真實的自我」，重視當事人的自發性體驗，而諮商關係品質是改變最重要的媒介；直到 1970～1980 年代，發展成為「個人中心治療法」，運用的範圍更為廣泛（Corey, 2005; Ivey et al., 1997/2000）。

（一）基本假設

不同於存在主義意義治療的「焦慮—喚起」觀點，個人中心治療認為，人本質就有自我實現的潛能，這是一種積極正向的觀點；人如同種子一般，如果提供適當的成長環境，創造促發成長的氛圍與適當條件，就能夠獲得積極成長與發展潛力的機會與能力，而朝向建設性方向發展。Rogers 認為，人在本質上是可以信任的，擁有自我了解與解決問題的潛能，透過諮商師與當事人的非指導性式的諮商關係，靠自己來達到自我成長，往健康與自我實現的方向發展下去，意即：一個功能與潛能完全發揮的個體。

因此，個人中心治療學派相當強調當事人的現象世界，諮商師需要

具備三個必要的態度（特質）來創造促進成長的條件，它們也是治療關係的核心所在，包括：(1)真誠／一致性（真誠與真實）；(2)無條件的積極關注與接納（接納與關懷）；(3)正確和同理的了解（進入與深入了解當事人的主觀世界），設身處地的了解當事人與其同在，反應當事人的內在感受，「就好像是」（as if）當事人的感受，但是卻不會變成當事人一樣。

（二）諮商歷程

　　Rogers 認為，促使當事人改變的必要條件是：非批判式的傾聽與接納，而個人中心治療學派治療的焦點即在於當事人的責任與能力。諮商師的理論知識與諮商技術是次要部分，最重要的是諮商師的態度、人格特質、諮商師與當事人的諮商關係品質（安全和接納的諮商關係）等，才是促成諮商療效的重要因子。因此，個人中心治療學派的治療目標在於提供一種治療氛圍，來幫助當事人成為一個功能完全發揮的個體，以促使當事人改變，朝向真實與自我實現方向的改變過程，著重個人獨立性與統整性，焦點是在「人」而非「問題」上，鼓勵發展自我實現的特質，包括：對自我經驗的開放、具有內在信任感、發展內在自我評價、有繼續成長的意願等。

（三）諮商介入

　　個人中心治療學派認為，促成當事人改變的並非是特定的知識與理論技術，而是諮商師的態度，諮商師沒有扮演任何的角色，其本身就是影響當事人的重要工具，因此諮商師和當事人的諮商關係是平等的。Rogers認為，諮商一開始要著重「情感反應」的方法，之後再將治療焦點從「諮商技術」轉移到「諮商師的特質、信念與態度」，再轉變成「諮商師與當事人諮商關係的品質」上。因此，諮商師應發展成為一個人，與當事人同在，具備傾聽與同理了解當事人的能力，協助當事人充分表達

內在感受，將權力賦予當事人，而非只是背熟一套諮商策略而已。

肆、後現代取向諮商

「後現代」（postmodern）屬於多元思考的哲學思維，反對以特定方式來承繼固有想法，採用世界多元異質的觀點，由個人經驗主觀建構出來，強調當事人的主觀經驗、主觀感受的現象場，有別於過去重視「客觀」證據的絕對真理（truth）之觀點，重視人類建構對「主觀」真實（reality）的經驗，相信當事人問題解決能力；諮商師應放下專家姿態，帶著好奇與未知（not-knowing）的態度去了解當事人，運用敘事隱喻、過去正向例外的成功經驗、建構問題改善目標，邀請當事人共同參與和發掘優勢與資源。

身為一位諮商實務工作者，後現代的哲學思維告訴我們，有需要重新評估過去傳統理論的適切性，學習從更多元的角度去尊重與我們一起工作的案主；因此，後現代取向的治療師觀看案主的視框與觀點、當事人問題，以及治療師角色等重要議題，都象徵著新的諮商理論取向轉變之發展方向。合作取向治療、焦點解決短期治療及敘事治療，並列為後現代心理治療的三大思潮，以下分別介紹之。

一、合作取向治療

合作取向治療（Collaborative Therapy）的根源可追溯至 Galveston 早期的「多重影響理論」（Multiple Impact Theory, MIT）。Harry A. Goolishian（1924-1991）和 Harlene Anderson 在 1970 年代晚期開始發展合作取向，或曾經稱為「合作語言系統」的取向發展，之後 Anderson 簡單的稱為「合作取向治療」，其強調心理治療背後的「哲學思維」（心法），重點不在治療「理論」本身，而是找出「在當下」（in the moment）如何靠近一個人，並與其說話的方式（Anderson & Gehart, 2007/2010）。因

此，「合作取向治療」又稱為「對話治療」，是「對話的」、「談話的」治療取向，是造成改變的「關係」（真誠與如其所是）與「對話」，開創了對話的空間與歷程，創造了語言中的意義與其他不同的可能性。

（一）基本假設

合作取向治療的主要代表人物有：Harry A. Goolishian、Harlene Anderson和Diane Gehart。Anderson致力於提供更符合案主需求的治療服務，認為「語言、對話和人際關係」是治療核心，為心理治療展開歷史的新頁（Anderson, 1997/2008）。其核心概念為：人們所參與的語言系統與語言事件，是存在於合作的關係與交談之中；「相與」（withness）是一種特殊談話的方式（或稱為「語言遊戲」），在社會連結上給了方向與位置；並強調「治療」是一種「對話夥伴」的概念。

（二）諮商歷程

人類系統如同「語言系統」一般，是一種「創造意義」的系統，而治療則是一種語言系統或創造意義的系統，猶如對話式的交談，治療創造了一種對話式的交談空間，是一種「對話式」或「談話式」的治療風格。此外，合作取向治療同時強調治療師與當事人合作的重要性，個人於諮商過程中創造出多元的自我，治療師能夠於諮商歷程中，學習如何尊重不同領域的多元聲音與多元價值。因此，合作取向治療即是找出「在當下」如何去靠近一個人，並和其說話的方式（Anderson & Gehart, 2007/2010），談話過程涉及的不只是「理性」的部分而已，更直接觸碰到的是個人內在的「感性」層面，因此著重當事人的體驗感受，以及開放與自發的特性。

（三）諮商介入

治療師於治療情境中創造了對話的空間，以「在關係中的個人」取

代「個人」的想法，擴大了對話的概念，強調「傾聽、聽到與說出」，讓「當事人的聲音」獲得重視，能聽見更多不同的聲音。在人與人的互動過程中，可以共同創造出許多對話的空間與意義，如何與個人日常生活相互連結，是一種無止盡合作下去的型態。此外，在雙方的對話過程中，我們可以努力去了解對方所賦予字辭使用的意思，正確無誤的了解對方內在真正想要表達的意義，是一種重新學習與認識當事人在地性文化的過程，也是一種從「語言學」來了解人類系統的過程。

二、焦點解決短期治療

焦點解決短期治療（Solution-Focused Brief Therapy, SFBT）是由 Steve de Shazer（1940-2005）和 Insoo Kim Berg（1934-2007）等人，在美國密爾瓦基（Milwaukee）的「短期家族治療中心」（Brief Family Therapy Center, BFTC），透過實務的歷程逐漸發展出來，能在較短的晤談次數內達成一定程度的效果。因此，焦點解決短期治療著重解決方法的建構，透過諮商過程中當事人的優點、特質、解決方法，獲得問題的解決與改變，重新找到希望與選擇（Berg & Steiner, 2003; O'Connell, 1998; O'Connell & Palmer 2003）。Seligman（2002）認為，心理諮商過去耗費太多時間在探究過去，應該從發現當事人個人的正向力量與資源著手，故焦點解決短期治療是一種採用正向心理學與正向治療的諮商取向，相信人的潛力與改變力量（李玉嬋等，2006），也符合正向心理學（Seligman, 2002）與希望理論（Snyder et al., 2002）的觀點。

（一）基本假設

焦點解決短期治療不以病理學的角度來分析個案問題的成因，強調透過解決導向的對話，協助當事人在面對困擾時，願意思考什麼是有效解決的方法，以及促成解決方法發生的因素，以減少挫折感，增加自我

效能感。此外，也極重視個案的成功經驗、力量、資源、希望、小的改變，以及合理可行的目標，因此「以正向思考為焦點；例外帶來解決之道；改變永遠在發生；小改變帶來大改變的漣漪效應；當事人是解決自己問題的專家；尊重當事人的立場與獨特性；建構正向、積極、樂觀、希望的心理健康思考模式；強調社會脈絡與使用語言對話的重要性」等，均為其重要的諮商信念。

焦點解決短期治療有別於過去傳統的諮商學派理論，其重要的基本假設包括：(1)當事人是問題解決的專家（相信當事人）；(2)賦能歷程：引出當事人的優勢與資源，創新思考與相信自己具有改變現狀的能力，積極肯定當事人成功與進步的正向改變，朝向發展個人的期待方向與目標；(3)介入焦點從「問題成因」的探討，轉為「問題解決方法」的導引；(4)積極發現當事人正向的資源、優勢能力、努力與其成功經驗，讚賞當事人，以取代負向的問題、缺點、無力與失敗經驗的探討；(5)去病理與去診斷的觀點，不對當事人貼上負向標籤。

舉例來說，當一位考試考不好的學生前來輔導處（室）尋求諮商時，過去傳統的諮商方式可能會一直詢問學生問題的成因，例如：「為什麼你今天會讀成這樣？」、「你是哪裡做的不好？」、「你是哪些科目讀的比較差？」相反的，焦點解決短期諮商師會進一步詢問當事人：「你覺得哪一個科目讀起來比較得心應手？比較輕鬆愉快？或者比較有成就感？」、「你覺得你自己有哪些念的還不錯的地方？」、「你是怎麼做到的？」、「你是怎麼樣讓自己維持這樣的狀況？」以上的問法可引導出當事人的成功經驗與優勢能力，協助當事人更相信自己擁有的內在資源與能力。

（二）諮商歷程

焦點解決短期治療強調「落實希望與尊重」的諮商精神（Berg & Dolan, 2001），是一種「目標」導向的治療取向，介入焦點放在「現在」與「未來」，整個焦點解決短期諮商的過程可以說是一種賦能的過程（De Jong & Berg, 1998），而其諮商結果就是要連結當事人覺察喚起與選擇的改變過程（Prochaska & Norcross, 2003），協助當事人從「訪客」、「抱怨者」的立場，轉變為「消費者」的型態，主動積極地願意為改變付諸行動的個體（行動導向）。同時，諮商師去除全然的專業知識及其專家角色，聚焦於當事人晤談主題的目標與需求上（目標導向），以好奇、未知（not-knowing），以及尊重、同步的態度，與當事人建立合作關係，以貼近和理解當事人的需要（關係導向）。

（三）諮商介入

焦點解決短期治療如何與當事人（學生、家長或老師）建立合作信任關係呢？諮商師可以引導當事人說出違規行為（如作弊）背後可能有的正向動機，例如：「我想你一定有很好的理由（善意或好的出發點）做……事情」，或者是老師很關心學生等之類的話，對學生或老師、家長等均可適用於建立合作關係。

焦點解決短期治療強調目標架構、例外架構、假設解決架構，以及豐富的問句技術，例如：de Shazer（1985, 1988）提出十一項介入技術，包括：設定目標、水晶球技術、奇蹟式問句、尋找例外、第一次晤談任務（formula first session task, FFST）、重新架構、量尺問句、預測任務（prediction task）、隱喻（metaphors）、讚美、家庭作業任務等。此外，Corey（2005）也提及焦點解決短期治療的介入技術則包括：諮商前的改變、例外問句、奇蹟式問句、第一次晤談任務（FFST）、諮商師對當事人的回饋、量尺問句、當當事人可建構問題的解決方法時結案等七項。其他常見的焦點解決短期治療諮商介入技巧，包括：一般化、賦能、外化技巧、因應式問句等。

總括來說，焦點解決短期治療的過程就是一種賦能的過程，從他人賦能轉變到當事人的自我賦能，他人的相信與肯定是次要的，而真正重要的是：當事人能不能相信自己是有足夠的能力與資源去解決問題。

三、敘事治療

敘事治療的代表人物有 Michael White（1948-2008）與 David Epston（1944- ），茲說明如下。

（一）基本假設

對 White 來說，敘事治療助人工作的重點，在於如何讓人「產生或辨識不同的故事，讓其實行新的意義，帶給其想要的可能性」，也就是說，透過幫助人如何重新檢視自身的生活，重新定義生活的意義，進而回到正常的生活。因人對自己或他人經驗故事的敘述，不足以代表他們的生活經驗，若個人重要的生活部分與主流敘事（mainstream narratives）相矛盾，就無法實現自己的故事。

此外，他也認為並非家庭潛在結構或功能失常足以決定家人間的互動，而是家人賦予事件意義來決定行為。換言之，人如何賦予「過去」意義，就表示人將以何種態度面對「未來」。語言就是權力，語言或對話可以鼓勵當事人更有勇氣去面對問題，重新找到不同的生命故事與意義。

吳熙娟認為，敘事工作者要相信人是可以發展的，有責任去搭建鷹架的對話，能引導人們建構（而非遠離）不同的可能性與希望，藉由豐厚當事人「更喜歡的故事」之內容和不斷被見證所帶來的力量，透過人際互動關係而建構個人所偏好的自我認同（White & Morgan, 2006/2008）。

（二）諮商歷程

諮商師應以「未知」（not-knowing）與好奇的態度，放下詮釋當事

人問題的專業角度與地位，避免剝奪當事人對問題詮釋與敘說的權力，同時，也應透過「外化對話」（externalizing conversation），協助案主創造過去不曾嘗試過的方法，來解決問題對個人的影響，並從中解構（de-construct）和重建自己與問題的關係，重新找到個人解決問題的能力，成為生命故事的主角與導演，避免過著社會論述（social discourse）指導下的生活。諮商師同時也應透過隱喻（metaphor）的對話方式，協助當事人發掘多樣化的關係與選擇，以及對她／他的意義與未來生活的重要性，由當事人自己闡釋對個人的價值與意義。

諮商師應協助當事人辨識問題存在下的社會文化脈絡，發覺個人與問題存在的多層面關係。舉例來說，當事人會談到許多與他人有關的言詞，例如：「父母不喜歡我……」、「因為我成績不好，所以同學就看不起我……」等，可見問題的存在隱含著許多人際互動因素，而這些因素往往與其社會文化脈絡有關，例如：男尊女卑、升學主義掛帥等社會文化因素，諮商師需要對主流與非主流文化有敏銳的覺察力。

（三）諮商介入

敘事治療包含以下三個重要的諮商介入技術，藉由「外化─解構─重寫」觀點，讓案主述說自己的故事，並從故事中尋找到新的意義與方向，強調個人與他人的互動關係中的實際行動實踐。

1. **外化**：是指將人與問題分開來看，案主可以描述問題對自己的影響，以及它和自己的關係為何，並可以用具體的事物（如顏色、某物等）描述自己的感受與情緒，也可以體會到自己不等於問題，問題也不能代表自己。

2. **解構**：是指不把事情視為理所當然、不可改變，藉由故事的發展找出故事的主軸與分枝，案主則從分枝（支線故事）中尋找新的意義與發展的可能性。

3. **重寫**：是指從新的意義與發展的可能性中，案主選擇自己要走的方向與影響問題的方法，使得故事被改寫或有新的發展（Freedman & Combs, 1999/2000）。

此外，White 在《敘事治療的工作地圖》（*Maps of Narrative Practice*）一書中，詳述敘事治療實務的六大介入技巧：(1)外化對話（如隱喻的重要性，隱喻可以用來了解當事人的現象世界與如何看待他的問題）；(2)重寫對話（如特殊意義事件，可發展多元故事線，或發展當事人偏好的支線故事）；(3)重組會員對話（提供案主機會，重新修正與生活有關的組成成員之關係）；(4)定義式儀式〔如局外見證人及四種探索類型：表達（觸動其心）、意象（焦點在當事人，而非局外見證人的生命與認同意向）、個人共鳴、移轉／感動等〕；(5)突顯特殊意義事件的對話（能夠引導形成治療探索，建立當事人生活發展的潛力，使特殊意義事件成為可能，成為多元故事發展的立足點，有效取代案主的生活問題與困境，而與主要故事線的例外，產生另類的故事線）；(6)鷹架對話（如潛在發展區）等，並清楚說明如何在臨床工作中應用這些技巧（White, 2007/2008）。

敘事治療豐富了當事人的生命故事，可以讓一個人好好的說故事，而聽的人可以透過傾聽與回應，真正理解與聽懂當事人想要傳達的訊息，同時產生自我認同的位移，因此敘事對話可以協助當事人產生強大的力量。同時，敘事治療哲學觀的理解與實踐，可以透過諸如國內黃錦敦、林祺堂（2010，2011）研發的敘事「哇」卡與「悟」卡的敘事治療諮商實務應用媒材（可參見「健康卡片發明家」網站 http://www.cardshouse.com.tw/），以豐富讀者對敘事理論知識的理解，具體了解其背後設計的理念與敘事治療的架構。

第三節　諮商專業倫理

　　諮商是專業的助人工作，在諮商歷程中，諮商員與當事人會進行溝通與互動，為使諮商輔導實務工作有所憑藉及依循，諮商倫理便是規範當事人與諮商師的權利與義務之原則（Corey et al., 1993/1997）。助人工作既然是一門專業，除了具備專業助人與專業成長知能之外，專業倫理更是其中的關鍵，因為助人工作之目的即在提升當事人福祉（牛格正、王智弘，2008）。因此，諮商輔導工作的最終目標是在「助人」，亦即有效的幫助當事人解決目前所遇到的困難或其所面對的困境，而最基本的指導原則則是「無傷」——不傷害當事人，以當事人的最大福祉為優先考量；諮商師必須要在對案主「有益」的指導原則下工作，在諮商倫理守則下確保案主的權益，保障案主的最佳利益。

　　當事人在生活中會面對許多道德問題，例如：承諾、忠誠、公平、正義、婚外情、欺瞞、背叛等，此時諮商師應具備道德特質，包括：關心、勇氣、審慎等（Doherty, 1996/2004），堅守諮商倫理。Corey 等（1997, 2006, 2010）認為，處理諮商專業與倫理的重要議題，對諮商實務工作與相關助人專業有很大的影響，進而提出下列幾項重要議題，包括：諮商師的價值觀與生命經驗如何影響諮商歷程？案主與諮商師的權利與義務分別為何？諮商專業人員如何判斷個人能力？如何對有文化差異的民眾提供專業服務？在夫妻與家庭治療中，所面對的主要倫理議題為何？在團體、社區機構與私人機構中的倫理議題又是什麼？任何一個領域的專業助人工作者，必須清楚知道該領域的倫理準則，並清楚了解違反這些規範的後果為何。

　　由上可知，諮商實務工作者於不同服務對象（如未成年人或成年人、性別、不同多元文化脈絡背景）、服務機構（如學校、社區、機構）、

當事人的問題類型（如夫妻／伴侶議題、親子問題、家暴法規問題）、助人介入方式（如個別諮商、團體諮商、督導倫理、網路諮商倫理），以及諮商師本身的資格能力等，諮商師都需藉由諮商倫理議題的省思過程，進而有效解決可能會在諮商實務工作中遇到的基本倫理議題。

倫理的法規必須隨著時代演進與社會變化而加以調整內容，而不同的工作場所也應有不同的相關倫理準則，心理學的不同專業相關領域（包括：教學、研究、工商組織、司法、網際網路、開處方），亦分別有不同的倫理原則（Fisher, 2003/2006）。諮商實務工作之所以會發生違反倫理的行為，可能肇因於諮商師對諮商倫理的無知或疏忽（牛格正，1996，1997）。諮商師擁有一種特權，可以在當事人生命最艱難的時刻，陪伴在他身邊，而完整的心理諮商過程，能增進深刻人性經驗（Doherty, 1996/2004）。以下即分別就當事人的基本權益和常見的諮商倫理議題等兩個部分加以說明。

壹、當事人的基本權益

學校諮商師在從事助人關係工作時，需要詢問自己並自我檢視諮商倫理的四個重要問題，分別是：(1)「我誠實嗎？」；(2)「我對所有參與諮商實務工作的相關人員公平嗎？」；(3)「我的決定會促進合作關係嗎？」；(4)「我的行動對參與其中的人有助益嗎？」（Schmidt, 2004/2009）。

以下即根據 Kitchener（1984）和 Meara 等（1996）所提出的，實現最高倫理層次助人專業的六項道德原則，做進一步說明。這些諮商原則看似簡單與淺顯易懂，然而在諮商實務情境的實際運用時，卻未必能夠容易而快速地做出諮商倫理的決定。諮商師宜注意當事人與諮商師本身的價值觀之差異所在，而做出適切決定，且必須保持彈性與自我檢視的開放空間，方能保障當事人的權益（Corey et al., 2003/2004）。

一、自主性

自主性（autonomy）是指，當事人有權利可以自由選擇與決定個人方向，依照自己的意願和期待去行動，強調的是當事人擁有自我決定的自主權，諮商師應該避免影響或干擾當事人自由發展與成長的機會。此外，諮商師必須清楚釐清個人與當事人價值觀之差異，避免強加個人價值於當事人身上而妨礙其自主性。

值得進一步探討的是，對於未必擁有完全自主權的未成年青少年案主來說，諮商師該如何拿捏自主性原則的運用呢？舉例來說，學校對學生進行諮商與心理測驗時，是否需要經過學生與其家長／監護人的同意呢？是否需要簽署諮商同意書呢？此外，如果遇到家長同意孩子接受諮商，然而孩子卻不想接受諮商時，學校輔導老師或諮商師該如何因應呢？如果家長或導師等特定對象，想進一步對輔導老師與孩子的諮商晤談過程與內容有所了解，但孩子對於個人隱私權的要求很高時，輔導人員又該如何向家長或老師說明呢？

二、無害性

無害性（nonmaleficence）是指，諮商師或專業助人工作者有責任和義務去避免任何一種可能會對案主造成傷害或出現潛在危機的危險行為。值得注意的是，諮商師需要留意傳統的診斷衡鑑標準（如診斷為憂鬱症或過動症的孩子），是否可能會在無意中對案主造成傷害？也要注意不同主流與非主流文化的差異所在，在某些文化被視為少數而非主流的異常行為，可能在另一個文化卻是代表多數主流而正常的行為。

三、獲益性

獲益性（beneficence）是指，諮商師應該具有尊重當事人與促進當事

人福祉為優先考量的衡量標準原則，必須清楚知道如何做才會對案主是最有利的事情。舉例來說，諮商師是基於善意，且認為對案主有益的情形下，鼓勵一位家暴婦女勇敢地走出家庭，勇敢的做自己；然而，是否會因此而導致案主受到傷害的負面效果呢？

四、公正性

公正性（justice）是指，不分案主的年齡、性別、學經歷、社經水準、種族、族群、能力、宗教信仰、性取向、文化背景等，每一位案主都有權利接受心理健康與諮商輔導之服務。在多元文化社會裡，需要真正考量每個人的個別差異而提供真正適切的協助，但何謂「公平」或「公正」呢？一律齊頭式的平等就叫作真正的公平嗎？因此，對於處於弱勢位置的當事人（如窮困），可彈性提供較低的或免費的諮商服務，以符合不同群體的需要。

五、忠誠性

忠誠性（fidelity）是指，諮商專業人員與當事人之間建立相互信任與信賴的諮商合作關係，諮商師應真誠履行對當事人的承諾而不欺瞞。因此，諮商師一旦開始與當事人進行諮商前，必須告知當事人的內容包括：諮商的目標、目的、介入技術、過程與程序（如對於學校機構主管與督導之保密例外）、諮商取向、限制（如案主希望獲得諮商師專家的最佳解答，但諮商師卻認為當事人有能力可以自己找到解決問題的答案）、可能的潛在危機（如催眠過程可能會引發潛意識的運作），以及權益等相關訊息，再由當事人來決定與主導諮商的進行。

六、真實性

真實性（veracity）是指，除了上述五項關於保障當事人權益的諮商

倫理道德守則之外，諮商師需要誠實面對自己的專業角色──「我（諮商師／學校輔導老師）是誰？」誠實並真實地相信諮商師和當事人所建立的良好諮商信任關係，將有助於諮商過程。當諮商師告知案主權益之後，諮商師必須確保案主明瞭諮商的意涵與過程（如告知有督導或諮商團隊的參與）、要求保密的權益、限制（如保密守則的例外情形，避免諮商師與當事人的雙重關係），以及信任當事人表達同意的意願，確保當事人保有知後同意的權益。

貳、常見的諮商倫理議題

　　不同高低層次的倫理準則，說明了約束諮商人員的基本要求與最高指導原則，其中，屬於第一層次的「強制性倫理」，說明了諮商師行為的最低標準，其基礎建立在諮商人員遵守「必須要做什麼」和「不能做什麼」等倫理字面意義而進行執業，說明了專業人員的義務與責任、倫理行為的依循架構，以及避免違法或構成違反倫理行為；諮商師會問的是：「這種情形是否違反專業倫理？」而更高的「理想性倫理」行為，則屬於最高標準的行為層次，諮商實務人員可以理解規範背後的真正精神，與進一步反思諮商介入處理對當事人福祉的影響，對個人諮商專業行為有更高的期許，此時諮商師問自己的往往是：「我這樣做是否對案主最好？」（Corey et al., 1997, 2006, 2010）。是否違反專業倫理或顧全當事人權益，或許他人並不知道，但往往只有諮商師最清楚自己的諮商介入行為，因此諮商師需要時時捫心自問的是：「我有做到符合當事人最佳權益的諮商（倫理）介入嗎？」以下即說明諮商過程中，可能違反倫理規定的五個部分：不適當的諮商介入、保密原則與例外、預警責任、溝通特權、價值影響等，分別說明之。

一、不適當的諮商介入

不適當的諮商介入或稱為「不當處理」（malpractice）是指，諮商師無法提供給當事人專業的諮商服務，進而造成當事人諮商權益的損害而不自知。在治療關係中，治療者的主要責任是促進當事人的福利及人格之完整，故應避免可能造成當事人身心傷害的任何不道德行為，例如：雙重關係、實施不當技術、未能適時轉介等。因此，諮商師可能於諮商過程中出現不適當的治療事件，包括下列幾項。

（一）該做而未做的事情

基於「知後同意」（informed consent）的諮商倫理，包括：治療方式、地點、次數、收費、使用技術、保密限制等議題，治療者必須事先告知當事人完全了解並取得同意後，方可進行治療活動，以便維護當事人的基本權益，例如：諮商師遇到需要通報「113 全國婦幼保護專線」的未成年案件，但卻未通報，而損害當事人的權益，即是做了該做而未做的事情。

（二）不該做而做的事情

基於雙重關係（dual relationships）的諮商倫理原則，諮商師於治療過程中不可與個案發生親密關係、性行為及其他雙重關係（如社交關係、友誼關係、師生關係、利害關係等），以維持治療的專業關係，保障當事人權益，例如：諮商師如果對當事人推銷產品與宗教信仰，甚至進一步利用諮商關係而與當事人發生性關係，即是做了不該做而做的事情。

（三）錯誤評估或提供不當證明

例如：以為案主不會自殺而只是隨口說說而已，沒想到案主卻真的自殺，此即是錯誤評估；或者是受到加害人威脅而提供不切實際的證明。

（四）違反諮商倫理的行為

例如：未保存適當紀錄等違反諮商倫理的行為，均可能讓當事人的權益受損，甚至遭受到比沒有接受諮商時更大的傷害。

二、保密原則與例外

保密（confidentiality）是指，治療中的紀錄、錄音、錄影、來往信件、測驗結果等皆屬機密，應妥為保管；保守治療機密是諮商師的倫理責任，未徵得當事人之同意，不得對外洩露晤談內容、當事人隱私或其他治療資料，避免違反保密原則，以維持治療的信任關係，例如：諮商師為了名利之目的而出售當事人的晤談紀錄，對當事人說好保密卻又告知第三人，此時會影響其誠信原則。

此外，如果當事人涉及違反法律責任時（如違反《兒童及少年福利與權益保障法》、刑事責任等），此時則為保密範圍之例外；因此，諮商師必須徵得當事人同意，才有權提供諮商紀錄與諮商內容讓他人知道。然而有幾種可以打破保密原則的特殊狀況，包括當事人透露出危及自己與他人生命安全之意圖時，例如：想自殺或想殺人；當事人涉及或違反法律責任時，例如：涉及兒童與青少年虐待或疏忽事件，而違反《兒童及少年福利與權益保障法》、刑事責任等，此時諮商師需要作緊急的危機處理介入，以保護當事人或其他人的安全。

三、預警責任

預警責任（duty to warn）是指，若確實判斷當事人之行為，可能危及當事人個人或他人、團體之生命、財產安全時，應審慎研究，並立即採取適當措施，向相關之個人或機關提出預警，以免造成傷害。

因此，諮商師有告知當事人未來可能遭受人身安全威脅的預警責任，如果當事人因為諮商師疏於預警而導致身家財產，甚至人身安全的嚴重損害時，諮商師就必須負起連帶的法律相關責任。若當事人透露出危及自己或他人的生命、自由、財產或安全之意圖，諮商師需要預先告知可能遭受暴力行為傷害（包括想殺人）的被害人，以及自殺危機處理的當事人。此外，面臨持續家暴威脅的受暴案主，如諮商師未能立即介入處理與尋求安置隔離機構，此時就無法避免個人承擔疏於預警之責。

四、溝通特權

溝通特權（privileged communication）是指，當事人有天賦及受憲法保障的隱私權，所以治療晤談也受到法令的明確保障：「治療者應保守治療機密，未獲當事人同意前不得洩漏治療內容與機密」，否則將負擔法律責任。然而，下列幾項情形是屬於保密的限制，治療者必須適時洩密：「年幼或無能力做決定」、「傷害自己或他人」、「當事人涉及刑案、法庭傳訊作證」等，例如：國中小學生或青少年當事人，如果涉及法律案件（如性侵害受害者或加害人），輔導人員有責任告知未成年當事人的監護人（如果監護人即為加害人則屬例外）、校方主管單位，以及「113 全國婦幼保護專線」，這即是屬於保密之例外。值得注意的是，諮商人員於通報前需妥善告知未成年當事人通報責任與其相關流程，妥善注意與照顧當事人的情緒狀態，協助當事人後續繁瑣的法律問題。

五、價值影響

價值影響（value influence）是指，治療者應尊重當事人的價值觀，不應為其做任何的決定，或強制其接受治療者的價值觀，以維護當事人的自主權，例如：當事人的宗教信仰、性別議題、個人信念等與諮商師不同，如果諮商師信奉基督教，而當事人信奉佛教或其他民間信仰，諮

商師不得以基督教信仰強迫當事人接受不同的教義信念，用諮商師自己個人的價值觀去看待當事人的宗教價值觀，而是應該尊重與理解當事人對宗教信仰的選擇。

因此，諮商師的個人信念、價值觀、動機、情緒／感覺、文化、信仰、諮商取向、介入行為等，均可能影響諮商師與當事人的互動過程，諮商師必須清楚覺察到彼此的差異所在，盡可能與適當地徵詢當事人的意見，引導當事人理解倫理困境，由雙方共同合作參與倫理決定的過程，一起討論出如何做才是對案主最好的倫理決定，由諮商師與案主共同決定，一起為倫理問題找到最好的解答；因此，諮商師並不能剝奪當事人做決定的能力與促進自我覺察的機會，反而應該協助當事人發現自己的能力。

以下是筆者列出諮商師於進行諮商之前，可以提供給當事人詳細閱讀的諮商權益內容，以及徵得當事人同意的知後同意書，可作為參考之用。

諮商晤談須知

○○○，您好：

　　首先，很高興能夠與您見面，有機會協助您一起找到問題解決的方法，您和諮商師的談話內容是保密的，諮商師有義務與責任進行保密，這也是諮商專業倫理的規範之一，如果沒有經過您的允許與同意，諮商內容是不會讓其他人知道的，除非是在不得已的情形之下必須向他人告知，也會先徵得您的同意，而保密的例外情形包括：(1)涉及違反法律責任的事情時（例如：違反《兒童及少年福利與權益保障法》、《兒童及少年性剝削防制條例》等需要通報的事件）；(2)您透露出可能想要危害自己或他人生命、財產、自由與人身安全之意圖或想法時（例如：可能會想要自殺或想要殺害他人），諮商師具有通報預警的責任，必須打破原有的保密原則。

　　關於諮商紀錄撰寫的部分，首先，諮商師會在晤談結束後做簡短紀錄，這些資料也只有該位諮商師與其機構督導有權利調閱，並且是嚴密地被保管；至於諮商晤談內容，有時候諮商師會為了諮商或研究需要而錄音或錄影，以提升個人諮商效能與諮商技巧，此時會事先徵求您的同意，您絕對有權利同意或拒絕，即使同意之後，也可以隨時終止錄音（影），諮商錄音（影）的內容是絕對保密的，直到研究或諮商目的完成之後，會立即銷毀諮商錄音（影）資料的晤談內容，您有權利要求取得諮商過程的錄音（影）資料，且負有保密之責。

　　我們會尊重您的選擇，並以您的權益為優先考量因素，在諮商過程中如果遇到需要轉介給另一位諮商師的情形時，需要事先徵得原諮商師的同意，因為並不適合同時與兩位（或以上）的諮商師晤談。此外，如果您需要更改晤談時間，也請您提早告知我們，好做適當安排，謝謝。

　　敬祝　快樂　平安

輔導處（室）敬上

結　語

　　從事學校個別諮商輔導工作時，輔導人員需要理解個人能夠透過諮商過程而有效幫助當事人的部分，立基於個人諮商理念之上，然而是否有哪一種治療模式的療效特別優於其他治療取向呢？Hill（2004）提出助人歷程的三階段模式，包括：(1)探索階段（協助當事人探索其想法、感覺、行為，以個人中心為基礎）；(2)洞察階段（協助當事人了解與覺察其想法、感覺、行為，以心理分析為核心）；(3)行動階段（協助當事人在探索和洞察的努力下，決定採取的行動，以行為改變學派為基礎），是一種結合三種諮商理論的諮商助人技巧模式。

　　事實上，並沒有哪一種治療模式是優於其他治療模式，因此學校輔導老師或諮商師需要清楚知道不同諮商理論的重要內涵，從中找到個人的諮商取向，提供適切有效的諮商服務，同時也能兼顧學校輔導工作的諮商倫理守則，以當事人權益作為最大考量，畢竟諮商工作在強調諮商「效果」的同時，更要注意的是諮商的「歷程—效果」、有哪些療效因子會重大影響諮商目標的達成與否。

　　心理學鼓勵人們尋找自我，不被社會規範綑綁，然而傳統道德已經漸漸式微，諮商師可重新思考人與人之間的連結與責任，進一步地將道德責任和社會福祉的觀念放入諮商治療中；諮商師如果碰到道德議題，不需假裝中立，應適時引導當事人做出道德決定（Doherty, 1996/2004）。此外，諮商師必須很清楚知道當事人的權益所在，並且真誠而無私的告知當事人，以當事人的權益為優先考量原則，而非諮商師的個人權益。在諮商過程中，諮商師與當事人可能處於一個權力不對等的位置（諮商師是專家角色，而當事人可能居於弱勢），諮商師有責任與義務告知當事人詳細的諮商倫理權益與其限制所在，絕不能夠藉由諮商之便以及當

事人對諮商師的信任，而圖自己之利，因此諮商師的道德倫理守則與規範必須要時時提醒自己，諮商倫理標準也必須要銘記在心，如此方能為當事人做出最適當的倫理決定。

此外，諮商師往往很難事先預期可能會出現的倫理情境，與採取適當回應，許多當下發生的情境需要諮商師馬上做出決定，而且為決定後的結果負起責任，因此諮商倫理準則提供了一個很好的對話機制，協助諮商師充分了解個人的決策行為是否合乎倫理，即使最後的決定並不遵守某種特定規範，但也能清楚知道其原因所在，能夠藉以提升諮商師的覺察能力與其專業性。

許多倫理問題並沒有絕對正確的標準答案（Corey et al., 1997, 2006, 2010），而一個諮商倫理守則也無法解決所有的倫理議題或爭論（NASW, 1999），不同的問題與觀點討論都在挑戰諮商師的個人價值觀，引導諮商師處理諮商倫理之衝突，因此保持個人彈性與開放態度是非常重要的。此外，諮商師必須為個人的諮商倫理準則擔負起專業負責的態度，必須清楚知道諮商倫理守則背後的理由所在，透過閱讀、教育、進修與討論的過程，不斷重新檢視與釐清個人行為對當事人的影響，知行合一，如此方能夠在遭遇不同的諮商倫理衝突情境時，有較好的倫理決策、辨識與判斷能力，以維護當事人、當事人的關係人、社會大眾、助人專業，以及自身的權益。

問題與反思

基本題

1. 當發生吸引力／性吸引力，或情感轉移／情感反轉移的事件時（包括諮商師深深吸引當事人或當事人吸引諮商師），此時諮商師要如何處理？是否需要轉介當事人給其他諮商師？

2. 身為學校的輔導老師，你認為諮商關係與師生關係有何不同？如何避免諮商過程中的雙重關係？

3. 如何面對非主流或處於弱勢文化（例如：白人vs.黑人、異性戀者vs.同性戀者vs.雙性戀者、性別認同議題）的當事人？如果諮商師的言語對當事人出現歧視與偏見，你會去如何協助這位諮商師，以提升自我覺察？為什麼？

4. 如果未成年當事人的父母想知道你和孩子的諮商晤談狀況，身為諮商師的你會怎麼說？一方面可以符合家長的期待，但是有哪些資訊是不會跟家長說的？而對於罹患愛滋病當事人的保密限制又有哪些呢？

5. 當事人（父母之一方）可能因為婚姻破裂、個人因素而不得不考慮放棄孩子的監護權時，有些旁人會極力強調當事人為人父母的愛與責任，希望其善盡身為父母親的責任而不離不棄。然而，身為諮商師的你，在諮商過程中會保持價值中立的立場嗎？為什麼？

6. 依照《心理師法》的相關規定，若是諮商師隨意公布當事人的諮商相關紀錄時，會受到什麼處置？請提出你對此事的看法。而學校輔導老師不受《心理師法》的規範，又該如何遵守哪些重要的倫理準則呢？

7. 遇到家庭暴力案件或兒童虐待事件，法院有可能調閱學校的諮商輔導紀錄或傳喚輔導老師成為專家證人出庭作證，此時，學校輔導老師可能會因為遵守倫理規範而違反法律標準，你認為該如何取捨這其中的

兩難情境呢？

8. 如果諮商師發現個人對當事人有強烈的感受（包括正向或負向），進而影響諮商歷程，那麼諮商師基於諮商倫理守則與保障當事人的權益，需要做的是什麼？

進階題

1. 在面臨學生「疑似」遭遇疏忽、遺棄、受虐、家暴、兒少保護／高風險、性騷擾、性侵害等狀況時，須謹慎評估與適時的通報，讓更多的資源進來，一起協助學生面對未來。學校全體教職員工與輔導人員具有通報責任，需通報相關的機構單位（例如：內政部線上通報網：社會局關懷 e 起來、校安通報等），相關單位人員即會委派社工等相關專業人員協助處理，並與學校討論學生的後續諮商輔導介入，此外也可撥打「婦幼保護專線：113」請求諮詢協助。請問：校方輔導人員在通報前會遇到哪些可能的問題、困擾或壓力？通報時，需要注意哪些重要的原則？此外，如果通報後，通報人員卻反而遭到行為人或相對人的威脅或相關單位的壓力時，該如何處理？

2. 根據《心理師法》第 17 條：「心理師或其執業機構之人員，對於因業務而知悉或持有個案當事人之秘密，不得無故洩漏。」因此，當諮商心理師進入校園，與未成年兒童或青少年進行諮商晤談時，可以如何與孩子討論「保密」與「保密的例外」之諮商倫理原則？請以具體實例說明。此外，心理師在與校內的學校行政單位、導師、輔導人員、特教人員，或者與校外的家長、社政、警政、醫院等合作討論時，需要注意哪些重要的諮商保密原則？請一併說明之。

3. 根據《心理師法》第 19 條：「心理師應謹守專業倫理，維護個案當事人福祉。心理師執行業務時，應尊重個案當事人之文化背景，不得因其性別、族群、社經地位、職業、年齡、語言、宗教或出生地不同而

有差別待遇；並應取得個案當事人或其法定代理人之同意，及告知其應有之權益。」在面對社會變遷快速、家庭型態不斷改變、男女性別角色的轉換、社會價值體系變化的衝擊、同志議題、新住民比例不斷提升等「改變」時，諮商專業輔導人員需要具備更多對於多元文化與價值體系的尊重、接納、反思與覺察能力。請問：身為一位學校輔導人員，對於社會文化脈絡的覺察與反思、社會建構價值體系對個人的衝擊與因應等重要議題之觀點為何？需要具備哪些諮商專業能力來面對與處理多元文化的諮商議題？

4. 衛生福利部於 2019 年 11 月 29 日衛部醫字第 1081671409 號函頒「心理師執行通訊心理諮商業務核准作業參考原則」在案，並於 2020 年 7 月 29 日衛部醫字第 1091664405 號公告修正規定。法規規範遠距諮商只能服務 18 歲以上之民眾（衛生福利部將遠距諮商的審核權力下放給地方衛生局，認定年齡不一），因此中華民國諮商心理師公會全國聯合會於「公共政策網路參與平台」中，針對疫情當前建議應放寬通訊（遠距）心理諮商限制，研商合理核准作業要點。請討論：對於廣大兒少與學生之身心健康，除了學校輔導老師協助諮商服務以外，是否可以讓未滿 18 歲兒少在有監護人同意下，也可以接受心理師的遠距諮商服務，且不應排除初次晤談？

延伸閱讀與相關影片、網站

1. 書籍與法規

林家興（2014）。諮商專業倫理：臨床應用與案例分析。心理。

金樹人（2014）。如是深戲：觀・諮商・美學。張老師文化。

Gergen, K. J.（2014）。醞釀中的變革：社會建構的邀請與實踐（許婧譯）。張老師文化。（原著出版年：2009）

洪莉竹（2013）。學生輔導工作倫理守則暨案例分析。張老師文化。

Sandel, M.（2011）。正義：一場思辨之旅（樂為良譯）。雅言文化。（原著出版年：2009）

黃錦敦、林祺堂（2011）。悟卡。健康卡片發明家。

黃錦敦、林祺堂（2010）。哇卡。健康卡片發明家。

Corey, G.（2009）。諮商與心理治療：理論與實務（修慧蘭、鄭玄藏、余振民、王淳弘、楊旻鑫、彭瑞祥譯）。雙葉。（原著出版年：2008）

Glasser, W.（2004）。是你選擇了憂鬱（曾美慧譯）。商周。（原著出版年：1998）

Yalom, I. D.（2002）。生命的禮物：給心理治療師的 85 則備忘錄（易之新譯）。心靈工坊。（原著出版年：2002）

White, M., & Epston, D.（2001）。故事・知識・權力：敘事治療的力量（廖士德譯）。心靈工坊。（原著出版年：1990）

Corey, G.（1997）。諮商與心理治療的理論與實務：學習手冊（李茂興譯）。揚智。（原著出版年：1996）

Rogers, C. R.（1995）。成為一個人：一個治療者對心理治療的觀點（宋文里譯）。桂冠。（原著出版年：1961）

心理師法（2020 年 1 月 15 日修正公布）。

心理師法施行細則（2011 年 6 月 28 日增訂發布）。

2. 影片

救救菜英文（簡介：探討尊重多元文化、女性的自我認同與文化傳承、夫妻與家庭溝通等議題，強調「尊重」不同於自己性別、種族、能力、語言的

人。時間：134分。語言：印度語／英語發音、中文字幕。出版：Curbside Films）

危險療程（簡介：講述十九、二十世紀知名精神分析學家之間，交錯在醫生病患、外遇出軌、受虐，以及師生從相知到對立的複雜關係等。時間：94分。語言：英語發音、中文字幕。出版：威望國際）

橫山家之味（簡介：探討以「家庭」為主題的電影，講述離家的成年孩子們返家與年邁的父母共度夏日時光。一個看似簡單平凡的生活，透過一個普通家族二日的重聚故事，探討生死、記憶和親情，幽默溫暖、帶點任性，捕捉生命中點滴細微與悸動。時間：114分。語言：日語發音、中文字幕。出版：原子映象）

正向心理學與復原力在輔導上的應用（簡介：教學影片。時間：42分。語言：國語發音、中文字幕。出版：心理出版社）【諮商與特教實務有聲圖書（三）】

老大靠邊閃（簡介：江湖老大接受心理治療的趣事。時間：105分。語言：英語發音、中文字幕。出版：華納影片）

行為改變技術（簡介：教學影片。時間：49分。語言：國語發音、中文字幕。出版：心理出版社）【諮商實務有聲圖書（二）】

短期諮商（簡介：教學影片。時間：51分。語言：國語發音、中文字幕。出版：心理出版社）【諮商實務有聲圖書（二）】

心靈捕手（簡介：外表堅強內心脆弱的自閉數學天才如何與心理師交會。時間：127分。語言：英語發音、中文字幕。出版：米高梅）

情感轉移個案的識別與處理、情感反轉移（簡介：教學影片。時間：48分。語言：國語發音、中文字幕。出版：心理出版社）【諮商實務有聲圖書（一）】

諮商技巧、自我瞭解（簡介：教學影片。時間：37分。語言：國語發音、中文字幕。出版：心理出版社）【諮商實務有聲圖書（一）】

凡夫俗子（簡介：長子意外溺斃使得次子陷入憂鬱而求助心理治療。時間：124分。語言：英語發音、中文字幕。出版：派拉蒙）

3. 網站

台灣心理諮商資訊網
www.heart.net.tw

助人專業教育資訊網
profession.heart.net.tw

助人資訊網站大觀園
weblist.ncue.edu.tw

諮商專業倫理研究室
ethic.heart.net.tw

台灣輔導與諮商學會
諮商專業倫理守則
www.guidance.org.tw/
ethic_001.html

社會安全網：關懷 e 起來
ecare.mohw.gov.tw

公共政策網路參與平台
join.gov.tw

教育部學生輔導資訊網
www.guide.edu.tw

參考文獻

中文部分

牛格正（1996）。諮商實務的挑戰：處理特殊個案的倫理問題。張老師文化。

牛格正（1997）。諮商專業倫理。五南。

牛格正、王智弘（2008）。助人專業倫理。心靈工坊。

李玉嬋、林世莉、洪莉竹、張佳雯、張德聰、許維素、…樊雪春（2006）。焦點解決的多元應用。張老師文化。

張春興（2000）。心理學思想的流變：心理學名人傳。東華。

張傳琳（2003）。現實治療法：理論與實務。心理。

黃錦敦、林祺堂（2010）。哇卡。健康卡片發明家。

黃錦敦、林祺堂（2011）。悟卡。健康卡片發明家。

蕭文（2004）。個案為什麼沒有按照劇本演出：後現代思考與諮商典範的轉移。輔導季刊，**40**（3），1-5。

Anderson, H., & Gehart, D.（2010）。合作取向實務：造成改變的關係與對話（周和君、董小玲譯）。張老師文化。（原著出版年：2007）

Anderson, H.（2008）。合作取向治療：對話、語言、可能性（周和君譯）。張老師文化。（原著出版年：1997）

Corey, G., Corey, M. S., & Callanan, P.（1997）。諮商倫理（楊瑞珠、鄧志平、范美珍、梁榮仁、曾文志、黃玫瑰譯）。心理。（原著出版年：1993）

Corey, G., Corey, M. S., & Callanan, P.（2004）。諮商倫理（王志寰等譯）。桂冠。（原著出版年：2003）

Corsini, R. J., & Wedding, D.（2000）。當代心理治療的理論與實務（朱玲億、林美薰、李立維、趙家琛、李島鳳、游淑瑜、周世雍譯）。心理。（原著出版年：1994）

Doherty, W. J.（2004）。心理治療的道德責任：面對個案的專業倫理（李淑珺譯）。心靈工坊。（原著出版年：1996）

Fisher, C. B.（2006）。解密倫理法：心理學家實務指導手冊（郎亞琴、張明松譯）。五南。（原著出版年：2003）

Frankl, V.（1992）。活出意義來：從集中營說到存在主義（趙可式、沈錦惠譯）。光啟。（原著出版年：1984）

Freedman, J., & Combs, G.（2000）。敘事治療：解構並重寫生命的故事（易之新譯）。張老師文化。（原著出版年：1999）

Freud, S.（2010）。精神分析引論（彭舜譯）。左岸文化。（原著出版年：1919）

Glasser, W.（2004）。是你選擇了憂鬱（曾美慧譯）。商周。（原著出版年：1998）

Ivey, A. E., Ivey, M. B., & Simek-Morgan, L.（2000）。諮商與心理治療：多元文化觀點（陳金燕、羅幼瓊、張貴傑、邱美華、羅明華、李旻陽、…吳百能譯）。五南。（原著出版年：1997）

Jacobs, M.（2000）。佛洛伊德：精神分析之父（于而彥譯）。生命潛能。（原著出版年：1992）

Morgan, A.（2008）。從故事到療癒：敘事治療入門（陳阿月譯）。心靈工坊。（原著出版年：2000）

Rogers, C. R.（1995）。成為一個人：一個治療者對心理治療的觀點（宋文里譯）。桂冠。（原著出版年：1961）

Schmidt, J. J.（2009）。中小學諮商師生存指南（李孟真、吳怡君、吳怡蓉、倪履冰譯）。心理。（原著出版年：2004）

White, M., & Morgan, A.（2008）。說故事的魔力：兒童與敘事治療（李淑珺譯）。心靈工坊。（原著出版年：2006）

White, M.（2008）。敘事治療的工作地圖（黃孟嬌譯）。張老師文化。（原著出版年：2007）

楊瑞珠、A. Milliren、M. Blagen（2010）。勇氣心理學：阿德勒觀點的健康社會生活（蒙光俊、簡君倫、郭明仁譯）。張老師文化。（原著出版年：2010）

英文部分

Berg, I. K., & Dolan, Y. (2001). *Tables of solutions: A collection of hope-inspiring stories.* W. W. Norton.

Berg, I. K., & Steiner, T. (2003). *Children's solution work.* W. W. Norton.

Corey, G. (2005). *Theory and practice of counseling and psychotherapy* (7th ed.).

Brooks/Cole.

Corey, G., Corey, M. S., & Callanan, P. (1997). *Issues and ethics in the helping professions* (5th ed). Brooks/Cole.

Corey, G., Corey, M. S., & Callanan, P. (2006). *Issues and ethics in the helping professions* (7th ed.). Brooks/Cole.

Corey, G., Corey, M. S., & Callanan, P. (2010). *Issues and ethics in the helping professions* (8th ed.). Cengage Learning.

De Jong, P. D., & Berg, I. K. (1998). *Interviewing for solutions*. Brooks/Cole.

de Shazer, S. (1985). *Keys to solution in brief therapy*. W. W. Norton.

de Shazer, S. (1988). *Clues: Investigating solutions in brief therapy*. W. W. Norton.

Egan, G. (2006). *The skilled helper: A problem-management and opportunity-development approach to helping* (8th ed.). Brooks/Cole.

Hill, C. E. (2004). *Helping skill: Facilitating exploration, insight, and action* (2nd ed.). American Psychological Association.

Kitchener, K. S. (1984). Intuition, critical evaluation and ethical principles: The foundation for ethical decisions in counseling psychology. *The Counseling Psychologist, 12*(3), 43-55.

Meara, N. M., Schmidt, L. D., & Day, J. D. (1996). Principles and virtues: A foundation for ethical decisions, policies, and character. *The Counseling Psychologist, 24*(1), 4-77.

National Association of School Workers [NASW] (1999). *Codes of ethics*. Author.

O'Connell, B. (1998). *Solution-focused therapy*. Sage.

O'Connell, B., & Palmer, S. (2003). *Handbook of solution-focused therapy*. Sage.

Prochaska, J. O., & Norcross, J. C. (2003). *Systems of psychotherapy: A transtheoretical analysis* (5th ed). Brooks/Cole.

Seligman, M. (2002). *Using the new positive psychology to realize your potential for lasting fulfillment*. The Free Press.

Snyder, C. R., Feldman, D. B., Shorey, H. S., & Rand, K. L. (2002). Hopeful choices: A school counselor's guide to hope theory. *Professional School Counseling, 5*(5), 298-307.

CHAPTER **6**

團體輔導

黃瑛琪

前 言

團體輔導的發展至今已有七十多年的歷史，源於教育界，是學校中學生輔導工作的一環，與個別輔導並列為學校輔導活動的兩大支柱。在學校中，團體輔導經常被運用來進行預防性及介入性處遇計畫的一環，例如：輔導處（室）／輔導中心人員針對不同需求的輔導對象，開設不同性質的團體，以協助學生適應發展；甚至，從中小學九年一貫至新近「108 課綱」綜合活動學習領域教學活動中，團體輔導更是最重要的教學與輔導策略。

本章將對團體輔導的意義、內涵及特性、常見的團體輔導運作方式、進行團體輔導時團體領導者常運用的技術，以及進行團體輔導時需注意的事項等，進行說明，以協助讀者理解團體輔導的概略內涵。

第一節　團體輔導的意義與特性

壹、團體輔導的意義

團體輔導顧名思義乃是運用團體的進行方式，促進團體中的個人情緒、

認知、行為之整體人格發展適應，以及協助團體中的成員成長和改變的歷程；同時，可以有計畫地實施於任何情境或機構，最典型的應用是在學校教室中（林建平，2001）。教師如能善用團體輔導的功能與要素，藉由教學活動設計，於團體輔導歷程提供各種知識、訊息，並協助成員於過程檢驗其價值態度，促進學生良好發展適應，包括：班級團體輔導、小團體輔導，乃至學生社團活動等。

團體成員所形成的「小團體」，乃是有共識、有互動的一群人，約六至十五位，出於自己意願或追求共同目標而組合成的團體；成員透過彼此間心理互動的交互作用與領導者的催化，使成員更加了解自己、接納自己、學會表達自己，以及了解他人，減輕或解除自己的困擾，達成改變或成長的目的（王文秀，1990；周美伶、楊文貴，1990）。

團體輔導進行的過程，從教育性、偏重認知教育功能與方法的班級團體活動，到偏重成員個別需求或治療性功能與方法之團體治療，其歷程主要以教育／學習心理理論、心理輔導／諮商理論、人格發展理論、團體動力為基礎，以團體成員的共同需求為目的，偏重教育、預防與發展適應性的功能，並應用輔導與諮商的技巧與方法，再加上團體領導技巧的輔導策略。

貳、團體輔導的內涵

一、團體輔導的特性

團體輔導從 Lewin（1951）（引自徐西森，2011）的場地論觀點出發，主張個體的行為是個體與環境互動下的結果，此即說明了個體在團體中能透過與他人互動，以及在與他人互動的交互影響下，產生行為的改變。而團體輔導與個別輔導的處理，其最大差異在於，團體主要是由兩個人以上的成員所組成，強調成員之間要有共同的目標、共識，並能

相互尊重、了解，彼此在團體中能互相討論、交換意見、彼此回饋，進而解決共同或個別的問題。

以下進一步羅列說明團體輔導的特性：

1. 團體輔導是在有限的時間、空間及人力資源的限制下，為促使成員於每一次聚會時，都能達到最有效的資源運用而建置的。與個別輔導每次一人相較，團體輔導每次聚會的人數遠多於三人以上，故在有限的時空及人力資源限制下，團體輔導可達到有限資源的最佳運用。

2. 團體因聚集一群有共同目標、方向的人，彼此相互幫助，故可節省時間，並增加效率。

3. 團體因彼此能互相分享，可了解成員多方面狀況，並能透過團體分享歷程，深入彼此了解，形成凝聚感，建立正向依附與連結，互相支持。

4. 團體輔導互動歷程中所形成的共同感、凝聚感，以及所建立的正向依附與連結，是團體成員在其遭遇困境或問題時，心理調適發展歷程不可或缺的要素。在團體發展期間，成員之間流轉的凝聚力及支持性，讓成員在團體中分享其生活，或面對其困境、壓力時，能經驗到一種有人支持及同甘共苦的體驗。

5. 團體輔導提供了一個更大、更具潛力的人際互動舞台，成員須發展或學習處理團體歷程中彼此之間意見相左的能力。團體成員互動的歷程是小型社會的縮影，成員能在當中學習意見衝突時的因應處理方式和過程，並進一步能將學習類化到生活中與人互動、處理衝突的能力。

6. 團體所建立的團體規範，是為了協助團體中的個體發展良好的群性態度與特質，故當成員的行為違反或逾越團體規範時，能協助團體成員共同討論，以覺察或發現自己在群體中因應規範的內在價值或態度的重要關鍵。

7. 在團體互動的歷程中，成員彼此之間能形成主動性、相互性的回

饋機制，這是團體輔導動力的重要發展關鍵之一。團體成員彼此之間能主動提供經驗與意見，協助彼此解決目前遭遇的困境，培養成員解決問題的能力，是成員成長的重要要素。

8.團體因彼此之間能互相回饋，故成員可獲得多重訊息，有交換訊息之便利性。

9.在團體分享的過程中，成員彼此之間不僅傾聽彼此的感受、想法，同時提供對彼此分享的回饋，不同的成員來自不同的背景，面對相同事件可能有不同的想法及價值，得以創造成員反思的機會。

10.因成員能彼此分享感受，有助於感受與經驗一般化、正常化，並有「原來大家只是不說而已……他和我的想法原來差不多啊……」的「普同感」經驗。

11.成員之間可彼此關懷，提供同儕支持，使人產生心有戚戚焉的感受，進一步減低孤獨感。

12.有人稱團體為一個「神奇的圈圈」，團體提供成員安全的環境，以處理不易面對的議題或感受。在團體發展出信任和安全時，成員願意在團體中揭露自己的脆弱，不僅能獲得支持，並能在領導者及成員的協助下，激發自己的內在資源，發展出力量，並從中獲得處理。

13.因團體輔導互動的經驗，較接近日常生活的社會情境，使團體成員對問題的考慮能更切合實際，經得起現實環境的考驗。每位團體成員的意見、想法，均可能代表外界環境中的個體可能之態度、價值及反應，故成員之間彼此的回饋具現實性。

二、團體輔導的療效因素

團體輔導的療效因素之研究，是近七十年來團體歷程研究的重要領域。學者在針對團體輔導的療效因素之相關研究中發現，在團體過程中有助於成員生理、心理、行為或症狀改善之一切與團體有關的療效因素，

其中以 Yalom（1995/2001）所進行的研究最有其代表性，並於晚近有相當多的研究以此為基礎進行團體輔導諮商，乃至團體心理治療療效因子的相關研究。Yalom 認為團體的種類、團體發展階段、成員變項、團體外的因素等，皆與團體輔導的療效因素有關，並將團體治療歷程中，對成員產生效果的療效因素歸納為十二項，其涵義及作用分述如下。

（一）注入希望

注入希望（instillation of hope）是指，團體成員對自己狀況的進展產生樂觀的感覺。在團體中總會有成員進步，也有成員仍陷於問題困境中，當成員看到與其相似遭遇的其他成員在團體中憑藉自己或團體的力量站起來，這對其自身的改變有著極具正向的鼓勵作用；此時，成員對自己的進步將抱持較多的希望與信心。換言之，團體中發展出的「注入希望」，幫助成員堅持繼續治療或改變的過程，也幫助其他療效因素發生作用；另外，當成員在參加團體的過程中，看到其他成員有所改善時，也會激發其相信自己也會在團體過程中獲益。

注入希望的主要內容包含：(1)看到成員更好，令我振奮；(2)於團體過程看到成員解決了與我相似的問題；(3)看到其他成員的改善，增加了我的勇氣；(4)看到成員在團體中，因處理了與我相似的問題，而鼓舞了我。上述這些內涵均強調在團體的運作歷程中，「注入希望」的氛圍對團體成員是有所助益的。

（二）普同感

普同感（universality）是指，團體成員發現自己不是唯一遇到問題的人，而是大家都有相同或相似的經驗或感受。在團體初期，成員從看見彼此之間的共同性，並分享自我的憂慮，紓解其焦慮感；團體成員之間的同質性，使成員感到大家都有相似的經驗，產生「同是天涯淪落人」的感受，或者是團體中的某一成員原來也和我一樣，是在相似的家庭環

境背景下成長的,這些都會讓成員有如釋重負的感受。當遇見的狀況相似時,從團體成員的類似經驗分享中,彼此產生隸屬感,進而願意相互接納與支持。

大多數人在尋求協助前,會認為自己的遭遇、想法、問題是獨特的(Yalom, 1995/2001)。然而,在進入團體並經過短暫的互動後,才會發現自己的問題別人也有,而出現「啊!原來不是只有我這樣」或「喔!原來大家都一樣」的經驗,減少自己對問題「坐困愁城」的困擾程度。

普同感的主要內容包含:(1)學習到我不是唯一有問題的人;(2)看到自己的問題如同其他成員的問題一樣;(3)透過分享,知道其他成員也有與我相似的念頭或感受,或不愉快的經驗;(4)感覺自己不是團體中的特殊分子,並不孤單的經驗。

（三）指導或傳遞訊息

指導或傳遞訊息(imparting of information)是指,在團體中透過領導者或是成員之間彼此的分享、互動,不論是對生活的建議、直接的指導,或是針對個人性的回饋,都是一種資訊的傳遞,此療效因素可促進成員增加對問題的了解與掌握,進而協助個人獲得多元角度的問題思考方式,激盪出更多解決問題的方法。

傳遞訊息在團體初期是很重要的,尤其是治療師或團體領導者所提供的教導式示範或指引,它是團體初期鞏固團體的力量(Yalom, 1995/2001)。在國外,許多的自助性團體,像是酒癮患者的匿名團體等,他們通常會運用一些教材,或邀請專家來演講,或是過來人分享戒酒歷程的經驗;領導者多半會針對成員的某些特定共通狀況,做明確的說明、教導,並鼓勵成員之間分享應變之道,支持成員之間互相交換訊息等教育、教導作用。在此過程中,成員會出現「嗯哼,原來我可以這樣試試看……」、「他說得有道理,或許我可以……」的想法。

指導或傳遞訊息的主要內容包含：(1)領導者建議或指導我去做一些事；(2)成員建議或勸告我去做一些事；(3)成員告訴我做什麼；(4)團體給了我一些生活問題的明確建議；(5)成員建議我對生活中的重要他人採取不同的行為。

（四）利他性

利他性（altruism）是指，在團體中的領導者與成員，或成員與成員之間自發性地幫助彼此、利益他人的態度與行為。當人們超越自我，不再將焦點放到自己身上，轉而專注於他人，願意去關懷、支持他人，願與他人分享自身經驗，感覺自己對他人是重要的、有所貢獻時，此對其個人的自我概念能有所提升，並使個體能從助人中感到獲益良多。

Yalom（1995/2001）認為，利他的重要性橫跨整個團體歷程，並且是團體治療或輔導所特有的治療因素。成員之間可能因為自己對他人做了有幫助的事，而發現、驚豔到自己某些正向部分，並感到有所收穫，提升其自尊；或透過鼓勵他人、幫助他人，對自己有正向感覺，找到主動關懷他人的意義；或是將那些聚焦於自我困擾的人拉回現實，並能投入心力去關注他人；當個體展現利他性時，個體亦從中感受到我能感，強化其自尊、自信，得以因應其困境。

利他性的主要內容包含：(1)將他人的需求放在我的前面；(2)忘了自己的需要，只想幫助他人；(3)將自我的某一部分與他人分享；(4)幫助他人，且在其生命中扮演重要角色。

（五）原生家庭經驗的矯正性重現

在團體中，成員會用像過去與其父母或兄弟姊妹互動的方式，與團體領導者及其他成員互動，此稱為原生家庭經驗的重現。不可否認，成員在團體內的思想、情緒、行為等，均受到家庭成長經驗的影響，團體就如同是家庭的縮影，個體會在團體中展現出其在原生家庭的表現與感

受。團體藉由互動歷程中其他成員及領導者的反映、回饋與引導,幫助成員連結過去與現在的表現,探索與挑戰固著的角色,並達到頓悟與矯正的作用。

原生家庭經驗的矯正性重現(the corrective recapitulation of primary family group)之主要內容包含:(1)從團體中了解我的家庭;(2)團體幫助我了解過去和父母、兄弟姊妹或重要他人之間的關聯性;(3)從團體互動的回饋經驗中了解家庭互動,並在當下對家庭有較多的接納與了解;(4)團體幫助我了解我是如何在家庭中成長及影響;(5)團體有些像我的家庭,部分成員或領導者像我的親人或父母,透過在團體中的經驗,了解我過去和這些人的關係。

(六)社交技巧的發展

社交技巧的發展(development of socializing techniques)是指,透過團體氣氛的引導、團體互動的過程,某些不知如何表達自我或不會與他人建立良好親密關係的成員,可藉由團體互動經驗發展基本的社交技巧。在團體初期,成員從團體坦誠的回饋中得到對自己社交行為的覺察,同時透過團體互動的歷程,或角色扮演中成員的勇敢嘗試,其他成員相互回饋、再修正及演練過程,幫助成員與他人建立良好的社會互動。如此一來,成員在團體中所學到的社交技巧得以應用到實際生活中,並發展及改善其社會互動知能。

社交技巧的發展之主要內容包含:(1)改善我與他人相處的技巧;(2)對團體及團體成員覺得更信賴;(3)學習表達適切的同理,並關心其他成員;(4)學習接近他人;(5)學習解決衝突的方法,改善和特定成員間的問題。

(七)行為模仿

行為模仿(imitative behavior)是指,經由傾聽、觀察、模仿及學習

團體內其他成員或領導者的行為、態度、思考的觀點，甚至認同某成員，而產生的替代性學習經驗。就社會學習論的觀點而言，人際間的互動過程往往會在有意無意之間彼此影響，人我之間的觀察、模仿及學習都是極其自然的過程。換句話說，在團體進行的過程中，成員得以藉由互相的觀察，幫助自己省思或嘗試不同的作法，進而效法而獲益。

行為模仿的主要內容包含：(1)嘗試表現的像團體中那位比我適應得好的人；(2)觀察成員因冒險而獲益，使我願做相同的冒險；(3)發現成員的不同風格，參考他人的想法及作法，並效法成員的不同風格；(4)尊敬並效法領導者；(5)發現有些成員可以成為我的典範。

（八）人際學習

人際學習（interpersonal learning）是指，在團體中的成員藉著主動或回應他人，與他人產生連結，所產生人際間互相影響的改變行為。Yalom（1995/2001）認為，人的困擾通常與人際議題有關，而人際學習是一個涉及廣泛與複雜內涵的療效因素。團體治療或輔導運用團體是社會縮影的優點，在團體溫暖、安全的氣氛下，協助成員面對以往不敢處理的情緒或創傷性的經驗，以獲得矯正性的體驗。換句話說，透過成員對他人強烈正負向情緒的自我表露而更加認識自我，進而做一個真正的自我，而願意去冒險。

人際學習的主要內容包含：(1)團體教導我了解自己對他人感覺的影響；(2)學習如何發現他人的感覺及表達對他人的看法；(3)成員能坦誠告知他們對我的看法和意見；(4)藉由互動，覺察自己對自我的看法，幫助自己確認自我的人際型態；(5)練習與他人說話，並學習到更好的人際相處技巧。

（九）團體凝聚力

團體凝聚力（group cohesiveness）是指，成員覺得被了解、關懷、支

持、有歸屬感、受到其他成員的重視，因此感到被團體接納，同時團體對成員有其吸引力；也就是說，團體成員覺得團體與其他成員對其有影響力，使其願意投入、接納整個團體，並且對其他成員願意提供支持，願與其他成員建立有意義的關係，願在團體中表達真實的看法與感受。Yalom（1995/2001）認為，團體凝聚力貫穿整個團體過程，是重要的療效因素。團體若具有凝聚力，基本上就提供了一個具接納、包容的環境，成員較願意在其中表達及探索自己，並願意與其他成員建立更深的關係；是故，凝聚力高的團體，成員可以體驗到無條件的正向關懷，覺察其被扭曲與被否定的感受，有助於自我統整及自尊的提升、增加其冒險的可能性，並使團體呈現更穩定的發展；同時使成員藉此團體經驗類化到其他團體中，形成正向的遷移。

　　團體凝聚力的主要內容包含：(1)成員感到隸屬與被了解和接納；(2)成員和成員之間持續性的靠近；(3)在團體中說出個人困擾的事，仍感到被團體成員所接納與鼓勵；(4)團體中的成員是彼此的支持資源，孤單感漸低；(5)我們屬於一個團體，並接納彼此在同一團體中。

（十）宣洩

　　宣洩（catharsis）是指，成員表達對生活上或是團體其他成員的正向或負向之感受，而帶來某種紓解。當成員能夠自在地在團體中表達個人的正、負向情緒時，將可進一步激發自身的能力去面對及解決問題。然而，從團體中獲益較大的成員，一般認為除了情緒宣洩外，還需要加上某種認知上的學習或調整；因此，當一個團體能夠讓成員的情緒得以宣洩外，還需要加上對其想法的了解，亦即成員對此情緒經驗認知性的體會，才能成為有建設性的宣洩。宣洩使其能於過程中整理自己的困擾所在，自謀解決之道或接受其他成員的建議，這些均有助於提升自己，並能從困境中跳脫出來。

宣洩的主要內容包含：(1)我不把事情積壓在心裡；(2)向成員表達正、負向的情感；(3)向領導者表達正、負向的情感；(4)學習如何表達我的感受；(5)能說出我的困難，而不積壓在心中。

（十一）存在性因子

存在性因子（existential factors）是指，成員透過團體了解基本孤獨、生命的有限性及最終幻滅、存在的焦慮與必然性，以及原本就存在著不公平與不合理的現實本質。在其中經驗到，人不可能亦不須去逃避生老病死或苦痛，反而更能珍惜此時此刻的經驗，為自己的過去、現在及未來的生活方式負起責任，也就是說，從團體中領悟到人生存在的意義，而非逃避或推卸。

存在性因子的主要內容包含：(1)承認生活有時是不公平與缺乏正義的；(2)承認沒有人能夠逃離痛苦與死亡；(3)承認無論他人和我多親密，我仍必須獨自面對生活及自己的孤寂；(4)面對生死的基本問題時，會使我的每一個當下變得真實，而不陷於生活瑣事之中；(5)不論他人多麼的幫助與支持我，我仍必須對我的生命負起責任。

（十二）自我了解

自我了解（self understanding）是指，在團體的互動過程中，成員逐漸了解自己的人格特質、信念態度與行為模式，發現並接納以前不清楚或無法接受的自我部分。覺察問題發生的所在，並在團體中探索從兒童發展以來的經驗，從而了解自我，掌握與發展自己。

自我了解的主要內容包含：(1)學習知道我為何喜歡或不喜歡某人（過去經驗的投射）；(2)學習知道我為何如此想、如此感受及如此作為或行動；(3)發現並接納先前不知或不能接納的自我；(4)知道我對某些人或某些情境的不實際反應；(5)知道今日的我是如何地受到兒童期發展的影響。

上述各療效因素在團體輔導歷程中是相當受到重視的，其對成員不

僅有所助益，且會影響團體成員的改變，並且產生團體輔導的效果。因此，團體領導者必須了解這些有效因素的內涵，引導及催化團體的進行，使這些團體輔導的療效因素發揮最大的效果。

第二節　常見團體輔導的運作方式

壹、團體輔導的種類

當我們在論述團體輔導的運作方式時，不免會想到其與任務團體、團體諮商或團體治療等相關概念的差異。不同形式或目的的團體工作型態，有其不同的任務及內涵。有鑑於各種團體工作界限的混淆，本節的目的即是協助輔導人員認識各種團體，茲將團體工作劃分為下列四類：任務／工作取向團體工作（task/work group work）、輔導／心理教育團體工作（guidance/psychoeducation group work）、諮商／人際問題解決團體工作（counseling/interpersonal problem-solving group work）、心理治療／人格重建團體工作（psychotherapy/personality reconstruction group work），並進一步說明此四類團體輔導工作在功能、工作情境、使用方法、實施人員等內涵上的差異，以及其各自在學校教育目標的達成上扮演何種重要角色，以下簡要說明之。

一、任務／工作取向團體工作

此類團體的組成是為了要達成某種明顯的目標，以完成任務或工作為目的。成員的組成及參與是為了完成任務，而非以改變個人為宗旨；成員在團體中的角色地位是異質性的，主要是以解決問題為導向，例如：學校教育單位中各類委員會、工作團隊、社區組織、學習或討論團體。

二、輔導／心理教育團體工作

此類團體的性質為預防性、發展性，通常運用於教育或輔導情境中，以協助個人適應發展，或滿足個人心理、情緒的需求，通常是以一種不具威脅性的方式，進行大團體或小團體的活動或討論；組成成員多是一般功能健全，具有少數困擾的人。

組成人數由十至四十位不等，或可大至一百人以上。在學校中，團體進行的內容常包含個人的、社交的、生涯的、生活的，以及學習上等相關資訊和經驗的傳遞，是為了預防個體於發展階段可能產生的種種問題，例如：從「九年一貫課程綱要」至「108 課綱」綜合活動學習領域中，國中「輔導活動教學」乃至高中「生涯規劃」、「生命教育」，其探討之議題多為預防性與發展性，個人涉入較淺，團體時間每週固定，其性質即可視為此類團體工作；或是學校課程中每週班會課或班級活動的設計，亦可依此團體工作形式進行規劃，協助學生適應發展。

三、諮商／人際問題解決團體工作

此類團體的性質為發展性、成長性，並與心理治療團體重疊，有著「促進矯治」的性質。主要是透過團體成員的互動，以促進成員的成長與改變，或解決成員目前遭遇到的人際困擾問題為目標，強調過程中的團體動力與成員間的人際關係。藉由小團體成員之間的互動及相互回饋，協助個人發展出面對已存在問題的解決能力，目的在解決成員發展上或情境上的困擾問題。

組成成員多是在一般生活情境中有困擾問題的人。組成人數，如是兒童團體則約三至六人，若是成人團體則約八至十二位，強調成員之間的凝聚力對團體效能的影響。目前在學校或社區機構，常有針對各種特殊需求者所組成的小團體，例如：人際與人我界限成長團體、焦慮情緒

青少年團體、受虐兒童成長團體、攻擊傾向兒童團體等,此類團體成員之組成主要是由已出現適應困難之情形者,期望其能透過團體歷程中的成員與領導者之分享及互動,協助其生涯、生活、人際、情緒等個人議題獲得處理與解決。

四、心理治療／人格重建團體工作

此類團體的性質為矯治性,通常是在醫療機構中進行,其目的是在協助嚴重心理困擾、異常行為的個體或身心科門診病患,進行深度行為及人格的探索與分析,減輕其特殊症狀或困擾,以促進其心理健康、人格重整。團體之進行乃由受過臨床訓練及團體領導的專業人員來帶領,期間常需要數個月或是數年,成員組成多為嚴重心理困擾者。

組成的成員多為心理困擾或異常行為較為嚴重者。成員人數從二、三人至十二人不等,強調個人內在及人際動力的重建,以及矯治性的心理性處理或人格改變。

有鑑於以上的團體工作分類內容,以及實際執行實務工作應用時,團體輔導與團體諮商都有相互引用或結合之處,故於本章中,筆者將「團體輔導」視為「輔導／心理教育團體工作」與「諮商／人際問題解決團體工作」,依此與以改變人格為焦點、具治療性質的「心理治療／人格重建團體工作」進行區分,更進一步闡釋「團體輔導」,是指:能協助成員探索自我,辨識自己的問題,發展自我覺察,肯定自我,進而能發展個人潛能,學習解決問題的方法,直至問題解決並能達成自我認同之團體工作。

除了上述的大分類外，常見的團體輔導分類及運作方式，說明如下。

一、教育團體

領導者依成員需求，決定主題及活動設計、討論順序。舉例來說，在目前學校中，可依學生的身心發展需求，將預防性、發展性的議題，如生命教育、性別平等、生涯輔導等相關議題，設計成團體輔導活動的教學內容，以班級學生為對象，協助個人建立良好的自我概念及人際關係，也包括學習蒐集及理解外在世界訊息的方法，使個人對其人生整體發展的各面向有所了解，並能進行澄清、探索、計畫、決策，例如：班級式的輔導活動課程教學。

二、討論團體

此類團體主要是以激發成員針對某一主題進行思考及催化討論為主。領導者的任務，包括：將成員討論的焦點集中於主題上、提供全體成員參與團體的機會、避免單一成員操縱討論，以及必要時轉移團體的討論焦點，並綜合歸納成員的討論意見，使成員達成團體目標，例如：坊間的各種讀書會，或共學組織。

三、成長及發展性的小團體輔導

此類團體是以小團體輔導的方式來進行，通常成員人數介於六至十二人之間，成員為帶著一般適應性問題進入團體，非嚴重困擾者。在安全及溫暖的氣氛下，藉由團體的力量，在互動過程中，彼此互相支持、接納、協助，進而對團體產生隸屬感，開放自己的胸懷，自發性地探索自我、了解他人，嘗試新的行為及探索外在世界，並與他人建立良好的互動，在團體動力發展的歷程中，成員能夠透過宣洩情緒、淨化情緒，而獲得洞察及行為改變，例如：自我成長團體。

四、T 團體（或稱為訓練團體）

此類團體強調藉由小團體的體驗與人際互動回饋，讓成員學到更多的人際關係技巧，使其能運用於工作或生活中。因此，成員在團體中練習其所學到的技巧，並能從其他成員處得到指正與回饋，之後將修正的結果運用到實際的生活中，再回報給其他成員；此一連串的學習不僅是認知性，同時也具行動性。

五、會心團體

此類團體鼓勵成員與他人建立親密關係，強調透過經驗分享及體驗的過程，擴展自己的覺察能力，學會抒發內在的情緒及想法，使自己能更坦誠地與自己內在情緒接觸及與外界接觸，依此促進個人的心理成長或人際溝通，以改善人際關係。在這類團體中，除了語言表達技巧外，亦相當重視非語言的表達技巧，例如：團體運用幻遊、信任跌倒、舞蹈、剪貼、冥想或專注等活動，成員於團體活動過程中，經驗與接觸個人內在的多重面向，進行反思與覺察。

六、馬拉松團體

馬拉松團體之基本目的在於透過密集的持續性互動接觸，使成員無法如平日一般帶著假面具；催化成員在卸下防衛後，能學會開放自己與信任他人，與他人能更坦率的互動交往；透過此歷程促進個人的成長、發展，並改進其與他人間的溝通及人際關係。此類團體為密集性的會心團體，通常持續進行約二十四小時或是好幾天的時間，有些甚至連吃飯和睡覺都在團體內進行。

七、行為改變團體

此類團體的目的在於改善成員的某些不良行為，或加強某些正向適當預期的行為。團體成員在參加前即對整個團體有清楚的概念，並為自己設定想改變的目標行為，例如：戒菸團體、親子互動技巧成長團體、體重控制團體等。

八、支持團體

支持團體之目的在於讓一群有共同遭遇或困難的人，藉由經驗的分享轉化內在的無助感受，進而能積極面對自己的問題或困境。此類團體的形式，主要是成員分享自己的想法、感受，同時也能傾聽他人的分享，可以是針對同一問題，成員間彼此不同的看法，同時成員間發展出一種普同感。過程中最難能可貴的是成員之間可透過彼此的支持、指正，以改善原本的行為，例如：匿名戒酒者協會、愛滋病友支持團體、單親媽媽支持團體等。

九、學習團體

此類團體的目的在於獲得某些知識、技能或資訊，尤其是在生涯、職業或學業方面的訊息。這一類團體的結構性較強，目標及過程相當明確具體，成員有清楚的期待，團體過程的焦點在於學習某些知識，但成員間的互動仍不可或缺，藉此成員可了解其他人的學習情形、態度與價值觀，作為自己改進的參考，例如：生涯探索團體、父母效能訓練團體、學習成長團體等。

十、心理治療團體

此類團體乃依據各種心理治療理論及團體心理治療方法，來進行團

體。性質為治療性；主要目的在協助心理嚴重困擾者、住院病患或門診病患，重整其人格，減輕其特殊的症狀或困擾，例如：焦慮、心身症狀、飲食疾患等。此類團體進行時間較長，過程中強調成員的早期經驗對目前生活所造成的影響，嘗試協助成員重新體驗童年的創傷，藉此處理其未竟事宜，擴展覺察，產生頓悟，以對自己的問題採取更為積極的態度。

貳、團體輔導的工作階段

團體輔導工作的過程就如同人生的階段，不同的團體階段，團體工作的成員狀態、需求、任務也就不同，領導者須關注的焦點及議題亦不相同。筆者認為，團體輔導的階段性劃分，幫助領導者構築在不同團體輔導階段的工作藍圖，使其能更有效率地協助成員，或催化團體動力以協助成員適應發展。以下以 Corey（2005）對團體輔導工作階段的劃分，進行各階段工作任務的說明。

一、團體初期階段：定向與探索

此一階段團體的主要特徵為：成員需要互相熟悉、對彼此好奇，同時領導者須確認團體的結構及成員對參與團體的期待。對於第一次參加團體的成員來說，他們是帶著一點點期待、焦慮與不安而進入團體，對於團體的進行方式及內容感到陌生，因此領導者須說明團體的性質，協助其了解團體可能的進行方式及發展歷程，同時也要說明並協助成員可以帶著什麼樣的態度、期待來參與團體，才能有飽滿的收穫，例如：在第一次團體時，領導者歡迎成員，說明團體性質、目標及可能的進行方式，澄清和了解成員對參與團體的期待或目的，進行認識活動以協助成員彼此熟悉認識，並確認團體結構的型式，成員在團體中如何發言，以及共同遵守的團體規範。Yalom（1995/2001）指出，當團體目標、團體歷程，以及團體成員被期望的行為模糊性愈高，則團體成員的焦慮、沮

喪愈高，甚至導致成員會離開團體。故協助成員認識團體的目標及運作方式，穩定成員參與團體的信心，為此階段的首要任務。

在此階段，團體領導者的功能及主要任務如下：(1)說明並協助成員了解積極參與團體的指導原則和方法，增加成員在團體獲益的機會；(2)建立團體基本的遊戲規則，如發言規則，並確立成員須共同遵守的規範；(3)示範開放或自我揭露，幫助成員學習表達他們內在的想法、感受，回饋他人的方式及期望；(4)運用暖身活動，促進團體凝聚、信任感的發展；(5)從心理上關注成員，真誠並即時反應、關照成員狀況；(6)澄清團體歷程的責任分工，協助成員理解團體的開展是團體中每一分子的責任，並非只是領導者一人的責任；(7)幫助成員建立自己參與團體的個人目標；(8)教導及示範成員基本的人際互動技巧，如主動傾聽與反映；(9)適時表達領導者對團體的期待與希望；(10)確認團體成員盡可能地參與團體互動，避免團體初期即出現成員排擠現象，協助成員在團體中有一席之地，感到自己是團體中的一分子。

在團體初期階段，成員經歷此一階段過程中的重要學習如下：(1)感覺自己是團體的一分子；(2)能採取積極開放的態度參與團體，並為創造團體的信任氣氛貢獻一己之力；(3)在團體互動中，學習表達個人的情感與想法；(4)願意表達與團體相關的情緒經驗，以及意見、期望；(5)願意開放自己使團體中的其他人得以了解；(6)參與團體規範的建立；(7)建立個人和具體的目標；(8)了解團體歷程的基本內容，尤其是如何參與團體互動。

二、團體轉換階段：處理抗拒及成員的個人議題

在此一階段中，成員面臨自己的焦慮、抗拒以及矛盾衝突，領導者則幫助他們了解如何著手去處理他們的議題。在團體進入工作期後，成員會開始測試彼此，了解成員間是否真的互相關心與了解？在團體中說

出自己的問題後，其他成員會如何看待？成員能夠信任團體，但團體是否能接納成員？成員願意面對自己，但既期待又害怕！上述種種的負向、猶疑的想法充斥著內心，可能會造成成員之間對他人採取批判性的態度，卻不願意去了解他人對自己的看法，甚至成員會對領導者提出異議、挑戰，此一過程常是團體成員走向自主的重要一步。

因此，此階段團體領導者的重要功能及主要任務如下：(1)創造支持性與挑戰性的團體氣氛；(2)告訴團體成員認識並表達其焦慮的重要性；(3)幫助成員認識他們所呈現的防衛性行為反應，並在團體中創造一股自由的氣氛，協助成員能在團體中公開表達其抗拒的行為模式；(4)指出並說明成員的那些明顯企圖爭取權力及控制的行為，協助成員接受其對團體發展方向所承擔的責任；(5)真誠地面對成員對領導者的挑戰，為團體成員樹立自我揭露的榜樣；(6)保留處理空間，幫助成員處理任何可能影響其獲得自主及獨立能力的問題。

在團體轉換階段，成員經歷此一階段過程中的重要學習如下：(1)成員能夠認識並能表達自己的任何負向情感經驗；(2)尊重自己與他人所呈現的抗拒模式，並有勇氣企圖解決；(3)從依賴邁向獨立發展；(4)學習如何以建設性的方式表達意見，或向他人提問；(5)因過去的未竟事宜，而對領導者或其他成員產生某些反應時，願意去接觸及理解它們；(6)樂於面對並解決自己於團體當下發生的事件反應；(7)樂於解決自己與其他成員的矛盾衝突。

三、團體工作階段：凝聚力與效能的開展

在此工作階段，成員對團體中的其他人更坦誠相待，並敢於在團體中冒險，對於在團體中探討自身的重大議題與採取的行動更為負責，並能為自己改變做出承諾。團體若在此一階段的矛盾衝突與負向情緒已被表達並徹底解決，則團體就會成為一個高度凝聚力的整體；成員將能在

卸下防衛後，在團體中彼此信任、同理、關心彼此，同時信任領導者，感到充分安全，並能維持深層的自我表露。另一方面，相信變化是可能的，不緬懷過去，保持希望感地採取行動，使自己的生活更豐富，並在情緒釋放後，得以伴隨著某種形式的認知學習，重建新的認知架構，並將團體當作是一個試驗所，在其中嘗試各種新行為，使自己全心投入其中，並開展具體的行動，以達成改變的目標。

此階段團體領導者的重要功能及主要任務，如下：(1)對所期望、能促進團體凝聚力，以及能催化團體有效能工作的行為，提供系統性的增強；(2)在團體成員的個別工作中，尋找具普遍性的共同主題，如對愛與被愛需求的恐懼、尋找自我發展過程中相同議題歷程的串連工作；(3)持續示範建設性的行為，如尊重、關心、支持式的面質，表露對團體當下的感受；(4)在恰當的時機點出或澄清行為模式的意義，以便讓團體成員能達到更深層的自我探索，以及考慮可能的替代行為；(5)認識並運用那些具有產生改變作用的療效因素，藉此實施處理或介入，以幫助成員完成所希望的情感、思想與行為上的改變；(6)重視將領悟轉化為行動的重要性，鼓勵成員實踐新行為；(7)對願意冒險的成員提供支持，幫助其將團體中習得的行為轉移到日常生活情境；(8)鼓勵成員建構並追求他們想從團體中獲益的東西。

在團體工作階段中，成員認真地探索具有個人重要意義的經驗或過去事件，成員經歷此一階段過程的重要學習如下：(1)在團體聚會中，他們討論願意呈現的問題；(2)能為他人提供回饋，並能開放性地接受回饋；(3)承擔部分團體領導功能，自我揭露其如何受到其他人存在的影響，以及受團體歷程的影響；(4)在日常生活中實踐新技能與新行為，並在團體聚會中分享其實踐；(5)為其他人提供挑戰與支持，並鼓勵成員自我探索；(6)不斷檢核自己對團體的滿意程度，並積極地採取行動，改變其在團體中的參與度。

四、團體結束階段：鞏固與終結

　　團體結束階段的重要工作是：強化成員的學習與轉化能力，幫助成員將他們在團體中所學到的內容，轉化到團體外的情境中，使其學習到的內容與經驗得以鞏固；同時能回顧重要團體經驗的意義，將其納入認知架構之中。領導者一方面運用角色扮演，訓練成員因應那些與其一起生活及工作的人，協助成員練習能對其生活中具有重要意義的人做出反應。另一方面則是為了團體的結束做準備，成員能公開地討論其失落與哀傷的情感，領導者得以處理成員分離和失落的情緒，幫助他們以更具深遠的意義與眼光看待與體驗團體中所發生的一切。

　　故此階段的團體領導者之核心任務是在提供一個空間結構，使團體成員能澄清他們在團體中經驗的意義，並幫助他們從團體中獲益，再類推到日常生活中。其重要功能及主要任務如下：(1)提供機會讓成員表達與處理在團體中發生的任何未竟事宜；(2)強化成員做出改變，確保成員了解到能使其做出進一步變化的資源；(3)幫助成員確認其如何運用特殊技能於日常生活中的各種情境；(4)與成員一起努力建立特定的契約與家庭作業，促成改變的發生；(5)幫助成員建立一個理念架構，以理解、整合、鞏固與記憶他們在團體中的學習；(6)讓成員彼此之間有機會提供建設性、意義性的回饋；(7)幫助成員處理面對團體結束時，可能出現的任何情緒。

　　在團體結束階段，成員歷經此一階段過程中的重要學習如下：(1)完成其他的未竟事宜，無論是他們自己帶到團體中的問題，或是與團體中的他人有關的問題；(2)評價團體對他的影響力；(3)準備將其學習，拓展到日常生活情境中；(4)針對他們想要做出的改變以及如何實現，做出決定與計畫；(5)處理其面對分離和團體結束的情緒。

第三節　團體輔導的技術與注意事項

　　以下說明在團體輔導過程中，領導者常運用的團體輔導技術、團體輔導歷程可運用的媒材，以及身為領導者需注意的事項。

壹、團體輔導技術

　　基本上，個別輔導的技術是團體輔導的基礎，皆可用於團體輔導中，例如：引導、同理、澄清、簡述語意、摘要等，但團體輔導有其特殊常用的技術，在此將團體各工作階段重要的技術，簡述如下。

一、場面構成技術

　　場面構成技術的目的，是為了表達歡迎成員的參與和加入，說明團體的性質、方向、目標，以及進行的方式，以建立團體的正向氣氛，例如：「大家好，歡迎各位來參加這個人際關係團體，我們將每週見面一次，每次九十分鐘，主要是透過活動參與和經驗分享的方式，來增進人際互動的覺察與技巧……」，或是「歡迎大家來參與這個團體，在這裡我們可以一起進行……」。

二、輪流發言技術

　　團體初始，成員的自主性及熟識感、團體凝聚力都需要發展，故應針對團體主題，引導成員建立主動發言的習慣，分享其與主題相關的個人經驗與感受，或回饋他人，促進團體發言的動力發展；因此「繞圈子活動」或是由發言的成員接著指定某成員發言等，都是可運用的方式，例如：「喔！小明，我很欣賞你的自告奮勇，但大家仍有一點點害羞，我可以請你決定下個分享的人是誰，好嗎？」、「嗯哼！我們來分組彼

此認識一下，請看看團體裡你有沒有想先認識的人，形成三人小組，分享……」。

三、積極傾聽的技術

對於成員所欲表達的口語與非口語的內容，須不帶批判地聆聽，同時讓發言者經驗到，不論是領導者或是團體成員均很專注地聆聽其說話，故領導者可運用的技術，例如：掃視團體成員，邀請大家注意成員所欲傳遞的訊息，適時說明所聽到的觀點和感受，了解其他成員聽見了什麼，是否確實聆聽。藉此可鼓勵成員的自我開放及探索，建立團體成員彼此之間的信任關係，例如：「嗯哼！我可以感覺到你在說這件事時仍感到生氣、難過，但我想聽聽其他夥伴的想法，你們聽到了什麼，可以讓○○知道嗎？」

四、反映技術

反映技術是指，以複述或簡述語意來傳達你對成員所說的話及其感受的了解。此技術可以幫助成員對自己所說的話有更多的覺察，同時讓說話者經驗到一種被他人理解的體驗。當領導者或成員能適切地反映出某一成員的談話內容時，不僅可讓成員彼此的熟悉感增加，同時也能讓團體凝聚力漸升，例如：團體領導者示範：「我聽見你說你和母親之間的關係，會隨著母親病情穩定與否而改變，你好像無法改變什麼或是掌握什麼，是這樣嗎？其他人可以說說你們聽見的，也可以分享你們相似的經驗……。」

五、澄清和發問技術

當領導者或成員對於某成員所分享的內容感到困惑時，領導者應進行澄清或鼓勵成員發問，協助該成員將訊息說清楚。澄清是為了幫助發

言者對自己所說的話或行為有更多的覺察，並協助其他成員彼此理解，例如：「我有些好奇，想請你多說一些，每次當你與母親衝突時，你的心裡有哪些想法在衝突著，或是有哪些想法會冒出來影響你與母親之間的互動？」

六、摘要技術

當團體成員因忙著傾聽與分享時，領導者可在某個活動進行告一段落後，運用摘要將重點整理一遍，深化成員對其所發言內容的反思，並促使其思考自己的收穫與體驗；當領導者能做好摘要時，即可協助成員發展更多的覺察，並討論得更深入及聚焦，例如：「大家在這個部分說了好多，我來整理一下，有人談到他與母親的關係一直很親密，像是○○和○○；有人談到因為……所以和母親的關係時好時壞；有人說自己小時候是阿嬤帶大的，所以和媽媽的關係很疏離……，大家的分享讓我們理解母親跟我們的關係及在生命中對我們的影響……」。

七、串聯與指出差異技術

領導者在整理成員分享觀點的差異或相似的內容時，運用摘要技術將成員所分享的某些具有關聯性的討論或活動串聯起來，以增進成員之間的互動，並提升團體凝聚力，同時使團體的主題不流於瑣碎，而能集中焦點，由成員決定停留在該議題的討論或是改變主題，例如：「喔！我聽見○○和○○分享的想法，與○○、○○、○○不同，……」。

八、訊息提供技術

在團體初期，領導者常需要提供訊息給團體成員，因此在某些情境中，需扮演「專家」角色，此時需確實把握說的時機，內容需切題、簡短，能適時舉例，以活化內容的有趣及實用性，同時確認所提供的訊息

是正確、客觀的資訊，例如：「面對自己情緒的低落，大家都會想，如果可以有顆神奇的藥丸吃下去就會好起來，那是多麼好啊！但有些時候，吃藥不一定是最佳解決的辦法，同時也沒有這樣的神奇藥丸。我們可以來看看自己的想法是如何影響自己的情緒，我們一起來整理想法與情緒的連結上，促成了哪些情緒的發生……」。

九、鼓勵與支持技術

領導者應適時地給予成員鼓勵與支持，成員就能在團體中表現得更為自在、開放，亦能在團體中適時冒險；若成員彼此間可以互相鼓勵與支持，則成員除了在團體中可感受到被理解，亦能同時感受到被接納，此時就會更加願意參與在團體中分享及提問，例如：「我了解要做一件不曾做過的事情，對我們都是挑戰，但是沒有人一開始就會將事情做得盡善盡美，大家都是在學習，多做才能累積出某種能力。你願意嘗試就是一件很令我欣賞的事。」

十、示範與自我揭露技術

領導者參與團體的語言、行為，對成員來說均有示範作用。如領導者願意主動分享其對某一議題的經驗與感受，可催化成員於團體中進行分享與練習。Corey與Corey（1992）提到：「教導成員表現某行為最好的方式之一，即是在團體中示範那些行為。」團體凝聚力的發展與成員的自我揭露有關，領導者如希望成員在團體中有更多的分享，則領導者的自我揭露將教導成員如何自我揭露，同時也示範自己願意冒險分享自己，例如：「我聽見○○說的這些事情，心有戚戚焉，我曾經也是……」。

十一、其他技術

其他技術，包含：回饋技術、中斷技術、引出技術等。回饋技術是

指，領導者鼓勵成員能於當下基於對成員的直接了解，以及對其行為的客觀觀察，提供具體真誠的回饋及反映，這是成員參與團體最有價值的收穫，因為有機會從其中聽到他人對自己的看法。成員表現回饋行為時，應注意下列幾項要點：(1)須聚焦於成員的行為而非個人；(2)回饋的內容是關於對該成員的觀察描述，而非推論、判斷；(3)回饋是與成員分享某些經驗、看法，而非給予建議。

中斷技術是指，領導者以非懲罰性的方式中止成員的談話，使團體朝向預定的方向來進行。引出技術是指，催化團體成員有效發言的技巧；領導者須為了團體的正向發展方向負責，當團體成員的討論流於漫談、內容不正確、意見與團體目標相衝突，或是成員間發生爭執時，領導者需中斷漫談並重新引出團體進行的主題，或更具個人性、探索性的內容，或再次聚焦成員的討論，以及團體的目標、方向。

貳、團體輔導可運用的活動與媒材

在團體輔導的歷程中，因領導者對團體目標的初步設定，並針對成員的特質及需求設計團體方案，方案內容多會運用活動與媒材，以引發成員的想法及感受，催化成員分享，以達成團體效益，協助成員達到團體及其所欲達成的目標。在團體方案設計中，經常會出現活動設計及媒材，主要是為了協助成員能透過活動過程，經驗自我內在歷程，例如：感受、想法，以及對自己過去、現在的覺察、理解等，這些內在歷程的發現，將成為成員自我探索及團體互動的材料。以下簡介團體設計中常運用的活動及媒材，協助讀者理解團體活動及媒材設計的目的。

一、書寫活動

在活動過程中，領導者設計活動，邀請成員寫下自己的感受及想法，或勾選出與主題有關的檢核表，或完成語句，成員完成書寫活動後，內

在的想法即呈現在眼前，此可減低他們面對大眾需即時回應所產生的焦慮、壓力，同時也可幫助成員將注意力集中於團體討論的焦點與對彼此的好奇。活動設計的內容，例如：認識活動中的「我的優點」、「我喜歡……」、「我經常……」等語句完成，或是書寫墓誌銘等。

二、肢體律動活動

此類活動的設計，可邀請成員做出一些身體本質的動作，成員能覺察並體會到活動過程中身體的感覺，以及人我關係、肢體界限等議題的經驗。活動設計的內容，例如：信任跌倒、瞎子走路、突圍闖關、硫酸河、太空漫走、身體按摩等活動。

三、藝術媒材或繪畫活動

領導者可以設計運用各種不同的材料畫圖、剪貼或創作物件，不僅提供趣味性，同時允許成員以不同的方式來表達他們自己。此類活動設計對於不易辨識感覺，或對直接表達感覺有困難的成員特別有幫助，例如：成員為兒童時，因其認知、語言表達較為受限，故繪畫對他們來說是一種相當容易溝通的媒介，同時也是他們很喜歡的創造活動。在繪畫創作的過程中，兒童能感覺到較不受威脅，可將隱藏於內在的經驗、感覺、情緒、想法和希望等投射到圖畫中，我們可以透過兒童對圖畫的形狀、大小、空間、色彩、構圖等呈現，了解及協助兒童。

四、角色扮演

對許多成員而言，團體創造了一個可冒險及可練習的空間，成員彼此運用團體演練過去、現在、未來可能面臨的情境，經由演出情境，成員由再次的體驗中獲致覺察，再由成員間互相回饋、修正、重新演出，直到技巧純熟或是問題獲得解決為止。同時，其他觀摩的成員亦透過團

體情境，獲致社會學習，例如：以心理劇或社會劇介入之團體輔導，領導者催化團體成員共同協助主角解決其過去的未竟事宜，或是對即將面對的問題進行角色演練，其步驟依序如下（Corey, 2005）：暖身、選角、主角決定所欲探討的議題、選出配角、情境安排、演出、角色轉換（主角藉由角色轉換重新整合、消化並超越束縛他的情境），以及其他成員進行個人的分享與回饋（注意：應以非批判、非分析及非解釋的角度出發，分享他們是如何藉由參與，獲致學習及成長）。

五、冥想活動

領導者可以設計藉由團體成員的想像力及視覺影像的運用，幫助成員探索他們意識中可能否認的想法或感覺，能更清楚了解自己的內在狀態，以及對未來的願景等。活動設計的內容，例如：時光隧道、典型的一天、未來願景的想像等活動。

參、領導者須注意的事項

一、設定團體目標，引領成員設定自我成長的方向

領導者在進行團體之初，須了解成員需求、團體性質，並思考適合團體的主題或活動，進行初步目標的設定，並於團體進行之初與成員澄清團體目標，調整團體方向，以此來確定團體所訂的目標與成員所期待的成長之間的符合程度，例如：團體領導者設計了一個兒童人際關係成長團體，希望幫助人際困擾的學生學習與人互動相處的技巧，團體設計之初，即需思考哪一類人際困擾議題的學生會主動參與，希望導師轉介的學生可能是以哪一類為主。另外，參與的成員可能會期待從團體中獲得何種學習，領導者也要思考在團體中可能需要設計什麼樣的活動，以催化或協助成員。

二、篩選成員，決定團體大小，確定團體動力的發展

成員的背景，例如：性別、年齡、種族、教育程度等的篩選，以及團體人數的多寡，決定了團體動力的發展方向。團體人數須依團體目標、每次聚會時間而定。教育團體通常可有較多人數，例如：十五至三十人；成長團體、支持團體或治療團體，一般通常是五至八人，有時也可以少至三人或多至十二人，需依團體成員的性質，如年齡、精神身心狀況而定。兒童團體的人數在三至八人之間即可，如有過動症狀的兒童報名，領導者需思考該成員在團體中可能遭遇到的狀況，以及其對團體的可能影響，因而領導者也要思考是否要邀請此成員參加，或是需要增加協同團體領導者，以協助因應該成員之需求。

三、維持團體聚會的穩定性

團體每次聚會的時間長短、聚會間距、聚會型式，以及聚會過程的活動設計等，對團體成員形成團體聚會、成員承諾加入及參與團體、團體凝聚力及療效發展的共識相當重要，例如：聚會間距太久、聚會時間過短時，團體的凝聚力就較難產生；此時應依據團體性質調整聚會頻率，使其對團體的影響力量變成正向。

支持團體通常是一個月聚會二次，每次約一個半至三小時較為適切；諮商與治療團體每週聚會一至二次，每次約二至三小時較為適切。領導者要務必確認每次聚會都有足夠的時間，使成員投入團體之中。另外，對兒童而言，由於其注意力及專注時間有限，團體最好每週聚會一次，每次四十至九十分鐘不等，同時聚會的穩定性也有助於兒童定向的發展。

四、與成員共同設定團體規範，建立信任感

團體的結構性愈低，成員對自己如何在團體中的表現愈是感到焦慮、

不知所措。在團體之初，領導者應藉由說明團體的性質及進行方式的機會，表達出對成員共同參與團體須遵守之基本團體規範的期許，例如：守時、請假程序，或是基本的保密原則等，與成員共同設定團體的規範。團體規範對自願參與的成員能形成一股凝聚的力量，促使成員間凝聚力的產生，信任感逐漸建立，大家有「一體的」感受，願承諾投入於團體中。

五、建立自發、正向的互動氣氛

成員之間有效能的溝通是自發的、正向的溝通，領導者須在團體初期，使團體發展出互動性、自發性的回饋機制及社會系統，當成員能承諾參與及彼此願意主動分享及回饋時，團體即會隨時間發展出高信任度、凝聚力，此將促使成員更願意在團體中分享及回饋。

六、設定正向的團體基調，協助成員積極參與團體

成員甫踏進團體，即會感受到團體的氛圍與領導者的態度，故領導者在團體初期，要為團體建立適切的氣氛，此即為「團體基調」，例如：領導者歡迎成員加入團體，協助成員了解他們如何參與團體，領導者藉由自己所展現的語言、行為、眼神，以及允許成員在團體中如何說、如何做，來展現其為團體所設定的基調。如領導者總是能適時地鼓勵和支持成員，則團體成員在過程中經驗、學習並表現鼓勵支持的語言、行為，該團體將建立正向的氣氛。

七、領導者眼神的環顧，催化成員間的連結

領導者在團體進行的過程中，應運用眼神掃視，邀請及鼓勵成員發言、制止成員談話，並蒐集有價值的資料為催化團體的意義媒材。領導者須把握的原則，是把持視線的移動，讓成員經驗到你的關注，並留意

成員的非語言訊息，例如：肢體語言、臉部表情、身體移動或是流淚等，使其成為團體進行時可澄清的材料或是借力使力，也可以邀請點頭或搖頭的成員發言，能與其建立連結或回饋。領導者的環顧，使成員彼此間感受被信任、支持，並能進一步將其經驗到的支持傳遞給其他成員。

八、領導者在團體中「立即性」的敏感度

在團體領導的過程中，當某成員滔滔不絕，而其他成員開始坐立難安時，領導者常需考慮處理的是，當下是要將團體焦點擺在個別成員本身，或是團體當下的狀況？或是將決定權交給團體成員？有時最好的處理方式是聽聽有意分享的成員想法，並以繞圈圈輪流的方式，了解其他成員此時此刻的經驗、感受與決定；若成員想在團體中處理自己的議題，則須由團體所有成員討論決定，是否處理個別成員的議題優於團體討論。這樣的處理方式，可以幫助所有成員意識到團體是由彼此所構成，所有成員均有決定發展團體氣氛及方向的權利。

九、團體成員享有知後同意的權利

成員投入團體之初，領導者有義務說明團體的目的、團體活動的進行方式、領導者的資格等，成員有權知道他們需要做什麼準備、團體歷程或活動發展可能為何，同時成員有機會提出他們對團體的疑惑，使其疑惑獲得解答。當團體成員發現，團體不如自己所預期的那樣或有不適合的期待時，他們有自由退出團體的權利。再者，團體領導者須記住團體的目的在幫助成員探索自我、尋找屬於自己的答案，但過程是成員自願參與的，不得以團體壓力，或強制、威脅成員進行其所不欲的活動或行動。另外，當團體涉及錄音或錄影的需求時，團體成員有權利得到資訊，並享有拒絕或接受錄音、錄影的權利。

十、兒童與青少年團體，需取得家長同意

在國中小的教育情境中，兒童和青少年雖有權力決定，並自發性地參與學校內外的團體活動，但領導者仍需在諮商倫理的考量下，於尋求保障當事人最大福祉與自主權的同時，先衡量法律上賦予家長監護權所及的範圍。帶領未成年者的團體領導者，特別注意的原則是：「當成員為未成年人，或與其他無自主性行為能力者工作時，心理學家們須特別留心保護這些人最大的利益。」故在與兒童或青少年工作時，團體領導者不僅要取得兒童和青少年的信任，同時要與家長和監護人協調，協助家長了解團體進行的內容、方式及保密的倫理責任，並在取得家長同意書下，才能帶領未成年者之團體，同時在保護兒童和青少年個人隱私下，提供家長回饋訊息，與家長共同合作，成為幫助兒童和青少年的助力。

結　語

團體輔導是學生輔導工作的重要策略之一，主要是參照團體動力學中場地現象論的觀點，以及發展心理學中各發展階段的需求和任務，協助學生成長發展與適應。從一般的預防性，例如：班級團體輔導、人際關係成長團體、生涯探索團體，到治療性，例如：憤怒控制技巧訓練團體、憂鬱症青少年認知治療團體、高風險家庭父母效能訓練團體等，均包含在內。

團體輔導的應用相當廣泛，其主體既是團體領導者，也是成員，團體效果的評估不僅是由這兩者交互作用而形成，同時也包括團體發展過程所形成的動力及氣氛。如能善用團體輔導，在實施上不僅節省人力，同時運用團體內的多元資源，加上妥善運用或催化團體療效因素在團體內的發生，則更能幫助學生面對及解決自己發展上的個人問題。

問題與反思

基本題

1. 請以團體種類為思考依據，整理你從小到大曾參與過的團體，並分享參與的經驗和感受。

2. 一般教師常運用團體種類中「教育團體」的運作模式，進行融入教學，請以生命教育、多元性別教育議題融入你主要的教學活動裡，完成某一單元課程設計。

3. 班級有一位學生因情緒衝動，人際關係不佳，常與同儕發生衝突，請問身為導師，你如何利用班週會課或班級活動的時間，設計一個教育團體輔導活動，以介入協助該學生及同學？

4. 團體輔導療效因素中的「利他性」是團體和諧的重要要素，如你有機會擔任導師，你會如何設計一系列以此主題為核心的班會活動，以引導班級同學經驗及學習此概念？

5. 人們能藉由參與團體，探索及改變自己，如想從中獲益更多，則參與團體需有哪些心理準備？

6. 在團體進行的過程中，如成員的意見相左或無法形成共識，領導者可以有哪些團體技術來處理因應之？

7. 團體進行有不同的階段，各階段間有不同的工作重點及成員狀態，但都沒有談到團體組成前的預備階段。請問：如果你將組成一個團體，組成前的預備階段可能需要哪些準備工作？

8. 你將帶領一個青少年成長團體，請問在團體初期，你可以運用哪些技術催化凝聚力，以形成團體信任安全的氛圍？

進階題

1. 團體療效因素使得人們從團體中能有所獲益，但請問可能有哪些反療效因素，會使得人們從團體中不僅無法獲益，還會感覺受傷？

2. 團體輔導被廣泛地運用在校園的輔導工作中，甚至學校會針對學生的違規行為而要求輔導老師辦理團體，例如：戒菸團體、中輟生團體等，但療效相當有限，甚至讓中小學的輔導老師感到壓力重重，其原因可能為何？

3. 在團體進行過程中，領導者宜催化團體成員抒發己見、自主分享，當團體成員針對領導者進行攻擊時，領導者可以如何回應或因應？

4. 團體面對壓力的表現方式可能是安靜、沉默、不表示意見或想法，面對這樣的團體動力，領導者如何打破或催化團體的進展？

延伸閱讀與相關影片、網站

1. 書籍

吳秀碧（2021）。**團體諮商與治療：一個嶄新的人際心理與動力模式**（第三版）。五南。

Jacobs, E., Schimmel, C., Masson, R., & Harvill, R.（2021）。**團體諮商：策略與技巧**（第四版）（程小蘋、黃慧涵、劉安真、梁淑娟譯）。五南。（原著出版年：2021）

林孟平（2018）。**團體輔導與心理治療**（增訂版）。商務。

邱珍琬（2016）。**圖解團體輔導與諮商**。五南。

何長珠等（2015）。**團體諮商概要**（第二版）。五南。

Berg, R. C., Landreth, G. L., & Fall, K. A.（2014）。**團體諮商：概念與歷程**（陳增穎譯）。心理。（原著出版年：2006）

Corey, M. S., Corey, G., & Corey, C.（2014）。**團體諮商：歷程與實務**（王沂釗、蕭珺予、傅婉瑩譯）。心理。（原著出版年：2013）

許育光（2013）。**團體諮商與心理治療：多元場域應用實務**。五南。

潘正德（2012）。**團體動力學**（第三版）。心理。

徐西森（2011）。**團體動力與團體輔導**（第二版）。心理。

吳武典、洪有義、張德聰（2010）。**團體輔導**（第二版）。心理。

Corey, M. S., Corey, G., & Corey, C.（2010）。**團體諮商：歷程與實務**（陳慶福、翁樹澍、許淑穗等譯）。洪葉。（原著出版年：2008）

謝麗紅（2009）。**團體諮商方案設計與實例**（二版）。五南。

謝麗紅（2007）。**在家庭中成長：非傳統家庭學生團體諮商**。心理。

張景然（2004）。**團體諮商的觀念與應用**。弘智。

何長珠（2003）。**團體諮商：心理團體的理論與實務**（第二版）。五南。

林建平（2001）。**兒童輔導與諮商**。五南。

Yalom, I. D.（2001）。**團體心理治療的理論與實務**（方紫薇、馬宗潔等譯）。桂冠。（原著出版年：1995）

黃進南（1999）。**班級輔導理論與實務**。復文。

Morganett, R. S.（1998）。**青少年團體諮商：生活技巧方案**（張子正等譯）。五南。（原著出版年：1990）

吳武典等（1995）。**如何進行團體諮商**。張老師文化。

2. 影片

28 天（簡介：酒癮患者的團體治療歷程。時間：106 分。語言：英語發音、中文字幕。出版：哥倫比亞影業）

團體輔導（簡介：教學影片。時間：42 分。語言：國語發音、中文字幕。出版：心理）【諮商實務有聲圖書（二）】

團體諮商、班級輔導（簡介：教學影片。時間：63 分。語言：國語發音、中文字幕。出版：心理）【諮商實務有聲圖書（一）】

3. 網站

團體輔導工作資訊網
guidance.ncue.edu.tw
團體心理諮商資訊網
counseling.heart.net.tw

中華團體心理治療學會
www.cagp.org.tw
綜合學習領域教學方案設計
course.ncue.edu.tw/
teachcontent.shtml

參考文獻

中文部分

王文秀（1990）。團體輔導的治療因素。諮商與輔導，**54**，32-35。

周美伶、楊文貴（1990）。團體諮商。載於吳武典（主編），**輔導原理**（頁 217-249）。心理。

林建平（2001）。**兒童輔導與諮商**。五南。

徐西森（2011）。**團體動力與團體輔導**（第二版）。心理。

Yalom, I. D.（2001）。**團體心理治療的理論與實務**（方紫薇、馬宗潔等譯）。桂冠。（原著出版年：1995）

英文部分

Corey, G. (2005). *Theory and practice of counseling and psychotherapy* (7th ed). Brooks/Cole.

Corey, M. S., & Corey, G. (1992). *Groups: Process and practice* (4th ed.). Brooks/Cole.

CHAPTER **7**

心理測驗與應用

黃政昌

前　言

【情境一】

　　小明常看到報章雜誌或網路上有一些心理測驗，例如：「桌上有紅、橙、黃、綠、藍、靛、紫等七種色卡，請問您會選擇哪一種顏色？」結果分析：「每一種顏色分別代表著一種人格狀態：如果您選紅色，就代表著……。」小明很好奇：這些所謂的大眾心理測驗雖然讓人覺得很有趣，也很吸引人的好奇需求，但是它真的準確嗎？這就是專業的心理測驗嗎？這些施測者有受過專業訓練嗎？

　　上述這個情境是大家在生活上最容易遇見的情形，這些大眾心理測驗當然不是專業的心理測驗，雖然具有提供刺激、引發受測者反應的型態，但是根據受測者的回答就斷定其內在特質或人格類型，這未免也太神奇、太不可思議了。專業心理測驗的編製必須根據理論基礎，工具本身也要經過信度和效度的考驗，而且測驗結果的解釋必須參照常模才能顯示其意義，最後整個施測計分與結果解釋都必須要有專業人員來進行，才能正確分析而不致於產生推論不當的傷害。

【情境二】

　　小美某天跑到了輔導室，直接向老師表示想做人格測驗。身為輔導人員的您，此時要如何回應呢？是馬上配合學生需求，開始進行測驗實施？還是需要了解一下學生施測人格測驗背後的動機與期待呢？

　　最了解每一種測驗之目的與限制的人，當然是輔導人員，而不是學生，就像最了解每一種藥物作用與副作用的人是醫師，而非病患；因此，當然是由醫師根據病人的主訴症狀與目前的身體狀況，進行藥物的選擇，而非醫師聽從病人的指示去選擇藥物。同理，很多時候學生對於心理測驗是一知半解，往往只根據測驗的名稱加上對測驗的神奇迷思，就前來要求進行測驗施測，而測驗的結果卻往往無法真正幫助學生。因此，輔導人員必須了解學生對測驗的期待、測驗結果的應用目的、根據測驗的知識與經驗，適時向學生充分說明該測驗的性質、目的、適用時機、可能限制，使其充分了解該測驗是否能夠真正幫助自己，甚至能聽從輔導人員的建議，考慮施測其他測驗，或安排個別諮商，這些方式反而更能有效的幫助自己。

　　由上述二個情境的說明，即可了解輔導人員必須具備心理測驗的專業知能，才能正確的應用在學生的輔導工作上。本章的主要目的即在認識心理測驗的意義與功能、心理測驗的常見類型，以及心理測驗如何在諮商輔導中實施與應用。

第一節　心理測驗的意義與功能

壹、心理測驗的意義

　　心理測驗（psychological testing）的意義為何？狹義的意義是指「測量的工具本身而言」；而在廣義的意義中，Anastasi（1982）認為，測驗是對行為樣本所做的一種客觀的和標準化的測量；Cronbach（1970）認為，測驗是指採用數字量尺或分類系統，來描述個人特質的一種有系統程序（引自郭生玉，1985）。

　　郭生玉（1985）則定義為：「採用一套標準的刺激，對個人的特質做客觀測量的有系統程序。」說明如下：

　　　1. **標準的刺激**（stand stimulus）是指，在測驗中，受測者回答的題目（item）或受測者操作的工作（task）。

　　　2. **個人的特質**（personal traits）主要是指，認知能力（如智力、性向、學習成就、思考能力、創造能力等）和情感特質（如動機、興趣、態度、價值觀、自我觀念、人格特質、情緒穩定等）兩方面。

　　　3. **有系統程序**（systematic procedure）則是指測驗的標準化過程（standardization），包括：在測驗實施方面，測驗情境的控制和實施步驟的安排，都必須達到測驗指導手冊中所規定的標準化要求；在測驗計分方面，無論是由誰來計分，所得分數都應相同，如此才算客觀；在分數解釋方面，通常都根據兩項參照標準：一是常模（norm），即依據團體所獲得的分數，了解分數所占的相對地位；另一是標準（criteria），即依據事前所定的標準，確定分數是否達到精熟程度。

　　筆者根據上述定義與個人的實務經驗，將心理測驗的定義歸納為：「利用科學的方法將個人特質測量出來，以區分個別差異，並做最適當

的心理與教育安置的一門學問。」其中，重要概念說明如下：

1. **科學的方法**：當然是指具有系統性、客觀性、實徵性、驗證性的研究方法。

2. **個人特質**：是指個體的內隱特質（implicit traits），包括認知特質（如智力、性向、成就等）與情感特質（如人格、態度、興趣、價值觀等）。

3. **個別差異**：包括個別間差異（inter-individual difference）與個人內差異（intra-individual difference），前者是指，個體和團體中其他人的比較；後者則是指，與自己不同能力或特質向度的比較。

4. **心理與教育安置**：是指心理測驗在不同情境或領域中的應用，如學校單位的教育性安置、諮商輔導機構的預防性篩選、臨床醫療院所的治療性診斷、工商人事單位的員工甄選分派等。

一、相關名詞的比較

在學術界與實務界常出現一些與測驗相關的詞彙、術語或學科，有時對於正在學習的學生而言，非常容易感到混淆。筆者參考相關學者（郭生玉，1985；陳英豪、吳益裕，2001；葛樹人，1996）與個人的臨床和教學經驗，嘗試加以區分如下。

（一）教育測驗與心理測驗

教育單位經常使用「教育測驗」（educational testing）一詞，臨床實務中則較常使用「心理測驗」（psychological testing）一詞，其實兩者的測驗原理幾乎相同，而且重疊的部分也非常多，只是因為應用領域不同，因此強調的重點也不同而已。如表 7-1 所示。

表 7-1　教育測驗與心理測驗強調的領域

	智力測驗	性向測驗	成就測驗	人格測驗	興趣測驗
教育測驗	＊	＊	＊	？	＊
心理測驗	＊		？	＊	

註：＊代表包含的領域；？代表不一定包含。

（二）心理計量學與心理測驗

　　「心理計量學」（psychometrics）是一門理論測驗學，主要目的在探討心理測驗的理論原理、驗證測驗假定、發展測量與統計方法，因此具有數學或資訊背景的研究者更為適合使用；而「心理測驗」比較屬於應用測驗學，主要目的在於如何將測驗正確有效地運用在教育或臨床等相關單位。

（三）心理評估／衡鑑與心理測驗

　　「心理評估／衡鑑」（psychological assessment）強調，透過各種資料，包括：心理測驗、評估晤談、行為觀察，以及各種檔案資料等，綜合評估個體的心理狀態，以回答轉介者的需要；而「心理測驗」只是心理評估過程中所採用的一種重要資料蒐集方法，因這樣的方法符合科學研究的原理。

（四）教育評量／評鑑與心理測驗

　　「教育評量／評鑑」（educational evaluation）是指，透過各種考試、心理測驗、完成作品、學習表現，以及各種紀錄資料等，以評量學生的學習能力高低或學習成果的優異程度；而「心理測驗」只是教育評量的過程中，所採用的一種重要資料蒐集方法，且較偏向於成就測驗。

（五）測量、評量與診斷

「測量」（measurement）是指，依據客觀標準或量尺，而以數量表示個人特質的歷程，屬於「有多少」的問題；「評量」（evaluation）是指，根據一項價值標準，對所測量到的數量做價值的判斷，屬於「有多好」的問題；「診斷」（diagnosis）是指，根據一項分類標準，對於個體的特質狀態，確認其是否符合特定類別，屬於「是否」的問題。

舉例來說，用智力測驗的結果表示 IQ ＝ 130，這是「測量」；對於 IQ=130，我們認為這樣的智商程度很高，這是「評量」；最後，根據《身心障礙及資賦優異學生鑑定辦法》，認定 IQ ＝ 130 是屬於「資賦優異」類別的學生，這是屬於「診斷」。

二、心理測驗的基本原理

筆者在此借用統計學抽樣推論的概念，進一步說明心理測驗的基本原理（如圖 7-1 所示）。心理測驗的原理就是：「為了了解受測者的某項心理特質（如智力），於是對受測者實施該項心理測驗（如智力測驗），再根據受測者在心理測驗（如智力測驗）上的得分高低與反應情形，來推論受測者的該項心理特質（如智力）之強度或狀態。」其中，智力特質就是評估者真正要測量研究的母群，因為智力是指，所有反應速度、學習能力及問題解決等能力，也就是一種構念（construct）與內隱特質（implicit traits），因此無法直接加以觀察或測量，於是心理學家針對智力構念就下了操作型定義（operational definition），根據可觀察、可測量或可操作的方法來界定智力，例如：定義智力為「智力量表所測得的分數」。此時，智力測驗就是為了研究母群（智力），所抽樣（sampling）而來的一種代表性樣本，乃是由具體可觀察、可測量的行為樣本（behavior sample），例如：「題目」或「工作」等所組成。因此，受測者在智

圖 7-1　心理測驗的基本原理圖

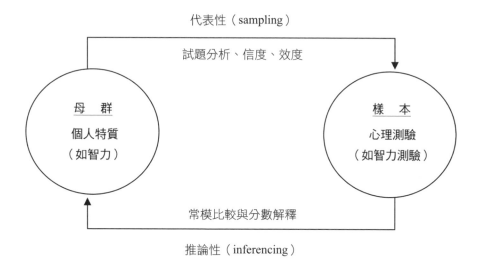

力測驗（樣本）的得分高低與反應情形，就可以用來推論（inferencing）受測者的所有智力特質（母群）的強度或性質。

　　在推論統計學中，最重要的概念就是抽樣與推論，亦即研究者希望選取具有代表性的樣本；如此一來，日後的研究結果才有信心推論回母群，而不致於出現過多的誤差。同理，在心理測驗的原理中，為什麼智力測驗是一種具有代表性的樣本？測驗的結果為什麼有信心可以準確地推論回智力母群？而這就是心理測驗的基本原理所在。如圖 7-1 中間上方所標示，智力測驗的題目是否具有鑑別力與適當難度（試題分析）、整份智力測驗是否具有穩定性與一致性（信度），以及有效預測效標為何（效度），這些都是智力測驗是否具有代表性的重要指標。如圖 7-1 中間下方所標示，受測者在智力測驗的施測結果，和所屬常模團體對照起來的能力高低為何（常模比較），或是自己的各項能力之高低特色為何（分數解釋），這些都是智力測驗是否能有效推論受測者整體智力母群的重要資訊。

三、心理測驗的分類

　　測驗是因應實際需要而產生的工具，隨著應用目的之不同，而產生了各種不同的測驗（郭生玉，1985；葛樹人，1996），說明如下。

（一）依測驗的目的區分：認知測驗和情意測驗

1. 認知測驗

　　認知測驗（cognitive test）旨在測量心理的能力，包括：潛在能力（potential ability），如智力、性向等測驗，以及實際能力（actual ability），如成就等測驗。

　　·智力測驗（intelligence test）是指，用來測量個體基本的心智能力，包括：語文、抽象思考、推理、學習、環境適應、問題解決等多種能力。

　　·神經心理測驗（neuropsychological test）是指，用來測量與診斷是否具有知動協調障礙或腦傷行為發生。

　　·性向測驗（aptitude test）是指，用來測量個人在心智活動中，表現於各種不同領域的潛在能力，並預測未來發展的可能性，如美術性向、音樂性向、科學性向、機械性向等。

　　·成就測驗（achievement test）是指，用來測量經由學習或訓練所獲得的能力，即評量過去學習項目的精熟程度，如英文科成就測驗、數學科成就測驗、一般學校考試，以及國中教育會考、高中學測等升學考試等。

2. 情意測驗

　　情意測驗（affective test）旨在測量個人的情感特質，是一種非能力測驗，包括：人格、興趣、態度、價值觀等。

　　·人格測驗（personality test）是指，用來測量與鑑別個體的獨特性

格、氣質、情緒、動機、行為、適應功能等，常用的方式如自陳測驗、投射測驗、評定量表、社交計量法等。

・興趣測驗（interest test）是指，用來測量個人對某些事物或活動有所喜好，而主動接觸和參與的積極心理傾向，如職業興趣量表、生涯興趣量表等，可以測量個人對於職業、學科、一般活動等的偏好程度。

（二）依測驗的材料區分：語文測驗和非語文測驗

語文測驗（verbal test）是指，以語言和文字為測驗的主要材料，施測者將語文刺激經由聽覺和視覺管道傳遞給受測者，再由受測者以語言或文字方式作答。全以文字為刺激和作答的測驗稱為「紙筆測驗」（paper and pencil test）。

非語文測驗（nonverbal test）或作業測驗（performance test）是指，以圖形、物體、方塊、迷津、拼圖與儀器等材料為主，再配合動作或表達方式來進行的測驗。智力測驗與神經心理測驗多屬此類，適用於文盲、智能不足、年幼兒童、外國人等對象，因此較具有「文化公平性」（culture free test），可作為「跨文化比較」的研究。

（三）依測驗的人數區分：個別測驗和團體測驗

個別測驗（individual test）是指，在同一時間內，只能實施於一個人的測驗。其優點為施測者可建立親善的施測關係，且可做詳細的觀察與記錄；缺點則是需要專業人員施測且較費時，故多應用在臨床與個案研究上。

團體測驗（group test）是指，在同一時間內，可以多人一同實施的測驗。其優點是短時間內即可獲得大量資料，經濟效益高；缺點是較無法建立親善的施測關係，且難以進行如個別施測一樣的豐富臨床觀察，因此多應用於教育或人事單位上。

（四）依標準化的程度區分：標準化測驗與非測驗化測驗

標準化測驗（standardized test）是指，由測驗專家根據測驗的標準程序所編製，且測驗的實施、計分與解釋都有一定的程序，必須依照指導手冊來實施，同時也都建立了測驗常模、信度和效度等資料。

非標準化測驗（non-standardized test）是指，由教師、諮商臨床工作者根據需要而自編的測驗，因此沒有一定的實施程序，也沒有指導手冊、常模、信度、效度等資料；此種測驗較主觀，於個別化目的時運用。

（五）依測驗的時限區分：速度測驗和難度測驗

速度測驗（speed test）主要在測量速度的快慢；此種測驗的題目難度低，但時間限制嚴格。在教育測量中，多數的教學目標均重視精熟學習，然後才重視速度。

難度測驗（power test）旨在測量問題解決能力。大多數的成就測驗都屬於難度測驗，其目的在評量學生獲得知識與技能的程度，而非反應快慢。

（六）依測驗的反應型態區分：最大表現測驗和典型表現測驗

最大表現測驗（maximum performance test）的目的，在測量個人的能力最佳反應或最大成就的程度。在最大表現測驗的分數中，至少有先天能力、實際能力、動機等三項決定因素。智力測驗、性向測驗、成就測驗即為此種測驗。

典型表現測驗（typical performance test）是指，在正常情境下，個人通常所表現的典型行為之測驗。在測驗中，須假定受測者都很誠實地回答問題，但實際上常會有偽飾作答現象，故典型表現的測量較為困難。人格測驗、興趣測驗、態度測驗、適應測驗等，即為測此種典型行為的測驗。

（七）依據分數的解釋區分：常模參照測驗和標準參照測驗

常模參照測驗（norm-referenced test）是指，根據測驗分數在團體中之相對位置來加以解釋的一種測驗，其目的是在區分學生之間的成就水準，例如：校內各種考試、升學考試等，均是常模參照測驗的應用。

標準參照測驗（criterion-referenced test）是指，根據測驗前所訂定的標準，而加以解釋測驗結果的一種測驗。此測驗的目的是要了解受測者通不通過、及不及格，而不是拿來和他人比較，例如：各種檢定考試、證照考試等，都是標準參照測驗的應用。

除了上述常見的分類外，心理測驗也可以根據其他特徵加以分類，而且這些分類之間並非互斥，而只是在增進我們對測驗性質的了解，例如：依據測驗的評分方式，可區分為客觀測驗（objective test）和主觀測驗（subjective test）；依據測驗的用途，可區分為篩選測驗（screening test）、診斷測驗（diagnostic test）、分類測驗（classification test）；依據評量的目的來區分，則有形成性測驗（formative test）和總結性測驗（summative test）等。

貳、心理測驗的功能

心理測驗的一般功能，包括：評估（assessment）、預測（prediction）、診斷（diagnosis）等三項，亦即「評估」個案的心理特性，幫助輔導人員在較短的時間內，客觀地認識個案，幫助他們自我了解；「預測」個案未來發展的可能性，藉此對個案未來的成長做適當的安排，引導他們對升學、選課或就業做出明智的抉擇，以求適才適所、才盡其用；最後再「診斷」個案在發展、學習、適應、情緒、人格等方面的困難或障礙，以提供即時的協助，幫助個案恢復其生活或學習功能。此外，黃

政昌（2020）也進一步提出心理測驗在不同情境中的功能與運用情形，
說明如下。

一、學校教育單位

在學校教育單位中，心理測驗的用途包括：

1. 運用**智力測驗**，了解學生的學習能力與問題解決能力，以作為學習安置的參考，例如：以「魏氏兒童智力量表」作為資賦優異或智能障礙的鑑定工具。

2. 運用**性向測驗**，了解學生的一般潛在能力與特殊潛在能力，以作為學習或就業的參考，例如：以「高中生學術性向測驗」作為高二科系分組的參考工具。

3. 運用**人格測驗**，幫助師長了解學生的人格特質與行為習慣，或篩選適應不良、行為偏差的學生，以進行預防性輔導，例如：以「賴氏人格測驗」來篩選情緒適應不良的學生。

4. 運用**興趣測驗**，幫助學生了解自己的興趣，以作為選擇社團、高中分組、大學科系選擇、轉學考的參考，例如：大學入學考試中心的「生涯興趣量表」。

5. 運用**成就測驗**，幫助教師了解學生的學習成果，例如：期中、期末考試、國中教育會考、高中學測，以及各種學業成就測驗等，均可以作為能力篩選或教育安置的參考工具。

二、諮商治療機構

無論是在學校輔導處（室）、諮商中心、社區心理衛生中心、社區諮商輔導機構，以及開業的心理諮商所或治療所等，都經常使用心理測驗工具，來進行心理測驗。Duckworth（1990）就提供了心理測驗在諮商治療機構中運用的幾種方式（引自顏裕峰，1993），說明如下。

（一）以測驗來增進短期諮商效果的方法

心理測驗的工具猶如醫學方面的 X 光和血壓計一樣，能快速而準確地幫助病患找到病原所在；因此，善用一份有信度、效度的良好測驗工具與完善的解釋，可以澄清個案的人格、情緒、職業、興趣，比單獨使用諮商會談能更快速獲得領悟，也可增進諮商的速度，節省更多的時間與金錢。

（二）以測驗來監看問題的進展過程

個案對於在諮商中的進步情形知道的愈多，他就愈能夠在未來做更多的改變，尤其是個案可以在諮商過程中的二個不同時間，看到自己在同一份測驗的改變情形。讓個案看到自己的能力與進步情形，對個案而言是一種實質的鼓勵，能幫助個案確信自己未來會繼續積極的改變。

（三）以測驗來協助解決問題

大部分尋求輔導或諮商的個案，其問題的癥結都在於，不能從不同的角度去看待問題，他們往往習慣於去看負面或無效的點，因此視野狹隘，用來解決問題的方法非但無效，甚至最後變成問題的一部分，使問題愈來愈嚴重。測驗的訊息將可提供一種新的視野，幫助個案以客觀的、非情緒的方式，來重新檢視他們的問題，透過重新看待（reframing）自己與問題的關係，將可找到問題解決的新方向。

（四）以測驗來協助做決定

如果個案在整個心理測驗的過程中，都能積極參與，並能表達意見，則測驗結果較適合作為個案決定時的輔助工具。因為個案一方面較有強烈的動機提供正確的測驗答案，另一方面也較願意使用測驗結果來增進個人的改變。此外，當個案在測驗結果上能獲得更多正向回饋與有效資訊時，則更能催化個案在想法、情緒上的覺察，而讓個案更有能力地去

做決定，而非採用逃避、拖延或依賴他人的方式做決定。

（五）以測驗作為心理衛教的方法

在三級預防的心理衛生服務中，輔導人員的重要角色即是進行心理衛教（psychoeducation），因此輔導人員可以採用教育—催化（educative-facilitative style）的方式，一方面測驗可以用來教導個案有關他們的重要訊息，另一方面能幫助個案探索與了解測驗所提供的訊息；這樣的教育與催化對個案的自我成長，是很有價值的。

三、司法矯治單位

心理測驗在司法機構中，例如：法庭、看守所、感化院、監獄等單位，也經常使用。最常使用的目的如下：

1. **法官審判時的參考**：被告或犯人在審判前可能會實施心理測驗，以了解個案的精神狀態、情緒狀態、人格行為等資料，提供法官作為審判的參考。

2. **訂定矯治計畫**：基於感化與矯治理由，針對被判有罪的人使用心理測驗，以協助觀護人或感化人員了解其心理狀態，提出合適的矯治計畫。

3. **評估假釋的參考**：犯人在監獄或感化場所表現優良，達到申請假釋的條件時，輔導人員可以使用心理測驗來了解個案目前的心智狀態、情緒穩定性、再犯動機等，以作為是否核准申請假釋的參考資料。

4. **評估進步情形或治療效果**：在感化期間進行一系列的矯治活動後，可透過心理測驗了解個案的進步情形，以作為矯治活動修正的參考；同理，如性侵害犯罪者在假釋出獄後，須接受至少一年以上的身心輔導教育，也可透過心理測驗了解個案的治療效果，以作為是否繼續接受治療教育的參考。

四、工商企業機構

在工商企業中，心理測驗的使用愈來愈廣泛，其主要的目的在於分類決定（classification decision），亦即將某種特質的人分派到特定類別的工作或職務中，以期適才適所、充分發揮能力，為機構帶來最大的生產效能。使用的時機包括下列三項。

（一）應徵新進員工

在應徵新進員工時，可使用智力測驗來區分學習能力的高低，例如：智商高者較適合擔任企劃研究人員，智商低者較適合機械性、缺少變化的工作。性向測驗可了解特殊的潛在能力，例如：語文性向高者可擔任文書或公關，數理性向高者可以擔任企劃設計或會計人員。人格測驗可應用於人格特質和工作性質之間的媒合，例如：領導性與外向性高者可擔任幹部，服從性與內向性高者可擔任文書人員。成就測驗則可了解已具備的學習成果或技能，例如：根據外語能力的高低，來決定是否可以錄取為海外行銷人員。

（二）內部員工異動

在內部員工異動時，可以使用性向測驗或興趣測驗，來了解員工的潛在能力和興趣類型，以作為調整部門或工作內容的參考，例如：具有推理能力與研究興趣者，在研發部門工作，會比在業務部門工作來得既勝任又有工作成效；反之，具有語文推理能力與人際興趣者，在業務部門工作，會比在研發部門工作來得既勝任又有工作成效。

（三）員工的升遷

好的領導幹部將會提升公司的生產效能與競爭力，因此選拔領導幹部或管理人員將是非常重要的事項。使用成就測驗，可以了解員工在此

工作領域的專業知識與技能方面具備完善的程度；使用人格測驗，可以了解員工的思考、行為、情緒、人際互動等方面是否成熟與穩定；使用智力測驗，可以協助找出反應速度快、學習能力強、適應能力高的員工。

第二節　心理測驗的類型與介紹

壹、智力測驗

在心理學的發展過程中，每位學者對智力（intelligence）的見解都不一樣，其概念性定義，包括：Binet 與 Simon（1905）認為，「智力是一種普通的能力，包括判斷、理解和推理的能力」；Terman（1916）認為，「智力是抽象思考的能力」；Wechsler（1944）認為，「智力是適應環境的能力」；Piaget（1952）認為，「智力是同化和調適的能力」。總括來說，智力的定義可以分為四類：(1)智力是抽象思考和推理的能力；(2)智力是學習的能力；(3)智力是環境適應的能力；(4)智力是問題解決的能力（引自葛樹人，1996）。然而，智力的操作型定義，當然是指「智力測驗所測量的分數」；智力測驗的別稱，包括了：心理能力測驗、普通能力測驗、普通性向測驗、學術性向測驗、學業性向測驗等。因此，不同的智力理論，將編製出不同性質的智力測驗，對於智力也將產生不同的測量與解釋方法。

由於智力測驗是屬於最大表現測驗，而且兼具難度測驗和速度測驗的特性，因此非常容易引起學生的作答焦慮，而導致低估智力的可能性，甚至對低分者產生「負向的標籤效應」，所以輔導人員一定要審慎評估使用智力測驗的理由或動機；其次，施測過程不但要客觀標準化，以求測驗分數的精確性，在對學生解釋說明時，也要考慮當時的作答動機，以及對測驗結果的相關感受與疑慮，以便進一步提供相關建議。

　　以下是筆者在參閱相關資料後，整理出國內目前學校單位較常用的智力測驗，如表 7-2 所示。

表 7-2　國內目前學校單位較常用的智力測驗一覽表

類型	測驗名稱
一般智力測驗	多元智力量表（甲／乙／丙式）（CMIDAS-A/B/C）[1] 托尼非語文智力測驗（第四版）（TONI-4）[1] 綜合心理能力測驗（CMAS）[1] 綜合心理能力測驗（4 至 9 歲適用版）（CMAS-YC）[1] 多向度團體智力測驗（兒童版）（MGIT-C）[1] 多向度團體智力測驗（青少年版）（MGIT-A）[1] 中華畫人測驗[1] 修訂畢保德圖畫詞彙測驗（PPVT-R）[1] 魏氏兒童智力量表（第五版）（WISC-V）中文版[2] 魏氏成人智力量表（第四版）（WAIS-IV）中文版[2] 魏氏幼兒智力量表（第四版）（WPPSI-IV）中文版[2] 瑞文氏彩色矩陣推理測驗平行本（CPM-P）[2] 瑞文氏標準矩陣推理測驗平行本（SPM-P）[2] 瑞文氏標準矩陣推理測驗提升本（APM ＋）[2]
神經心理測驗	學前幼兒發展篩選量表（DSP）[1] 兒童感覺統合功能評量表[1] 自閉症類群障礙檢核表（CASD）[1] 台灣版自閉症行為檢核表（ABCT）[1] 國小學生活動量評量表[1] 注意力缺陷／過動障礙測驗（ADHDT）[1] 電腦化注意力診斷測驗（CADA）[1] 魏氏記憶量表（第三版）（WMS-III）中文版[2] 台灣版額葉評估量表[2] 班達視覺－動作完形測驗（第二版）（BVMGT-II）[3]

註：測驗名稱後的數字為出版者，1：心理出版社；2：中國行為科學社；3：Pearson Education, Inc.。

貳、性向測驗

性向（aptitude）是指，個人天賦的潛在能力，亦即個人學習知識與技能的基本能力，其包括：「普通性向」（general aptitude）與「特殊性向」（special aptitude）等二大類。普通性向是一種普通能力，其實就是智力，由數種基本的心智能力所組成，包括：語文理解、數學推理、空間關係的認知、聯想與記憶等能力，如學業性向、學術性向等；特殊性向是一種特殊能力，是指個人心智活動中，表現於各種不同領域的專業傾向或特殊才能，如美術性向、音樂性向、科學性向、機械性向等。

其次，性向和興趣是不同的。「性向」是指，個人天賦的潛在能力，而「興趣」（interest）則是指，個人對某些事物或活動有所喜好，而主動接觸、參與的積極心理傾向。因此，性向可說是一種能力，而興趣則是一種動機；有能力而無動機或有動機而無能力，均無法發揮最大的成就水準。因此，輔導人員在協助學生選組、選系或就業選擇時，除了使用性向測驗外，亦可以同時搭配興趣測驗，以獲得更充分的測驗資訊。

以下是筆者在參閱相關資料後，整理出國內目前學校單位較常用的性向測驗，如表 7-3 所示。

參、成就測驗

成就測驗的意義，是在測量學生於學習活動結束後，對學習內容的精熟程度或成就水準，亦即教學目標的達成情形。美國教育心理學家 Bloom 將教學目標分成認知領域（cognitive domain）、情意領域（affective domain）、動作技能領域（psychomotor domain）等三大目標領域。認知的目標強調智慧的、學習的、解決的活動；情意的目標強調對喜歡、態度、價值、信念的學習；動作技能的目標強調對操作的、動作表現的學習。成就測驗的種類則包括下列三種類型。

表 7-3 國內目前學校單位較常用的性向測驗一覽表

測驗名稱
多向度性向測驗組合（MDATB）[1]
G567 學術性向測驗[1]
國中學業性向測驗[1]
中學多元性向測驗[1]
領導才能性向測驗[1]
陶倫斯創造思考測驗（TTCT）[1]
威廉斯創造力測驗（CAP）[1]
新編多元性向測驗[2]
多因素性向測驗[2]
區分性向測驗（第五版）（DAT-V）中文版[2]
大考中心學業性向測驗[3]
研究所入學測驗（GRE）[4]

註：測驗名稱後的數字為出版者，1：心理出版社；2：中國行為科學社；3：大學入學
考試中心；4：美國研究所入學測驗委員會。

一、依「標準化程度」區分

標準化測驗是指，由測驗專家根據測驗的標準化程序編製而成，同時測驗也都建立常模、信度和效度等資料，並編製測驗指導手冊，適用於測量廣大的課程目標，以及班級間、學校間之比較，例如：國中教育會考及大學學科能力測驗等。

非標準化測驗是指，由教師以非正式方式依教學需要自編的測驗，故又稱為「教師自編測驗」。此種測驗較主觀，試題品質較難確定，也沒有建立常模、信度、效度和指導手冊等資料，適合於測量教師所訂定的教學目標和進行班級內的比較，例如：段考、期中考、期末考、複習考等測驗。

二、依「教學診斷功能」區分

預備測驗（readiness test）之目的，是在了解學生是否已具備學習新材料的基本知識或能力背景，以作為教學計畫與安置的依據。這種測驗通常是在教學前實施，例如：閱讀預備測驗、教學預備測驗、語言預備測驗等。

診斷測驗是指，在教學過程中或教學後，用來評量學生的學習困難所在，以作為補救教學的依據。其特點為採用學生答錯的得分型態或逐題分析學生的反應，以確定學生的學習困難所在之處，例如：閱讀、數學、英文、國語、自然等科的各年級診斷測驗。

三、依「教學評量目的」區分

形成性測驗是指，在教學進行的過程中，隨時採用內容簡短的測驗，來評量學生學習的情形，以提供教師教學回饋的線索，並增強學生的學習成就，例如：課堂中的抽考、平常考等，其目的在評估學生的學習情形是傾向「精熟或不精熟」、「會或不會」，以作為教學改進的重要參考。

總結性測驗是指，在教學若干單元或課程結束後，用來評量學生學習結果的一種測驗，例如：期中考、期末考、複習考等。其測驗目的是在判斷學生的學習總成果，因此需要給學生成績或等第；另一個目的則是評估教師教學目標的適切性及教學的有效性。

近年來，國內由於課程標準的異動速度較快，加上學校可以選擇不同的教材版本，因此國民中小學各科目的標準化成就測驗之編製價值不高，目前較少有此類新測驗的編製，主要仍是以升學考試的全國性標準化成就測驗為準，例如：國中教育會考或大學學科能力測驗。

　　以下是筆者在參閱相關資料後，整理出國內目前學校單位較常用的成就測驗，如表 7-4 所示。

表 7-4　國內目前學校單位較常用的成就測驗一覽表

測驗名稱
國中教育會考（簡稱「教育會考」或「會考」）[1]
（註：2014 年開始實施十二年國教，作為申請學校的重要依據，取代國中基測）
國民中學學生基本學力測驗（簡稱「國中基測」或「基測」）[1]
（註：2001 年起作為多元入學方案的重要依據，2013 年為最後一次考試）
大學學科能力測驗（簡稱「大學學測」或「學測」）[2]
大學指定科目考試（簡稱「大學指考」或「指考」）[2]
托福英語測驗（TOEFL）[3]
多益英語測驗（TOEIC）[3]
國小句型理解測驗[4]
國小學童中文閱讀理解測驗[4]
學童數學成就測驗[4]
國小學童中文閱讀理解測驗[4]
學童數學成就測驗[4]
基本數學核心能力測驗[5]
國民中學國文能力測驗系列[5]
國民中學數學能力測驗系列[5]
國民中學英文能力測驗系列[5]

註：測驗名稱後的數字為出版者，1：台灣師範大學心理與教育測驗研究發展中心；2：大學入學考試中心；3：美國教育測驗服務社；4：心理出版社；5：中國行為科學社。

肆、人格測驗

　　人格測驗依照編製的理論依據與適用時機之不同，區分為自陳式人格測驗與投射式人格測驗，分別簡稱為自陳測驗與投射測驗，說明如下。

一、自陳測驗

自陳測驗（self-report inventory）是指，提供一些問題或刺激，由受測者依自己的感受、思考、意見或行為等，加以反應。此種測驗的基本假定是：個人願意且能夠正確的報告自己的想法或感受，例如：常見的 Likert 量表的題目：「我覺得自己是一個沒有用的人」，作答反應是：「1.非常不同意；2.不同意；3.同意；4.非常同意」。上述這個題目是一個非常隱私的問題，個案是否願意誠實回答自己的真實狀況，和個案的病識感、自我防衛的程度、與施測者的信任關係，以及對測驗結果應用的放心程度等，都有密切的關聯。

因此，自陳測驗最大的限制，就是受測者容易作假或受社會期許所影響，而導致測驗結果的信度與效度，較認知能力測驗來得低；其次，由於自陳測驗的題目數量有限，所以基於「有問才答」的原理，自陳測驗將測不到題目以外的人格特質，而無法了解真正的人格全貌。而自陳測驗最大的特色就是：題意明確、施測簡單、計分容易，因此個案可以自己填寫測驗題目，而不需評估者一一詢問解釋；而且計分過程具有客觀程序，不論誰來計分，其結果都相同，故又稱為「客觀測驗」，甚至還可以透過電腦來協助計分的程序，這就是自陳測驗為何深受輔導工作者歡迎的地方。

以下是筆者在參閱相關資料後，整理出國內目前學校單位較常用的自陳測驗，如表 7-5 所示。

表 7-5　國內目前學校單位較常用的自陳測驗一覽表

類型	測驗名稱
人格評估測驗	基本人格量表（第二版）（BPI）[1] 艾德華個人偏好量表（中文版）（EPPS）[1] 國小兒童自我概念量表[1] 曾氏心理健康量表[2] 健康、性格、習慣量表（HPH）[3] 賴氏人格測驗（新訂版）[4]
情緒困擾測驗	「我的人生」量表[1] 行為困擾量表（第四版）[1] 青少年社會行為評量表（ASBS）[1] 大學生身心適應調查表（第二版）[1] 大學生心理適應量表[1] 大學生心理健康量表：篩選性評估（MHSU-SA）[1] 青少年心理健康量表：篩選性評估（MHSA-SA）[1] 台灣版兒童青少年憂鬱量表（CDI_TW）[1] 台灣版多向度兒童青少年焦慮量表（MASC-TV）[1] 青少年身心健康量表（MHIA）[1] 正向心理健康量表[1] 中學生生活適應量表[1] 貝克焦慮量表（BAI）（中文版）[2] 貝克憂鬱量表（第二版）（BDI-II）（中文版）[2] 貝克絕望感量表（BHS）（中文版）[2] 貝克自殺意念量表（BSS）（中文版）[2] 董氏憂鬱量表大專版[5] 青少年憂鬱情緒自我檢視表[5]
人際關係測驗	國小學童同儕適應量表[1] 邊緣型人格特質測驗[1] 國小學童人際經驗量表[1] 中學生人際關係量表[1] 田納西自我概念量表（TSCS-2）[3] 人際行為量表[3]

註：測驗名稱後的數字為出版者，1：心理出版社；2：中國行為科學社；3：測驗出版社；4：千華數位文化；5：董氏基金會。

二、投射測驗

投射測驗（projective test）的基本涵義是：提供一些意義模糊不清的刺激，讓受測者自由反應，在此種情況下，受測者常不知不覺地將其內部的情感、態度、需要、價值、情緒、動機與人格特質等，投射到反應之中。如果所提供的刺激愈無結構和模糊不清，受測者就愈能夠將其真正的情感投射出來，也就是說，把測驗刺激當作受測者內心世界的「X光片」之「投射螢幕」，例如：提供一些墨漬、圖案、字詞給受測者觀看，再詢問受測者聯想到什麼？或它們看起來像什麼？此時，受測者會不知不覺地將自己的想法或感受，透過這些素材一點一滴的投射出來。

因此，投射測驗的優點是：受測者無法猜出施測的真正目的，也無法了解其反應所表現出來的到底是什麼，因此它不會受社會期許的影響，受測者也不容易作假，而且可以測出其隱藏在內心深處潛意識方面的問題。然而，投射測驗主要的限制則是：投射結果的評分缺乏客觀標準，且測驗結果不易解釋推論；其次，測驗原理過於複雜艱深，非受專門訓練者無法使用，因此測驗效度不易建立。

以下是筆者在參閱相關資料後，整理出國內目前學校單位較常用的投射測驗，由於投射測驗的解釋並非對照常模來計分，而是施測者的進一步分析與詮釋，故國內外常用的投射測驗幾乎相同，如表 7-6 所示。

表 7-6　國內目前學校單位較常用的投射測驗一覽表

類型	測驗名稱
聯想技術	羅夏克墨漬測驗（Rorschach Ink Blot Test）[1]
完成技術	多功能語句完成測驗系列（MSCTS）[2] 羅特語句完成測驗（第二版）（Rotter Incomplete Sentences Blanks, 2nd ed., RISB-II）[3]
編造技術	主題統覺測驗（Thematic Apperception Test, TAT）[4] 兒童主題統覺測驗（Children's Apperception Test, CAT）[4] 老人主題統覺測驗（Senior Apperception Test, SAT）[1] 羅氏逆境圖畫測驗（Rosenzweig Picture Frustration Test）[1]

表 7-6　國內目前學校單位較常用的投射測驗一覽表（續）

類型	測驗名稱
表現技術	（註：以下為國外測驗，僅需指導語即可施測，無需購買特定材料，亦無版權問題；但解釋時，需參考相關資料） 畫人測驗（Draw-A-Person, DAP）[1] 人物畫測驗（Human-Figure Drawing, HFD）[1] 房—樹—人測驗（House-Tree-Person, HTP）[1] 動態房—樹—人測驗（Kinetic House-Tree-Person, KHTP）[1] 畫家庭測驗（Draw-A-Family Test, DAF）[1] 動態家庭繪畫測驗（Kinetic Family Drawing, KFD）[1] 動態學校繪畫測驗（Kinetic School Drawing, KSD）[1]

註：測驗名稱後的數字為出版者，1：國外測驗；2：心理出版社；3：Pearson Education, Inc.；4：Psychological Assessment Resources, Inc.。

伍、生涯測驗

　　生涯測驗（career test）的目的，在於幫助個體充分了解自己在能力需求、學習興趣、職業興趣、工作價值觀、生涯信念、生涯態度、生涯決定等向度之內涵與特質強度，透過這些向度的了解覺察與行動改變，增進其順利無礙地選擇自己有興趣的學習領域、職業類別、生涯發展方向，達到適才適所、享受生活的人生目標。其中，興趣評估又是生涯測驗中的主要核心工作；所謂「興趣」是指，一個人對其生活環境中的人、事、物、學習，以及職業活動等，喜愛或不喜愛的程度。興趣是驅動一個人參與某些教育、職業、娛樂等活動的一種自發性力量，如果個體可以選擇自己所喜愛或感興趣的科系或職業，他們會願意投入更多的心力，以追求良好的成就感與滿足感；反之，若個體選擇自己沒有興趣的科系或職業，他們會動機低落而無法投注心力，難以獲得成就感與滿足感。因此在生涯測驗的實施過程中，興趣評估扮演著非常重要的角色，因為唯有清楚了解自己的興趣所在，才能選擇適合的學習科系，爾後也才能

發展適合自己的職業類別或工作領域。

以下是筆者在參閱相關資料後，整理出國內目前學校單位較常用的生涯測驗，如表 7-7 所示。

表 7-7　國內目前學校單位較常用的生涯測驗一覽表

類型	測驗名稱
興趣量表	國中生涯興趣量表（第二版）[1]
	職業興趣組合卡 [1]
	生活彩虹探索 [1]
	影像式職業興趣量表 [1]
	生涯興趣量表 [2]
	生涯興趣量表 [3]
	大學入學考試中心興趣量表 [4]
	大學學系探索量表 [4]
	情境式職涯興趣測驗 [5]
生涯信念量表	成人生涯認知量表 [1]
	生涯發展阻隔因素量表（第二版）[1]
	生涯信念檢核表 [3]
職業測驗	華人工作適應量表 [1]
	大學生生涯適應力量表 [1]
	青年工作價值觀量表 [2]
	工作價值觀量表 [2]
	適性化職涯性向測驗 [5]
	通用性向測驗 [6]
	我喜歡做的事 [6]
	工作氣質測驗 [6]
	成人生涯轉換需求量表 [7]

註：測驗名稱後的數字為出版者，1：心理出版社；2：中國行為科學社；3：測驗出版社；4：大學入學考試中心；5：台灣師範大學心理與教育測驗研究發展中心；6：中國測驗學會；7：張老師基金會。

第三節　心理測驗的實施與應用

壹、測驗工具的使用時機

　　選擇心理測驗的主要目的，是希望測驗工具能協助輔導人員有效蒐集學生的資料，以進行諮商輔導活動；其次，輔導人員必須考慮自己的訓練背景、實務經驗、個人偏好、學生問題，以及對相關文獻的熟悉度；最後，則需慎重評估自行施測或操作這些測驗工具的專業能力與預期效果，如此才能正確使用測驗工具。目前，國內外的心理測驗出版商都有發行測驗目錄或設置網頁，輔導人員可以在網頁上看到完整的測驗工具目錄、各測驗的詳細介紹、圖片、價格，甚至直接於網路訂購。

　　而由於諮商輔導人員的工作領域多在學校輔導處（室）、諮商中心、社區諮商機構，因此筆者透過心理衛生服務中的三級預防概念，進一步說明各級評估中測驗工具的使用時機，說明如下（黃政昌，2020）。

一、初級評估：發展性評估

　　初級評估（primary assessment）的目的，在於透過發展性評估預防問題發生，增進個體生活適應的能力，這也是初級預防的目標所在。雖然大部分學生的適應良好，沒有發現任何心理問題或偏差行為，但此結果並無法保證學生永遠都會適應良好。因此，發展性評估的精神在於繼續強化學生的自我了解、心理功能與生活適應能力，亦即初級評估可以作為學生增進個人自我探索與了解的重要途徑。

　　例如：「多向度性向測驗組合」可以用來幫助學生了解自己在不同領域的潛在能力，以作為進一步預測未來發展與選組選系的參考；「生涯興趣量表」則可幫助一般學生探索自己的興趣，以作為日後生涯規劃

的參考，如果學生能夠生涯定向，生活與學習有目標、有意義，心理健康狀態自然也就會跟著提升；而「大學生學習與讀書策略量表」則可幫助學生了解自己在學習態度與讀書策略方面，是否有不足之處或需要再諮詢改進的地方，如果學生的學習策略正確，學習過程能有效果、有成就，學習與生活自然會適應良好，心理健康指數也會增加。

因此，教育環境中所使用的性向測驗、人格測驗、成就測驗、興趣測驗、態度測驗等測驗工具，其主要目的都是在幫助學生更了解自己，進而在學業、人際、生涯等各方面，都能充分發展與適應。

二、次級評估：篩選性評估

次級評估（secondary assessment）的目的，在於透過篩選性評估，早期發現、早期處理，以防止問題惡化，這也可以說是次級預防的精神所在。如果能夠及早篩選出有問題之徵兆，例如：輕度行為偏差或有心理困擾的學生，實施相關輔導措施，就能夠把握介入處理的黃金時期，達到預防問題惡化、事半功倍的效果。亦即，次級評估的目的就是在篩選高關懷的對象，以作為學校輔導單位進一步諮商輔導與介入處遇的參考。

舉例來說，很多大專校院或高中職，會針對新生的身心適應、情緒困擾、人格適應等心理健康有關的向度，進行篩選性測驗，並將測驗結果進行統計分析，再將各班級學生中各項心理困擾指標，例如：憂鬱、焦慮、自傷等，其分數百分等級高過 90 ％或 95 ％的學生，轉知各班導師優先關懷、追蹤輔導，因為這些透過心理健康檢測工具所篩選出來，有輕度心理困擾或適應困難的學生，最需要導師與輔導單位共同優先關懷與進行輔導活動。因此，教育環境中所使用的「憂鬱量表」、「焦慮量表」、「行為困擾量表」、「心理健康量表」、「身心適應量表」等測驗工具，其主要目的都是在篩選高關懷的對象，以作為學校輔導單位優先處遇與輔導的參考。

三、三級評估：診斷性評估

　　三級評估（tertiary assessment）的目的，主要在於透過診斷性評估，針對有嚴重行為偏差、精神疾病或自傷傷人的危機個案，進行評估與鑑別，再提出各種介入、治療及復健措施，以防止個案症狀惡化、功能障礙或發生危機。亦即，三級評估的目的就是要診斷出個案是否罹患精神疾病，或是具有自傷傷人的危機，以進一步轉介至精神醫療單位進行藥物等相關治療，或通知相關人員採取危機介入的措施。

　　例如：實施「健康、性格、習慣量表」以了解學生是否具有心理疾病，如精神病、焦慮疾患、人格違常，或自殺傾向等；實施「貝克憂鬱量表」、「貝克絕望感量表」、「貝克自殺意念量表」，以進一步確認學生憂鬱絕望的程度以及自殺危機的強度；實施「魏氏兒童智力量表」和「社會適應表現檢核表」，以確立學生是否具有智能上的不足或學習能力上的缺陷；實施「國小學生活動量評量表」和「行為困擾量表」，以了解學生是否具有過動傾向和學習困難的情形；實施「班達視覺－動作完形測驗」和「兒童感覺統合功能評量表」，以了解學生是否有腦傷或感覺統合障礙的傾向。

　　因此，在教育環境中，若是實施診斷性評估，通常是由校內外的專業心理師來進行，同時需配合評估會談、行為觀察、檔案資料等非測驗資料的結合，甚至轉介至精神科醫師的會診，才能進一步確立其可能的心理疾病或危機程度。

貳、如何選擇好的測驗工具

　　一份良好的測驗工具，才能幫助輔導人員蒐集到比觀察晤談還更多、更豐富的訊息，亦即具備所謂的「增加效度」（incremental validity）。因此，輔導人員在選擇測驗工具時，應考慮一些重要向度（如表 7-8 所

示），通常這些要項都會呈現在測驗的指導手冊中，供輔導人員選擇或購買時參考。其中，最重要的四個考慮條件則是測驗工具的信度、效度、常模、實用性，以下分別詳細說明。

表 7-8　選擇測驗時考慮的要項

一、一般資料
測驗名稱
編製者或修訂者
出版者或出版日期
材料及價格（施測材料、指導手冊、複本、答案紙、計分服務）
二、測驗之性質
目的和類別
適用範圍（年齡、年級等）
編製過程
內容（語文、作業、心理動作等）
分測驗及題目類型
三、實施、計分和解釋
施測程序和所需時間
計分方式、分數種類、閱卷服務
解釋方法和輔助工具
測驗使用者資格
四、技術性特徵
常模及標準化
信度
效度
五、測驗之可用性
設計及材料之品質、使用難易等
六、相關文獻
已出版之研究及評論
七、結論
測驗之優點和缺點

註：葛樹人（1996，頁 54）。

一、信度

信度（reliability）是指，一份心理測驗的結果，能夠可靠、穩定地描述個體的心理特質之程度，即測驗的「可靠性」（trustworthiness）、「一致性」（consistency）、「穩定性」（stability）。信度包括下列二個層面的意義：

1. **測量的一致性**：是指相同的個人在不同時間，以相同測驗測量，其所得結果的一致性，例如：A 個案重複施測某種智力測驗，得到兩次的智商分數為 100 和 102，但由於分數相當接近，因此我們認為此份測驗是可靠且值得信賴的；反之，如果兩次的智商分數為 100 和 120，由於分數相差過大，因此我們認為此份測驗是不可靠且不值得信賴的。

2. **測量的誤差**：是指測驗分數反映出真實量數的程度或沒有誤差的程度，亦即在測驗分數的總變異中，有多少比率是由真正特質所造成，有多少比率是誤差的比率，例如：在憂鬱量表的得分中，如果憂鬱特質所占的比率是 90 ％，誤差比率為 10 ％，則表示該測驗的信度高，值得信賴；反之，如果憂鬱特質所占的比率是 10 ％，誤差比率為 90 ％，則表示該測驗的信度很差，測驗結果不值得信賴。

信度的高低以相關係數來表示，稱為「信度係數」（reliability coefficient）。由於測驗信度的估計方法甚多，包括：再（重）測法、複本法、內部一致性法（如折半法、庫李法和 α 係數）、評分者法等四大類，其信度係數也分別稱為：再（重）測信度、複本信度、內部一致性信度（如折半信度、庫李信度和 α 係數）、評分者信度。由於各種信度的介紹與估計方法，篇幅較多無法在此一一呈現，請參閱相關測驗書籍以進一步了解。

因此，測驗工具必須在指導手冊中，報告信度的估計方法與信度係數高低，由於各種信度的特色與誤差來源不同，所以建議信度的考驗方

法最好不只一種，且信度係數至少在 .80 以上，這樣才算是一份可靠的測驗。

二、效度

效度（validity）是指，測驗分數的正確性、準確性與有效性，亦即一個測驗能夠正確測量它所要測量特質的程度，例如：某個智力測驗，如果確實能測量出一個人智力的高低，這就是一個正確性高的智力測驗，亦即這個智力測驗的效度很高；但如果另一個智力測驗的文字內容生硬艱難，閱讀能力高的學生，在這個智力測驗中，容易得到較高的分數，閱讀能力差的學生，其分數就較低，則此智力測驗就變成在測量受測者的語文程度，而不能準確測量到受測者的智力高低，這個智力測驗的正確性（效度）就較低了。由此可知，所謂效度是指一個測驗所測得的結果，必須符合該測驗的目的，這個測驗始能成為正確和有效的測量工具。

效度的類型主要包括：內容效度（context validity）、效標關聯效度（criterion-related validity）、建構效度（construct validity）等三大類。其中，內容效度是指，測驗內容的代表性與取樣的適切性，例如：某青少年行為困擾量表的所有題目，如果能夠有效代表青少年常見的行為困擾之行為考量，則這份測驗就具有內容效度，因此內容效度沒有數量的表示方法，只能透過邏輯分析，仔細判斷測驗的題目是否符合「教材內容」與「教學目標」的設計向度（即雙向細目表）。

至於效標關聯效度及建構效度，則可使用相關係數來表示效度的高低。效標關聯效度是以測驗分數和效標（criterion）之間的相關程度，來表示測驗的效度高低。所謂效標是指，測驗所要預測的行為或量數，因此測驗分數和效標如果相關愈高，則表示測驗分數愈能預測效標，也就是測驗有效，例如：智力測驗的編製常以學業成就分數作為效標，如果二者的相關愈高，即表示智力測驗的分數愈能有效預測學業成就的表現，

這就是效標關聯效度。建構效度是指，測驗能夠測量到理論上的概念或特質的程度，例如：某個人格測驗是根據五種特質加以編製而成，而透過因素分析法恰好也可以歸納簡化成五個共同因素，此表示該測驗工具能夠有效測量到這些建構向度，因此具有建構效度。

所以，測驗工具必須在指導手冊中報告效度的估計方法與效度係數的高低，如果可以兼具上述三種效度考驗方法，而且效度係數又不低，就算是一份相當理想的測驗。由於測驗性質與效標採用種類的不同，效度係數較難像信度係數一樣的高標準，然而若能在 .60 以上，就可算是理想有效的測驗。

三、常模

常模（norm）是指，特定參照團體在測驗上的平均成績或表現。常模是解釋測驗結果的參照依據，測驗分數必須與常模加以比較，以顯示其在所屬團體中的相對地位，並據以說明一群受測者之間的個別差異現象。因為原始分數（raw score）是沒有意義的，必須對照各種常模表，來轉換成可以相互比較的量數，此稱為「衍生分數」或「導來分數」（derived score）；因此，各種「衍生分數」就是測驗的「常模」，例如：A 個案在憂鬱量表的得分為 18 分，我們絕不能說此個案的憂鬱程度非常低或非常高，因為原始分數是沒有意義的，且每個分量表的最高分不一定相同，若最高分是 50 分，則得 18 分是偏低，但若最高分是 20 分，則得 18 分是偏高。其次，我們根本不知道所屬參照團體的他人之得分情形，因此也無法知道此分數屬於高或低，如果 90 ％ 的人都在 18 分以下，則個案的憂鬱程度就非常高，但如果 90 ％ 的人都在 18 分以上，則個案的憂鬱程度就非常正常。因此，原始分數必須對照各種常模表，轉換成可以相互比較的量數，才可以加以比較。

常模有兩大類型：第一種是依據個人所獲得的發展水準來表示的分

數,稱為「發展性常模」（developmental norm），例如：年齡常模、年級常模等；第二種則是依據個人在特定所屬團體中的相對位置所表示的分數,稱為「團體內常模」（within-group norm），簡稱為「組內常模」,例如：百分位數、Z 分數、T 分數等。

因此,測驗工具必須在指導手冊中報告常模的建立方法與使用方式,良好的常模更應該符合代表性與新近性。所謂代表性是指,常模取樣的人數不但要充足,且能有效代表不同地區、性別、年齡、學歷等屬性的母群；而新近性則是指,常模建立的時間必須仍在有效期限內,雖然常模的更新非常耗時費力,但是由於人類認知能力的提升、資訊網路對生活影響日趨重要,以及各年代價值觀變遷快速等因素,原則上超過十年以上的測驗就應該適時重新取樣、更新常模,以確保常模代表測驗母群的有效性。

四、實用性

除了有良好的信度、效度與常模外,好的測驗工具更需具備實用性,包括：(1)施測與計分過程簡單方便,並具備客觀的標準化程序；(2)測驗結果解釋明確,並有詳細範例可供參考運用；(3)測驗時間與成本費用合乎經濟性,容易購買,並有提供專業的售後服務；(4)提供團體施測的電腦輔助計分,甚至協助統計分析與撰寫測驗報告。測驗工具愈具備上述的條件,愈是一種實用便利的測驗,這些實用性指標可以透過測驗目錄介紹與指導手冊之說明,而進一步了解。

參、測驗的實施過程

一、個別施測

就輔導人員在選擇測驗時所需具備的專業知識部分來說,為了能根

據每個個案的特色與實際需要選擇適當的測驗,對於目前合法出版的各類型心理測驗,輔導人員都必須詳細了解每一種測驗的特色與適用時機,隨時閱讀心理測驗的相關資訊,並參加新測驗的訓練工作坊。因為輔導人員通常會受限於自己的經驗,只會重複的使用自己較熟悉的少數測驗,而沒有時間或動機進一步去了解其他測驗或新發行的測驗。

每一種測驗的指導手冊都會詳細說明施測程序,亦即所謂「標準化程序」的施測過程,包括:場地選擇、座位安排、測驗材料擺設、測驗指導語、記錄方式等,這是一種很機械化的科學程序。然而,我們的對象是活生生的人而不是物體,因此輔導人員和個案的互動關係,更是需要加以注意的。個案往往會因為施測目的、施測情境、輔導人員的態度、測驗題目內容、個人特質等因素,而出現情緒上的焦躁不安,或是猜題、亂答、偽裝、符合社會期許等防衛性反應,這些因素的介入都會影響到測驗結果的準確性。

所以在測驗實施之前,輔導人員必須與個案建立良性的互動關係,例如:充分說明測驗的使用需要與益處,澄清與說明個案的各種焦慮或擔心,包括測驗結果如何運用、測驗資料的保密方式、面臨過度隱私的題目等,讓個案在施測情境下,除了標準化程序外,也能處在一個安全、信任的氣氛當中;如此一來,個案才能將最佳的能力或最真實的情況反應出來。

二、團體施測

團體施測的程序如下:

1. **擬定測驗實施計畫**:一個成功、有意義的測驗實施,應該要配合學校的教學、行政與輔導的發展需要而進行設計,因此必須要有一個連續而完整的測驗實施計畫,包括:測驗實施的目的、施測人員、測驗名稱、施測時間、實施對象、實施過程、測驗計分、結果解釋與應用、測

驗資料保管等向度。

2.選擇適當的測驗工具：因應不同的學習階段、不同年級，以及學校的輔導重點之差異，每個學校可能會選擇不同的測驗工具，例如：國小二年級可能實施簡易的團體智力測驗，以作為資優生或資源班學生初步篩選的工具；國中七年級可能實施學習適應量表，以了解學生在學習、環境、人際、自我等各方面的適應情形；高中一年級可能實施多元性向測驗或興趣測驗，以作為高二選組分班的參考資料。

3.召開測驗說明會：學校中的測驗實施通常是由輔導處（室）規劃，但由於各校班級數不同，可能無法全部由輔導老師來進行施測，而是需要透過導師及其他教師協助進行班級施測。因此，測驗施測前必須召集施測人員，統一說明有關測驗的性質、實施程序及注意事項等事宜，以求施測過程的標準化與正確性。

4.施測：施測過程一定要依照指導手冊中的標準化程序來進行，包括：測驗題本及答案紙分發的順序、施測人員朗誦的指導語、作答時間上的限制等，不論在哪一個班級施測都應該統一，以求測驗實施的客觀性。

5.計分：計分過程若是以手工來計分，則務必準確謹慎，避免產生各種誤差，必要時可以抽樣進行二次計分，以確保計分的正確性；若是以電腦計分，則只要將答案卡整理後，進行電腦讀卡計分即可，通常不太容易產生計分上的錯誤。

6.結果解釋：解釋的對象可能是學生、家長及相關教師，因此解釋者務必依照指導手冊或測驗說明會中的提醒，進行結果解釋，尤其避免將測驗分數當作了解學生的唯一依據，且應以積極建議為主，避免武斷式的說明，下一段落將會更詳細說明此部分。

7.資料應用與保管：各項測驗分數應登錄於學生的輔導資料中，以提供導師、輔導人員及行政人員參考使用；此外，測驗資料也可以進行

進一步的統計分析，例如：不同年級、性別、年度的比較，進而撰寫成完整的測驗報告，以作為學校未來測驗實施與教育輔導的參考；最後，原始測驗的答案紙、計分紙或測驗報告等原始資料，則應統一保存於輔導處（室）。

肆、測驗結果的解釋

測驗的目的是在增進個案發展自我、了解自我與實現自我，因此在解釋測驗結果時，應該注意下列幾項基本原則，以避免測驗的錯誤解釋或誤用測驗結果（黃政昌，2020）。

一、參考個案的其他相關資料

測驗分數不是了解個案的唯一資料，因此不應被單獨解釋，而應該整合其他資料，共同提供一個整合的面貌，包括：教育經驗、文化背景、目前職業、面談內容、習慣、態度、興趣、動機、健康、語文程度，以及其他測驗的資料。唯有如此，解釋才能更客觀而更深入，否則容易成為偏頗或錯誤的解釋。

二、了解個案施測時的心理狀態

在解釋測驗分數時，宜先讓學生充分表達測驗時的心理狀態或情緒感受，例如：了解其動機、態度、情緒、注意力、身體健康狀況等，以便知道個案的測驗分數是否是在最佳的情況下所做的反應。因為個案如果是在非自願下接受測驗，或是在情緒緊張焦慮、身體狀況不佳時接受施測，其結果的正確性就會受到質疑，甚至無效。此時或許一般的諮商晤談，會更適合提供個案必要的協助。

三、考量得分的可能誤差範圍

根據古典測驗理論的假定:「凡測量必有誤差存在。」因此,任何標準化的測驗都不可能有完全的信度,勢必有測量誤差存在。在解釋分數時,應考慮其誤差的大小,依據測量標準誤推估真正測驗分數的可信範圍,而以此範圍來解釋個案的分數,例如:個案測得智商108,測量標準誤是5,則有95%的機會,個案的真正智商約在98至118之間。這樣的得分範圍比單一的分數更為可信。

四、採用適當的統計解釋模式

常模比較、剖面圖分析、組型分析等,是三種較常見的測驗解釋模式。常模比較是指,個案的測驗原始分數與常模樣本相比較之後,所顯示的相對地位分數,例如:百分等級、T 分數等。剖面圖分析是指,個案具有二個(含)以上的分量表得分時,將他們的常模分數以視覺的方式點繪出來,使輔導人員或個案能更清楚的看出,所有特質與常模樣本相較之下,何者明顯為優勢(topdog),何者明顯為弱勢(underdog)。組型分析則是指,分析個案在某些相同題項上的作答,是否有呈現出相似的得分,以形成特定的得分組型,例如:某個案在人格量表的題目上,包括害怕拒絕、人際孤單、社交技巧差、自我效能低,以及過度在乎他人反應等題目上,都顯示出個案目前屬於人際需求高的組型。

五、謹慎解釋低分或負向得分之結果

在解釋低分或負向結果時,常常讓輔導人員感到壓力與困擾。事實上,個案前來尋求協助,本來就需要知道他們的優點與限制,只是獲得低分數者因為較容易出現自卑或自我貶抑的心理,甚至產生負向的自我驗證預言。因此,在解釋這些學生的分數時,態度要誠懇,措詞要委婉,

而且不必做直接的解釋，例如：語文智商 75 的人，不適合的解釋為「你的語文智商很差，和智能不足的人差不多」，較適合的解釋為「你的語文能力比一般人低了一點，但是有些像你這樣分數的人，因為認真努力而有不錯的表現」。這也就是誠如 Bradley（1978）所建議的，針對低分者解釋的正向方式為：強調個人所擁有可以繼續努力的空間，以鼓勵個案繼續努力（引自鄭麗芬，1993）。畢竟測驗的目的是在幫助個案，而非使個案感受到更多的挫敗與負向標籤。

六、避免使用專業術語

輔導人員若過度依賴專業術語來解釋測驗結果，可能會透露出輔導人員對於測驗結果並沒有充分的理解，以致於無法使用自己常用的語彙來說明，而需藉助專業術語來隱藏輔導人員本身的擔憂或自信的缺乏。因此，輔導人員應該根據個案的教育背景，使用個案容易了解的語言方式來解釋，例如：「你的防衛機轉是……」即是不適合的描述，較適合的描述為「你用來降低焦慮的方法，通常是……」。

七、測驗分數只提供建議而非決定

特別是興趣或性向測驗分數，如果需要為未來做決定，除了考慮測驗分數外，還需顧及父母的期望、家庭的經濟、社會條件等因素。因此，只做積極性的建議即可，切勿為個案做決定，以免解釋流於武斷（郭生玉，1985），例如：不適合的解釋為「你的興趣測驗結果顯示社會型得分最高，因此大學只適合就讀社會型的科系領域」，較適合的解釋為「你的興趣測驗結果顯示社會型得分最高，與目前所有興趣類型相較之下，大學如果選擇就讀社會型的科系領域，可能會比選擇其他類型科系來得更符合自己的興趣」。

伍、與諮商晤談的結合

為了使測驗與諮商能夠真正有效的結合，對於測驗的解釋過程愈來愈強調個別化，甚至有研究指出，經由個別心理諮商方式來進行測驗結果的解釋，個案能獲得較高的滿意度（鄭麗芬，1993）。有時輔導人員僅就測驗分數在圖表上或統計上的數據來告知個案，並無法讓個案真正了解這些測驗結果對自己的意義。因為個案通常不具備專業的測驗知識，因此如何將測驗結果運用到諮商過程中，以催化個案自我覺察與成長改變，是非常重要的。Anastasi（1988）就認為，測驗解釋是諮商歷程中的一部分，而不是諮商歷程中切割出來的一種特殊活動。測驗結果的運用，要與個案心中關切的問題或是想要得到的具體答案有關，換言之，輔導人員要能夠一方面藉著與個案溝通測驗的結果，另一方面要把測驗結果轉化成更深入探究個案問題的話題，或是成為回答個案問題的有用資訊（引自陳秉華，1993）。測驗結果與諮商晤談結合的過程，主要包括下列幾項步驟：

1.**先讓個案對於測驗結果進行預估**：在測驗解釋之前，先讓個案說說看自己對於測驗的可能結果，以了解個案在測驗的向度上如何看待自己，以及個案的真實我的部分。

2.**引導個案比較預估和實際分數間的差異**：輔導人員特別要注意個案聽完測驗結果解釋後的反應，若個案反應是「這個測驗結果好準喔！跟我的預期是一樣的」，這表示個案的自我了解較深入，能對自己進行正確的自我評估；反之，若個案反應是「這個測驗結果好離譜喔！根本不像是我！跟我的預期差很多」，這表示測驗結果和個案的期待有很大落差，此時輔導人員應鼓勵個案一起去討論這個差距背後的可能原因與意義，如有必要，甚至可以與個案回到測驗試題，以了解個案是如何作答以及對於測驗的感覺，此時往往可以帶來新的發現與了解。

3.**鼓勵個案對於測驗結果進行回饋**：輔導人員在解釋測驗時，應盡量鼓勵個案共同參與。鼓勵個案表達對測驗結果的感受與看法，如發現其對分數有任何疑惑、誤解或不良態度，應立即配以諮商晤談技術，給予澄清與說明，以免誤解測驗結果的真正意涵，而做出錯誤的判斷。

4.**由個案摘要測驗結果作為晤談結束**：有時在最後測驗解釋結束時，可鼓勵個案進行測驗結果的摘要統整，讓個案有機會再一次說明測驗的重要結果，以及此結果對於自己的意義與幫助，以催化個案運用測驗的有效資訊，增進自我了解與自我決定。

結　語

心理測驗強調「採用一套標準的刺激，對個人的特質做客觀測量的有系統程序」，雖然這樣的方法符合科學精神，測驗結果也具有相當的可靠性與準確度。但是別忘了，測驗的結果可是受測者填寫出來的，一旦受測者不誠實回答或有所隱瞞時，則測驗工具的意義與價值馬上就會大打折扣。因此，在測驗實施過程中，施測者一定要充分向受測者說明測驗的目的與運用情形，透過建立親善和信任的關係，受測者才能真正反應自己的想法與感受。

其次，測驗資料是量化的數字，較無法提供過程訊息與文字資訊，因此在蒐集學生資料的過程中，也一定要兼顧非測驗資料，例如：諮商晤談、行為觀察，以及參考相關檔案紀錄等，如此的結合測驗與非測驗資料，才能更正確無誤的了解學生的內在狀態與需求，進而提供更適切有效的教育計畫與輔導措施。

問題與反思

基本題

1. 請給「心理測驗」下一個定義，並舉例說明心理測驗的價值與目的？

2. 智力測驗和性向測驗，有何異同之處？請舉例加以說明？

3. 請舉幾個日常生活中常見的相關測驗與考試，並說明哪些是屬於「常模參照測驗」？哪些又是屬於「標準參照測驗」？其根據的理由為何？

4. 測驗中經常提及「信度高，效度不一定高」的觀念，請舉例說明此現象的理由何在？進一步也回答「效度高，信度就一定高」嗎？

5. 學生在憂鬱量表上的得分高達 12 分，這代表他的憂鬱程度是非常高？普通？還是非常低？究竟如何去考量或解讀此分數的真正意義？

6. 自陳式人格測驗與投射式人格測驗的特色與限制為何？在進行人格測驗時，如何決定要使用哪一種測驗形式呢？

7. 測驗工具如何進行「三級評估」？請分別定義，並舉實例說明。

8. 測驗實施時，何時要採用「個別施測」？何時又要採用「團體施測」？請加以比較說明兩者的適用時機與特色。

進階題

1. 心理測驗和心理評估（衡鑑）有何相似與相異之處？如果以智力為例，則智力測驗和智力評估有何不同之處？

2. 當受測者面對測驗結果時表示：「這個測驗結果好離譜喔！根本不像是我！跟我的預期差很多。」造成這種不一致現象的可能原因有哪些？請討論之。

3. 報章雜誌或網路上的大眾心理測驗，總是讓人覺得很有趣也很好奇，但是它和專業的心理測驗之不同何在？如何看待這些大眾心理測驗的結果呢？

4. 如果你是一位國小（國中、高中）的輔導處（室）主任，在你的測驗
   實施計畫中，將會有哪些測驗的目的？根據不同目的，你將會選擇哪
   些類型的測驗工具來達成此目標？

延伸閱讀與相關影片、網站

1. 書籍與期刊

黃政昌（2020）。**心理評估：在諮商中的應用**（第二版）。雙葉。（附錄1～3有最新國內出版所有測驗工具的查詢目錄）

余民寧（2011）。**教育測驗與評量：成就測驗與教學評量**（第三版）。心理。

Kubiszyn, T., & Borich, G.（2011）。**教育測驗與評量：教室應用與實務**（黃德祥等譯）。心理。（原著出版年：2007）

葉重新（2010）。**心理與教育測驗**。心理。

測驗學刊（季刊）。提供測驗學術與實務之專業發表園地，由中國測驗學會主編、心理出版社發行。

諮商與輔導（月刊）。介紹測驗與諮商的相關理論，由天馬文化出版。

2. 影片

發條橘子（簡介：描述 1970 年代反社會性格的暴力青年，殺人入獄後接受獄中行為矯正實驗，導致性格改變。最後接受治療並透過投射測驗評估是否恢復原來性格。時間：136 分。語言：英語發音、中文字幕。出版：華納兄弟）

如何使用及解釋測驗、教師心理衛生（簡介：教學影片。時間：58 分。語言：國語發音、中文字幕。出版：心理出版社）【諮商實務有聲圖書（一）】

3. 網站

大學入學考試中心
www.ceec.edu.tw

國立台灣師範大學心理與
教育測驗研究發展中心
www.rcpet.edu.tw

國內常見心理測驗的出版單位（網頁中均有詳細測驗目錄、簡介與購買方式）：

心理出版社 www.psy.com.tw		中國行為科學社 www.mytest.com.tw

測驗出版社 www.pactest.com		千華數位文化 www.chienhua.com.tw

天馬文化 www.tienma.com.tw		董氏基金會華文心理健康網 www.etmh.org

參考文獻

郭生玉（1985）。心理與教育測驗。精華。

陳秉華（1993）。心理測驗在輔導上的應用。測驗與輔導，**117**，2386-2389。

陳英豪、吳裕益（2001）。測驗與評量（第六版）。復文。

黃政昌（2020）。心理評估：在諮商中的應用（第二版）。雙葉。

葛樹人（1996）。心理測驗學。桂冠。

鄭麗芬（1993）。測驗解釋在諮商中的應用。測驗與輔導，**117**，2396-2398。

顏裕峰（1993）。測驗與諮商結合之道。測驗與輔導，**117**，2393-2396。

CHAPTER 8

個案研究與管理

陳玉芳

前　言

【案例一】

　　小剛（化名），今年15歲。在4歲時父母離異，自此與父親同住，6歲時因高燒導致聽覺障礙，在學習及人際上屢遭挫折。父親長期失業、酗酒，一個月前竟於酒後對小剛大打出手，幸好鄰居報警，由社工緊急將小剛安置到寄養家庭，監護權轉至社政單位，父親因可能觸及《刑法》而靜候法院判決中，學校也安排輔導老師介入輔導。二週前，父親三番兩次到學校找小剛，極力要求與小剛見面，他非但不接受校方人員的勸阻，還揚言要找出小剛的寄養家庭所在，小剛為此恐懼不已，甚至不敢到校上課，流連網咖，而他連續多日未上學的紀錄，學校也依規定通報為中輟。近日，小剛在導師和輔導老師的規勸下，終於返校了。

　　由於小剛所面臨的困難是多重且複雜的，如何具體有效的協助他，對導師、輔導老師而言，皆是莫大的挑戰。為此，輔導老師展開了一系列的個案研究工作，並融合個案管理的作法，期盼整合校內外的資源網絡，尋求問題改善的可能，幫助小剛在混亂、煎熬中盡快安定下來。

在目前社會經濟急遽變遷、家庭結構快速改變的世代中，單親、失業、家暴等情形，較以往有著更頻繁的發生率，隨之衍生出的青少年身心問題，也有更加多重、複雜的趨勢，學校輔導工作自然面臨著更大的挑戰。以小剛的故事為例，若要擬定適合他的輔導策略，輔導人員須對問題的各個面向進行分析與評估，並適時結合不同專業之助人工作者或教育人員的力量，幫助小剛從困境中找到改變的機會。而在這個協助的過程裡，個案研究是諮商輔導領域中高度專業化的工作，納入個案管理的作法，也可說是輔導人員彈性與多元的展現。本章即針對個案研究與個案管理的定義及內容加以探討，並就輔導實務上的實施方式舉例說明。

第一節　個案研究的意義與內容

「個案研究」（case study）一詞起源於 1870 年前後，當時的哈佛大學法學院就創立了個案研究的方法，在課堂中重現經典的法律案例，希望藉由相互的討論與辯駁，進一步了解學生能否從中判斷出正確的法律原理；後來，醫學界也應用它來探討各種病例，於是個案研究也成了臨床訓練醫學生的重要方法之一。接著，其他領域相繼沿用，舉凡商業管理、社會學、心理學等，都可見到採用個案研究的例子，應用範疇可說是十分廣泛。

近代在著重學生個別差異的趨勢之下，諮商輔導及教育界也都將此方法應用在教學、研究，以及相關的輔導工作上，因此個案研究便成為協助了解學生的重要工具；特別是在面對問題比較特殊、複雜或緊急的案例時，更能顯現出個案研究的價值。

壹、個案研究的定義和目的

個案研究是指，針對所要研究的個案去蒐集足夠、完整的資料後，

對其問題的前因後果、形成的癥結等,進行有系統的分析與評估,進而歸結出解決的對策。這裡所提到的「個案」(case)是指,用來研究的基本單位或核心對象,它不僅可以是某位當事人,也可以是一對夫妻、一個家庭、學校、機構,或一個案例、一門課程、一種社會現象等,所以個案研究的方法可以廣泛地應用於不同領域,從中展現其功能與價值。舉例來說,在醫學方面,個案研究有助於了解患者的疾病與其身心壓力、家族遺傳或公共衛生等之間的關聯;在社會工作方面,個案研究對於了解當事人和家庭、社會環境之間的脈絡關係很有幫助;在工商業界,若以某部門為個案研究的對象時,則可藉由分析及診斷其經營管理上的缺失,提出改進方案,進而提振該部門的績效與競爭力。

至於在學校輔導工作上,個案研究通常是以學生為主要對象,輔導人員可能在考量到輔導處遇的需要,或基於督導訓練的教育功能,抑或其他因素等而進行個案研究,並透過這個研究歷程來達到以下幾項目的。

一、了解案主問題,擬定輔導策略

藉由個案研究,可以徹底分析所蒐集到的各種資料之間的脈絡關係,進一步了解案主的行為動機、心理狀態,以及其問題的癥結所在、形成原因等,並發現案主的潛在能力與所需要的內外在資源,從而研擬出適切的、有效的輔導策略,而這個部分正是個案研究的重點所在。

二、各盡專業職責,提升輔導知能

進行個案研究時,通常會召集學校相關人員(例如:教師、教官等)參與個案研究會議,經由會議中溝通、協調的過程,與會人員彼此取得共識,就各自的角色、與案主的關係、分內工作的屬性等,針對問題解決策略進行適度地調整與分工。此外,在相互分享經驗的過程中,亦有助於輔導知能的提升。

三、檢視諮商輔導作為，提升專業服務品質

對輔導人員來說，透過個案研究，有機會徹底檢視過去到現在對案主的輔導處遇方式，發現相關專業的優勢或盲點，彼此進行意見交換，達到專業交流的功能，甚至可針對同性質的案例，建構出諮商輔導的模式，以提升專業服務的品質。

綜上所述，藉由資料的分析與評估，有系統的了解案主的問題所在，具體歸納出適切有效的輔導策略，進而協助案主，這正是個案研究的重點所在；而輔導人員及相關與會人員也能在個案研究的歷程中，提升輔導專業知能，發揮輔導的成效，這亦是個案研究十分有價值的地方。

貳、個案研究的實施

個案研究可說是心理輔導、諮商或心理治療等助人體系中，極為重要且專業的一項工作。在進行個案研究的過程中，輔導人員須以客觀、嚴謹、理性的思考來分析與評估，同時也要秉持同理、關切的態度，時時以案主的權益為考量；有時從微觀的角度來切入，有時亦須兼顧鉅觀的系統思維，這才不致於誤導了輔導的方向，並能讓參與個案研究的人員因而更了解案主，共同研擬出具體可行的問題解決策略。

進行個案研究時，有其一定的程序及該注意的事項，分別說明如下。

一、個案研究的程序

【案例二】

王老師是國九導師，最近他發現班上學生小茹（化名）在上課時經常打瞌睡，成績一落千丈，下課也鮮少與同學互動，昔日總掛在臉上的燦爛微笑早已被憂愁失意的眼神所取代。王老師主動關切小茹，也與家長聯繫，他發現小茹好像有憂鬱症

狀，而且每況愈下；王老師評估自己的專業，擔心不足以幫助
小茹，於是將她轉介到輔導室，請負責該班輔導工作的周老師
一起來協助。

　　年資剛滿二年的周老師，雖然經驗尚不豐富，但她同理、
接納的態度，讓小茹很願意傾吐內心的感受與想法。在第三次
晤談時，小茹透露她常有輕生的念頭，且有嘗試的衝動，希望
就醫，但不被父母認同，隨著會考日子逼近，各科老師指派的
大量作業及練習，讓她無法負荷、愈積愈多，卻不知如何是好。
周老師認為小茹的狀況有其緊急性，也希望參考資深輔導老師
的經驗，於是在處室會議中提及小茹的案例，輔導室同仁們一
致認為小茹屬危機個案，且需要輔導老師、家長及老師們一同
來協助，有必要進行個案研究，並盡快召開個案研究會議，擬
定輔導策略。

　　在學校裡，當家長、教師或有關人員發現學生的問題時，通常會像
王老師的作法一樣，先給予一般性的輔導，若這樣的初級協助與介入都
未見成效，學生的困擾或問題行為仍無具體改善時，再轉介到校內輔導
處（室），由輔導老師接案，開始進行輔導晤談，蒐集案主的相關資料。
接案之後，就如同案例中周老師的評估與作法，輔導老師可能基於輔導
處遇的需要、個人專業的限制或其他因素，在例行的工作會議中提出案
主的相關問題，探討有無進行個案研究的必要，若經確定之後，便可決
定召開個案研究會議的日期、參與人員的名單、所需蒐集的資料等。

　　而輔導老師在個案研究會議召開之前，須持續蒐集資料並加以彙整，
撰寫成個案研究報告，並於會議中提出，以進行研討，再由與會人員共
同擬定出可行的輔導目標與策略、分工並執行輔導計畫。會後則須持續
的觀察執行成效，評估輔導目標是否達成，若輔導成功，則可評估結案

的可能性；但如果輔導成效不佳，則可再次召開個案研究會議，進行研討（有關個案研究的程序如圖 8-1 所示）。

二、個案研究會議的進行

個案研究會議（conference of case study），簡稱個案會議（case conference）。在學校輔導工作中，當遇到問題較為棘手、特殊或複雜的案例時，常會以學生為主要對象進行個案研究，並邀集相關人員，召開個案會議。在實務上，召開個案會議時有諸多需要注意的細節，分述如下。

（一）參與人員

邀集相關人員參與個案會議時，必須視會議的性質來決定。首先，當個案會議是依據實際上的需要，也就是為了協助某位案主而臨時召開時，通常會由輔導主任擔任執行秘書及會議主席，召集教務與學務兩處主任及相關組長、校內的輔導人員、導師，以及對於協助此個案有關的教職員（例如：護理師、任課教師等），並邀請校長列席與會，針對個案問題進行研究與討論。

其次，若個案會議屬於研討性質時，也就是輔導人員將輔導工作上難得的經驗與見解加以統整，藉由定期辦理校內研討性質的個案會議，來達到分享與交流的效果時，這時候就可以開放給對此類個案議題有興趣的教職員參與，將個案研究的成果及發現加以分享，增進教職員的輔導知能以及對輔導工作的了解與認同。

此外，為了維持輔導專業化、提升輔導人員的專業知能及心理服務的品質，輔導處（室）最好能固定安排時段召開個案會議，至少每二週舉行一次，每次以一個小時為限，研究一至二個個案，若能邀請心理諮商輔導的專家擔任督導更好。此時，是否開放給其他校內教職員參加，得視實際需要，斟酌決定。

圖 8-1　個案研究流程圖

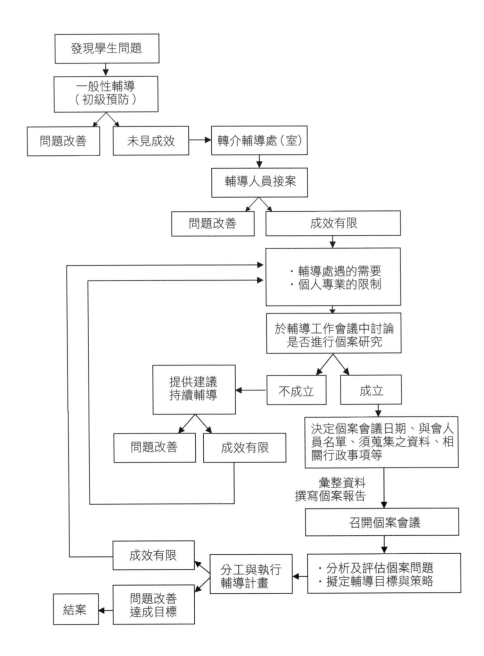

（二）會議時間

訂定個案會議時間時，由於考慮到教職員多數忙於課務或行政業務，因此召開時段以最多人，特別是較關鍵的教職員（例如：導師、輔導老師等）可以與會為佳，時間也以一個小時為限，且在會議召開之前應妥善安排流程，事先通知與會人員，俾便及早準備。若個案會議屬於研討性質，或另有邀請學者、督導與會時，則可將會議時間安排為二至三個小時，以做深入的分析與探究。

（三）保密原則

進行個案研究的整個過程，都務必謹守輔導工作上保密的原則，例如：個案研究報告這類的書面資料不應該出現案主全名，會議結束前要確實做好資料的回收；或者，亦可不印製書面資料，而以投影片加上口頭報告的方式呈現，以省去資料回收及銷毀的工作。此外，面對某些保密要求特別高的個案時，例如：案情涉及通報或法律上的規定，則所邀請的與會人員以精簡、關鍵為原則，並應簽署保密同意書，以確保案主的權益。

三、個案資料的蒐集

在進行個案研究時，輔導人員所蒐集的資料愈是完整，將愈有助於了解個案的問題，並進行問題的評估，研擬適切的輔導策略。個案資料的種類很多，舉凡輔導人員所作的個案紀錄、心理測驗結果，以及來自各處室的資料，例如：案主的出缺席紀錄、體格健康狀況、學業成績表現、週記等，或者是家長所提供的家庭生活描述、案主過去的個人歷史等。當中，由於個案紀錄最能夠反映出個案輔導的歷程，因此是個案研究相當重要的參考依據。

個案資料可藉由觀察、晤談、測驗、訪問、調查、資料調閱等方法來蒐集，且在蒐集的過程中宜遵循以下原則，以顧及案主的權益，並有助於個案研究的進行：

1. 個案資料的來源要力求客觀、正確、可靠，不宜心存偏見，不可捏造、誤植，或輕易採用不實資料。

2. 個案資料務必妥善保存，以便於登錄、應用，且善盡保密原則。

3. 資料蒐集的範圍要豐富多元，舉凡案主的心理健康狀態、家庭背景、人際關係、教育史、健康史、自傷或藥物濫用情形等，皆是值得參考的資料，必須包含在蒐集的範圍中。

四、個案輔導紀錄的撰寫

撰寫個案輔導紀錄的目的，除了反映個案輔導的歷程之外，往往也具有輔導行政報表（載明晤談人次、方式、時數、時間、問題類別等）、法律訴訟文件（作為日後處理各種關於個案問題的爭議或糾紛時之證明），以及輔導諮商督導（便於督導過程的檢視與討論）等功用。因此撰寫個案輔導紀錄時，所撰寫的內容不僅要考慮到案主及其家屬的角度，也須顧及學校或輔導處（室）的觀點，並在心中假設案主本人、其家屬或其他重要他人看到個案輔導紀錄的感受之後，再來下筆。林家興、王麗文（2003）即建議，撰寫個案輔導紀錄的原則，有下列幾項：

1. 宜採用第三人稱撰寫，以避免主觀成見之描述，且較符合客觀陳述的觀點。

2. 內容要簡潔扼要，避免過於細節的描述，以免太過詳細的紀錄，反而會暴露輔導人員或處室的弱點，但也不宜太過簡化，例如：每次記錄的內容以不超過 A4 紙張的半頁為限。

3. 採用事實或症狀取向的撰寫方式，以符合客觀與事實報導的原則。

4.避免將個案十分隱私的事情或把重要他人的私人資料寫進去。

5.適當的註明資料來源，例如：個案資料是來自某位醫師的診斷、法院的裁定等。

五、個案概念化和擬定輔導計畫

在個案研究的歷程中，輔導人員會參考所蒐集到的個案資料，針對案主的心理健康狀態、行為反應、問題成因等做有系統的評估，而評估很重要的一環，便是將個案問題概念化，這是輔導歷程中十分專業、細緻的部分。

何謂「個案概念化」（case conceptualization）呢？通常在諮商歷程中，案主會訴說他的困擾、疑惑，或是對諮商的期待，其個人特質、行為表現等，也會在過程中呈現出來，像是情緒反應、拖延結束時間、缺席、生病等狀況，而輔導人員在諮商的歷程中，須知道該蒐集哪些資料、如何蒐集，並且用有意義的方式將這些零散的訊息與資料，做一個完整的評估與理解，進而對案主的行為模式形成假設，據此來設定輔導的目標及作法，這個過程便是「個案概念化」。

此外，個案概念化並非形成後就不更改的定論，而是一個不斷變動、修正的思考歷程。一般來說，不同諮商學派的輔導人員在進行個案概念化時，其所著重的面向是不同的，相應的輔導介入處遇方式也會不一樣，例如：強調依附理論者，問題概念化模式著重在早年和主要照顧者之間的依附關係對現在人際關係及情感經驗的影響；認知行為學派的觀點，可能會從 BASIC ID 這七個面向來看待，包含：行為（behavior）、情感（affect）、知覺（sensation）、心像（imagery）、認知（cognition）、人際關係（interpersonal relationships）、藥物（drugs）；而焦點解決的取向，則會關注案主正向例外的經驗以及接下來可以努力的一小步。

綜而言之，個案概念化是一種輔導人員思考案主問題型態的方式。輔導人員若能將案主模糊呈現的問題轉化為詳細的問題敘述，進而聚焦成輔導介入的方式，對個案而言將是很重要的，而這也是個案研究中很寶貴的部分。

第二節　個案管理的精神與實施

「我所輔導的學生正同時面臨著好幾個問題……」、「這個學生須面對相當複雜的問題，光憑輔導老師的力量是不夠的！」、「若有機會與社工或醫療人員溝通，對輔導介入的拿捏應該會有幫助」，一群接受團體督導的輔導人員如是討論著。面對問題複雜、多重的個案，資源如何整合的議題往往在專業省思的對話裡躍現為探討的焦點，「個案管理」（case management）此一社工實務上經常提及的名詞，就成了輔導人員有必要學習與運用的工作方式。

然而，環顧國內「輔導原理與實務」的相關文獻，探討「個案管理」在學校輔導工作之運用的篇章尚付之闕如。基於實務經驗上的省思與發現，本節將特別針對個案管理的精神及其在學校輔導工作的實施加以說明。

壹、個案管理的意涵

個案管理是一種用來協助個案的工作方式，約莫起源於 1970 年代中期，當時的美國無論是在心理衛生、兒童福利、愛滋病人的照顧、老人與身心障礙人士的長期照護等，都已開始採用個案管理的作法，期望藉此提供給個案更完善、更符合其需要的服務。之後，隨著經濟環境的變動，複雜的社會問題，像是失業率攀升、貧窮人口增加等也因應而生，個案管理更被廣泛應用到社會工作的領域，其觀點與注意力不僅僅放在

案主本身的身心需要，同時也顧及案主在其環境中之社會功能是否能夠適應（李宗派，2003）。

個案管理通常是運用在遭逢多重、複雜問題的案主身上，這一些案主往往需經歷比較長時期的協助過程，同時需要不同專業的助人工作者、福利機構或醫療衛生單位等來介入，才能提供他們最需要的照顧和服務。然而，實務工作上卻也發現，他們通常比較沒有能力周旋在複雜、零散且缺乏整合的資源之間，有些甚至難以建立穩定的諮商關係；因此在協助的過程中，就需要「個案管理者」（case manager）提供資源的溝通、協調及整合，幫助案主提升資源網絡運用的能力，在複雜、混亂之中盡量穩定下來，以改善他們當前的困境，並有助於未來長期的生活適應。因此，在校園中面臨問題多重、複雜且缺乏使用資源能力的案主時，妥善做好個案管理的工作，對案主來說是特別有幫助的，甚至有時候比單純只做心理諮商更為重要。

貳、學校納入個案管理的必要性

近年來，青少年的心理或行為問題日益複雜、嚴重，諸如中輟、家暴、霸凌、精神疾病等，這些問題對青少年的身心發展造成極大威脅，對學校輔導人員來說也是莫大的挑戰。為此，引進社工師與心理師以增加緊急危機介入或矯治性的專業人力，成為教育單位及相關輔導學會關心的議題（張麗鳳，2005）。然而，從人力資源的角度來看，學校聘用社工師、心理師的方式，歷經多次試辦，始終難以突破制度及經費的限制。直到 2011 年 6 月 23 日，《教育部補助國民小學國民中學及直轄市縣（市）政府置專任專業輔導人員實施要點》之公布，各縣市得以聘用專任專業輔導人員（包含：諮商心理師、臨床心理師、社會工作師），以駐區、駐校或巡迴的模式提供輔導服務，在學校三級輔導體制的專業人力擴充上，總算往前跨了一大步。

而從專業訓練及工作內容來看，社工師擅長從生態系統觀來切入，並運用社會資源提供個案服務工作；心理師專長在於心理疾病或嚴重適應困難個案的心理諮商或衡鑑；至於學校輔導老師則從過去專業背景較多元，到目前普遍為心理輔導相關系所畢業，所負責的項目，包含：心理諮商、團體輔導、教學、輔導行政、心理衛生宣導、家長諮詢、親職教育、教師知能研習等工作。三者相較之下，在學校個案管理的工作上，目前仍以社工師所具備的知能較為足夠，他們像是資源運用的窗口，於資源的尋求與連結上往往比輔導老師順利，因此在有駐校社工師的學校中，屬於問題較多重、複雜且需要較多社會資源介入的個案，像是家暴或性侵害個案、保護性個案、中輟學生等，通常就由社工師來提供協助。然而，當前大多數的學校並無社工人員的編制，因此學校輔導人員若能在原本的多元角色下，另增進個案管理的知能，在輔導工作中納入資源整合、整體服務的精神，相信將有助於搭起校內外輔導合作的系統，為個案的成長與改變注入新的可能性。

參、學校個案管理的實施

個案管理在學校輔導工作上確實有其必要性，那麼輔導人員該如何於學校系統中進行個案管理呢？我們試著透過下述小宜這個案例，進一步來了解個案管理的工作角色與實施方式。

【案例三】

小宜（化名），女生，高職一年級。有記憶以來就由父親獨自撫養，聽親友轉述，母親疑似患有思覺失調症，出走失聯。父親長期酗酒、嗜賭、失業，未能妥善照料孩子，小宜經常面臨三餐不濟的處境，偶爾會偷取雜貨店的零食、麵包果腹；小她一歲的弟弟因發燒、缺乏照料，導致發展遲緩，而有智能障礙的情形。小宜 6 歲時，父親肝癌過世，自此小宜和弟弟由低

收入、從事粗工的伯父撫養（圖8-2為小宜的家系圖）。升高職一年級之後，小宜的課業一落千丈，甚至有留級之虞，伯父對此感到生氣、憂心，收到段考成績單後更是失望透頂，在盛怒之下嚴厲責打小宜，當晚小宜難過不已，頓時心生自殺念頭，竟持美工刀割腕，留下極深傷痕。隔日到校，小宜到保健室擦藥，學校護理師發現後緊急安排小宜到醫院縫合傷口，並將她轉介到輔導室。

　　輔導老師的同理與接納，讓小宜感到安心，終於坦露自己隱藏數月的祕密。原來國中畢業的暑假，小宜在便利商店偷竊時，遭店員目擊並報警處理，小宜遭到保護管束處分，須定期向觀護人報到。此事件使小宜的心理大受打擊，也讓伯父深覺蒙羞，甚至要將小宜趕出家門；高職入學後，小宜因擔心此事被發現而不敢與新同學互動，在人際往來上被動、退縮，更無心於課業。

圖 8-2　小宜的家系圖

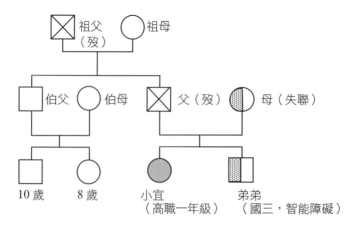

一、個案管理的工作角色

在社工及醫療體系中，個案管理是常使用且重要的協助方式，通常是由接受過個案管理相關課程訓練的社工師、護理師或其他專業助人者來承擔這個工作，服務有特定需求的個案。以癌症個案管理師為例，他們通常是由接受個案管理訓練的護理師來擔任，除了照顧癌症患者之外，亦兼具管理的角色，負責與醫師、醫療小組及病人來協調溝通，訂出疾病的治療計畫，以免病人迷失於不同科別的診療服務中，並確保病人在住院期間能如期完成其所需的檢查與治療，以便在預定的期間內達成期望的目標（盧美秀等，1997）。

而轉換場景至學校裡，同時面臨多重、複雜問題的青少年，亦普遍存在於中小學的校園中。以小宜為例，偷竊行為、自殺危機、學習低成就、人際退縮、家庭低收入、家庭高風險等問題，彷彿交織難解的結，絕非單單靠輔導老師的力量就足以提供完整協助，她或他的家庭可能還需要導師、心理師、觀護人、社工師、醫護人員等，就不同的專業或角色來提供不同的資源；此時，具備個案管理知能的輔導老師，除了可以安排小宜個人進行心理諮商的晤談外，亦能提供個案管理的服務，也就是與不同專業的助人者、校內相關教職員或小宜的家人等做聯繫、溝通，以減少彼此的介入方式產生重複或衝突的情形，同時也能整合資源，訂定適合小宜的輔導計畫與目標，執行及檢視輔導處遇的整個歷程，如此一來，將能更有效、更具體的協助小宜。

綜而言之，個案管理者是一位助人者，也是協調者，必須秉持敏銳與支持的態度去提供協助，與案主建立互信互賴的關係，幫忙評估複雜問題，並運用溝通技巧去協助案主；在工作時，個案管理者也須隨時保持專業立場，熟悉相關法規與資源，必要時為案主爭取應得的福利與照顧，如此才不失個案管理的精神。

二、個案管理的工作架構

個案管理是一個協助案主解決其複雜、多重且長久問題的過程,從開始接案到結案或後續的追蹤,需要一套可行的工作架構來協助處理。Ballew 與 Mink(1996/1998)曾提出一套個案管理的運作程序,包含以下六個步驟:

步驟 1:建立關係(engagement):接納案主,建立互信互賴的關係,澄清角色與期待。

步驟 2:評估(assessment):確定案主的問題,評估案主使用資源的能力。

步驟 3:計畫(planning):針對案主的需要,提出適合的計畫。

步驟 4:取得資源(accessing resources):發掘內外在資源,協調與連結資源,並建立資源網絡。

步驟 5:整合(coordination):在案主與資源提供者之間,居中溝通與協調。

步驟 6:結束關係(disengagement):以漸進方式結束關係。

此六個步驟與諮商輔導的工作模式具有相當程度的共同點,都需妥善建立關係、審慎評估,進而擬定適合案主的輔導計畫,唯兩者所秉持的是不同的觀點。輔導老師進行個案管理的工作時,更須於「建立關係與角色澄清」的部分做細膩的處理,在「個案篩選與初步評估」時,即納入個案管理的思維,並於「資源評估與了解」的地方多下工夫,既而融合到後續的輔導計畫中,加以執行。以下針對這三點做說明,至於計畫與執行的部分可逕自參考本章第三節之範例。

（一）建立關係與角色澄清：接納案主，建立互信互賴的關係，澄清角色與期待

心理治療大師 Yalom 曾在其著作《生命的禮物：給心理治療師的 85 則備忘錄》（*The Gift of Therapy: An Open Letter to a New Generation of Therapists and Their Patients*）中提到：「案主對治療師的信任，就如同送給治療師的一份厚禮」（Yalom, 2001/2002）。這話一語道出了信任關係建立的重要性，在輔導歷程中更須一路維持與珍惜。但在學校輔導工作的現場，輔導老師常同時身兼輔導人員、任課教師、心理衛生宣導者，甚至行政工作等多元的角色，在小心翼翼接近案主心靈的同時，正逐步形成的信任關係常面臨著考驗；而今，再加上個案管理者此一須與有關資源或助人者聯繫的角色，更容易使案主在想要進一步坦露自我時望而卻步。因此在實務層面，關係的建立確實有必要細膩處理與拿捏。

目前各校的輔導人力不一，很多時候輔導老師本身也是個案管理者。以小宜的故事為例，其所面臨的問題確實有必要納入個案管理的工作方式，才能提供更完善、更符合其需要的協助，此時輔導老師在關係建立及角色上，就有必要花三至五分鐘的時間對小宜做簡要、清楚的說明，例如：

> 「小宜，為了更有效的幫助妳，我們會在固定時段透過晤談一起來了解妳的心理困擾，這是比較內在的部分；至於外圍的部分，在有需要時我會與妳的觀護人、社工師或是家人溝通，以了解這些協助妳的作法裡有沒有重複或衝突的地方，是不是符合妳的需要。如果有這樣聯繫的必要，我將盡可能事先讓妳知道，並了解我們聯繫的內容。這麼做，妳有沒有什麼疑問？」

像這樣以誠懇、簡單、明白的措詞，向案主說明角色及工作內容，對於讓案主可以安心、自在的接受輔導及幫助，是十分重要的。

（二）個案篩選與初步評估：確定案主的問題所在，並評估案主使用
　　　資源的能力

　　不管案主是主動或是透過轉介來到輔導老師面前，通常都會經過一個接案初談（intake）的過程，輔導老師藉此來熟識案主，幫助案主正確了解輔導處（室）的功能與規範，並對其問題做初步的了解，一方面可篩選案主問題的類型、複雜性，快速研判其危機的程度，另一方面也可以同時展開另一項評估——案主可能需要什麼協助，包含是否需要個案管理的服務。

　　有效的評估是後續能夠有效提供協助的基礎。評估時可依據案主的主訴，但有些案主可能無法明確表達自己的困擾和需求，因此需要輔導老師主動協助了解，而在接案初談時，準備適用的表格提供案主填寫，不失為一個有效率的好方法，如表 8-1 所示。在該表中，輔導人員可針對案主在「來談主題」一欄之勾選情形，加以探問與了解，並作為問題複雜性之評估；另外，「自我評估」一欄有助於快速了解案主當前的危機程度；「請簡述來談動機及期待獲得什麼幫助」一欄則能反映出案主對自我困境及問題解決的想法。

　　個案篩選與初步評估的步驟是建立輔導關係很重要的開端，除了可以作為分案的參考外，亦為案主問題的評估與了解揭開序幕，而這項評估始於初談，但在整個輔導的歷程中，都須將此評估的角度放在心上，並持續關注與進行。

（三）資源評估與了解

　　在輔導歷程中，輔導人員須針對案主的心理健康狀態、行為反應、問題成因等，做有系統的評估，而當結合個案管理的精神之後，評估則須再納入以下幾個向度，包含：案主使用資源的能力與限制、與各個資源的聯繫情形，以及解決其問題所需使用的資源等，分述如下。

表 8-1　輔導處（室）個案基本資料表

填表日期：　　年　　月　　日

姓名			班別／座號		／	學號	
性別	□男　　□女		學生身分別	□一般生　　　　□原住民，＿＿＿＿族			
				□新移民子女　□特殊生			
通訊地址					聯絡電話	(H)	
						(M)	
緊急狀況聯絡人		關係		適合聯絡時間		緊急聯絡電話	(H)
							(M)
來談原因	□1.自行前來　□2.同學介紹　□3.導師轉介　□4.教官轉介						
	□5.輔導老師邀約　□6.其他：＿＿＿＿＿＿＿＿＿＿＿＿						

來談主題（可複選）	家庭狀況	請簡述來談動機及期待獲得什麼幫助
□1.心理與自我探索	◎家庭狀況：	
□2.學校學習問題	父（存、歿）；母（存、歿）	
□3.學校生活問題	◎排行：	
□4.社團活動	兄＿＿＿人，弟＿＿＿人	
□5.家庭關係	姊＿＿＿人，妹＿＿＿人	
□父母婚姻□親子衝突		
□家暴□手足關係□其他	**輔導晤談經驗**	
□6.感情問題	◎曾晤談之輔導老師	
□7.性別認同與同性戀	□無	
□8.人際關係	□有，姓名：＿＿＿＿＿	
□同儕□師生□其他	□希望安排原輔導老師	
□9.心理測驗實施和解釋	□任一輔導老師皆可	
□10.生涯規劃和未來	□若原輔導老師不行，	
□11.選課選組輔導	可安排其他老師	
□12.轉組輔導	◎此次期望晤談次數，	
□13.升學資料準備	約：＿＿次	
□14.健康狀況	◎關於問題處理的時效評估	
□15.情緒困擾	（請圈選）	
□16.曾就診精神科	0　　　　　5　　　　　10	
□憂鬱□躁鬱□焦慮	可等待　　　　　　　緊急	
□用藥□未用藥□其他		
□17.其他		

表 8-1　輔導處（室）個案基本資料表（續）

自我評估	輔導建議
為了解您目前的狀況以利晤談，請您依最近兩個星期來（包括今天）所感受到的狀況和想法，填寫下列題目，並依：「×完全不符合；1 有一點符合；2 有一半符合；3 完全符合」的方式作答。 （　）1.我最近容易悲傷哭泣　　（　）5.我最近睡得變少或變多 （　）2.我最近常有罪惡感　　　（　）6.我最近吃的東西變少或變多 （　）3.我最近容易自我批評　　（　）7.我覺得身體無力 （　）4.我最近變得容易疲倦　　（　）8.我覺得自己沒有價值 　　　　　　　　　　　　　　（　）9.我有想自殺的念頭 　　　　　　　　　　　總計分數：＿＿＿＿	（此欄毋須填寫）
我期待晤談的時段	
順位一：＿＿月＿＿日，星期＿＿，（上、中、下）午＿＿時。 順位二：＿＿月＿＿日，星期＿＿，（上、中、下）午＿＿時。 順位三：＿＿月＿＿日，星期＿＿，（上、中、下）午＿＿時。	紀錄者：

註：1. 本表乃筆者參考國立台灣師範大學學生輔導中心及國立中和高中輔導處之個案基本資料表後修改而成。適用於國中、高中職階段之案主。
　　2. 案主在填寫過程中，若有不清楚之處，需由接案初談之輔導老師說明與協助。

1.評估案主使用資源的能力與限制

　　個案管理是微觀，也是鉅觀的。微觀的角度能提醒輔導人員看見案主因應問題的模式，以及其內在有助於解決問題的個人或家庭特質，當然也包含其使用資源的能力與限制；鉅觀的部分則能將視野拉開，擴大至案主生活中與各式資源的連結情形，這包括正式管道的資源，像是政府部門或民間社福機構等，以及非正式管道的資源，例如：親戚、朋友、鄰居、志工等。

　　而在日常工作中填寫標準化的表格，是讓個案管理更有系統、更具制度的方式（宋麗玉，1998），因此評估案主使用資源的能力與限制時，不妨透過表 8-2「資源使用評估清單」所提供的向度來協助進行，並建立個案資料。

表 8-2　資源使用評估清單

1. 案主待解決的問題？
2. 案主使用資源的能力？ （0 表示最少，10 表示最多；視案主情形進行評估與圈選） ・了解自我處境的能力？　　1 2 3 4 5 6 7 8 9 10 ・自我表達能力？　　1 2 3 4 5 6 7 8 9 10 ・人際關係適應情形？　　1 2 3 4 5 6 7 8 9 10 ・主動求助的能力？　　1 2 3 4 5 6 7 8 9 10 ・對個人權益採取行動的能力？　　1 2 3 4 5 6 7 8 9 10 ・對他人的協助表達謝意的能力？　　1 2 3 4 5 6 7 8 9 10 3. 案主過去曾經使用過的資源？ ・內在資源 　i 家庭關係（例如：家人能否提供情緒支持）： 　ii 個人特質（例如：願意為當前困境採取行動）： ・外在資源 　iii 正式助人者或機構（例如：機構、專業人員）： 　iv 非正式助人者（例如：願意主動找誰傾訴）： 4. 案主對於使用資源的印象（例如：感受或想法）？ 5. 案主目前所使用的資源？ 6. 案主需要但尚未使用的資源？

2.了解案主與各個資源的聯繫情形

　　個案管理的實務是基於生態學的觀點，它所關心的不只是案主本身，

也包含其周遭的資源網絡。因此，當輔導人員欲了解案主與各個資源的聯繫情形時，可利用繪製生態圖的方式來做資源的評估。

　　以小宜的故事為例，繪製時可邀請小宜共同完成，並以小宜的經驗和感受為主。先在圖中央畫出小宜的家系圖，再與小宜討論其周遭環境中的資源，以及其與各個資源聯繫的情形。此繪製與討論過程，將有助於小宜探索自我與整體支持系統的關係，如圖 8-3 所示。

圖 8-3　小宜的生態圈（第六次晤談）

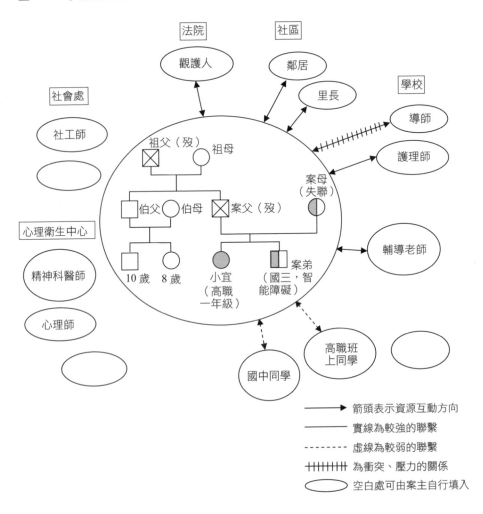

　　圖 8-3 為小宜與輔導老師在第六次晤談時共同完成的。從圖 8-3 可知，目前小宜依規定會主動向觀護人報到，在學校願意與輔導老師及護理師保持正向的聯繫；但與導師的關係讓她感到衝突、有壓力，和同儕則較為疏離，因此師生及同儕關係有可能是後續輔導計畫工作的方向。目前她自己和家庭與其他正式資源，包含社會處、心理衛生中心等，都尚無聯繫，但工作不穩定且低收入的伯父、智能障礙的案弟皆有可能是需要被幫助的對象，這部分是輔導老師可協助聯繫的地方。

3.熟悉解決問題所需使用的資源

　　在校園中發現問題複雜、多重的個案時，輔導人員須熟知解決相關問題可能要依循的法規，以及可能會使用到的資源。一般來說，於校園中遭逢複雜、多重問題且可能需要個案管理之服務方式的學生，其問題類型大致有：家庭暴力、校園霸凌、性騷擾或性侵害、心理疾病、身心障礙、自殺危機、中途輟學、愛滋病感染等；因此輔導老師平時就須將學校所屬管轄之警察局、社政單位、心理衛生中心、醫療單位、特殊教育學校、心理輔導機構等之聯絡方式與所提供之服務等詳列清單，必要時將曾聯繫之單位、合作之對象等擇要做好紀錄（紀錄表詳見表 8-3），即時更新資訊，以建立完整的資源網絡，讓教育、心理、衛生與社會服務的體系緊密連結，俾便在學生需要時發揮效用。

表 8-3　機構聯繫紀錄表

```
                                      建檔時間：　　年　　月　　日
機構名稱：＿＿＿＿＿＿＿＿＿＿
地址：＿＿＿＿＿＿＿＿＿＿＿　　電話：＿＿＿＿＿＿＿＿＿＿＿
網址：＿＿＿＿＿＿＿＿＿＿＿　　傳真：＿＿＿＿＿＿＿＿＿＿＿
服務區域：＿＿＿＿＿＿＿＿＿＿
上班時間：＿＿＿＿＿＿＿＿＿＿
服務項目：＿＿＿＿＿＿＿＿＿＿＿＿＿＿＿＿＿＿＿＿＿＿＿＿＿
　　　　　＿＿＿＿＿＿＿＿＿＿＿＿＿＿＿＿＿＿＿＿＿＿＿＿＿
　　　　　＿＿＿＿＿＿＿＿＿＿＿＿＿＿＿＿＿＿＿＿＿＿＿＿＿
申請資格：＿＿＿＿＿＿＿＿＿＿＿＿＿＿＿＿＿＿＿＿＿＿＿＿＿
收費狀況：＿＿＿＿＿＿＿＿＿＿＿＿＿＿＿＿＿＿＿＿＿＿＿＿＿
等待期間：＿＿＿＿＿＿＿＿＿＿＿＿＿＿＿＿＿＿＿＿＿＿＿＿＿
機構氣氛：＿＿＿＿＿＿＿＿＿＿＿＿＿＿＿＿＿＿＿＿＿＿＿＿＿
　　　　　＿＿＿＿＿＿＿＿＿＿＿＿＿＿＿＿＿＿＿＿＿＿＿＿＿
接洽者：＿＿＿＿＿＿＿＿＿＿＿＿
評述（對服務品質、特定服務項目、可信度，或特定機構成員服務狀況）：
　　　　　＿＿＿＿＿＿＿＿＿＿＿＿＿＿＿＿＿＿＿＿＿＿＿＿＿
　　　　　＿＿＿＿＿＿＿＿＿＿＿＿＿＿＿＿＿＿＿＿＿＿＿＿＿
　　　　　＿＿＿＿＿＿＿＿＿＿＿＿＿＿＿＿＿＿＿＿＿＿＿＿＿
```

註：引自黃源協等（2004，頁 128）。

　　在學校輔導實務工作的現場，輔導老師扮演著多重的角色，這包含了下列三種角色：(1)臨床角色，像是諮商心理師、團體帶領者，能引領學生探索內在自我，去除學習與生活適應的阻礙；(2)教學角色，像是綜合活動課、生涯規劃課、生命教育課的老師，能藉由課程中的巧思與安排，將教育、心理、哲學的理論與知識融入；(3)行政角色，像是心理衛生及教育宣導、處室間行政協調的工作等。而個案管理者的角色，彷彿上述角色的綜合體，它同時需要心理輔導的專業知能，亦需對校園文化脈絡的了解，對校外資源體系的掌握，更要具備溝通協調的技巧，如此才能確實發揮個案管理的精神，為校園個案提供符合其需求的服務。

目前國內各輔導或諮商相關系所將「個案管理」納入人才培育之課程者甚少，然而，實務工作經驗告訴我們，個案管理確實是輔導人員須具備的專業知能之一，這值得我們審慎視之。

第三節　個案研究報告的格式與範例

在個案研究的歷程中，輔導人員須將先行蒐集的個案資料加以彙整、組織，呈現各項資料之間的脈絡關係，並撰寫成個案研究報告。這份報告可以作為個案研究會議上呈現的案例，以便於與會人員研究及探討之用；也可以是在個案問題逐漸獲得改善，該個案研究將告一段落時，輔導人員將整個研究歷程書寫下來，以作為日後輔導工作上參考與借鏡之用。本節擬就個案研究報告的格式內容、撰寫原則等做一概要的說明，並提出範例供實務工作的參考。

壹、個案研究報告的格式

由於個案研究的目的，是希望能對案主的問題做有系統的評估和分析，進而歸結出解決的對策，因此報告格式通常是以說明轉介或主訴問題、個案概念化、輔導計畫、結論與建議等為主要架構，輔導人員須視實際情形，將與個案問題有關的部分加以彙整。

一、個案基本資料

個案的基本資料須如實登錄，不宜誤植，並應包含以下內容：

1. **姓名**：包含綽號或小名，但建議在書面資料中不宜出現全名。
2. **性別**：包含生理性別，或在社會上表現出的性別身分。
3. **種族**：如原住民、新移民子女等。
4. **年齡**：註明出生年月日，足幾歲幾個月。

5. **年級**：包含班別、科別、類組或日夜間部等。

6. **身體特徵**：包含身材、衣著、髮型、外表看起來的年紀或性別等。

7. **性格特質**：包含言行風格、整體舉止給人的印象等。

8. **其他**：如工讀經驗、社團等。

二、接案來源

說明接案緣起，例如：案主主動求助、他人轉知後由輔導人員主動約談，抑或由哪一個人或哪一個單位轉介等。

三、案主背景資料

針對與案主問題有關的背景資料加以彙整及說明，通常包含以下幾個向度：

1. **成長與家庭資料**：繪製家系圖（詳見圖 8-4 所示），重點式的呈現家庭成員、排行、關係、教育程度、年齡、職業，並陳述家庭社經地位、居住狀況，以及父母婚姻狀態、管教態度等。

2. **學校生活資料**：說明案主目前在學的出缺情形、各項學習表現、學習態度、導師評語，以及過去與問題有關之學習紀錄等。

3. **心理測驗資料**：從案主過去曾實施的心理測驗中，簡要呈現有助於了解案主及其問題的部分。

4. **社交人際資料**：人際關係在一個人的生活適應中扮演著重要的角色，因此有必要將案主與他人之間的相互關係加以統整，這包含：來往較密切的同性或異性友人、有無同性戀、人際行為的主動或被動情形、親密關係等（若人際情形恰為案主的問題行為之一，亦可在此簡述，並移至「問題行為概述」的部分加以說明）。

圖 8-4　家系圖符號表

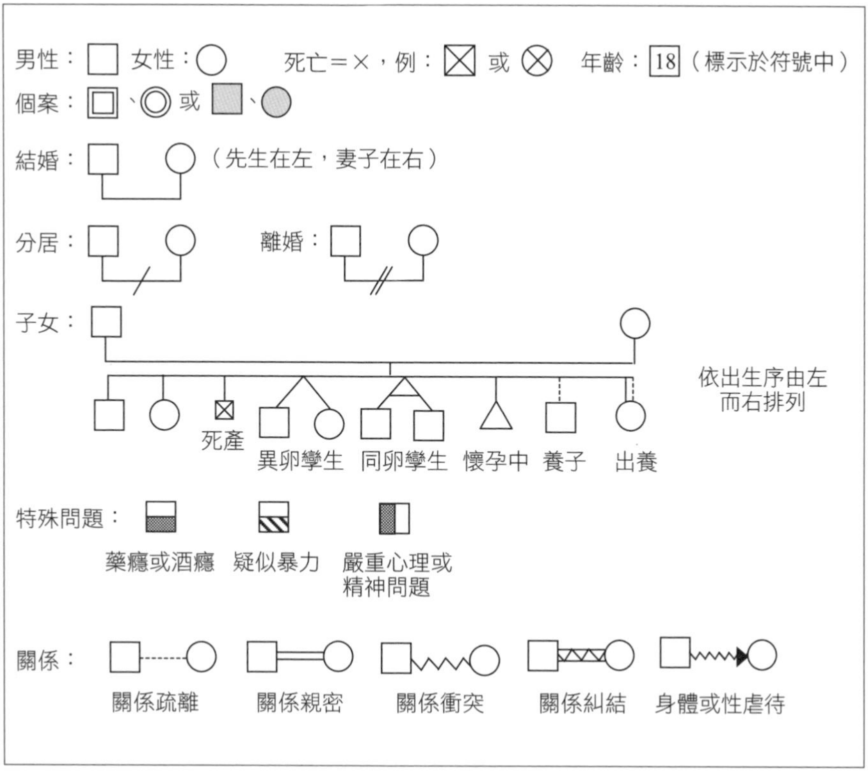

男性：□　女性：○　　死亡＝×，例：⊠ 或 ⊗　年齡：18（標示於符號中）

個案：▣、◎ 或 ■、●

結婚：（先生在左，妻子在右）

分居：　　離婚：

子女：依出生序由左而右排列

死產　異卵孿生　同卵孿生　懷孕中　養子　出養

特殊問題：

藥癮或酒癮　疑似暴力　嚴重心理或精神問題

關係：

關係疏離　關係親密　關係衝突　關係糾結　身體或性虐待

四、案主身心健康資料

1. **健康史**：說明案主先前的重大疾病、目前與身體健康有關的疾病或抱怨（例如：頭痛、暈眩等），以及服藥情形等。

2. **心理疾病史**：說明案主過去到現在是否有心理疾病之症狀，或是否曾接受治療之情形，並就心理健康檢查[1]須特別說明的部分加以陳述。

---

[1] 心理健康檢查（mental status examination）是指，輔導人員在與案主晤談的過程中，對案主所做的觀察與評估，項目包含案主的：外表、警覺性、情緒狀態、思考流暢度、思考內容、對時間、空間和人的定向、知覺能力、對晤談的態度等。

3. **使用藥物或酒精**：說明其過去到現在有無藥物或酒精濫用情形。

4. **自殺或暴力的傾向**：如自殺的念頭、想法、行動，並以數字 0（最不緊急）到 10（最緊急）來呈現其緊急的程度。

五、問題行為概述

所謂的問題行為是指，案主目前不適應的心理或行為反應，可包含：案主求助或轉介的原因、案主的主訴問題、期望獲得的幫助，以及輔導人員的觀察與判斷等，而撰寫時亦可將案主的問題行為依主要問題、次要問題等，加以具體描述。

六、問題分析及概念化

綜合案主的背景資料、心理健康狀況、問題行為等之後，對其問題成因做出分析及評估，也就是第一節所提及的「個案概念化」。

七、輔導經過

將初談日期、晤談次數、輔導方式、案主參與的態度等，加以整理與記錄。

八、個案或家人的期望

記錄下案主或家人期待在接受輔導之後能夠獲得的幫助。

九、處遇計畫與建議

處遇計畫與建議是指，到目前為止，輔導人員對案主的輔導工作所進行的計畫，或對於未來輔導作法可能採取的策略，其主要內容包含：

1. 案主在做了什麼改變之後，將有助於其生活或學習適應？

2. 延續上述問題，並探討欲達成的具體目標？

3. 提出達成目標的具體作法？

4. 輔導過程中可能需要運用到的校內外資源？

5. 輔導過程中需要各處室、相關教職員、家長配合的事項有哪些？

　　以上為一般個案研究報告的格式，在撰寫時仍須視實際情形再做調整，例如：若個案研究報告是用於督導的目的時，有必要在最後的地方另外條列說明輔導人員的困境，以及期待在督導過程中所獲得的幫助。因此在既定格式下，仍保有彈性以合乎實用的價值，是十分重要的。

貳、個案研究報告的範例

　　為了有助於讀者了解個案研究報告的撰寫方式，並結合本章所涵蓋之內容，以下呈現學校內進行個案研究會議時之報告範例，由於案主之問題較為多重、複雜，因此一併融合個案管理的工作模式來進行。範例如下。

一、基本資料

1. **姓名**：張○○

2. **性別**：女

3. **年齡**：足 17 歲 10 個月（民國○○○年○○月○○日生）

4. **年級**：高中三年級

5. **身體特徵**：喜歡做成熟、超齡的裝扮，配戴飾品，偶爾化妝、穿著便服外套上學。

6. **性格特質**：多愁善感、心思細膩。

二、接案來源

　　案主班上同學主動告知輔導老師，表示懷疑案主有憂鬱症，且曾看到案主的手腕上有傷痕，輔導老師知悉後主動邀請案主接受輔導晤談。

三、個案背景資料

（一）成長與家庭資料

1.家庭成員與關係

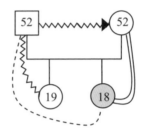

　　案主在家排行第二，上有就讀大一且住宿學校的長姊。父親高職畢業，為營建包商；母親小學畢業，是家庭主婦，兩人現年皆 52 歲。案主從小與母親關係緊密，與案姊感情深厚，與父親關係則較為疏遠，而案姊與父親的關係則是衝突不斷。自案主小學起，父母即因感情不睦而分房睡，平時案主與母親同睡。

2.家庭衝突事件

　　在案主成長過程中，母親多次因與父親爭吵而有歇斯底里的情緒和行為，例如：大吼大叫、情緒失控、持刀威脅要自殺（案主小三時，曾害怕至極的將刀具藏在衣櫃裡）、半夜踹房門咆哮，以及以手敲打桌面直到玻璃被敲破（案主國二時）等，這些都帶給案主極大的恐懼與焦慮。案主自小常目睹父母爭吵，父親曾多次對母親暴力相向，最近一次是在

上個月（由案姊撥打 113 通報）。案主常聞聲後在房裡啜泣，極害怕父母關係不好或爭吵。

（二）學校生活資料

案主現為高三，成績中等，在導師眼中是自律、乖巧、受人喜愛的學生。案主自我要求頗高，重視課業，在患病後難以調適成績退步的情形；距離學測尚有一個多月，案主心理壓力極大。案主自高三上學期開始，常有缺席未到校或遲到的情況，迄今已請假達一百一十節。

（三）心理測驗資料

在校期間，心理測驗僅實施興趣量表及性向測驗，與案主當前問題較無相關。

（四）社交人際資料

案主在班上人際關係良好，患病期間同學能給予支持與包容。案主有一交往一年多的男友，目前為大學二年級。受男友影響，案主信仰基督教，固定參加團契，有時會以禱告來平撫不安的感覺，此感情交往情形因擔心案父反對而對其隱瞞，但案母知道，也願意支持案主。在輔導老師與案主的互動經驗中發現，案主態度親切、有禮貌等特質，確實為其人際關係之正向特質。

四、身心健康資料

（一）健康史

案主目前無特定生理疾病，但因心理疾病而服藥中，詳見下一項。

（二）心理疾病史

案主頗具病識感，常主動上網查詢資料，認為自己應該就醫，故二週前由案母陪同赴○○醫院精神科就診，經醫師診斷為恐慌症，已安排

案主於三週後進行心理衡鑑，其偶有疑似視幻覺、聽幻覺等症狀，將一併評估與確認。

（三）使用藥物或酒精

案主目前穩定服用精神科之藥物：

1. **心益**（Serenal）：一天三次，主要用於緩解焦慮及緊張感。

2. **贊安諾**（Xanax）：需要時服用，有解除焦慮、催眠鎮靜、肌肉鬆弛、解除痙攣等作用。

3. **美舒鬱**（Mesyrel）：一天三次，具有調節情緒的作用。

4. **樂復得**（Zoloft）：一天二次，具有緩和憂鬱、恐慌、強迫症狀的作用。

在與其第五次晤談時發現，案主太依賴抗焦慮劑「贊安諾」（Xanax），在二十四小時內斷斷續續服用了三顆，於是給予藥物使用的衛教；案主目前無藥物或酒精濫用之情形。

（四）自殺傾向

案主左手腕上有多道傷痕，為其數學考差、父母爭吵等事件後，因情緒低落而以美工刀劃下之傷痕。雖然案主自述此舉並非想死，但其常出現自傷衝動，仍需留意其背後之死亡驅力（緊急程度：8 分）（詳見「問題行為概述」）。

五、問題行為概述

（一）恐慌發作

案主有恐慌發作之症狀，包含：頭部發暈、心跳加速、呼吸急促、感覺極度害怕、胃部不適、想吐、彷彿要昏厥、感覺像要失控等。此情形在每天一早醒來後上學前，或常於傍晚時刻發生（案主曾於課堂間恐

慌發作，臨時到輔導室，經輔導老師引導其練習腹式呼吸調息後漸恢復）。

（二）睡眠困擾

案主目前和母親一起睡，起初可順利入眠，但半夜易驚醒，醒來後會感到極度害怕，稍後仍可再度入眠。近兩週，個案常在睡前仍醒著時，閉上眼即看到許多可怕的影像（例如：母親被虐等），但並非作夢，此讓案主感到害怕；最近更每天作惡夢，夢境多是血腥、被殺害、強暴等畫面。

（三）疑似幻覺

案主於第三次晤談時表示，早上醒來一切變得很小心，感覺到「空氣在摸我，癢癢的」、「視野角落處某些地方好像很可怕，想拿棉被把自己包起來，以隔絕空氣」。

在第四次晤談時，案主表示聽MP3時，會聽到有人喊她名字，但詢問同學後，同學表示沒聽到；坐在教室裡，有時會看到走廊外有人快速走過，但定睛一看，又沒有了，此情形似乎在高一時曾有過。

上述情形建議案主於複診及心理衡鑑時，主動告知醫師及心理師，以做進一步評估。

（四）疑似行為退化的現象

個案自恐慌症之診斷後，明顯的更依賴母親，例如：會躺在母親大腿上並依偎著、對母親撒嬌、要求和母親抱抱、上學前要親吻道再見、反覆問母親愛不愛她等。案主認為母親對她非常重要，不想讓母親擔心。

（五）自殺的衝動、特殊的幻想或知覺

案主曾表示，如果人可以死二次，很想體驗死掉的感覺。站在自家三樓陽台，會有想跳下去的衝動；會幻想自己如果割腕一直流血、燒炭

自殺可能獲救、透過針筒將空氣打進血管等。然而，案主亦表示「只是想想，不會行動，手腕傷痕並非想死，只是宣洩情緒」，願意與輔導老師簽下不自傷（殺）合約。

案主有諸多特殊的幻想，例如：會幻想男友的皮被剝下來穿在自己身上（和他貼近，融在一起）等。

（六）家庭暴力

自小案主曾多次目睹父母爭吵、衝突，甚至暴力相向的情景，案主對此感到害怕、恐懼、不解；案主表示，案姊對父親感到極為憤怒，故考上大學後便離家就讀。

父親最近一次對母親拳腳相向，是在一個月前，當時案姊適逢週末返家，見狀即撥打 113 專線通報。父親對此極度憤怒，故案姊已有一個多月沒有回家，平時以手機與案主及母親聯繫。

駐區社工師於上週到校探訪案主，案主在輔導老師陪同下與社工師會談約三十分鐘，但案主不願與社工師多談，僅被動回答問題（此次家暴事件後，案母前往就醫驗傷，申請保護令，目前仍在審核中；案父已有一個多月未曾出現家暴行為，後續由社工師持續追蹤了解）。

六、問題分析及概念化

（一）家庭關係之影響既深且鉅

案主自小經常面對父母的衝突、母親的歇斯底里，內在的焦慮、恐懼亦獨自承受；案主善解人意，多選擇讓父母看見其堅強、冷靜的一面，將此不安與害怕壓抑下來，久而久之即以不同形式的焦慮狀態呈現出來。而此焦慮在案姊離家就讀大學之後，就更為明顯、頻繁。

（二）疾病角色的意義

案主病識感佳，提供衛教時接受度高，不排斥被知道自己患病的事實，此對治療有其正向意義。然而，案主亦喜歡生病時所帶來的改變，例如：得到更多休息、更多思考的時間，特別是母親的情緒較以往更為平穩時。故有必要協助案主對此有所覺察，並讓自己在不生病的情況下，亦可滿足上述需要。

目前案主因症狀本身及服藥之副作用，身體常感到疲倦、專注力較差，因此請假未到校的情形比較頻繁，若一早到輔導室，便想多加停留，須給予諸多鼓勵與提醒，才願意進入教室；而上課時隨堂考表現不佳、聽不懂、擔心任課老師的評價等，皆讓案主感到心理壓力極大。

（三）傷痛經驗導致焦慮症狀

精神科醫師診斷案主有恐慌症，另有憂鬱症狀，但未達憂鬱症之診斷。輔導老師觀察案主雖有情緒低落之情形，但多數是恐慌發作的失控感、身心不適等所導致之情緒反應。有關憂鬱症狀仍需持續觀察與了解。

案主的焦慮症狀可能是過去傷痛經驗壓抑至潛意識所致，然而現實生活的課業壓力、升學壓力等，亦是其焦慮來源。當身心狀態不穩定的情形發生時，案主在思想上會認為上課沒有意義，在行動上會選擇讓自己休息、不去上課，想遠離現實生活的壓力。

在第五次晤談之前，輔導老師注意到案主有疑似幻覺、行為退化等現象，認為需進一步了解有無精神病的症狀，並協助案主在下次複診時與醫師溝通。然而，在第六次晤談時，此情形又稍好轉，仍要持續評估。

（四）自殺衝動與自傷行為

案主曾多次出現自殺的衝動與念頭，且手腕已有割腕傷痕，雖然案主表示是情緒低落所致，但仍須高度關注及預防。

案主對數學科花費許多心力，但未見成效，為此挫折不已；在校時曾有二次持美工刀割劃手腕的紀錄，有宣洩及懲罰自我之意。此須協助其以正向方式調適，並請數學老師協助其調整學習方法，他科老師亦共同予以關切。

七、輔導經過

（一）晤談次數

案主於○○年○○月○○日開始進行第一次輔導晤談，目前晤談次數共計六次，距離寒假尚有一個月，預計可再晤談三次。

（二）輔導關係

案主願意與輔導老師建立穩定、信賴之諮商關係，進行內在自我之探索與了解。其問題較多重，需進行個案管理；而在與外圍聯繫的部分，社工的訪視引起案主較高的焦慮，但對輔導關係尚無負向影響。

（三）目前已做且有效的部分

教導案主在恐慌發作時，以深且慢的腹式呼吸調息來恢復到平穩狀態。

幫助案主覺察自己對於心跳、呼吸等反應之過度敏感、過度警覺反應，學習以認知思考來面對恐慌發作的經驗（目標：讓恐慌發作的頻率減少、所需恢復的時間變短）。

有關自我傷害的行為，已與案主簽訂不自傷（殺）契約，保管案主的美工刀，並已告知案母此情形，請其高度關切，而母親的關心與牽掛，有助於案主減少自傷行為；上課期間導師安排同學陪同，不讓案主落單，目前案主沒有自傷（殺）行為，但其頻繁的自殺衝動仍須持續關注。

與案主訂定進教室上課、到輔導室或保健室休息、與輔導老師晤談的時間表。

與社工師、精神科醫師、家長、導師等皆保持聯繫，以確知案主的需要及狀態，並針對協助方式做溝通與討論。

八、個案或家人的期望

（一）案主的期待

與案主討論其復原的期待和計畫，目前案主決定參加學測考試，並願意配合藥物治療與心理諮商，期待自己能盡快復原。

（二）案母的期望

案母對案主的病情感到心疼與自責，對案主的恐慌、焦慮、自我傷害等行為十分憂心，願意配合就醫及心理輔導等處遇，期望案主可以順利考完學測，自高中畢業，若未能考取理想大學亦無妨，當前以孩子的身心健康為第一優先。

九、處遇計畫與建議

案主所面臨之問題已明顯影響其學習及身心適應，同時需要導師、輔導老師、精神科醫師、社工師、家長等資源之介入與協助。以下依據後續輔導處遇的項目、目標、執行方式、協助人員等向度訂定輔導計畫，由接案之輔導老師兼任個案管理工作，以協助案主減低困擾，進而恢復良好的身心適應狀態。

表 8-4　○年○班張○○輔導處遇計畫表

序號	項目	目標	執行方式	協助人員
1	自傷(殺)危機處遇	預防案主自傷（殺）行為再發生	◆目前的輔導作法，已有效緩和案主自傷（殺）行為，但仍須持續高度關注。 ◆輔導老師已針對案主之自殺衝動與案母溝通，請案母予以關注。 ◆導師及任課教師若發現案主有異狀（例如：情緒明顯低落、不明原因缺席等），請逕自通報輔導老師。	輔導老師 導師 案母 任課教師
2	就診及藥物治療之追蹤	持續了解案主就診及服藥情形	◆輔導老師與案主之精神科醫師保持聯繫： (1)了解其藥物治療情形及心理衡鑑之結果（三週後進行心理衡鑑，第四週複診）。 (2)案主有過度依賴抗焦慮劑的情況，應持續給予衛教，必要時轉知醫師，須關注其藥物使用情形。 (3)轉知醫師有關案主疑似幻覺、退化之行為，以及自殺之衝動。 ◆教導案主如何將個人情形告知醫師、如何與醫師合作，以促進治療效果。	輔導老師
3	焦慮症狀之紓解	給予案主彈性、喘息空間，緩和其焦慮症狀	◆案主目前無法持續專注三節課皆在教室中，故到了期末放假前，上課期間請各科老師同意案主調整為上三節、休一節的作息，可到保健室休息，緩和後再回教室。 ◆上述情形請生輔組登記出缺席時，給予彈性。 ◆案主對數學科具有高度焦慮，請數學老師協助其調整學習方法，給予個別指導，並藉此引導其調適壓力。 ◆輔導老師應持續幫助案主覺察其有過度放大身體反應，而誘發恐慌症狀發作的情形。	各科教師 生輔組 數學教師 輔導老師 護理師

表 8-4　○年○班張○○輔導處遇計畫表（續）

序號	項目	目標	執行方式	協助人員
4	家庭暴力	鼓勵案主了解與善用社政資源	◆輔導老師與接案之社工師保持聯繫，以了解案母申請保護令之流程與進度。 ◆輔導老師提供社政單位及心理輔導資源，鼓勵案母使用相關社會資源。 ◆持續了解案主在目睹多次家暴及衝突事件後，對自我身心所產生之影響。	輔導老師 社工師

　　上述的處遇計畫若在實施上有困難之處，請主動與輔導老師聯繫，俾便掌握案主之調適情形，並作為後續調整輔導介入方式之參考。

結　語

　　面對複雜且多重的學生問題，學校輔導人員為了協助個案，常常須審慎、有系統的從各個面向，來對案主的問題進行分析與評估，透過個案研究的過程，擬定適合案主的輔導計畫；有時也須身兼個案管理者的角色，細膩、周延的展開資源的橫向連結和溝通，擔任案主資源運用的窗口，將其所需要的專業人力、福利措施等納入，以確定這是一個符合案主需求的服務計畫。如此多元的角色，更顯示出學校輔導工作的挑戰性與專業性。

　　還好目前有愈來愈多學校在輔導人員的聘用上，能顧及專業的考量，因為如果教師沒有輔導專業能力卻從事輔導工作，就如同自修醫學而開業的醫生一樣，不但違反專業倫理，更忽視個案的權益。而從事學校輔導工作者，宜妥善運用個案研究的方法，充實個案管理的知能，藉此更完整的將心理輔導的服務提供給需要的學生。

問題與反思

基本題

1. 個案研究的定義和目的分別是什麼？

2. 進行個案研究的程序為何？

3. 個案資料可藉由哪些方法來蒐集？

4. 蒐集個案資料時應遵循哪些原則？

5. 何謂個案概念化？進行個案概念化的目的為何？

6. 什麼樣的學生需要個案管理的服務？

7. 輔導老師身兼個案管理者的角色時，在輔導過程中應留意哪些地方？

8. 個案研究報告的格式大致有哪些內容？

進階題

1. 在學校召開個案研究會議時，有哪些注意事項？

2. 撰寫個案輔導紀錄時有哪些需要注意的原則？

3. 不同諮商學派的輔導人員在進行個案概念化時，其所著重的面向是不同的，試舉例說明。

4. 在接案初談時，準備一份適用的「個案基本資料表」將有助於諮商工作。請問：這份表格應有哪些評估向度？你會如何設計？

延伸閱讀與相關影片、網站

1. 書籍

黃政昌（2020）。**心理評估：在諮商中的應用**（第二版）。雙葉。

劉作揖（2010）。**個案研究與輔導治療**。三民。

Harris, M., & Bergman, H. C.（2008）。**精神障礙個案管理：理論與實務**（劉瓊瑛譯）。心理。（原著出版年：1993）

2. 影片

希望總在生命轉角處（簡介：優勢觀點的個案管理模式。時間：18分。語言：國語發音、無字幕。來源：復元與優勢觀點發展中心）

玫瑰人生（簡介：優勢觀點的個案管理模式。時間：17分。語言：國語發音、無字幕。來源：復元與優勢觀點發展中心）

心靈推手（簡介：在社工陪伴下行為偏差孩子找回善良與希望的案例。時間：116分。語言：英語發音、中文字幕。出版：華亞國際）

他不笨，他是我爸爸（簡介：智能不足的父親為了擁有女兒監護權而奮鬥與學習的故事。時間：132分。語言：英語發音、中文字幕。出版：得利影視）

個案研討、自我督導模式的應用（簡介：教學影片。時間：47分。語言：國語發音、中文字幕。出版：心理出版社）【諮商實務有聲圖書（一）】

星星的旅程（簡介：受刑人子女的輔導與協助。時間90分。語言：國語／法語發音、中文字幕。出版：好消息電視台）【老師上課了（I）】

甦醒（簡介：特殊生的輔導與協助。時間：91分。語言：國語／法語發音、中文字幕。出版：好消息電視台）【老師上課了（I）】

發條橘子（簡介：一個性暴力青少年接受行為治療新實驗的個案研究。時間：136分。語言：英語發音、中文字幕。出版：華納兄弟）

浪子的凱歌（簡介：不同取向之社工服務的差異。時間：15分。語言：國語發音、無字幕。來源：復元與優勢觀點發展中心）

3. 網站

衛生福利部社會及家庭署 　台灣公益資訊中心
www.sfaa.gov.tw　　　　　　　www.npo.org.tw

台灣社會工作專業人員協會
www.tasw.org.tw

參考文獻

宋麗玉（1998）。個案管理之內涵與工作模式：兼論個案管理模式在台灣社會工作領域之應用。社會政策與社會工作學刊，**2**（1），127-153。

李宗派（2003）。探討個案管理概念與實務過程。社區發展季刊，**104**，307-320。

林家興、王麗文（2003）。**諮商與心理治療進階**。心理。

張麗鳳（2005）。當前學校輔導工作的需求與機制。**當代教育論壇，13**，57-61。

黃源協、陳伶珠、童伊迪（2004）。**個案管理與照顧管理**。雙葉。

盧美秀、林秋芬、魏玲玲（1997）。個案管理與臨床路徑。**護理雜誌，44**（5），23-28。

Ballew, J. R., & Mink, G.（1998）。**個案管理**（王玠、李開敏、陳雪真譯）。心理。（原著出版年：1996）

Yalom, I. D.（2002）。**生命的禮物：給心理治療師的 85 則備忘錄**（易之新譯）。心靈工坊。（原著出版年：2001）

第 3 篇
輔導實務篇

CHAPTER 9

人際困境學生的認識與輔導

黃瑛琪

前　言

「我想在學校有好朋友，但不知道怎麼跟同學講話？」

「我不知道自己做了什麼，為什麼同學排擠我？」

「他是誰呀！為什麼都得聽他的呢？」

「老師我跟你說，我真的看那個人很不順眼，他真的很欠揍，真想找人去揍他。」

「為什麼每次我都得聽他們的話，他們卻很少聽我的話？」

「我討厭我爸媽，他們什麼都不懂，又愛說教。」

「我討厭我媽，什麼都要管；怎麼不管哥哥，這麼不公平。」

「你們都走開，誰都不要理我。」

「我不想來學校，我覺得同學都討厭我，不喜歡和他們打交道。」

「我們班上同學都很自私，大家都各過各的，對班級事務一點也不關心。」

「你不知道我被同學欺負得很慘，我根本不想理他們，但他們愈來愈過分，現在都叫我『娘娘腔』。」

　　上述的語句表達你聽過嗎？在校園生活情境中，學生的困擾常源於人際關係，甚至因為人際困擾或壓力而中輟學習。

　　基本上，學生在校園中，若與同儕的人際關係能維持友善良好的互動，則上學的動機較強，個人感受幸福感的頻率也會增高。在輔導工作者之實務經驗中，有些在學校學業成績低落的學生，來上學的目的只因為學校有同學，下課可以一起玩、一起聊天，中午可以一起在走廊吃飯、在校園逛逛，甚至有些青少年（女）因為捨不得與班級同儕分開，而選擇不適合自己的類組，寧願忍受學習上挫折的經驗，也要跟好同學在一起。反之，若學生在情感上覺得自己的人際關係不佳，或感覺同學對其排擠、不友善，個人可能容易陷入負向情緒中，甚至出現身心症狀或疾病，而不願意去上學，進而演變適應困難等相關議題。

　　此章將協助讀者認識人際困境學生的定義、內涵，並說明其可能的成因、不適應的行為表現，並進一步以案例說明，擬定可能的輔導策略與進行討論，以協助讀者理解人際困境學生的內在心理動力，以及協助輔導其解決困境的相關輔導策略。

第一節　人際困境學生的定義與認識

壹、人際關係的定義

　　Brammer（1993）指出，人際關係是指人與人之間相互交往、交互影響的一種狀態，是一種社會影響的歷程。張春興（2002）更進一步指出，人際關係是指人與人之間的交互關係，關係和諧與否奠基於個人待人接物和處事的態度與能力。Brammer（1993）更進一步指出，人際關係是指人與人之間相互交往、交互影響的一種狀態，是一種社會影響的歷程。徐西森等（2002）認為，人際關係除了是指人與人之間相互交往、交互

影響的社會歷程外；並進一步界定人際關係的範圍，廣義的人際關係，包括：親子關係、兩性暨親密關係、手足關係、勞資與同事關係、師生關係、同儕關係等，人與人之間任何型態的互動關係；而狹義的人際關係，則專指友伴、同儕、同事的人際互動關係。

由於人是社會性的動物，絕不可能獨活於世界或離群索居，我們渴望與他人建立關係，同時透過與他人的人際互動，進而才能順利滿足個人內在的各種需求（陳皎眉，2004），例如：愛與隸屬（love and belonging）、溫柔（tender）、陪伴（companionship）、接納（acceptance）、親密（intimacy）、性（sexuality）等。

綜合上述，我們可以將人際關係理解為，個體為尋求心理需求的滿足，透過人我互動（不論是實體或是虛擬）與他人產生關聯，在共同活動中交互影響所創造出的心理關係；在此互動性的螺旋學習中，催化個體建構更佳的自我狀態，並進一步發展出更為適切的人際關係。

貳、人際困境學生的定義

從上述對人際關係的正向理解出發，相反的，人際困境係指人際關係適應不良，換句話說，即指個體在與他人所進行的共同活動中，無法滿足其心理上的需求，或在人際互動上，因個人生理和心理因素，出現的種種不適應行為，例如：個人缺乏自信、自我肯定，或自我中心，因而在與他人接觸時，產生過於黏膩、躲避人群的內在心理掙扎；或不在乎他人、我行我素等人際問題；或因個人與他人因意見、態度的不同、自我缺乏彈性，自己與他人共處的調整困難；或自我遠離同儕團體；或受同學排擠；或產生不容易原諒他人之人際衝突現象等，皆可稱為人際困境。

人際困境的成因相當複雜，包含了生理性因素、自我概念和認知等心理性因素、與家庭、社會、學校等社會性因素，同時需考量個體於各

發展階段中，如何經歷、面對所發生的事物等，上述因素都會交互影響。以下以個體出現之人際困境可能的不適應行為，簡略陳述其可能成因，協助讀者理解目前在發展中的兒童和青少年，其所經常出現的人際關係困境情形。

第二節　人際困境學生的類型與成因分析

在上述對人際困境的定義下，我們進一步以兒童和青少年生活中常出現的人際關係困境面向，例如：「親子關係」、「友伴關係」、「情愛關係」等三者，進行說明與討論，協助讀者認識學生形成這些人際關係困境的可能成因，以及其表現於外的情緒、行為之樣態。

壹、在親子關係中出現困境的學生

親子關係是個體第一次接觸他人的經驗，同時也是最初的人際關係，它對個體的影響將持續一生，因此嬰幼兒及兒童階段特別的重要。在個體年幼時期，父母親對待個體的方式會影響其日後人格、情緒等的發展，它是個人在社會化過程中相當重要的一環。良好品質的親子關係不僅會溫暖個體心靈，同時會影響個體日後人格的發展，是建構個體與他人互動關係的基石，例如：個體對他人、世界的看法，以及個體與他人互動的人際溝通模式等。

然而，隨著個體的成長發展，在各發展階段有其發展任務需完成，個體於各階段的發展任務，與環境中的各種影響源，以及各種成長發展的因素交互影響，個體可能會長成非父母所期待的模樣，親子關係因此漸行緊張、衝突，而演變成學生的親子關係困境。以下簡述常見的親子關係困境問題。

一、為邁向獨立、自主，與父母之間的親子關係衝突提高、親密 感降低

兒童和青少年自成長起，即逐步邁向「分離─個體化」的歷程。在青少年階段的重要任務即是：「走出對家庭的依賴，發展獨立的自我」。在生活中的具體事實，呈現的是青少年由對父母、師長的認同，轉而對於同儕、朋友的認同，由「父母說……」轉變成「我同學說……」、「我朋友說……」。

青少年因學校課業漸重，生活的時間分配不僅止於學校學習，更擴及課後輔導、社團、網路上的人際互動等，因此與家人相處的時間隨著年齡的增加而逐漸降低。Fuligni 與 Eccles（1993）的研究指出，此階段的青少年與父母關係的變化，在青少年早期會出現趨近同儕、遠離父母的現象，原因是因為同儕關係比親子關係更能滿足青少年的心理需求。同時，青少年會開始要求父母親尊重其個人權力，並提供自由選擇的機會，這些種種脫離對家庭的依賴及爭取獨立的過程，使得青少年與父母之間的關係衝突逐漸提高，親密感漸減，甚至出現青少年與父母關係疏離的現象。

在輔導工作者的實務經驗中，或許常會接到家長來電表示：「小孩回家，門碰的一聲，招呼不打就回房間，關起房門接著就上鎖，不知躲在裡面幹什麼？」、「叫他吃飯，吃完飯又躲進房間。老師，你可不可以找他說說，父母不是仇人或敵人，我們含辛茹苦養大他，不是讓他長大糟蹋的。」「心」苦的家長訴說所遭遇的困境；但學生的說法則與家長大不相同：「沒事啊，只是跟他們無話可說而已啊……」、「她總是趁我不在偷進我房間，翻我的東西、看我的日記，我跟她說過多少次了，不要偷進我房間。」

二、因家庭功能不彰,情感連結不佳,而與父母之間的親子關係 衝突、對立

兒童和青少年身心的發展,與家庭功能健康與否,以及親子之間親密的程度等有關。有些兒童和青少年因為家庭功能不彰,例如:單親、父母親有酒癮或藥癮問題、父母性格反覆無常、暴力行為,或管教無方等負向因素,使青少年出現疏離行為、憤恨情緒,以及暴力行為,例如:2010 年 3 月間的重大社會案件,成年的姊姊夥同男友及其未成年的弟弟共同商議殺害父親,殺害之後兩姊弟對於犯下重刑並無悔意,主因是該姊弟長期遭到父親暴力毆打,因此懷恨在心。

此類因父或母之一方的人際因應模式缺乏彈性、總是暴力相向婚姻伴侶或子女,而導致親子疏離、衝突,甚至走向悲劇的現象,在現代社會屢見不鮮。尤其目前在國家經濟產業面臨極大轉型,家庭經濟及社會壓力增大的情況下,父母如沒有穩定的人格特質、良好的情緒調節能力,就會很容易將自身所承受之經濟壓力及情緒壓力,以暴力方式轉嫁至子女身上;再加上若過去與子女的情感連結不佳,無法滿足青少年渴望的關懷或關愛,則衝突將愈演愈烈,青少年在親子關係中就會更顯得衝突、對立,與其父母的互動態度也會更形惡劣。

三、因父母離異,而與父或母其中一方的親子關係敵意、緊張

結婚率愈來愈低,離婚率愈來愈高,是當今社會的普遍現象。而父母離婚後所形成的單親結構或繼親結構等改變,對兒童和青少年的影響亦隨之產生。由於離婚人口的增加,父母親在處理離婚的過程中或離婚之後,如何告知兒童和青少年其離婚的始末,以及離開的一方如何安排與孩子保持接觸與情感連結,甚至與孩子同住的家長如何協助孩子了解

父母關係的改變對其親子關係之影響等，這種種的處置將影響兒童和青少年與父或母其中的一方親子關係呈現緊張、敵意的狀態。

親子關係充滿敵意、緊張的青少年，面對父母常充滿憤怒、敵意、指責等負向情緒，例如：「你為什麼不愛我們、要丟下我們，跟外面的女人在一起？」、「你出去後就不再是我爸爸（媽媽），我永遠都不會承認你，你在我心中已經死了。」他們不見得會與留下的另一方形成同盟，且可能更感疏離、悲傷；或與父母其中一方，乃至父母雙方關係呈現緊張、敵意。

有些時候，父母處理離婚的過程有高度的敵意或衝突，孩子常會覺得自己夾在父母中間、進退兩難，此時該兒童或青少年常會出現焦慮、憂鬱、疏離或煩亂等負向情緒，導致自己與父母關係調適不良，甚至感覺自己在家庭系統中被拉來扯去，情緒更為衝突與矛盾。甚至在父母離婚後，青少年往往得經歷一段失落哀悼和悲傷的歷程，其感受就像是父親或母親去世一般，傷心、感到被遺棄和沮喪。此過程若無人陪伴，或是與同住的父或母一方，無法有良好的溝通時，他們較容易將負向情緒展現於生活、學習、同儕，而導致更多的議題產生。

四、因單親父母經濟壓力承擔重，無時間關照成長中子女的需求，親子關係冷漠、疏離

不論是因父母離異、父或母一方去世，或是有一人遠在外地工作，久久才回家一次的生活型態，其所形成的實體或假性的單親家庭在現今社會逐漸增加，留下負起照顧養育子女的一方，其責任、負擔更形重大。從父母離異的狀況來看，若父母處理離婚的過程非常理性、均在乎子女，能將共同養育子女訂為規劃方向，尚可能共同承擔子女的教育、生活等支出，留下來照顧子女的一方，其負擔將較為輕鬆，較可以規劃出培養

親子關係的時間。但父母雙方若非好聚好散，則單親家庭的經濟壓力多由離婚後留下子女的一方承擔，其養育子女過程的沉重經濟負擔，將促使留下子女的一方疲於奔命而經歷更為嚴重的壓力與困難，因此而減少與子女互動、溝通、相處的時間，促使親子關係因而疏離，甚至變得冷漠。

在輔導工作者之實務經驗中，有些兒童和青少年背後的家庭系統若為單親家庭，父或母的其中一方為照顧家庭生計而日夜工作，因而未能與兒童和青少年保持緊密關係，疏忽協助或督導子女之責，甚至將子女之生活、生命導師一職加以棄權。而兒童和青少年在父或母不在身旁的狀態下，為展現其自主性、獨立性，或在同儕中為爭取隸屬感，不僅容易疏離父母，也容易出現疏離學校的情形。其中更為嚴重者，青少年在校園外會經常出入不良場所，甚至中輟學習，提早進入社會，乃致於被黑幫所吸收，為求生存而逞凶鬥狠。

五、在繼親家庭和混合家庭中，青少年心理上「忠誠議題」發酵，使其與繼親父母之關係更形緊張、對立

除了上述議題之外，時代的多元發展與快速變遷，促使了繼親家庭和混合家庭增加，更增加了親子關係處理上的難度。父或母之一方再婚後的家庭關係變得更複雜，身為繼親父母的難度遠超過親生父母親，尤其對青少年而言，他們視繼父母為其原生家庭的「闖入者」，甚至是「破壞者」，因此更加難以接受繼父母，在「繼親—子女關係」上更是衝突重重。

典型的拒絕反應，例如：「她又不是我媽，管我那麼多幹嘛？」、「他又不是我親生爸爸，憑什麼管我。」對大多數的混合家庭來說，建立良好的繼親—子女關係需要長時間的努力，不僅是繼親父母需要努力，

同時繼子女亦須認知此一事實：「原生的父或母與繼父母建立的家庭已是不容改變」，不僅要認知到他與繼父母之間關係連結的建立，另一部分需體認並發展到其對原生父或母忠誠議題脫鉤的可能性，才有機會與繼父母重構新的家庭結構與氣氛。

青少年時期的親子緊張關係，不僅容易造成青少年的情緒困擾，同時亦容易使其因為情緒困擾而做出令人遺憾的決定。在輔導工作者之實務經驗中，有些親子關係緊張的青少年，甚至會不留餘地的指責、拒絕父母，或以逃家、逃學的方式作為處理衝突的策略；在處理過程中，若雙方將協商視為關係輸贏的籌碼，則關係就會更形緊張，其結果常令人感到遺憾。

貳、在友伴關係中出現困境的學生

友伴關係是指，個體在學校與同學、朋友或夥伴之間的關係。當個體進入兒童晚期及青少年時期，意謂著個體將更積極地爭取獨立、自主，並朝向認同同儕發展。此時，友伴的影響力將大於父母和家庭。友伴團體使成長中的兒童和青少年，能獲得家庭之外新的身分、角色、隸屬、認同及心理上的支持感，尤其是當個體遭遇到困難時，友伴更是個體尋求情緒支持的主要對象；對個體而言，友伴之間的友情及彼此的依賴、認同及信任感，是他們專注的焦點。

友伴團體間的互動關係滿足了兒童和青少年人際關係的需求，在青少年平時的生活中，友伴之間能彼此抒發情緒與分享生活經驗，個人之興趣活動因有共同討論的對象，而心生喜悅與滿足。此階段的青少年，其友伴關係若處理得當，則會被團體所認同，青少年內在進而能產生親密感、安全感和歸屬感；相反的，在友伴團體中不被接受的青少年，往往會有較多的負面情緒，例如：憂鬱、焦慮等，以及偏差行為，並易生自卑感、喪失自尊心，造成消極退縮的負面心理狀態（王財印、吳百祿，

2002）。

Allen等（2005）指出，擁有良好的友伴人際關係是身心健康的指標之一。友伴關係滿足了個體對安全感之需求，同時協助青少年遠離無助感及焦慮，舒緩生活中的情緒與壓力，對個體的人格發展有很大影響。所以，個體在發展過程中，如能和重要他人有正向的人際互動，將使其對自我有正向觀念；反之，負向的人際互動或缺乏友伴陪伴和支持，則易產生負向的自我概念及自尊，同時因變得孤獨、寂寞，而易導致心理與生理的疾病產生。

由於友伴關係網絡的互動猶如一個小型的社會，個體身處其中，必須學習與人相處、控制自己的情緒、接納來自不同家庭的價值觀，以及學習解決人際相處上的問題與衝突。所以擁有良好友伴關係的青少年，會有較好的情緒及生活適應；相對的，友伴關係陷入困境的青少年，則會產生許多偏差行為及情緒低落的現象。以下簡述常見的友伴關係困境之問題。

一、個體因特質內向，自覺不受他人喜歡，而與人疏離

個體特質若害羞或內向，易使其在友伴關係中無法自在地與他人交談，在團體主動介紹自己讓他人認識時會有困難，在分組活動中，個體較難主動參與分組、認識朋友，或接觸朋友的朋友，以擴展自己友誼圈；因特質害羞，雖然心中渴望成為團體的一分子，但當成為人群中的焦點時，他們會顯得不自在，並感到焦慮、和人交談時很少主動提出話題、在團體中不能自在的表現出影響力，或者在他人面前常常感到臉紅羞愧等，此類學生與人主動社交、互動有其困難性。

在輔導工作者之實務經驗中，特質內向的學生常在人群中顯得不自在、與人說話時焦慮，並自覺友伴不喜歡他，使其於友伴關係中表現出退縮行為，而在同儕中更顯疏離。有些學生因特質害羞、退縮，在學校

歲末年終時所舉辦的祈願樹活動中，在祈願卡片上會寫著：「我希望可以有人喜歡我、和我做朋友。」這類學生等待著他人與其接觸、釋出善意，但因其退縮、缺乏主動的特質，人際互動的感受經驗多疏離、落寞。

二、個體因缺乏安全認同，使其於同儕關係中冷漠無情，無法關心他人

兒童和青少年若因成長過程中，較少經驗正向、安全、有信任感的人際體驗，例如：不為父母喜愛、經常遭受父母的批評、攻擊，甚至父母親在養育的過程中因其本身特質或壓力之故，在親子關係中將其推開或拒絕。此類成長經驗展現於青少年階段的友伴關係中，則是當他人對其表達欣賞、喜歡時，他們無法感受；或呈現較無法信任他人的心態，而難以維持長期的友伴關係，在人際間更顯疏離。無法自在、主動地和他人聯絡，甚至當知覺他人有需要時，亦難以主動關懷他人；其內心渴望友誼，但對待他人的表現方式多顯得無情、冷淡，無法自在地注視他人，或與人交談，也無法融入友伴之間的討論議題，因此要與他人維持長期的友伴關係是有困難的。

在輔導工作者之實務經驗中，學生會在行為上表達出需求友誼的態度，但當他人主動關心時，他卻會說：「我很好，沒事，謝謝你」或是「你不要理我，讓我一個人在這裡」、「都走開」等拒絕他人的言語。甚至在心中想著：「他們都是假的，才不是真的喜歡我、想關心我」或是「才不能讓他們知道我發生了什麼事，要不然就會成為他們茶餘飯後的話題」，此類學生無法信任他人真誠的關心，無法自在地接納他人的友誼並進而拒絕友誼，這易使其難於與他人建立長期的友伴關係。

曾有學生在學校幫助同學時，要索取金錢的報償，例如：「我幫你去拿便當，你要記得喔，欠我五元。」剛開始時同學不以為意，覺得他

應該是開玩笑的，但該學生卻真的努力幫助同學，並有一本筆記本寫著幫了誰、誰欠他多少錢的紀錄。此類同學因其與人之間以利字衡量，無法真心關懷他人，友伴感覺其與人之間無情、唯利是圖，故而疏離。

三、個體因過於在乎與人較勁，使其在人際間容易展現出嫉妒、敵意

青少年與友伴之間因學習、模仿而有相近的價值觀，但同時也因為相近的價值觀，急迫地期望外界認同、肯定並證明自己是有能力的，在追求自我成就感時，在人際間呈現「好比較」的情形，例如：當個體在人際互動中，發覺對方比自己有能力時，會表現出奚落對方才能，或充滿憤怒、無法心平氣和地與對方競爭的態度，甚至和他人競爭落敗時，無法心服口服，時時想要對他人報復攻擊，反映出對人的忌妒及猜忌心理，形成其與友伴間的人際阻隔，無法與人深交，總好與人競爭、比較。在輔導實務中，學生也曾出現這樣的對話：「他不過是功課比我好一點而已，其他的憑什麼和我比！」、「笑死人了，這樣他也能得名！」

輔導工作者之實務經驗中，有些學生因為好競爭、在學業上總想和友伴一較高下，將友伴當成競爭的對手，每當考試結束後，總會想盡辦法知道他人的成績表現。這類學生的行為常使其他同學想與其保持距離，或故意捉弄、調侃他們，甚至有些同學因為不喜歡這樣的競爭感覺，進而疏離或不與其互動。久而久之，該學生展現出焦慮、憂慮情緒，不僅深恐自己的表現不如他人，同時因為他所展現的敵意、猜疑，使其在班上的人際關係不佳、被同學拒絕，而呈現出憂鬱、焦慮情緒，無法輕鬆應對生活壓力。

四、個體因自卑作崇，在人際關係中無法適當拒絕他人或表達其想法

兒童和青少年在成長過程發展自我之際，親子關係是其自我、人格養成的重要基石。如在個體親子關係間常被下禁令，例如：「你不要……」，或總是被要求，例如：「我想你最好……」、「聽我的就對了……」，或總是在與人互動或相處時被拒絕，甚至在人際互動過程中總遭遇到好抨擊的人，例如：「你這個人怎麼這麼糟糕！」、「你是豬啊！怎麼不出去死了算了！」等負向語言，因著上述的成長發展脈絡，個體逐漸形成負向的自我概念。上述自我概念呈現在友伴的人際互動時，個體因無法自我肯定，而無法自在地拒絕他人不當的要求，如表達：「我現在在忙，請暫時不要打擾。」無法自在的讓他人知道自己的需要、不同的意見、看法和感受等，進而對自己缺乏自信，懷疑自己的能力，不喜歡成為他人關注的焦點，甚至逃避進入表達、溝通的情境。

在輔導工作者之實務經驗中，當青少年的成長過程中，如父母的呵護備至，總為其做任何決定和安排，總是對他說：「我們所做的決定都是為了你。」、「你聽我們的就對了！」、「如果你不念高中，那就是對不起我們！」、「如果你做了……，那我就去死了算了！」此時，青少年會內化了父母的期待，而成為其內在的自我對話。這類青少年很少表達出自己的想法，總不斷出現他們父母親的想法和感覺，例如：他們會在與人互動時說：「我媽媽說……」、「我爸爸說……」；在友伴互動中缺乏自信，經常呈現被動，無法自由表達自己的想法及討好他人。

五、個體為求得他人認同，在團體中占有一席之地，容易毫不考 慮地答應他人的請託

　　青少年掙扎於尋找一個不受控制、被人肯定、接納、尊重的空間，渴望隸屬於其所認同的友伴團體，期待成為該團體的一分子，被團體成員所認可，故個體為求他人認同，毫不考慮地答應他人的請託。或由於過於在意他人的需求，容易被人說服或被利用，而一味地付出與給予，沒有考慮自己的狀況，與友伴在一起時，經常被他人差遣、使喚、跑腿；同時，因其處在追求理想主義階段，正義感強烈，甚至會過度地信任他人、認同他人的想法和意見，常忽略現實情況的限制，僅一味地想表現情義相挺的熱情，表現出衝動行為，甚至與人形成敵對、仇恨的人際關係。又或者在人際互動中，表現過度友善順從，努力想討好他人，以博得他人的贊同，當他人占自己便宜時敢怒不敢言。

　　在當前國、高中生的校園文化裡出現的「校園霸凌」現象，其中部分霸凌他人的參與者，主要是因為對友伴團體的渴望，而加入讓他們感覺認同、隸屬的不良幫派團體。在與這些青少年對話的過程中，發覺這些青少年不見得真的想去傷害他人，但當其所屬的團體邀約時，為了獲得認同，故表現出積極參與的態度，而一起威脅恐嚇他人，或努力討好團體中的他人，情義相挺的為人抬轎、負責把風等狀況，層出不窮。

六、與人相處時喜愛支配他人，但因其問題解決能力不佳，稍有 不慎易被同儕排擠

　　近代台灣社會因大時代經濟的衝擊，出現嚴重的少子化現象。家庭中的獨生子女在家庭系統中備受寵愛，父母凡事以孩子為生活中心，擔心其會受挫，因而過度保護，使得孩子在家庭中並無學習到與人協商、

合作或協調等經驗,因而發展出自我中心本位主義的思維模式,喜當「領袖」的人際行為模式,企圖主宰、控制他人,若稍有不慎即容易被他人排擠。

這類的青少年在面對與人共同處理事務時,經常會以自己的想法去推估他人的想法,而產生自我中心的現象。或在團體中與人交往時,喜歡成為焦點,喜歡主導一切「當大哥」,喜歡號令他人、幫人做決定,與人互動時常常想要改變他人的想法,喜歡在討論事情時建議他人如何做;在團體中,也常會去說服他人或派遣、指揮他人,希望他人照著自己的意思做事,在人際互動中很難放棄想要控制及影響他人的想法,也很難接受他人的意見。此種企圖控制他人、喜愛支配他人的作為,在團體中只看見自己的需求,而未能尊重他人;這類青少年若能力佳,處事理性、有條不紊,則易發展成同儕眼中的「班長」,讓眾人欣羨;但若其個性衝動、自我控制不佳,又有喜當領袖,則稍有不慎就容易與友伴產生衝突,或被同儕排擠的情形發生。

七、青少年喜歡表現自我、成為眾人眼中的明星,因此與自我內在經驗疏離

青少年的自我中心現象存在著兩個主要特徵:一是想像觀眾(imaginary audience);二是個人神話(personal fable)。前者是指,青少年相信他是眾人注意的焦點,然而在實際的社會情況中,並沒有這樣的眾人存在;後者則是指,青少年相信自己是獨特的、全能的,且不可毀滅的。

青少年在團體中,因其內在「想像觀眾」及「個人神話」之故,在團體聚會時會不斷製造話題,以免冷場;喜歡在團體中成為眾人眼中的明星,愛講笑話及扮演丑角。在與他人相處時缺乏親密連結,和他人說話時常不斷將話題繞著自己轉,炫耀自己的表現,想贏得他人的注意。

在人際交往中，表現出友善、外向、愛交際的態度或譁眾取寵的行為樣態，其外在行為展現與內在心理需求相距甚遠，但他人不見得領情，甚至拒絕。由於過度地自以為是，戴著面具行走於人際之間，對內則呈現出與自我疏離的狀態，很少接觸自己的內在經驗，面對獨處時常感孤單，甚至當自己一個人時，容易出現無意義感或無價值感。

八、青少年過度在乎他人眼光，忽略自己獨特性的展現，在群體中容易被人忽略、排斥

青少年想要被友伴接納，便得服從團體規範，在乎團體中他人的想法。為了贏得團體的接納，於從眾行為下，吸收了許多未經思考或篩選消化的想法，顯得無自己的主張，個人的自我意志常常淹沒於人群中。由於過於強調同儕苦樂同享的關係，而花許多心思去維持良好的社交關係，希望眾人均能體認到自己對團體或關係的貢獻和付出。

這一類的青少年，在友伴團體中與人互動時，會表現出極端的溫暖、慷慨、仁慈和同情，熱心於服務他人，和人相處時，很難對人設限，而維持獨立的自我。由於過於忽略自己，人云亦云，無法表達自己的真實意見，故很難在友情中獲得真情，在人際關係中呈現「有朋友卻少知己」的矛盾、疏離現象，容易感覺自己常被人所忽略、排斥。

在輔導工作者之實務經驗中，或許會常聽見有同學抱怨某一同學說：「他很討厭耶！問他什麼都說你們決定就好，一點主張也沒有。」而當你有機會與該同學接觸後，或許你會聽見對方如是說：「我哪敢說真話，她們會排擠我的，就向她們排擠○○○一樣。」同學為了在友伴團體中能被接納，而無法真實地呈現自己。

九、虛擬網路的匿名性，使得青少年在人我關係中失去人我互動的尊重與倫理

在今日網路日漸普遍的年代，青少年上網的人口遠超過成年人，網路中的人際關係成為其生活中的重要關係。在教育部委託周倩（2017）進行的台灣中小學生網路使用行為調查報告研究中發現，國小、國中、高中學生皆以「看網路上分享的影片」為重要的上網活動。另外，國小學生則以「玩網路／手機遊戲、使用社群網站」為排序二、排序三之次要性上網活動；國中學生則以「使用社群網站、玩網路／手機遊戲」為排序二、排序三之次要性上網活動；高中學生則以「使用社群網站、使用即時通訊」為排序二、排序三之次要性上網活動。在此一研究發現，網路改變了青少年的生活型態，過去的書信被電子郵件所取代，電話聯繫被 IG 中的即時動態、Line、Messenger、Facebook 所取代。

對某些青少年來說，虛擬網路中的人際關係遠比真實生活的人際網路重要。青少年在虛擬網路中，得以避免面對面溝通的尷尬，得以掩飾真實自我或誇大自我，形成一種匿名的興奮。他們會在自己的 IG 或部落格上，自由地闡述自己的言論，甚至利用網路抨擊他人作為，或利用網路作為其人際關係中報復他人的工具，在人我關係間失去了面對面的基本尊重，而顯得衝突、矛盾。

在輔導工作者之實務經驗中，近幾年開始出現此一不同於以往的議題，即案主因其友伴在其 IG 中抒發自己的想法、無指名道姓地抨擊他人的作為，甚至要求瀏覽者自己不要對號入座等，使得案主無處申冤，無法在班級友伴中有澄清的機會。甚至有人在真實的人際關係有所衝突時，即上網利用灌爆他人 Facebook 的作法，行報復他人之實。在虛擬的人際網路世界中，使得青少年在處理人際關係的議題上，更顯得難題重重。

參、在親密關係中出現困境的學生

青少年介於由兒童過渡到成人時期的階段，友伴團體不僅提供學習新的社會角色與練習社會能力的機會（石培欣，2000；羅品欣，2004），同時也是個體在兩性關係中，探索友誼和情愛關係的差異、了解自我的性別取向、性傾向，以及更進一步澄清自己在情愛關係中需求滿足的樣貌。舉例來說，個體在情愛關係中的內在需求滿足，是需求陪伴、友誼？抑或是支持、照顧？或是性需求呢？

隨著社會的多元開放與接納，青少年在此階段的異性交往、談戀愛的比例逐年增加，在吳思霈（2004）及羅樊妮（2003）的研究中發現，高中生異性交往的比例高於四成以上，更遑論網路極為盛行的今日，由於網路的開放、發達，以及 e 世代取得各種資訊、軟體的快速便利，青少年對關於「性」的一切知識取得愈來愈容易，兩性互動與交往的行為，不再是實體互動經驗中的學習，而是在更寬廣的網路世界中。

在兩性的社交活動中，個體嘗試與異性互動與交往、成為知己，甚至嘗試談戀愛，並逐漸釐清兩性關係中友誼與情愛關係的不同，經驗自己所建構的兩性互動模式、戀愛型態，以及投入戀愛的歷程，進一步釐清自己在兩性互動、戀愛關係的價值，以及性取向之取捨，並能坦然面對與接納自己對戀愛關係的價值態度及性取向。不論是單純的兩性互動，或是更深入交往的戀愛關係，兩性關係與互動對青少年而言，是非常重要的學習課題。其中，「戀愛」因為涉入了較強烈而深厚的感情經驗，對青少年的影響更是深遠。

由於社會的開放，青少年對於兩性交往的觀念，以及兩性親密行為的經驗，從最保守到最開放的兩極端之間，有著相當大的個別差異，以下說明在此一多元的年代中，青少年於情愛關係中常出現的困境。

一、青少年因特質內向，對於與異性互動感到壓力和焦慮，無法 與異性坦然的自在互動

由於社會開放、兩性互動頻繁，個體進入青春期之後，不僅對異性好奇，同時也在學習了解、熟識異性，以及與異性自在的相處之道，這些對青少年而言是相當重要的發展任務。

然而，對某些青少年來說，卻是痛苦的過程。他們對此兩性互動的過程感到焦慮和壓力，例如：因其特質內向，不知如何開口與異性對話交談，不知如何開口邀約異性，對於彼此之間有著相左的意見，而感到無所適從，不知如何溝通、共事，乃至如何合作。

二、過度的資訊令青少年對愛與性的態度、價值及行為，呈現無 所適從的樣態

青少年對「愛與隸屬」以及「性」的渴望，是一自然發展的歷程。在情愛關係中，青少年想要嘗試、探索「性」，是自然的，然而在家庭及學校教育尚未來得及協助青少年如何正視此一需求，以及如何做選擇的同時，網路及媒體資訊已在青少年的生活中，充斥著與該需求相關的各種似是而非的價值及浮濫的性資訊，例如：宣稱「只要我喜歡，有什麼不可以」、「網路援交」、「一夜情」只是個人選擇的自由罷了等種種情愛形式與價值態度。

因媒體網路的過度資訊及過早接觸情愛關係，初次性經驗的年齡下降，再加上時下青少年對性的相關議題感到敏感，喜歡追求刺激，對於「婚前性行為」開放，認為「相愛或喜歡即可性交，結婚不過是形式」，甚至持此種看法的女性還多過男性。當群體中的大多數人看法一致時，個體在團體中則易受到大多數人的影響，例如：該團體中有人已經發生

過婚前性行為,則會影響團體中的同儕對婚前性行為的看法,而落入無所適從的氛圍中,內心經常遊走在保守及開放天平的兩端,無法做出適切的決定及行為。

在輔導工作者之實務經驗中,某些青少女陷入熱戀後,在男友以「愛」為名、「愛我就給我」的前提下,要求與其發生性關係,而女生在尚未有澄清及選擇的歷程下,例如:對男友是需要「性」或是「愛」之間,仍感迷惑時,便答應了男友的請求。甚至有女生即使明確知道自己不喜歡每次與男友見面,都得以發生性關係收場,但仍以男友的決定或網路、媒體集體的性愛價值態度出發,在交往過程中很難明確表達自己的想法和需求,雖感到失落、悲傷、迷惘,但仍順從之。

三、青少年婚前性行為年齡下降,導致墮胎、未婚產子結果發生,造成彼此身心的創傷

由於青春期的提早來臨,青少年性成熟的時間往前移動,再加上資訊開放、社會多元,對於青少年整體而言,發展約會的年齡提早,促使了親密接觸的機會增加;同時,加上現代的青少年(女)敢愛敢恨的特質,導致婚前性行為發生的機率增加,有時在其懵懂,尚未能評估自己是否有足夠的能力面對未來時,即可能需要面對「我懷孕了!!」這晴天霹靂的消息。

晏涵文等(2009)接受教育部委託進行「台灣國小、國中、高中職學校性教育成果調查研究」,共發出問卷 8,400 份,有效回收 7,604 份。研究結果發現,國中畢業生與高三學生分別有 5%和 10%曾與異性發生婚前性行為,其中有 30%是為了錢進行援交。在這些與異性發生婚前性行為的 5%國中畢業生當中,有 30%曾嘗試援交或一夜情等危險性行為。在研究中亦發現,國中畢業生發生性行為時每次都會使用保險套者不到

20%，其中有 28.9%因而懷孕。另外，在高中職的受訪者中，發生婚前性行為者有 35%不採取任何避孕方法，導致高中職學生也有 19%因而懷孕。杏陵基金會晏涵文執行長在公布這項調查結果時進一步表示：國中畢業生與高中職學生曾與異性發生性行為者，男生高於女生；但女生在各項性態度的表現上都比同年級男生積極正向，預測將來台灣高中職女生婚前性行為的比率若高於男生，一點也不意外。他也表示，值得重視的是，很多家長都以為孩子不會發生婚前性行為。

在輔導工作者之實務經驗中，每年開學期間，常需要處理學生的偶發事件，其中之一即為「懷孕」問題，社會上即以「9 月墮胎潮」表達此一世代的特殊現象，而輔導工作者的心聲是：「開學前三週都不知道在過什麼生活，同學一個接一個地來報懷孕的消息，處理到手軟。」不論是因為考量學習生涯，選擇以墮胎方式處理者，或選擇生下孩子的青少女，勇敢承擔自身與孩子的問題者，或甚至選擇倉促成婚，進入品質堪慮的婚姻及養兒育女的生活者……；不論選擇如何，終將面對此一事件的過程，在知道懷孕到墮胎的壓力、焦慮、不堪、生氣、懊悔、害怕、恐懼等糾葛情緒，所造成的身心創傷。

四、青少年因個性上的獨占慾，無法面對「分手」的痛苦與憤怒

一份親密的情愛關係為生活帶來了活力、希望，令人感到意氣風發，而隨著親密關係的發展，有人因「相知繼而相守」，也有人因「了解而分開」。若個體能在彼此理解且無感到受挫的狀態下分手，則分手後的調適歷程會顯得較為容易度過；但相對的，若個體在個性上具有較強的占有慾，或對自己缺乏自信，無安全感，或無視對方的意願而一廂情願地付出，或在關係中較難理解及澄清彼此愛戀行為模式，則在情愛關係斷裂後，容易引發個體的受挫經驗，傷及自尊，而感到憤怒、難堪之情緒。此時，有人更因為不願意原諒對方，由愛生恨，而用毀滅的方式報

復對方，或有人會想讓對方痛苦，讓其內疚，增加對方罪惡感，以傷害自己的方式，企圖喚回對方的愛情。如以上述的方法為手段來處理分手的情緒，反而會讓自己每天生活的既悲傷又痛苦！這也是在社會新聞中情殺事件常見的現象。以下幾起社會事件足為警惕。

2005 年，「少年因愛情受到挫折，與同窗共同殘忍且瘋狂地殺害其前女友五十七刀致死」。據了解，少年的殺人動機，只因為不喜歡女友身旁有追求者，女友屢勸不聽，兩人多次因此發生爭吵，加上其女友覺得很煩、想分手，才埋下了殺機。

2007 年，「就讀北市成功高中的高二學生，於清晨時分持預藏菜刀、榔頭，將想和他分手的北一女中女學生砍成重傷」。

2010 年，「一名大學生因不甘心與女友分手，元宵夜到女友家的巷口守候，卻目睹女友被新男友騎機車載回家，氣憤之下開車狂飆追逐情敵一公里，最後撞傷情敵，導致對方最後傷重不治」。

2019 年，「某男因喜歡女高中生，但對方多次明示暗示地拒絕，惱羞成怒下預藏西瓜刀，在路口等候被害人失控揮砍，導致被害人傷重送醫」。

上述幾起分手後情殺事件的發生，皆起因於青少年在情愛關係裡因個性上的獨占慾強，面對「分手」或「被拒絕」的困難，自尊受到傷害，憤怒難堪、由愛生恨，因而毀滅對方。

五、青少年因難於釐清或接納其性別認同或性取向，導致其友伴、情愛關係中陷入糾葛的困境

在青少年的發展任務中，性別認同、性取向是自我認同的一部分，若青少年在探索自我與探索情愛關係的過程中，逐漸認知自己的性取向，卻無法建立對自己的性取向之認同經驗時，不僅會焦慮不安，同時會因

其自我認同無法建立，在與友伴相處或經驗情愛關係時，因心中糾葛、難堪，易感焦慮、不知所措，久而久之與友伴更形疏離或困窘的情愛經驗。

相較於過去的年代，多元性別的議題被社會或教育界重視。現今的同志青少年，在面對自己的性傾向認同與生活時，比起早年來說，都有較多的資源與探索空間。即使社會已經逐漸形成開放的氛圍，但因青少年發展階段中的認同危機，期望自己是團體中的一分子，校園中如若存在「恐同」的氛圍或青少年在其所處時空中的重要他人排斥其同志身分時，則處在此氛圍下的同志青少年會更難堪、焦慮，不知所措，且對自己的性取向更形困惑，接納自己性取向的困難更形增加；甚至對自己的性取向認同感到害怕或焦慮，進而壓抑自己同性戀的外顯行為；為了掩飾自己的身分，進而貶抑同性戀，對自己持負向的自我印象，甚至自我厭惡。

由於個體知覺自己同志的傾向，但卻無法認同接納自己的身分，無法在人際中自在地坦露自己，則其在人際中容易感到焦慮、疏離、與人隔絕。

在輔導工作者之實務經驗中經常發現，有的同志青少年會在日記、IG、部落格、Facebook 等可抒發其心情想法處，表露自己對性取向的疑惑或惶恐，有的會抒發自己對某同志青少年（女）能勇敢坦露身分的欽羨、好奇，有的則會在日記、IG、部落格中貼上自己與同性友人的親密照片，並表達交往的喜悅與興奮等。在協助這些同志青少年（女）的過程中，輔導工作者的工作態度往往決定了青少年或青少女發展認同過程的順利與否，因為在實務工作中會發現，處遇此類的案主，不僅是案主本身需要協助，可能其周遭如父母、導師、同儕等重要他人，都需要進行諮商、親職諮詢或教育的工作。

六、崇尚戀愛自由，使得青少年與家庭或學校系統的衝突、疏離更形劇烈

　　在歐美社會中，對青少年的異性交往與約會通常較持寬容的態度，青少年常以「戀愛是我的自由」或是以「我有機會與異性約會」為榮。然而，即使在二十一世紀的今日，亞洲社會潛在的氛圍仍是不鼓勵青少年與異性交往的。即使在校風尚稱開放的校園，多數教師對於學生戀愛的基本態度仍然是：「盡量不要，要談戀愛請等考上大學再說」。故在校園中，教師對於談戀愛的學生會較為關切及注意，並會主動打電話告知家長。此一過於憂心青少年與異性交往會影響課業的氛圍，使得談戀愛的青少年與家庭、學校系統間的關係更形緊張，青少年常以更防衛的態度面對師長及父母，也導致更多疏離、對立的破裂性關係！

　　過去青少年情侶在校園中，多躲藏在較無人前往的樓梯間擁吻，或在邊間角落的廁所發生俗稱「四腳獸」的行為；但今日的青少年情侶卻抱著「戀愛是我的自由，干卿屁事」的態度，在校園的走廊、樓梯間，甚至操場、校園圍牆邊，即發生擁吻行為，反而令學校教師、同學難以自處。另外，有些青少年情侶因雙方家長反對兩人交往，竟相約一起離家出走，企圖自力更生。在處理青少年情侶事件的過程中發現，隨著時代女性自主意識的抬頭、性價值的開放，過去發生親密行為的青少年男女，通常青少女存在著較多的羞澀、隱晦，但今日時代的青少女則有較多的自發性及自主權，她們通常不避諱，甚至在關係中是屬於較強勢的一方。

　　2010 年 5 月，中時電子報有一篇報導：「新竹縣兩名作風豪放的國中女生，認識了五名高中男生後，在其中一名男生家裡開跨年轟趴狂歡，因受不了肉體上的誘惑，而以撲克牌玩起『國王遊戲』，最後搞起 7P 雜交。」警方約談女學生時，女學生回應：「是我玩了五名男的！」並嘲

笑警員說：「這是最流行的拔屌無情遊戲，你們少見多怪啦！」這起社
會新聞事件正是社會自由與多元氛圍而影響青少年的情愛關係尺度大增，
相信一定曾讓許多教育工作者及家長感到不知所措。

七、青少年在網路虛擬性愛的充斥下，發展出情慾、性愛的負向 價值

由於網路發達，今日的青少年活在與網路、資訊共舞的生活中，對
於資訊的取得不受時間、地區等因素所限制；他們不僅透過網際網路取
得最即時、專業之資訊，同時因網路便利，交友圈擴大，他們在網路中
也建立了不同於真實生活情境的虛擬人際關係。他們在網路結交同性或
異性網友，甚至因為青春期「性」的覺醒，使得他們對網路裡「性」、
「色情」的資訊，例如：A片、AV動畫、性愛小說等傳播的訊息更為敏
感；甚至下載各種交友軟體結交網友，或利用網上聊天工具（如Messen-
ger、ICQ、Line、網上聊天室等）結交異性，進行「網戀」，或透過「網路
性愛」進行自我解放，情慾有了另一個出口，並在其中進行模擬。

青少年透過網路中虛擬的經驗學習情愛功課，此對其性價值的養成
有著諸多的負向影響。甚至青少年或青少女們因受社會所瀰漫的拜金文
化之影響，而利用網路進行「網路援交」，以「援交」作為打工賺錢的
手段，或好奇無聊時排解時間的遊戲。此種伴隨色情、金錢取向的性價
值態度，在無形中透過電視、網路、書刊等不同形式的傳媒手段，戕害
了青少年的心靈結構，青少年在此一惡化的網路文化中，付出了巨大的
成長代價。

另外，近年來因社群網站的興起，在網路世界中兒童、青少年缺乏
自我保護意識，以及對外在環境缺乏警戒，導致網友性侵事件層出不窮。
常見的社會新聞如：「某青少女在高中時迷上網咖，經常在交友軟體上

聊天，有一天在赴約的房間裡觀賞成人電影，因為情不自禁，被大她十歲的男生給強暴了。後來離家出走跟該男生同居，懷孕後，卻被此不負責的男人強迫至醫院墮胎」、「未成年少女網路認識男網友，相約出來吃飯聊天、後男網友心生歹意，不僅下藥性侵少女，呼朋引伴友人輪流性侵，並錄製影片上傳網站……」此類成長經驗付出的代價不容小覷。

第三節　人際困境學生的輔導策略與案例說明

壹、人際困境學生的輔導策略

處於人際困境之學生，其不良的人際關係可能源自於不健康的親子關係、扭曲的認知系統、負向的自我概念，或不健全的人格，甚至源自於過去不健康的人際互動與因應模式，進而使其在日後與人的關係互動中，容易對人形成誤解、錯誤解讀他人訊息、不信任他人，而常與他人發生衝突；甚而因其人格特質或溝通互動的型態，而受到他人的排斥、猜疑，引發出許多人際困境。

因此當一位案主主動求助，或經由教師轉介至輔導處（室）（中心），輔導老師受理後，須透過與案主約談以建立輔導諮商關係，形成對案主問題的了解，且透過晤談的評估對案主個人及其議題形成概念化，並與案主形成晤談的方向及共同努力的目標，進而形成輔導計畫及建立目標達成程度的回饋評估。

同時因為學校輔導工作，與案主個別諮商僅是協助案主健康成長發展的其中一項輔導策略，故與案主進行晤談歷程之際，亦可評估環繞於案主周遭可用的資源與支持系統，運用相關的輔導策略，進行整合性的輔導計畫。以下介紹輔導策略運用概念圖，協助讀者理解整合性輔導計畫歷程中可能運用的輔導策略，如圖 9-1 所示。

圖 9-1 整合性輔導計畫中的輔導策略運用概念圖

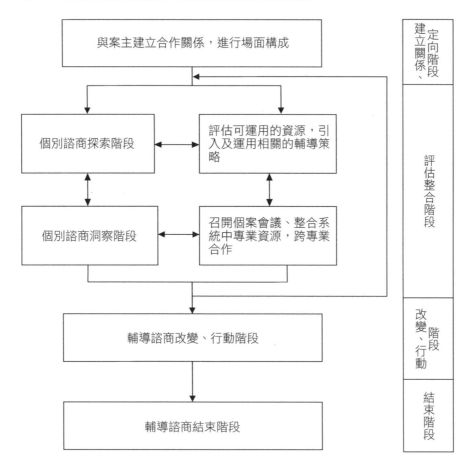

貳、案例說明與討論

【案例】

　　就讀國中的明明在國一時很活潑、積極，在班上同儕中頗有人緣，有一群支持他的同學，當他針對班級事務發表意見、表達想法時，同學在多數時候會以他的意見而形成班級共識。但後來，常有人會向導師打小報告，提到明明經常說話言詞尖銳、刻薄，令有些同學感到受傷，只敢在背後抱怨、默默啜泣，

例如：明明看見同學考試成績不佳，他會說：「你白痴喔！這麼簡單的事也不會，去死啦！」或遇到與人有不同意見爭吵時，常得理不饒人，有時同學並不認同，但礙於他的影響力，也不想與他作對，只會在底下抱怨……。

國二下，常跟他一起的同學有人開始不理他、疏離他，接著其他人拒絕和他同組完成作業，他感覺被排擠，於是開始曠課、不想上學。導師去電家中，家長表示明明在家，一個人躲在房間不出門。導師至明明家中進行家訪，明明卻表示：「去學校讓我感覺壓力很大，大家都排擠我、不理我。我不想再上學了，想休學。」

導師發現該狀況後，即打電話給該班的輔導老師求助。以下簡略陳述根據上述整合性輔導計畫中可能運用的輔導策略，讓讀者理解在學校系統中，協助案主健康發展成長的可能輔導歷程。

一、輔導諮商的建立關係、定向階段

與案主約談，建立合作關係，場面構成，以了解案主的人際困境，並澄清輔導關係的方向、目標，以及輔導歷程可能運用的策略、方法。

（一）建立合作關係，了解案主的人際困境

在案主來校時與其進行約談，協助案主了解導師轉介案主之目的，以及輔導老師約談案主的理由。

如上述的案例，輔導老師在約談明明時，態度應開放，在關係中盡量做到澄清、透明的關係，例如：須了解明明是如何與導師互動的、導師如何告知轉介的訊息、明明對於自己問題的看法，以及對諮商的想法或期待等，並能開放地表達約談的目的和對明明的關心，以取得其合作、信任的態度。

老師：「我想你或許從導師那裡知道我會找你來聊，我想知道
　　　　導師是如何告訴你，我會找你來的？」

明明：「導師說會跟你講我的狀況，而你會約談我。」

老師：「喔！所以你不知道導師會跟我說些關於你的什麼狀
　　　　況？只說我會找你。嗯！我找你主要是因為導師讓我
　　　　知道，你在班級裡遭遇到一些與同學相處上的難題，
　　　　像是同學不理你，這讓你非常難受和痛苦，而不想來
　　　　學校面對這一切。嗯！這是我從老師那裡聽見的，而
　　　　我現在想聽聽你怎麼說？」

明明：「對！我覺得在班上被排擠，我不想來學校。」

老師：「嗯！我聽見你覺得在班上被排擠，你願意多說一些這
　　　　些情況是如何發生的嗎？你的感覺或想法如何呢？」

（二）進行場面構成，協助案主理解何謂輔導諮商關係，並澄清輔導歷程中可能運用的方法

在建立個別諮商關係，傳遞對案主的了解後，接著即是澄清輔導老師對案主能提供的幫助有哪些、案主理解輔導老師想幫助案主的立場，以及輔導關係的架構、界限及須遵守的專業倫理等。協助案主理解助人歷程中持續的個別諮商，以及輔導老師可能運用的策略，對其可能產生的影響力或結果。

明明：「我不知道，我覺得來學校很痛苦，我就是不想來學校，
　　　　尤其進到教室看見同學的眼光，我覺得他們好像都在
　　　　看我的好戲，讓我感到很不舒服，我不想待在班
　　　　上！」

老師：「明明，我理解你面對這一切相當地辛苦，我想讓你了
　　　　解，如果你同意，我很願意幫助你面對並度過這個困
　　　　境。」

明明：「你會怎麼幫我？」

老師：「首先，你需要願意跟我會談，而持續的晤談讓我可以
　　　　和你討論你的困難，並幫助你對自己有更深入的理解，
　　　　同時也可以幫助你對於正面對的人際排擠情況有更多
　　　　的覺察，當你看見自己是如何因應人際關係時，你會
　　　　對自己有更多的發現及掌握，這樣以後在與人互動時，
　　　　就可以很快覺察到自己與他人之間究竟發生了什麼
　　　　事。」

二、輔導諮商的評估整合階段

（一）個別諮商探索階段

此階段應運用諮商歷程，同理、支持案主，並協助案主釐清自己的
困境，探索、澄清其於人際困境所經歷的內在動力歷程（例如：認知、
情緒、行為），以增進對自己的了解。

案主存在其主觀的現象場中，常以其內在的主觀經驗，例如：對環
境、事件、他人等的感覺、價值、態度、想法等，導引出因應問題的行
為。因此在諮商初期，輔導老師應鼓勵案主說出自己如何因應問題，並
在案主敘說的過程中，運用諮商歷程中的技術，協助案主探討其處於人
際困境歷程中的感覺、想法，以及催化情緒深入的歷程，覺察發現自我
經驗如何架構出主觀現象場。

明明：「我不知道，我覺得來學校很痛苦，我就是不想來學

　　校，尤其進到教室看見同學的眼光，我覺得他們好像
　　都在看我的好戲，讓我感到很不舒服，我不想待在班
　　上！」

教師：「明明，我看見了你的痛苦，以及面對同儕眼光的害怕
　　與焦慮，你可以多說一些當他們看你時，你心裡在想
　　什麼？或你說他們好像都在看你的好戲時，你腦中有
　　哪些影像浮現呢？」

　　輔導老師須鼓勵案主多說一些關於他正在經驗的正、負向感覺，同理並催化案主的情緒，並進一步探索案主處於人際困境中的主觀想法與感覺。

（二）評估可運用的資源，引入及運用相關的輔導策略

　　輔導老師應評估及引入案主周遭的可用資源，共同協助案主解決困境，例如：主題式工作坊、親職諮詢、家庭諮商或治療、班級團體輔導、團體諮商、導師諮詢，或轉介至心智科進行衡鑑、診斷、用藥等，或與其他單位形成短期性的輔導措施，運用學校資源，共創整合性的輔導計畫。

　　案主在進行個別諮商探索階段的同時，輔導老師應評估可運用來催化或協助案主正向發展的輔導策略，並適時運用適切的方法，引進可用的資源進入輔導計畫中。

　　以明明的案例為例，可邀請導師與家長一起討論協商，仍鼓勵明明正常上學，但當明明對入班感到焦慮、無法入班學習時，可暫時短期安置於學校某處室或請家長帶回。另外，該學期可特別針對人際關係出現不適應行為的學生，開設人際技巧訓練團體，輔導老師可邀請明明加入該團體，學習適切的人際互動表達技巧。或針對明明那個班級進行班級團體輔導，此策略宜與導師及其他輔導老師協同，利用綜合活動學習領

域課程或班會時實施，在取得明明及家長的同意下，輔導老師設計系列人際關係主題活動，再針對明明在班級中被排擠的現象進行了解，並協助班級同學看見或經驗個體被排擠的可能情緒感受。

> 明明：「我知道我應該上學，但要出門時，腦中浮現某些同學的臉，就感到一陣恐慌、不安，眼淚莫名地落下，我不知道我怎麼會這樣？」
>
> 教師：「我了解要面對眾人排擠的困難，需要非常大的勇氣，如果我是你，我也會感到很難。可否我們一起想想一天中的哪幾節課讓你覺得會較難以面對？哪幾節課你覺得還可以待在班上？我們可以在前幾週一起想想辦法，如何減緩你在班級所要面對的壓力，像是以公假的方式協助你暫時離開該班，得以喘息。但我需要讓你理解，這只是權宜之計，並非可以一直如此。」

上述的短期性安置策略，是輔導老師為了協助案主來校卻無法入班的情形，以減緩其焦慮的壓力情緒，經評估設計後的輔導措施之一。在輔導老師向明明提出前，須與學校的其他行政單位協商，以取得理解與共識，並注意該項措施的實施得讓學生理解，這不是特權，僅是權宜之計。

（三）個別諮商洞察階段

輔導老師應持續地催化案主探索自己的感覺及價值，並發展覺察，例如：覺察問題的發展脈絡及其影響、澄清其對自身問題的貢獻、發覺其自身解決問題的內在資源，並能適時挑戰過去的錯誤信念或尋找替代性楷模，重建適切的自我概念，以因應外在問題。

以明明為例，在個別諮商的洞察階段，輔導老師與明明諮商的同時，

亦進行明明成長歷程中影響因子的探索，以及人際經驗面向的評估與分析，並引導明明探索其與同儕負向的互動經驗，例如：其說話言詞刻薄的語言樣態，以及其內在的防衛行為、自我概念的關係。輔導老師深層地同理案主、催化案主往內在經驗探索，認識自己與人的互動模式發展脈絡所形成的歷程，以及其對案主內在自我經驗與外在人際互動的影響，幫助案主有更多的自我認識，同時能接納自己。

此一協助案主發展洞察階段的情形及輔導策略的應用，與輔導老師個人的哲學觀及其所持的理論派典息息相關。持不同理論派典的輔導老師，對案主概念化的形成、引領案主發展洞察的方向等，有著相當大的差異。在理論派典中約略可分為幾大領域，例如：心理動力、認知行為、人本經驗、後現代等，各派典對輔導老師了解、回應及協助案主有著相當不同的影響。筆者依據人際理論派典工作，說明如下。

> 明明：「我不知道為何他總是針對我，有時老師點名同學說解
> 答，他用看好戲的眼神瞄我，這讓我很不舒服。」
> 教師：「我理解你對同學那種看好戲、不懷好意的眼光，感到
> 害怕、不舒服，你想這樣的害怕或不舒服，過去成長
> 經驗曾有過類似或相同的經驗嗎？這樣的經驗有誰知
> 道了解？他們如何回應你？過去的你是如何因應面
> 對？」

輔導老師在個別諮商洞察階段時，須注意以下幾個事項：(1)在還未對案主有深入了解時，避免太早進入洞察階段；(2)避免在發展洞察時，承擔太多的責任；(3)避免在某一個理論觀點上被卡住；(4)避免忘記要有同理心；(5)避免將對洞察的重視強加在案主身上（Hill & O'Brien, 2000/2004）。

諮商的洞察階段對多數的兒童和青少年而言，並不會有「啊哈」的

經驗，輔導老師在諮商室中敏覺案主反應的同時，亦須關照評估其在諮商室外的行為。有時，當案主在諮商室中可能仍維持同一個遊戲或表達樣態，但其在諮商室外的正向行為卻是增加的，此即是改變發生的時刻。

（四）召開個案會議、整合系統中專業資源，跨專業合作

運用個案會議，整合學校行政團隊、任課教師資源、家長資源，乃至校外專業資源，如醫療、社政、學生輔導諮商中心等，進行多元策略的運用與階段性評估；支持案主周遭的資源或助力系統對案主困境的協助，並持續發展可能協助的相關策略。

年齡愈小的案主，當周遭系統多元的資源可一同協助支持時，改變發生速度將有加速的可能。故在協助個案的過程中，可能需要學校行政團隊、任課教師、家長及校外專業系統等資源的共同協商、討論。召開個案會議是為了協助案主相關的周遭系統，對案主的不適應行為能有同理性的理解，以及提供一致性與合作性的協助策略。如在個案會議裡，能協助導師理解輔導老師在與案主進行個別諮商後，對案主的分析與評估，並借用導師在班級的影響力，能多給予案主關懷，甚至在案主低落狀態時，導師能適時地安排學友、學伴的支持及鼓勵。或因案主需要轉介醫療資源後，於個案會議中邀請精神科醫師或學生輔導諮商中心的專業輔導人員，共同與會評估案主的情緒行為，研討相關處遇措施。

以明明為例，在個案會議中可能會有以下幾個議題需要周遭系統的協助：

1. **在行政方面**：初期為減緩明明來校入班的焦慮及壓力，並鼓勵明明來校，輔導老師與明明應協商有些其感到壓力的課，允許其暫時安置在輔導處（室），此舉涉及明明在學的出缺席管理與成績等問題的處理，故須邀請行政各單位的支持及行政資源上的協助。另外，需注意同學的拒絕行為是否嚴重到涉及校園霸凌事件的處理準則，需學校相關行政系

統啟動「防治校園霸凌因應小組」會議，進行評估討論及後續處遇。

2. **在導師及任課教師方面**：協助其理解人際支持的重要性，能給予明明支持、關懷；或邀請輔導老師在綜合活動學習領域課程中，加入人際主題的班級團體輔導之設計，協助同儕理解人際支持對身心健康發展的影響。鼓勵導師、任課教師能安排較友善、支持的同學，了解明明的意願，進而能對其發出友善性的回應，幫助其感受到協助與支持的力量。

3. **在家長方面**：協助家長理解明明在與同學相處時的困擾，以及其解決與他人不同意見時的人際樣態，邀請家長給予支持及關懷，堅定地鼓勵明明持續來學校面對的勇氣。

4. **在校外專業資源方面**：若明明拒學的痛苦情緒已影響其睡眠、情緒等面向，轉介醫療資源有其必要性，則輔導老師可在與家長、案主的討論下進行醫療轉介服務，並與主責身心科醫師對話案主在校可能的情緒行為，協助醫師進行評估處遇。或需求更進一步的諮商服務，可轉介學生輔導諮商中心的諮商資源，進一步協助明明的心理調節。

三、輔導諮商的改變、行動階段

在輔導諮商的改變、行動階段，案主做出改變的決定、學習問題解決的技巧，並做出如何改變的行動計畫。輔導老師於改變行動階段應盡可能地幫助案主轉化，將改變應用至日常生活中。在此階段，案主不僅嘗試改變，並建立自我回饋的機制、評估改變的歷程，以及修正改變計畫。

輔導老師應協助案主處理對改變的感受，並發展面對改變歷程或改變後可能的變化，以及如何因應的策略，認知及理解改變的發生是持續不斷的歷程，案主可保留適切的彈性，以因應面對無法確定的未來。

以明明為例，改變的發生可能出現在個別諮商二個學期之後，才會看見一些效果。屆時，明明在班級同儕中應較能覺察自己的內在經驗，

以及自己是如何與他人互動、溝通，並能感受他人的感受。在改變行動階段，也可能發展了一些行為上的正向改變。

明明：「老師，我仍有衝動想攻擊別人，但在意識到自己的衝動，我會嘗試跟同學說話時不口出惡言，我發現有些同學願意跟我說話了。雖然不多，但感覺很好。同時也發現，有些同學以前覺得他們是安靜的人，沒什麼想法，現在覺得其實他們都蠻有想法的。」

老師：「哇！我真是超佩服你的，你漸漸能有意識地覺察到自己的衝動行為，並控制自己不再說不好聽的話；有勇氣主動與人互動、溝通，同時願意去接觸以前你根本不屑一顧的人，還能發現其中一些同學的優點。這真是一件令人好開心的事，你願意繼續嘗試努力嗎？同時繼續注意自己和這些同學在互動上的經驗，再來跟老師一起討論？」

四、輔導諮商的結束階段

在輔導諮商結束階段，應與案主整理與回顧整個輔導歷程，穩固輔導歷程的學習，並結束輔導關係。

在諮商結束階段，輔導老師該如何評估何時結束？不僅是因為次數，而是和案主決定如何評估之前所討論希望達成的目標。輔導關係在結束之際，輔導老師須評估案主是否對結束諮商關係會有強烈的感覺，並與案主共同回顧、摘要其議題演變的發展及改變的轉化，輔導老師亦可回饋案主在歷程經驗中面對的勇氣，以及探索自己的堅持，並願意冒險、嘗試行動，

結　語

　　我們身處於人際關係中，彼此相互依存，從彼此的身上學習，同時影響著彼此。若能在人際關係中獲得情感需求的滿足，不僅能避免寂寞，同時也能增進自我了解，發展自我概念，滿足個人成長的需求。在人際關係中從他人回饋所獲得的認可，不僅滿足了我們內在被讚賞、尊重、隸屬的需求，也增加了我們對自己行為及處事的信心。人際關係對個人的生活幸福感、身心健康等議題深具影響力，因此維持與促進良好的人際關係，確實是值得關注的重要課題。

　　與人維繫友善良好的人際互動或關係是個體終其一生的重要功課。在人生的每一階段，人際關係的學習與發展皆有重要的關鍵任務，從親子關係、同儕友伴，到兩性互動、親密關係，兒童和青少年階段遇到困境時如何解決及從中獲得的學習經驗，是下一階段與人經營互動關係的重要基礎；企盼學生在家庭、學校中的重要他人皆是其遭遇困境時那扶助的手，以協助個體發展覺察經驗，在尊重、互助的關係中滿足其內在需求，發展良好的自我認同，以及學習適切的人際互動。

問題與反思

基本題

1. 在青少年群體中，人際關係良好者通常具有哪些特質或價值觀、待人接物的態度，或情緒行為模式？

2. 變遷的時代價值不斷衝擊著學校和家庭，請討論不同世代的性價值態度之差異為何？例如：父母輩的性價值vs.你的性價值vs.當前e世代的性價值之差異？

3. 分享你對婚前性行為及未婚懷孕的看法？也請討論當你是學校的一般專任教師、導師，甚至是輔導教師時，你對婚前性行為或未婚懷孕的態度可能會如何影響你對案主的態度及輔導工作的進行？

4. 青少年的生活逐漸倚賴網際網路，網路世界的無遠弗屆對兒童及青少年發展的人際關係產生之影響力為何？

5. 當學生因與父母親衝突，憤而離家出走、住在同學家，家長來到學校拜託協助時，請問學校的因應措施可能為何？身為學校的學務人員、輔導人員及導師，可能有的作為會是什麼？

6. 某個班級因運動會表演活動，同學之間有了衝突，且有人在網路發表攻擊某些同學的文章，假設你是該班導師，你要如何運用團體輔導的設計來調解紛爭，再起班級合作的可能性？

7. 當同學以嘲弄、恥笑的言論攻擊班上某位女性化男同學時，身為導師的你，如何與輔導教師／人員合作處理，或有哪些作為能夠處理此狀況，以幫助兩方？

8. 學生喜愛在網際網路上抒發心情、發表意見，甚至結交好友，學校教師與家長在面對兒童和青少年於網際網路上的行為，以及其在網路上建立的人際關係時，應如何因應與協助？

進階題

1. 根據目前的現行法令，教育人員在得知未成年學生發生性行為時須進行責任通報。請問：如有一位國二學生告訴你「我與男友發生性關係，老師我好害怕，我不知道會不會懷孕……」此一狀況時，在進行責任通報前，身為導師或輔導教師的你，可以做哪些事情以安頓學生身心，以及協助學生、家長面對因應此議題？

2. 少子化的現象衝擊著個體人格等層面的發展，試想獨生子女在成長過程中，其親子關係、人際關係、情愛關係上的可能影響或發展為何？

3. 青少年以不同的方法應付寂寞，乃致產生與人疏離的現象。請問你對寂寞、疏離的看法為何？你過去如何因應這類感受？當你遇到這類青少年時，該如何幫助他們？

4. 請以青少年人際關係為主題，設計一個青少年人際關係成長團體方案或班級輔導方案。

延伸閱讀與相關影片、網站

1. 書籍

陳皎眉、鄭美芳（2009）。人際關係與溝通。弘揚圖書。

Rice, F. P., & Dolgin, K. G.（2009）。青少年心理學（連廷嘉、黃俊豪譯）。學富。（原著出版年：2004）

邱美華（2008）。人際關係與溝通。揚智。

鄭佩芬、王淑俐、曾華源（2008）。人際關係與溝通技巧。揚智。

王以仁（2007）。人際關係與溝通。心理。

陳皎眉（2004）。人際關係與人際溝通。雙葉。

黃心怡（2003）。青少年非常心事。張老師文化。

徐西森、連廷嘉、陳仙子、劉雅瑩（2002）。人際關係的理論與實務。心理。

林欽榮（2001）。人際關係與溝通。揚智。

Verderber, R. F., & Verderber, K. S.（2001）。人際關係與溝通（曾端真、曾玲珉譯）。揚智。（原著出版年：1994）

2. 影片

青春戀習題（國民健康署製作境式互動影片，議題包括青春期適應、生殖健康、避孕等，其中在「人際關係」和「親密關係」是青少年最感興趣的議題。影片已放置於該署 YouTube 頻道）

性別平等教育系列（類型：親密關係暴力、性騷擾、性侵害等。時間：14～18分。語言：國語發音、中文字幕。出版：國家教育研究院教育資源及出版中心）

青春水漾（簡介：性生理、心理發展、性別認同、性傾向認同議題。時間：33分。語言：國語發音、中文字幕。出版：台灣性別平等教育協會）

酷馬（簡介：友伴關係、親子關係。時間：105分。語言：國語發音、中文字幕。出版：稻田電影）

為巴比祈禱（簡介：親子關係、性傾向認同。時間：85分。語言：英語發音、中文字幕。出版：雷公電影／崗華影視）

漂浪青春（簡介：性生理、心理發展、性別認同、性傾向認同議題。時間：

100 分。語言：國語發音、中文字幕。出版：三映有限公司）

飛行少年（簡介：關於非行少年的感人紀事。時間：119 分。語言：國語發音、中文字幕。出版：群和國際）

刺青（簡介：親子關係、友伴關係、愛情關係。時間：97 分。語言：國語發音、中文字幕。出版：鴻遠影視）

我是女生，也是男生（簡介：性生理、心理發展、性別認同議題。時間：90 分。語言：英語發音、中文字幕。出版：大來）

小孩不笨（簡介：談親子關係、友伴關係及親師生關係。時間：105 分。語言：國語發音、中文字幕。出版：星霖影片）

3. 網站

團體輔導工作資訊網
guidance.ncue.edu.tw

助人資訊網站大觀園
weblist.heart.net.tw

教育部性別平等教育
全球資訊網
www.gender.edu.tw

教育部國教署高級中等學校
性別平等教育資源中心
gender.nhes.edu.tw

教育部數位學伴入口網
etutor.moe.gov.tw

輔導工作方案資訊網：
生活輔導方案
program.ncue.edu.tw/
life.html

參考文獻

中文部分

王財印、吳百祿（2002）。從青少年問題談情緒智力、情緒管理與生活輔導。**學生輔導，83**，38-47。

石培欣（2000）。**國民中學學生家庭環境、同儕關係與學業成就之相關研究**（未出版之碩士論文）。國立高雄師範大學。

吳思霈（2004）。**高中生異性交往之研究：以桃園地區為例**（未出版之碩士論文）。國立台灣師範大學。

周倩（2017）。**106 年台灣中小學學生網路使用行為調查報告**。教育部。

徐西森、連廷嘉、陳仙子、劉雅瑩（2002）。**人際關係的理論與實務**。心理。

張春興（2002）。**張氏心理學辭典**。東華。

晏涵文、劉潔心、李思賢、馮嘉玉（2009）。台灣國小、國中、高中職學校性教育成果調查研究。**台灣性學學刊，15**（2），65-80。

陳皎眉（2004）。**人際關係與人際溝通**。雙葉。

羅樊妮（2003）。**父母管教方式、異性交往之親子溝通與青少年異性交往態度之相關研究**（未出版之碩士論文）。國立台灣師範大學。

羅品欣（2004）。**國小學童的家庭結構、親子互動關係、情緒智力與同儕互動關係之研究**（未出版之碩士論文）。國立台灣師範大學。

Hill, C. E., & O'Brien, K. M.（2004）。**助人技巧：探索、洞察與行動的催化**（林美珠、田秀蘭譯）。學富。（原著出版年：2000）

英文部分

Allen, J. P., Porter, M. R., McFarland, F. C., Marsh, P., & McElhaney, K. B. (2005). The two faces of adolescents' success with peers: Adolescent popularity, social adaptation, and deviant behavior. *Child Development, 76*(3), 747-760.

Brammer, L. M. (1993). *The helping relationship process and skills* (5th ed). Allyn & Bacon.

Fuligni, A. J., & Eccles, J. S. (1993). Preceived parent-child relationships and early adolescents' orientation toward peer. *Developmental Psychology, 29*(4), 622-632.

CHAPTER *10*
中輟生的認識與輔導

連秀鸞

前　言

「中輟生」（dropouts），這個帶有「負向」標籤意味的字眼，似乎讓「輟學」和許多校內的非行行為以及對校外犯罪行為的預測產生連結，但卻容易忽略中輟生輟學的外顯行為表現背後的真正動機與內在需求，因此我們必須從社會「汙名化」的過程中給予「正名」。

的確，依據各項調查的統計數字顯示，許多犯罪青少年多曾有過輟學經驗，而中輟生的犯罪可能性似乎比一般在校學生高，因此政府的教育高層便逐年編列預算，重視這個灰色區塊，並持續追蹤和檢視各校針對中輟生的實施成果與輔導困境。當然，中輟生的追蹤輔導工作誠屬不易，也著實讓許多學校輔導工作人員煞費苦心，而追蹤輔導的效果卻是「事倍功半」，因此不僅讓直接面對中輟生的諮商輔導專業人員，在面對外界質疑中輟生諮商成效時易生挫折感，同時也讓許多導師聞「生」（中輟生）色變。例如：在過去，學生若符合「連續三天沒來」的中輟通報標準之後，導師就可以名正言順的把中輟生往輔導處（室）安置，輔導處（室）儼然成為導師手中想丟開的燙手山芋之合理後送單位，然而，現今的狀況已有所調整。舉例來說，筆者在

從事青少年中輟輔導工作逾十年的光景中，回溯 2000 年開始投入參與學校中輟班實驗課程，從當時的「集中式」課程經營，以「教師」為本位的課程設計，到現今的「抽離式」課程設計理念，重新回歸以「學生（興趣與專長）」為本位的設計重點，更加強了以學生為主的諮商輔導理念。

因此，回顧不同時代背景的中輟生之組成，與當時的輔導工作重點，如今的中輟介入處理重點，已經擴大到「中輟尋獲」、「中輟之虞」，以及「高關懷」等諮商輔導服務對象上，亦即：介入處理的角度已經從早期的「治療」觀點，提前到「預防」的層面，以預防學生輟學的可能性與降低中輟的機率，重視「預防重於治療」的觀點，以成就每個孩子。此外，也要特別留意學生未到校背後的各種不同原因（包括生理與心理因素），方能找到合適有效的介入。

第一節　中輟生的定義與認識

「落實國民中小學中輟學生防治，貫徹零拒絕國民教育目標」為教育部的重點工作內容之一，因此除了協助學生從現有的教育體制中找到學習意義與價值，以預防學生出現中輟情況外；同時也針對已經出現中輟狀況的中輟生，協助重新返校就讀，以降低其再次輟學的可能性。

壹、中輟生之定義

教育部於 2017 年 8 月 23 日將原名稱《國民中小學中途輟學學生通報及復學輔導辦法》，修正發布新名稱：《國民小學與國民中學未入學或中途輟學學生通報及復學輔導辦法》，並於 2020 年 6 月 8 日修正發布第 3 條條文。該辦法第 1 條即指出法條依據：「本辦法依強迫入學條例第八條之一規定訂定之。」第 2 條則分別逐條依次說明，包括：未入學學生、中途輟學學生（中輟生）及復學的定義；其中，對於「中輟生」

的定義則清楚界定為：

「……二、中途輟學學生（以下簡稱中輟生）：指國民小學及
國民中學學生有下列情形之一者：

（一）未經請假、請假未獲准或不明原因未到校上課連續達三
　　　日以上。

（二）轉學生因不明原因，自轉出之日起三日內未向轉入學校
　　　完成報到手續。……」

　　此外，該辦法第3條詳細指出學校通報系統如何協助學生辦理通報、
協尋與相關通報程序，而學校如何與內政部警政署、各地警察機關／單
位合作與配合協尋工作，指定聯絡人，即時受理通知與會同強迫入學委
員會執行尋獲學生之復學事宜。學生之通報、協尋及協助復學，至其滿
15歲之該學年度結束為止。對於復學生則施予補教與適性教育，列為優
先輔導對象。

　　因此，學校應至通報系統辦理通報，將學生檔案資料傳送通報系統
列管，由通報系統交換至內政部警政署，以及函送鄉（鎮、市、區）強
迫入學委員會執行強迫入學程序。此外，對於因清寒、重大變故或親職
功能不彰等家庭因素而無法入學者，提供必要之救助或福利服務，也得
請家庭教育中心親職教育諮詢服務。對於經常輟學及輟學後長期未復學
學生，則洽商民間機構、團體協助追蹤輔導復學。因此，中輟生輟學、
復學後的後續追蹤輔導工作，需要建立中輟生個人檔案與定期檢討復學
成效等。

　　至於復學後不適應一般學校教育課程者，直轄市、縣（市）政府應
可規劃多元教育輔導設施（如慈輝班、資源式中途班、合作式中途班，
以及其他具相同功能之教育輔導措施），以提供適性教育課程，避免學
生再度中輟。直轄市、縣（市）政府負責督導考評學校與強迫入學委員

會執行中輟生通報與復學輔導工作與追蹤相關成效，教育部及直轄市、縣（市）政府應予獎勵績效良好者。

貳、中輟生輔導的重要性

學生中途輟學的原因非常複雜且多樣化，往往與個人、家庭、學校及社會因素有關，然而在一般的教育體制中，中輟生特別容易成為被忽視與被歧視的一群。從「中輟」到「犯罪」的連續線性發展上，如果未能及早給予介入處遇，學生行為問題之嚴重性將逐漸惡化，對於個人和社會將造成更大的威脅和傷害，而付出更大的社會成本，甚至遠超出早期介入所需的教育經費。因此，如何避免中輟生成為青少年犯罪的高危險群，或者縱使他們犯罪後又再度回到校園，如何能有效避免其再度中輟或犯罪是重要的一環，因為「今日不做，明天可能會後悔，並付出更慘痛的代價」！

此外，在鄭瑞隆（2000）的研究中，針對訓輔人員、導師與教師進行焦點團體訪談，整理出學生中輟問題的困境，包括：(1)學校教師與行政人員之心態未能配合（是當成例行公事，還是以學生權益為優先考量）；(2)學校教師與行政人員的負擔過重與時間不夠（教學授課與輔導時間的相互衝突）；(3)學校教師與行政人員的輔導專業能力不足；(4)學校的可用資源不足（社區型學校或鄉村型學校的資源分配不均）；(5)中輟生家庭與家長配合不足（家長無法有效發揮功能，或對孩子抱持放棄與冷漠的態度）；(6)對中輟生之追蹤處理無力（未必把中輟追蹤輔導列為優先處理事項）等六個部分。

筆者根據教育部統計處的網站，彙整有關 100 至 109 學年度的全國中途輟學及復學統計數據分析資料，如表 10-1 所示。該表顯示，分析 100 至 109 學年度的中輟生之特性和趨勢，其中輟學人數從 100 學年度的 5,379 人降到 109 學年度的 2,578 人，其中 101 學年度為 4,406 人，102 學年度

表 10-1 教育部 100 至 109 學年度國中小中輟統計數據分析

學年度	輟學人數	復學人數	復學率（%）	輟學率（%）
100	5,379	4,469	83.08	0.23
101	4,406	3,735	84.77	0.20
102	4,316	3,720	86.19	0.20
103	4,214	3,638	86.33	0.21
104	3,934	3,373	85.74	0.20
105	3,446	2,922	84.79	0.19
106	3,134	2,690	85.83	0.18
107	3,137	2,657	84.70	0.18
108	3,086	2,681	87.63	0.17
109	2,578	2,303	89.33	0.15

註：1. 中輟生指國中小學生未經請假、請假未獲准或不明原因未到校上課連續達三日以上者，或轉學生因不明原因未向轉入學校完成報到手續者。
2. 輟學率（中輟率）＝中輟生人數÷學生總數×100%。
3. 復學率＝復學人數÷中輟生人數×100%。復學人數係指該學年度國中小中輟生辦理復學之人數。
4. 引自教育部統計處（https://depart.moe.edu.tw/ED4500/Default.aspx）。

則降到 4,316 人，約占國民中小學學生總數的 0.19～0.20%；中輟率從 100 學年度的 0.23%，逐年下降到 109 學年度的 0.15%。至於復學率方面，自 100 學年度的 83.08% 遞升至 109 學年度的 89.33%，有逐年升高的趨勢，其中 109 學年度的中輟人數則首度降到 3,000 人以下（2,578 人），輟學率是 0.15%，復學率是 89.33%，是近十多年來最低的中輟率、最高的復學率。根據這些數據結果顯示，校園系統內的諮商輔導之介入，與其他警政、社政、醫療等系統的合作，加上其他校外系統和學校的合作（例如：屏東縣飛夢林學園的中輟預防業務），有發揮降低學生輟學率之成效。

綜合來說，101 學年度的中輟人數降到 5,000 人以下（4,406 人），由 102 至 109 學年度的輟學率數據來看，也呈現逐年下降趨勢，因此由

上可知國中小中輟生的人數呈現逐年下降，復學率則逐年提高，未復學學生的比例逐年下降。此外，值得注意的是，中輟原因主要是來自於個人和家庭因素，其中生活作息不正常，或者父（母）／監護人管教議題失當的原因，並非只發生在單親或原住民的家庭中，故在關切單親家庭或原住民孩子中輟的同時，也不要忽略非原住民、雙親或失親家庭背景孩子可能中輟或有中輟之虞的可能性，輔導人員有必要理解孩子的個別狀況，而進行不同的介入處理，防患於未然。再者，中輟生主要的輟學原因以個人因素最多，其次為家庭因素；值得注意的是，中輟生的復學率在 100 學年度為 83.08%，101 學年度則提升至 84.77%，102 至 109 學年度的復學度也多維持在 84.70～89.33%之間。故 100 學年度至 109 學年度的中輟生復學率均逾 80%，109 學年度更達 89.33%，中輟生復學的狀況愈來愈好，顯示教育部在實施中輟生通報與追蹤輔導工作列為重點工作上，有明顯改善之情形。

此外，教育部合作辦理中介教育，加強有中輟之虞的學生採取相關輔導措施，鼓勵學校及民間團體申請辦理高關懷課程；對於有適應問題的中輟學生，也透過多元彈性或適性教育課程，鼓勵學生持續學習，以及過去中輟替代役男之協尋等介入措施，能有效整合校內外的教育、輔導、社福、警政、民政、司法、醫療衛政等不同系統與資源網絡團隊合作，有效協助校方追蹤輔導工作，期待進一步達到「愛，沒輟」的理想目標。

蔡德輝曾在《遠見雜誌》上，談到有關危機少年與犯罪的關聯性，他分別以一棵樹的「樹根」、「樹幹」、「樹枝」和「果實」等部分，來與青少年問題成因和犯罪之關聯性做比喻。他認為，家庭和學校教育就是樹的「樹根」部分，青少年的人格特質就有如「樹幹」的主體，而青少年出現的中輟、飆車與打架滋事等非行行為，就有如樹的「樹枝」部分，最後開花結果變成「果實」的是犯罪青少年的問題（引自王一芝，

2009）。基於以上各種因素可以得知，中輟生在還未畢業前即離開學校，會造成其學習機會的缺乏，以及未來朝向更好生涯發展的受限，現在若未積極處理中輟問題，未來將可能付出更高的社會成本；因此，中輟問題不只是會形成教育問題，也可能進而造成社會人力與教育資源的浪費，有值得關切介入的必要性。

參、中輟生輔導的相關迷思

當學生從單純的學校課程學習離開後，到校外接觸複雜的社會環境，是否就一定會產生問題行為？或者我們可以從另一個角度來思考：他們是否也有其生存能力與因應之道呢？究竟「人為什麼一定要讀書？」抑或是「如果我不讀書的話，會怎麼樣嗎？」「難道我不能出去工作、打工，暫時休學嗎？」當孩子困惑於「讀書的目的何在」這個人生議題時，我們是否有足夠的彈性空間來與孩子一起討論與思考對話呢？往往象徵社會多數的「主流」價值、制度、規範所傳達的訊息是：「好學生」指的是那一群乖乖在學校讀書，按時上學、放學的「主流」學生，但對於「中輟生」這群處於非主流位置的少數族群而言，就會很容易被貼上「壞學生」、「行為偏差」等先入為主的偏見或標籤，或認定他們屬於學業低成就或傾向用暴力解決問題的學生，故未來發展性偏低，因而降低對其的關注力。然而，我們是否可以從多元角度去看待學生性向能力的多樣性呢？而非只是單從「是否會讀書」來決定一個人的價值呢？以下即分別從不同的面向，來釐清對中輟生的迷思。

一、社會新聞事件的標題與中輟生的連結

「春風少年兄，走上吸毒／飆車／殺人／幫派火拚等不歸路」，這些反應出社會問題的斗大新聞標題，你我都不陌生，但是我們如何能夠阻止這樣的悲劇再次發生？從事諮商輔導工作者，究竟能夠為這些輟學

青少年做些什麼？2010年電影《艋舺》的熱賣，象徵了什麼意義？學生是否有能力區辨「混黑道」和「博感情」的差別？雖然電影內容是部分事實的呈現，沒必要加以排斥或畏懼；然而，學生家長與老師有必要協助孩子從影片中學習分辨是非與對錯的觀念，以釐清道德判斷的正確價值觀。此外，也要幫助其分辨「以義氣相挺的暴力行為」並非唯一選擇，而提升問題解決和情緒控制的能力，以擴大因應問題的能力。

二、社會價值觀──二分法的迷思

在「是非」、「好壞」、「對錯」的簡化分法之社會中，中輟生總是比較容易被貼上「壞孩子」或「壞學生」的負向標籤，家庭環境和學校環境似乎也無法充分提供一種「友善」與「接納」的空間，甚至對其「保持距離，以策安全」；此外，我們也可以從許多研究結果發現中，找到中輟生輟學的上百種原因，或者是「中輟生易有的偏差行為有哪些」，但是卻忽略了「關注」與「照顧」這些輟學孩子最細微的情緒變化與內在需求。

三、不同研究結果的盲點──忽略中輟生的「主體性」與「特殊性」

根據許多研究結果發現，這些研究總容易把「中輟生」和「高犯罪率」聯想在一起，也就是說，研究結果往往得出這樣的結論：「如果我們可以把中輟生的輟學率降低與復學率提高的話，那麼就可以降低社會治安惡化的情形。」然而，值得進一步思考的是，「誰能真正關注中輟生離開學校的原因？又是哪種無形力量推著他們往外尋找其他同儕或團體的隸屬感？有誰能夠清楚『看見（到）』、『看（聽）懂』或『理解』這些中輟生的處境與其背後發生的故事脈絡呢？」等重要相關問題。

四、以「單一」的主流價值取代「多元」價值的觀點

「萬般皆下品，唯有讀書高」，自古以來，「讀書人」似乎就比較容易在社會階級中獲得較好的地位與較高的社會評價，因此讀書優先於一切；即使學生擁有不同的性向能力（如田徑或體育專長），往往仍會聽到父母親決定入班與否的先決條件是「先把書讀好再說」，好像「不會念書」就無法與人競爭，也就會和「沒出息」扯上邊。

此外，「獨尊儒術」、「士、農、工、商」、科舉制度或文官考試系統等，自古以來即是仕途準備的前哨站，即使到了現代文明的二十一世紀，宣導「德、智、體、群、美」五育均衡的口號，仍然抵擋不住「升學主義掛帥」的洪流，而變成「政策面歸政策面，執行面歸執行面」。因此，學校課程發展委員會討論學生的彈性課程節數，仍以分配給主流科目為主要考量，國文、英文等語文領域，以及數學、社會領域等基本學力測驗考試科目，依舊是學校的主流重點，其他綜合、藝術與人文等副科領域的學習就儼然變成學校配課的科目，學校不尊重某些非主流的專業科目之環境氛圍，而學生也認為「未必要買」藝能科或綜合科領域的課本，而讓其可能淪為次要學習課程。

五、過度關注「家庭」因素，卻忽略「整體」與「系統」的觀點

根據教育部 90 學年度第一學期的「台灣地區中等以下各級學校學生學習及生活概況調查報告」資料顯示，在學生不喜歡來學校上學的原因中，「不喜歡讀書」占了五成左右，而家庭因素卻只有 5%上下。某次筆者監考學生月考，作文題目為「上○○課真好」，在國中一年級某班的學生中，有將近一半的學生寫了「上體育課真好」，此種現象反映了哪些重要訊息？我們應該進而了解學生背後真正的心理需求為何，並思考國家的教育體制是否也可能制定了不符合學生內在需求的課程設計內容

呢？因此，除了家庭因素之外，學校、社會環境乃致整個教育體制等，均是學生可能接觸的環境，需要這些不同系統間的通力合作。畢竟，學生中輟問題的處理，不能只是「頭痛醫頭，腳痛醫腳」而已，因此需要整合相關資源與建立關懷網絡，讓中輟危機青少年的生涯發展可以學習所長，安心工作，減少後顧之憂。

第二節　中輟的成因分析與輔導策略

根據學校輔導人員、教育部、內政部、法務部及學者專家等不同單位，對於青少年犯罪的統計資料顯示，中輟生族群是青少年犯罪的高危險群，其中輟的原因可能與個人、家庭、學校和社區因素有關，因此中輟生的預防與輔導需要借助於家庭、學校、社會或社區資源網絡的共同合作，以發揮借力使力的輔導效果。以下即分別從中輟生中輟成因之分析談起，接著論述中輟生的輔導策略與介入處遇的方式。

壹、中輟生中輟成因探討

根據教育部統計處（2014）及教育部（2016，2019）的資料顯示，比較 101 和 102 學年度國中小學生的中輟原因，101 學年度的中輟原因比例最高為個人因素（占 49.14%），生活作息不正常為主要來源；其次是家庭因素（占 23.40%），父（母）或監護人管教失當情形最多；再次為社會因素（占 15.2%），多受校外不良朋友引誘造成。102 學年度的中輟因素比例由高至低依序是：個人因素（52.9%）、家庭因素（21.7%）、社會因素（14.01%）、學校因素（9.6%）、其他因素（1.6%）。

此外，103 至 105 學年度的中輟比例高低仍依序是：個人因素、家庭因素、社會因素、學校因素。不過，106 學年度國中小學生的中輟原因，其比例由高至低依序是：個人因素（占 52.81%，1655 人）、家庭因素

（占 24.76%，776 人）、學校因素（占 10.11%，317 人）、社會因素（占
10.08%，316 人）、其他因素（2.23 %，70 人），其中學校因素首次高
於社會因素（多出 1 人）。因此，由上資料可以看出，前兩名依然是個
人因素與家庭因素，而第三名則分別由學校因素或社會因素分屬。

綜合上述資料後發現，影響學生中輟的因素主要有四大類：學生個
人特質、家庭因素、學校因素、社會因素，其中中輟的主因仍然來自於
個人和家庭因素兩大因素；值得注意的是，個人因素中的「精神或心理
疾病」因素占的比例有微幅增加趨勢，情緒議題與身心症狀著實影響學
生的正常作息與出缺席。此外，因應社會變遷迅速、家庭結構的改變，
父母親容易忙於工作而疏忽孩子的管教問題，而 3C 產品的便利性與網路
社群媒體、網路平台（如 Facebook、IG、抖音、網路遊戲）的日新月
異，也容易吸引孩子的目光與沉迷其中，導致生活作息不正常、無法正
常到校，進而衍生中輟議題，也影響親子互動與更多親子衝突出現，因
而中輟問題也就不足為奇了！因此，家庭親子的陪伴與良好的互動品質
是很重要的，輔以父母親與學校的有效合作，再加上如果可以調整學校
的課程設計來符合學生多元性向的能力，增加孩子的學習成就感，降低
學習挫折，也許可以從中提升其學習樂趣與熱忱（畢竟比起學校課程，
多元有趣的網路世界更吸引人）。

此外，根據教育部訓育委員會的官方資料結果顯示，中輟生的中輟
原因主要可以分為四個部分，交互影響，而非純粹由單一因素所造成的，
以下分別陳述之。

一、個人因素

個人因素包括：生活作息不正常、其他個人因素、精神或心理疾病、
觸犯刑罰法律、智能不足、肢體殘障或重大疾病、懷孕、生子或結婚、
遭受性侵害、從事性交易等。

中輟生中輟行為出現的徵兆，可能是出現遲到、蹺課等行為，漸漸地會開始出現生活作息不正常的現象，到校時間愈來愈短，而缺曠課的時間卻愈來愈長。此時，家人和學校需要取得密切聯繫，並於發現問題的第一時間即了解當事人異常行為的原因，以協助當事人找回過去上學的樂趣或學習的熱忱。然而，事實上學校或家庭往往都會遇到實質上的困難，例如：家長忙於工作賺錢而無暇約束孩子的行為，而學校雖啟動家庭系統（如家庭訪問）介入處理，但最後的結果可能是不得其門而入（如家長堅持或委婉拒絕校方家訪）；因此，學校需要依照當事人的需要，而變換不同的有效處理方式來解決中輟問題。至於其他無法控制的外控因素（例如：法律或生理因素、精神或身心症等心理疾病），則需要另外轉介求助於醫療資源或法律資源的介入，而非單方面學校介入，適時的配合定期醫療藥物治療與心理諮商介入，加上學校與家庭、醫療等系統合作，可以更周全的協助孩子與家庭改善中輟問題。

二、家庭因素

家庭因素包括：父（母）或監護人管教失當、父（母）或監護人離婚或分居、受父（母）或監護人職業或不良生活習性影響、親屬失和、其他家庭因素、父（母）或監護人失蹤、經濟因素、父（母）或監護人去世、居家交通不便、父（母）或監護人重殘或疾病、須照顧家人、受父（母）或監護人虐待或傷害等。

學校或家長的「柔性」拒絕，可能是造成學生中輟的家庭因素之一，但根據《國民教育法》和《強迫入學條例》的規定，學校具有保障學生受教權與接受國民教育的義務，以及督促學生入學及後續輔導的責任；此外，《兒童及少年福利與權益保障法》也明文規定，家長具有教養子女和督導孩子求學的責任。雖然法律的規範是死的，但人是活的，學生真正需要的是依照個別差異而提供適性學習的機會，從他們的優勢著手，

提供適合發展的場域和空間。

三、社會因素

社會因素包括：受校外不良朋友引誘、受已輟學同學影響、流連或沉迷網咖、加入幫派或青少年組織、流連或沉迷其他娛樂場所、其他社會因素等。

青少年時期的學生會從「以家庭為重心」轉移到「以學校為重心」，最重視的是同儕交友關係，一旦學生從學校內的交友圈擴大到校外的交友圈，校外的朋友、幫派組織、網咖、娛樂場所等，均可能成為青少年尋求另一種歸屬感或自我認同價值的場所。因此，青少年如果自我控制的能力不足，或是尚未養成自我判斷的能力，再加上家庭功能缺乏，均可能增加青少年的交友風險與中輟危機。當中輟少年看見校外生活遠比校內生活有趣和好玩的正向效果增強時，要讓迷途羔羊回家的確就需要更大的拉力了。

四、學校因素

學校因素包括：對學校生活不感興趣、缺曠課太多、與同儕關係不佳、不適應學校課程、考試壓力、觸犯校規、受同學欺壓不敢上學、其他學校因素、師生關係不佳、教師管教不當等。

學校教育的標準化課程安排，以及強調升學主義掛帥的世代，的確有可能讓許多學生找不到可以發揮性向能力的舞台，而有別於被眾人容易看見的資賦優異之主流能力，這些不擅長讀書的非主流學生，便容易失去學習的樂趣和成就感；因此，他們更需要大家用放大鏡去看見他們也有成為「天才」的機會——只要教育課程可以把他們放在適合他們發揮專長的地方。此外，也要注意中輟生中輟外顯行為背後所隱藏的困難所在，是否是因為在課業遇到困難或是受同儕欺壓、霸凌而不敢上學，

從一開始的「懼」怕學習或「拒」絕學習，衍生到後來的中輟相關議題，因此需要了解外顯行為問題背後的真正原因，進而協助他們真正解決難題，而非選擇用逃避方式（中輟）來解決問題。

綜上所述，學校在了解學生中輟的原因時，需要針對學生的個別需要，提供介入處遇的辦法。中輟成因往往非單一原因所造成，因此學校通常需要結合不同系統與資源的協助以對症下藥，而非病急亂投醫，如此方能找到有效解決的方法。

貳、中輟生的介入處遇

將「預防重於治療」的概念應用到中輟生的成因與多元處置中，發展早期發現高關懷學生之重要指標（包括個人層面的心理與生理問題），有及早介入處理的效果；此外，從家庭層面的家庭變故、父母失功能、父母的精神病史等、學校方面的低成就表現與人際關係不佳等，以及社會層面的流連網咖、八家將或陣頭等不同層面的介入，均希望能夠從早期發現、早期介入輔導，以預防中輟或再次中輟的行為，尋求更有效的輔導措施。畢竟學生的學習環境未必都非得在圍牆內，沒有一個孩子喜歡被放棄，讓每個偏愛動態或靜態教學的孩子均能找回自信，孩子並非無法變好，而是需要大人們提供他們可以表現個人優勢的適當機會。

過去對於中輟生的研究，多朝向以個人、家庭、教師、學校等單一向度加以分析，而現今則可以從生態系統的多元角度，針對每一個可能影響中輟因素之間的互動關係，進行脈絡式的探討，而心理學家 Bronfenbrenner（1979）的「社會生態模式」，正是從生態系統理論來加以探討的模式。以下探討三個部分：第一部分敘述社會生態模式的重點及其運用在中輟生的議題；第二部分則介紹生態合作取向 WISER-2.0 學校三級輔導工作模式；第三部分則談及中輟生的介入處遇。

一、中輟生的社會生態模式

筆者整理了Bronfenbrenner（1979）的「社會生態模式」文獻，並舉例加以說明，如下：

1. **個人因素**：如個人發展過程中的「有機個體」（organism）、環境、人與環境的互動狀況等。

2. **小系統**（microsystem）：是指與個人接觸和互動頻繁的人、事、物等環境，包括：家庭（父母親、夫妻、孩子、其他家人）、學校（老師、同學）、工作場所（上司、同事）、同儕團體、朋友、鄰居等人際關係，因此將「小系統」視為影響個體發展的核心，例如：學校內的輔導人員、訓導人員、導師、任課老師與其他行政人員等小系統之間的互動與協調，可以有助於問題解決。

3. **中間系統**（mesosystem）：是指「小系統」彼此之間的互動關係，例如：家庭與工作場所、家庭與學校、學校與工作場所的相互關係等。舉例來說，由於學生的中輟問題，讓學校和家庭系統有合作的機會，學校透過電話和家庭訪問的方式，可以進一步了解家庭互動系統、家人互動關係、家庭教養方式與價值觀等彼此的交互影響情形；此外，父母、家人、主要照顧者同時也可以透過親師溝通的方式，擴大對孩子的了解和多元樣貌，如此的雙向溝通有助於創造更多問題解決的方法。

4. **外系統**（exosystem）：有些系統雖未與個體直接接觸，但卻會間接影響當事人的社會情境，例如：社會經濟、教育制度、大眾媒體、工作福利制度、法律、警察等。舉例來說，政府規劃具體實施的工作項目，積極推展中輟生防治工作，以有效預防中輟的發生和找回中輟生，因此教育部除了參考其他國家的經驗外，也同時結合其他相關部會的資源與人力〔例如：結合警政單位共同協尋中輟失聯學生；與內政部、法務部、原民會、青輔會、體委會、文建會、衛生署、勞委會（中輟生如有心參

與「職業探索」，勞工局可以協助其做職業訓練與協助）合作〕，從制度面訂立相關法條與辦法（例如：《國民小學與國民中學未入學或中途輟學學生通報及復學輔導辦法》），並擬定出有效的預防性教育措施與其他保護性的福利措施，針對中輟生訂立復學輔導安置措施（例如：後送單位的通報系統與復學資源）與有效的後續評估策略。

5. **大系統**（macrosystem）：是指一個廣泛的思想信念系統，包含：倫理、社會價值觀及文化型態等，會影響個體的行為發展，並逐次繞著此核心的外圍圓圈。舉例來說，華人「萬般皆下品，唯有讀書高」的文化價值壓力，在無形中影響了整個國家教育政策的制訂與個體追求自我實現的發展方向；因此，在「上有政策，下有對策」的升學主義掛帥潮流下，學校依然遊走在「能力分班」的法律邊緣，明星學校光環很難消失不見，以「功課」、「成績」來論斷一個人的價值與未來發展的人，依然大有人在。此外，東方社會強調集體主義和西方社會強調個人主義的文化差異，相對地也影響了個體發展；對華人而言，來自重要他人的肯定與個體形成的正向或負向自我概念，有密切的關聯性。

二、生態合作取向 WISER-2.0 學校三級輔導工作模式

根據《學生輔導法》之規定，學校應該依照學生身心狀況與需求，提供發展性輔導、介入性輔導、處遇性輔導之三級輔導。為使學校輔導工作發揮全面性、及早介入及多元資源整合的效能，因此建置生態合作取向之學校三級輔導工作運作模式（王麗斐，2020）。WISER 模式最早由王麗斐及其工作團隊於 2013 年接受教育部委託編製《國民中學輔導工作參考手冊》與《國民小學輔導工作參考手冊》時，依據教育部頒布的學校三級輔導體制以及相關輔導政策為架構，再輔以當時研究團隊訪談國中小資深輔導人員成功經驗以進行研發。為使學校三級輔導工作的運作原則能夠被清楚了解與掌握，萃取其核心原則，以 WISER 代稱該手冊

之學校三級輔導工作運作模式。同時，2020年第二版的《國民中學輔導工作參考手冊》，為使WISER模式的操作性與適用範圍更加完整，編修層級從國小至大專校院之各式學校輔導工作成功策略，進一步對2013年的WISER模式進行修正與補充，依據《學生輔導法》內容而加入個案管理、各式輔導會議規範等細節，而修正命名為「WISER-2.0」學校三級輔導工作模式。

　　因此，WISER-2.0模式（WISER-2.0 model）是運用W-ISE-R分別代表教育部的學校三級輔導架構之核心意涵，包括：發展性輔導、介入性輔導、處遇性輔導的整體性輔導介入，至少80%參與者受益。「W」代表發展性輔導工作要把握全校做（Whole school）、聰明做（Working smart）、雙贏做（Win-win）的3W原則，針對全校學生，訂定學校輔導工作計畫，實施生活輔導、學習輔導及生涯輔導相關措施。介入性輔導需重視個別化介入（Individualized intervention）、系統合作（System collaboration）及持續評估（on-going Evaluation）之ISE原則，經發展性輔導仍無法有效協助之學生，依其個別化需求訂定輔導方針，提供諮詢、個別諮商及小團體輔導等措施，並提供評估轉介機制，進行個案管理及輔導。處遇性輔導則需把握整合校內外多元資源（Resource integration）之R原則，因此經發展性及介入性輔導仍無法有效協助之學生，結合心理治療、社會工作、家庭輔導、職能治療、法律服務、精神醫療等各類專業處遇性服務。處遇性輔導是針對經介入性輔導後仍無法有效改善、嚴重適應困難、行為偏差等重大違規行為的學生，配合學生個別需求引進心理治療、社會福利工作、司法介入、精神醫療等各類專業服務，整合校內外多元資源，亦可以提供中輟生輔導「以學生為本」的相關處遇策略。

三、中輟生的介入處遇

中輟生的介入處遇之策略如下：

1. **尊重案主與其個別差異**：個體在不同生命階段的發展過程中，著實受到個人特質與所處環境脈絡的影響，而學校在規劃每位學生的教學課程時，應首重「個別差異」，並依據學生不同的人格特質、興趣和能力，安排適性課程，協助學生重新找到希望與選擇。而諮商輔導人員所具備與眾人不同的正向欣賞眼光，以及對人性所抱持的樂觀態度，將影響學生的自我概念之形成，學生在被尊重、了解與欣賞的過程中，可以重新找回對生命的熱忱與自信，為中輟生找到另一個出路。

2. **學校社會工作運作模式**：學校教育單位應結合社會服務單位、警政單位、社政單位、醫療單位、司法單位等機關的共同合作，以推動中途輟學學生的服務方案，從補救和預防兩個部分雙管齊下，必要時須施以公權力的介入。舉例來說，各地家庭教育扶助中心的社工員、家庭教育中心的志工等，可以協助學校老師持續追蹤中輟生的復學輔導，或是加強預防性的教育和輔導工作，協助家長與教育民眾，強化親職教育功能，除了協助學生中輟後的復學與其適應問題外，也能預防學生的再次中輟與後續可能衍生的青少年犯罪問題。

3. **各司其職的專業工作團隊合作模式**：學生的中輟問題，要思考的是專業人員的角色是否不明，或者是諮商專業的角色分工，是否足夠發揮團隊工作人員的專業性，否則反而會干擾不同專業領域的工作執行情形。舉例來說，專業輔導人員和專業社工人員有著不同的專業能力，然而，專業社工人員可能會被誤用為學校諮商專業人員，而學校專業輔導人員的工作卻反而變成個案管理人員的工作。因此，唯有各司其職的專業功能發揮之工作團隊合作模式，方可收到事半功倍的效果。

4. **創造能夠活出「天命」與活出「自我」的教育環境**：Robinson和

Aronica（2009/2011）在《讓天賦自由》（*The Element: How Finding Your Passion Changes Everything*）一書中提到，他們認為所謂的「天命」指的是：「喜歡做的事情」和「擅長做的事情」能夠相互結合的境界；因此，「天賦」和「熱情」是兩個重要的關鍵因素，如果能夠掌握四個關鍵性的問題，包括：天資（什麼是你的真正力量所在）、熱情（哪件事讓你永遠充滿活力）、態度（你讓際遇左右生命，還是用態度創造運氣）、機會（如何為你的熱情找到實踐的管道），就可決定自己是否能夠活出自己。前兩者是天命的成分，而後兩者則是天命的先決條件；因此，每個學生都可以找到屬於他們的天命所在。中輟生並非不行或是沒有能力，而是因為他們目前還沒有找到適得其所的地方；他們可以打從心底相信，自己具有與眾不同的才能，但那並非考試成績可以決定，成功的要素之一在於：不接受「自己是個沒用的人」之重要領悟。

第三節　中輟生的處遇流程與案例說明

《國民教育法》第 1 條提到：「國民教育依中華民國憲法第一百五十八條之規定，以養成德、智、體、群、美五育均衡發展之健全國民為宗旨。」接著，又在第 2 條明定：「凡六歲至十五歲之國民，應受國民教育；已逾齡未受國民教育之國民，應受國民補習教育。六歲至十五歲國民之強迫入學，另以法律定之。」此外，在第 3 條規定：「國民教育分為二階段：前六年為國民小學教育；後三年為國民中學教育。對於資賦優異之國民小學學生，得縮短其修業年限。但以一年為限。國民補習教育，由國民小學及國民中學附設國民補習學校實施；其辦法另定之。」故國民中小學的學生，有接受國民教育的權利與義務。

因此，當學生符合法規訂定的中輟生定義標準時，學生原就讀學校機關有責任和義務通報主管教育行政機關，並進行後續相關的處理流程

和介入策略。而為了協助學校輔導人員更加清楚了解如何理解中輟生，並運用有效的諮商介入策略，以下即透過模擬情境之實例，分別解釋與說明國民中小學中途輟學學生之發現和通報、診斷和轉介、尋獲（復學）、追蹤與輔導、結案輔導等相關處理流程與其細項內容，以提供學校輔導人員實際具體可行之道。此外，筆者也提供「台北市國民中小學中途輟學學生通報及復學輔導處理流程圖」（台北市政府教育局，2018）供讀者參考，如圖 10-1 所示。以下即分別針對流程圖中的「中輟生之發現和通報」、「中輟生之診斷和轉介」、「中輟生之尋獲、追蹤與輔導」，以及「中輟生之復學和結案通報」等四個主要階段，分別舉例並加以說明。

壹、國民中小學中輟生之發現和通報

【情境一】

　　就讀國小五年級的阿明，已經連續三天沒來上課。每次老師打電話去他家裡，他的爸爸媽媽都不在家，也沒有接手機，頂多只有八十多歲的老阿嬤在家，但她總是說：「我不知道啦！你去問他爸爸媽媽！」然後就掛斷電話。如果你是校方輔導人員，你會怎麼處理中輟生的發現與通報問題呢？

　　一般而言，導師是學生輔導工作的第一線人員，一旦發現學生出缺席狀況有異狀，甚至已經連續達三天以上未到的情形，導師即有責任於第一時間向學校行政人員通報，並請相關團隊介入處理，而中輟生的發現和尋獲，需要學校教務、輔導、學務等不同處室行政人員的幫忙和協助。

　　因此，舉凡從學校內的學校教育行政單位，到學校外的鄉鎮市公所強迫入學委員會、警察局少警隊／少年隊、少輔會各鄉鎮少警隊、社會福利機構、心理衛生資源等社政、警政單位的跨系統合作，都是學校在

圖10-1 台北市國民中小學中途輟學學生通報及復學輔導處理流程圖

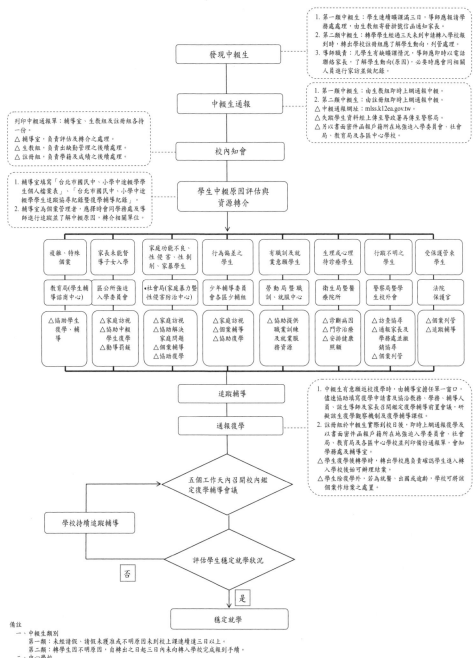

備註
一、中輟生類別
　　第一類：未經請假、請假未獲准或不明原因未到校上課連續達三日以上。
　　第二類：轉學生因不明原因，自轉出之日起三日內未向轉入學校完成報到手續。
二、中心學校
　　（一）國中：東區：誠正國中 2782-8094；西區：萬華國中 2339-4567；南區：實踐國中 2236-2852；北區：新興國中 2571-4211
　　（二）國小：三玉國小 2875-1369

註：引自台北市政府教育局（2018）。

發現和通報中輟生過程中需要合作的對象，以下即分別就上述的校內與校外系統，分別說明中輟生阿明案例的發現與通報流程之內容。

一、學校內的教育行政單位

學校的教育與輔導人員、教育行政單位與相關人員等，對於中輟生〔包括：未經請假、不明原因未到校上課達三日以上之學生、學期開學未到校註冊達三日以上之學生（含新生未入學），或是轉學時未向轉入學校報到之學生等類型〕之發現與其後續的通報與轉介，有其連續性的處理過程。

簡要來說，如果學生出現缺曠課的不穩定情況，班級導師得以電話告知家長，以知悉學生缺席的原因和行蹤動向，在必要時做家庭訪問。若學生連續曠課滿三日，導師應通知家長，並填寫「中途輟學學生訪問暨通報單」（各校不一），在完成核章後，報請學務處（生教組）和輔導處（室）（輔導組）協助後續處理。

以上述阿明的中輟情形而言，學校需先行了解阿明在學校內的中輟情形（例如：是屬於第一次中輟，還是連續性或長期出現的中輟？）接著再聯絡家長，如果家長還是聯絡不到的話，導師可以協同輔導人員進行家庭訪問，以了解學生在家庭中的互動狀況，也順便了解阿嬤在家中扮演的角色，以及阿明父母親的親職角色與功能所在。接著，導師再填寫阿明的「中途輟學學生訪問暨通報單」，報請學務處和輔導處（室）協助後續處理，其中學務處的部分可以請生輔組協助阿明的協尋工作，輔導處（室）的部分則可以請輔導老師進一步了解阿明中輟的原因，並協助其解決所面臨到的問題與困難（如果阿明有回校接受輔導的話）。

接著，教務處在收到通報單之後，註冊組長需即時至「教育部全國國民中小學中輟生通報及復學系統」（https://mlss.k12ea.gov.tw/）登錄（輟學日期為學生未到校的第一天），並將「中途輟

學學生訪問暨通報單」正本函送至各區的區公所之強迫入學委員會（若阿明為原住民的話，則另行文副知原住民事務委員會），以完成通報手續；此外，輔導處（室）輔導組則於每個月的中輟通報表上，通報本月份的中輟生輟學資料，並評估阿明是否為兒少、高風險家庭個案，此時則需另案請求社會資源之協助處理。

二、學校外的跨系統合作

學校外的跨系統合作包括：鄉鎮市公所強迫入學委員會、警察局少警隊／少年隊、少輔會各鄉鎮少警隊等警政單位的跨系統合作，茲分別說明如下。

（一）鄉鎮市公所強迫入學委員會

依據《強迫入學條例》（2019 年 4 月 17 日修正公布）第 8-1 條和第 9 條規定：

> 第 8-1 條：「國民小學及國民中學發現學生有未經請假或不明原因未到校上課達三天以上，或轉學生未向轉入學校報到者，應通報主管教育行政機關，並輔導其復學；其通報及復學輔導辦法，由教育部定之。」
>
> 第 9 條：「凡應入學而未入學、已入學而中途輟學或長期缺課之適齡國民，學校應報請鄉（鎮、市、區）強迫入學委員會派員作家庭訪問，勸告入學、復學；其因家庭清寒或家庭變故而不能入學、已入學而中途輟學或長期缺課者，報請當地直轄市、縣（市）政府，依社會福利法規或以特別救助方式協助解決其困難。
>
> 前項適齡國民，除有第十二條、第十三條所定情形或有特殊原因經鄉（鎮、市、區）強迫入學委員會核准者外，其父母或監

護人經勸告後仍不送入學、復學者，應由學校報請鄉（鎮、市、區）強迫入學委員會予以書面警告，並限期入學、復學。

經警告並限期入學、復學，仍不遵行者，由鄉（鎮、市、區）公所處一百元以下罰鍰，並限期入學、復學；如未遵限入學、復學，得繼續處罰至入學、復學為止。」

以阿明的中輟情形來說，如果阿明的爸媽都不讓他來學校念書的話，強迫入學委員會將採取循序漸進的介入處理方式，包括：家庭訪問、書面告知／警告、強行罰鍰、法院的強制執行等，來協助阿明的家長將其送回學校就讀。因此，協助中輟生返校的強迫入學委員會，主要扮演著代表公權力的執行者角色，其功能是在負責宣導和督促滿 6 至 15 歲之適齡學童入學，督促父母親或監護人擔任督促和照顧孩子就學的責任和義務；並依據《強迫入學條例》及其施行細則之規定，可以採取循序漸進的不同介入處理方式，包括：家庭訪問、書面告知／警告、強行罰鍰、法院的強制執行等，來協助家長將中輟生送回學校就讀。如果家長仍然無法送中輟生入學或有效發揮親職教育功能的話，那麼強迫入學委員會將進一步對中輟生家庭採取罰鍰的強制處分，包括：透過書面告知，甚至經由（鄉、鎮、市、區）公所處以新台幣一百元以下的罰鍰，直到學生入學為止。如果家長予以罰鍰而逾期不繳的話，甚至可以移送法院強制執行。

然而，在針對中輟生持續未到校就讀而執行「罰鍰」處分之前，強迫入學委員會通常會先進行家庭訪問，並協助中輟生的復學工作，以了解與評估孩子的家庭與個人狀況，特別是適齡就讀學生若出現一些特殊狀況，例如：家庭變故因素、個人因素（如殘障、疾病、發育不良、性格或行為異常等，經公立醫療機構證明者，得核定其暫緩入學，但健康恢復後仍應入學），或身心障礙（需經「特殊教育學生鑑定及就學輔導

委員會」鑑定和安置實施特殊教育）等，則屬例外狀況，需另案處理。

（二）警察局少警隊／少年隊、少輔會各鄉鎮少警隊

根據《國民小學與國民中學未入學或中途輟學學生通報及復學輔導辦法》之規定，內政部警政署接獲教育部函送之中途輟學失蹤學生資料後，應立即透過其資訊設施系統傳送至各地警政單位，配合協尋。各地警政單位協尋查獲失蹤學生時，應即通知原就讀學校之主管教育行政機關，會同學校及鄉（鎮、市、區）之強迫入學委員會輔導復學。此外，內政部警政署（2004）制訂的「警察機關辦理國民中小學中途輟學學生協尋通報作業規定」，主要是為了加強協尋教育部「全國國民中小學中輟生通報及復學系統」中之中輟行蹤不明學生，並通報主管教育單位輔導復學，以預防青少年和兒童在外遊蕩，沾染惡習或被害（騙）事件之發生。

內政部警政署的協尋中輟生通報作業流程包括：

1. **資料建檔**：由教育部接收各直轄市、縣（市）中心學校輸入之中輟學生資料，全面電腦建檔。

2. **配合運用**：擷取教育部檔案資料，完成「輟學學生資料處理系統」發送通報作業，提供各直轄市、縣（市）警察局、分局、分駐（派出）所運用。

3. **查詢通報**：由各級員警運用其「輟學學生資料處理系統」或警用行動電腦查詢，凡尋獲中輟行蹤不明學生，依規定應即通知原就讀學校之主管教育行政機關會同學校及鄉（鎮、市、區）強迫入學委員會輔導復學。於非上班時間尋獲中輟行蹤不明學生，則應即通報主管教育行政機關指定之緊急聯絡人及學生家長（屬）輔導復學。

根據導師的說法，阿明長期喜歡留戀在網咖，也曾出入18歲以下不得出入的不正當場所（例如：網咖、PUB、KTV等），校方可以通報縣

（市）警察局少警隊／少年隊、少輔會各鄉鎮少警隊等，進行協尋阿明的工作。

貳、國民中小學中輟生之診斷和轉介

【情境二】

> 就讀國中二年級的小如，已經連續三天沒來上課了，之前她也發生過類似的狀況，但後來有陸續來上學。而這一次，老師打電話給小如，她只是說：「老師，我好累喔！好想睡覺！我的鬧鐘好像沒有響ㄟ！」老師聯絡了小如的爸媽，爸爸說要老師直接問媽媽，而媽媽則一直向老師哭訴爸爸的不負責任和容易衝動失控等情緒不穩定的情況，同時她也說自己常常沒看見小如回家睡覺。之後，小如仍然沒來學校上課，於是又再次打電話給小如，但家裡沒有人接電話，且小如就再也沒有接手機了！如果你是校方輔導人員，你會怎麼處理呢？

學校輔導處（室）輔導組和班級輔導老師，在經由導師、學務處生教組或教務處註冊組等行政單位知會中輟生個案後，即彙整學校各處室的個案相關資訊，進一步了解其中輟原因，並進行個案輔導資料之綜合評估分析（如找出個案的優勢能力與安排多元的彈性課程，或是找出個人與家庭系統之功能等）、填寫學校自訂之個案輔導紀錄、訂立未來個案輔導介入的策略與諮商目標，以進行後續的追蹤輔導工作；此外，也可以進一步評估是否需要轉介到校外單位或其他社會福利機構（如社會局的高風險家庭關懷服務、家庭暴力暨性侵害防治中心等），或是進行心理衛生資源的運用，同時協助導師進行學生返校就讀與復學工作。

以上述小如的例子來說，由於父母的關係緊張衝突，似乎無法好好照顧小如的生活起居，以致於小如有被疏忽照顧之疑慮，因此學校輔導

處（室）可因此評估小如家為高風險家庭，而藉由社工資源，持續關注小如家庭的清寒狀況，並提供小如家庭教養之協助。此外，針對小如容易出現疲勞狀態、父親情緒不穩定而容易失控，以及母親無可奈何等情況，諮商輔導人員需要進一步關切與評估小如父母的生理、心理狀態與其對小如的影響，在必要時可適時轉介至心理衛生機構（如醫院、自殺防治中心、心理衛生中心、心理諮商所等），以提供協助。

此外，關於中輟生通報後的轉介單位，由於每個學生的中輟狀況不同，因此輔導處（室）需要視學生的行蹤不明或非行蹤不明之動向，考慮是否需要將其轉介到不同的警政單位（如借助警察局少年隊之公權力運用而前往勸導協助）、醫院（如在高雄市，可以視學生需要而轉介至國軍高雄總醫院來協助）、教育局中輟個案管理中心、社會局等其他社會資源的協尋追蹤輔導。

以上述小如的狀況為例，對於小如行蹤不明的情況，可以請求警政單位之協尋；此外，諮商輔導人員可以進一步了解小如身體疲累的背後真正原因，為何小如的生活作息如此不正常？交友狀況如何？小如所接觸的校外人士是否有脅迫她進行非法交易（如毒品、援交、色情等）？而小如父母的婚姻狀況與互動關係為何？是否因為小如的父母經常吵架，而影響小如回家的意願？再進一步了解小如的中輟原因與思考解決問題，綜合評估小如的心理需求，以提供小如與其家庭真正的需要所在。如果小如有家暴或性侵等問題，則可通報家庭暴力暨性侵害防治中心等社福單位來請求協助。

參、國民中小學中輟生之尋獲、追蹤與輔導

【情境三】

就讀國中三年級的阿中，上週已經連續三天沒來上課，本週則有到校三天上課。阿中說，這三天都是他最喜歡上的技藝

班課程（如電腦資訊課程）、體育課或高關懷彈性實作課程（例如：餐飲製作），阿中對其他學科課程都不感興趣，他覺得與其在學校睡覺，倒不如回家睡覺算了！或者到網咖打電動也很好！如果你是校方輔導人員，你會怎麼處理呢？

中輟生在輔導處（室）進行綜合評估與討論其是否要進行轉介之需要後，接下來輔導中輟生的重點工作在於：協尋後的復學工作以及後續的追蹤與輔導工作。此外，依據「中途輟學學生通報及復學輔導方案」（教育部，1999），各縣市教育局（處）可擇定區域中輟輔導資源中心，明訂相關單位的責任分工，並妥善運用中輟輔導役男之人力，同時強化中輟替代役男的諮商輔導知能，而學校可因此請求增加輔助人力彈性調配（如以替代役男協尋中輟生），運用中輟生替代役男協尋和追蹤輔導機制，以結合「教育部全國中輟學生資源研究發展中心」之網路資源，建置中輟輔導役男執行中輟業務專區網頁，提供資訊交換平台，以推動資源整合與團隊工作模式，健全中輟輔導資源網絡。

以阿中的情形來說，他對學科課程不感興趣，也缺乏成就感，但是老師可以協助其發現個人潛能與優勢能力，發展其他方面的性向能力，以提高阿中之來校動機與學習興趣。此外，也可以觀察阿中在校的同儕互動交友狀況，藉由同儕的支持力量，協助其返校穩定就讀。因此，如何能夠讓學生在尋獲後，避免再次出現中輟情況，降低中輟生的比例，增加學習動機，協助學生在有趣與穩定的學習環境中成長，是學校在中輟生輔導工作上更重要的努力方向。

對於中輟生的後續追蹤輔導工作，除了運用校內資源外，校外的社福與警政資源也是重要的一環，茲分述如下。

一、學校教育行政單位

除了由輔導處（室）輔導組或輔導老師協助進行中輟生的個案輔導工作外，也可以透過與中輟生家長電話聯繫與家庭訪問機會，進一步了解其家庭狀況、親職功能與親子互動情形，提供可能的有利協助，建立親師合作關係，進行家長親職教育與提供諮詢管道，以強化親職功能，積極輔導學生早日復學與照顧。

因此，國民中、小學應建立中輟生的個人檔案，完整記錄中輟生相關資料，包括：輟學日期、通報及輔導紀錄、復學日期、再度中輟情形、追蹤輔導紀錄等，並定期檢討通報及復學輔導成效。此外，對於直轄市、縣（市）政府對國民中、小學經常輟學及輟學後長期未復學之學生，得洽商民間機構與團體協助追蹤輔導其復學。

以上述阿中的情形為例，基於阿中對學校的部分課程尚有學習意願，此時可綜合整理與評估阿中的中輟、復學與其後的諮商輔導狀況，由導師觀察記錄阿中是否正常穩定出席狀況等，再做進一步的評估與介入處理。

二、警察局少警隊／少年隊、少輔會各鄉鎮少警隊

各地警政單位在協尋查獲失蹤學生時，應即通知原就讀學校之主管教育行政機關，會同學校及鄉（鎮、市、區）之強迫入學委員會輔導復學。如果中輟生經由原就讀學校輔導復學者，學校應將學生的資料報知該管主管教育行政機關，失蹤復學之學生需報教育部函轉內政部警政署註銷失蹤列管。前項中輟生之追蹤管制期限，至其年滿 16 歲止。

警察局少警隊／少年隊應針對中輟生進行個案列管造冊，進行資料建檔、查詢通報和訪查協尋。針對中輟生可能常出入的網咖、KTV、幫派、街頭等複雜場所，進行臨檢和加強查緝動作，並加強青少年易聚集

流連之網咖、電玩店、撞球場等處所之巡邏，以 PUB、KTV 等處所為巡查重點。此外，對於尋獲但可能涉及非法行為的中輟生，則另行通報家長與學校學務處，除撤銷協尋外，需另案適當處理。

以阿中的狀況為例，警政單位一旦於網咖或其他不當場所中尋獲阿中（中輟生紀錄），需立即通知阿中就讀學校的教育主管單位（如教育局）以及學校與強迫入學委員會，以輔導該生復學，而學校應報請教育部函轉內政部警政署註銷失蹤列管，其追蹤直到年滿 16 歲為止。

三、生涯輔導機構（如勞工局或職訓局的技藝教育）

進行家庭訪問和後續個案輔導後，需視個案需要而安排復學後的技藝教育訓練（如學校技藝班課程），或參加勞工局或職訓局的就業職訓計畫，協助其就業輔導。

以阿中的狀況為例，透過家訪與持續的諮商輔導後，已了解阿中的學習興趣，既然阿中喜歡電腦資訊方面的技藝班課程，或者是實作操作的餐飲製作或體育課程等，便可依照其個別需要而增加技藝教育的參訪、探索與實作課程，培養其成就感，從其優勢中學習一技之長，協助阿中從技藝課程的學習中建立價值感與能力感，找到生活重心與目標所在，亦可協助阿中參加職訓局的在職訓練或報考執照計畫，協助阿中畢業後的生涯規劃與就業輔導。

四、社會福利機構〔如社會局（處）、家扶中心和家庭教育中心〕

在了解中輟生的中輟原因之後，應綜合評估是否有社會局（處）或家扶中心資源介入之需要。如果學生個人或家庭的確需要列入高風險家庭，或列入兒少保護個案加以保護，那麼學校輔導處（室）輔導組應彙

整相關輔導資料後，予以通報社會局（處）請求社會資源之介入；而社會局（處）或家扶中心社工和個案管理員，除了進行家庭訪視之外，亦可協助家庭解決家庭問題和協助學生之後的復學工作。此外，對於家庭清寒或遭逢家庭變故之中輟生，應檢具該生及其家庭之相關資料，同時通報當地的社會福利主管機關，由該機關指派社工人員調查並採取必要的措施。

根據《國民小學與國民中學未入學或中途輟學學生通報及復學輔導辦法》第 4 條之規定：

> 「學生因家庭清寒、發生重大變故或親職功能不彰致不能到校
> 上課或未向轉入學校報到者，學校除依前條規定辦理外，並應
> 檢具該生及其家庭相關資料，報當地直轄市、縣（市）政府提
> 供必要之救助或福利服務，並得請家庭教育中心提供親職教育
> 之諮詢服務。」

以阿中的情況為例，透過綜合評估與家庭訪問，了解阿中是否有被疏於照顧、家暴、經濟清寒、家庭突發變故，或列為高風險家庭之必要性，在考量其是否需要轉介時，應安排家扶中心或社會局之社工人員做後續之協助與合作。

五、心理衛生資源

如果在評估中輟生之中輟成因和其身心狀況有關時，那麼學校便需要進一步請精神醫療資源的衡鑑和診斷病因的協助，以進行門診治療或後續的心理健康照顧。

以阿中的狀況為例，如果阿中出現了網路沉迷或成癮現象，學校可以轉介至各縣市學生心理諮商中心或其他心理衛生資源，包括：精神科醫師、臨床心理師、諮商心理師、社會工作師、護理師等，醫師可以提

供生理方面的初步評估與了解其是否用藥,而心理師則可以面對面與阿中進行專業的諮商輔導服務,以協助其能夠找到其他替代性解決問題的方法,發現其個人內在資源與能量。

肆、國民中小學中輟生之復學和結案通報

【情境四】

　　就讀國小四年級的阿輝,上學期末因為爸媽積欠賭債,為了躲避債主上門討債而帶著阿輝一起跑路,導致阿輝連續好多天沒來上課,或者時而上學,時而未到校就讀。下學期初則因爸媽的經濟狀況已獲改善,阿輝也比較能夠安心而穩定就學!如果你是校方輔導人員,你會怎麼處理呢?

　　經過學校、家庭、社福單位、警政單位等不同資源的介入和協助,導師於中輟生個案尋獲和返校復學後,應填寫「中輟生復學通報單」,而教務處註冊組則需至「全國國民中小學中輟生通報及復學系統」加以登錄,「中輟生復學通報單」之正本則函送強迫入學委員會結案。其後,並知會學務處及輔導處(室),由輔導處(室)召開中輟生鑑定安置輔導會議,以進行評估;待學生穩定返校復學後,再進行後續的個案諮商輔導、親師晤談、返校後的適應就學狀況之追蹤輔導等,並列為優先輔導或認輔對象,持續增強中輟生的正向改變。

　　以上述的阿輝為例,學校輔導人員在深入了解阿輝中輟的原因之後,除了協助阿輝穩定返校復學上課外,校方的專業輔導人員也要持續進行與阿輝的定期諮商晤談,必要時得召開個案會議,透過家庭訪問追蹤阿輝的居住環境,再藉由親師溝通、師生互動,了解阿輝父母親的經濟狀況,以及是否需要提供其他急難救助與社會資源的部分,同時也可以安排認輔教師或愛心爸爸、愛心媽媽給予阿輝後續的關心與陪伴,肯定與

增強阿輝的正向改變。

　　此外，根據 2015 年 3 月 23 日修正發布的「教育部國民及學前教育署補助辦理中輟生預防追蹤與復學輔導工作原則」之規定，關於中輟生的通報、追蹤及復學輔導項目、就讀中介教育措施項目、獨立式中途學校，各項目分別說明如下：

　　　1. **通報、追蹤及復學輔導項目：**

　　　　(1)結合社區資源，建立中輟生協尋及輔導復學資源（支援）網絡，並辦理青少年社會輔導資源聯繫座談。

　　　　(2)督導學校教師積極參與協尋及輔導復學工作。

　　　　(3)協調社政單位或結合立案民間團體、退休教師輔導長期（或多次）輟學學生，例如：進行個案訪談、電話訪談、家庭訪視或辦理營隊等工作。

　　　　(4)辦理所屬學校「全國國民中小學中輟生通報及復學系統」上線研習。

　　　　(5)規劃所屬中輟輔導替代役男之輔導責任區制度建立，並聘請專業督導帶領及提升役男輔導相關知能。

　　　　(6)成立中輟生資源中心學校，協助所屬學校處理有關中輟生相關問題。

　　　　(7)辦理中介教育措施及高關懷課程教師知能研習。

　　　2. **就讀中介教育措施項目：**中輟生經追蹤輔導返校而無法適應原就學環境，經復學輔導就讀小組審查通過，並經家長或監護人同意者，得安排就讀慈輝班或資源式與合作式中途班；其課程規劃以「九年一貫課程綱要」內涵為基礎，得考量學生需求及特性，由學校教師提供適性課程，其須施以技藝教育者，應配合國教署技藝教育政策及原則進行。

　　　3. **獨立式中途學校：**指依《兒童及少年性剝削防制條例》第 22 條規定設置，收容安置違反該條例受法院裁定安置施以二年選替教育個案，

並經國教署認可之獨立式中途學校。

因此，學校對於中輟生復學結案後的後續追蹤輔導工作，對於不適應一般學校的常態教育課程者，可以設置資源式中途班、合作式中途班、慈輝班等多元型態的中介教育設施或獨立式中途學校；並考量學生的個別需要、意願、動機、興趣，以及個人優勢、專長等，設置多樣化的彈性課程，籌設多元的中介教育設施，以提供適性教育課程，避免學生再度中輟。值得一提的是，如果同一位學生在通報之後已復學，然而卻又因故而再度中輟的話，學校和教育單位同樣具有責任與義務來輔導中輟生入學之必要性。

結　語

綜上所述，中輟生的中輟行為容易被一眼看見，然而他們問題行為背後的心理需求與期望卻很容易被忽視；學校輔導人員需要深入理解他們的困難與擬定可行的行為目標，建立諮商合作的信任關係，給予適當協助。因此，中輟生的介入輔導著重學校與其相關的教育、諮商輔導與社政、醫政單位等專業工作者的系統合作關係，以及需要調整的是看待中輟生的正向眼光與接納態度，當他們可以獲得「尊重」、「欣賞」、「希望」的對待時，或許就是開啟他們改變大門的神奇藥單，但事實上卻並非易事。整個教育體制必須審慎思考的是：「為什麼部分學生對現今的教育學習內涵失去了興趣與投入的熱情？」是否教育體制安排的學習課程只是符合大多數人的主流文化需求而已，卻相對忽略了某些少數具備特殊專長孩子的需求與性向能力之發展呢？因此，教育行政高層宜審慎思考重新調整多元教育學習課程的重要性，以貼近不同學子的個別需求，如此方能協助不同類型學生，發揮其不同的天賦才能和持續專注投入興趣之所在，也才可能為中輟生打開另外一片天，開創不同的視野。

問題與反思

基本題

1. 對於校方不時出現這樣的聲音:「中輟生就是學校裡的壞學生,不會念書,因此要和他們保持距離,不要再白費力氣了?」你有何看法?

2. 關於中輟生的數量與比例,有些學校認為最好能不通報就不通報,以免被上級長官指責學校績效不好,或者中輟生人數之統計數字過高不好看!如果你是一校之長,你會怎麼做呢?

3. 你是否同意以下的說法:「中輟生的問題成因和介入處理是屬於輔導處(室)諮商輔導的事情,和其他處室沒有任何關係。」為什麼?

4. 中輟生是學校裡面的「人球」嗎?請說出你的看法與想法。

5. 身為專業輔導人員,請問你和其他學校行政人員或導師,在觀看中輟生的角度時,有何不同?你如何欣賞與看見中輟生的優勢能力之所在?

6. 中輟生的能力往往不容易被看見,該如何協助中輟生找到他們的自尊與自信?

7. 對中輟生而言,學校師生對他們可能抱持不友善,甚至是標籤化的態度,如何有效建立中輟生的友善學習校園環境氛圍呢?

8. 蘋果公司的創辦人賈伯斯(Steve Paul Jobs, 1955-2011),也曾經是一位大學的中輟生!每一位中輟生的背後都可能藏有他們不被眾人了解的生命故事,那麼該如何協助他們找到生命的價值和意義呢?

進階題

1. 十二年國民基本教育(簡稱十二年國教)為 2014 年起施行的教育政策,將由施行前的九年國教延長至十二年,但後三年(高中、高職及五專前三年)採非強迫性入學、免學費、公私立並行,以及免試為主。因應現行十二年國教的升學制度,國中畢業之後增加繼續升學的管道與途

徑，希望學生可以繼續在高中、高職及五專就讀，也能增加判斷力與自制力。請問：如此的作法是否能夠有效降低國中學生的中輟人數呢？是否有實質的幫助？

2. 社會變遷迅速，學生輟學的問題不單只是教育問題，其背後更隱含了家庭、社會、經濟、同儕等複雜因素，因此某些孩子出現的中輟問題，往往隱含其在與家庭、學校、社會、同儕等不同系統與互動關係中，不斷累積的挫折感有關，因其看不見希望與未來，轉而向家庭或學校以外的團體找尋隸屬感與成就感。請問：如果你是一校之長，你會如何重新調整學校的多元教育學習課程規劃的方向，以及如何整合校內、外資源（如教學資源與輔導資源）的合作，以找回中輟學生對教育學習內涵投入的興趣與熱情？試說明之。

3. 根據「教育部國民及學前教育署補助辦理中輟生預防追蹤與復學輔導工作原則」（2015年3月23日修正發布），其開宗明義即說明該原則的目的在於：「……為預防、追蹤與復學輔導國民教育階段中途輟學學生（以下簡稱中輟生），並結合社會資源，提供中輟復學學生適性教育，特訂定本原則。」此外，許多國家的教育主張均強調「不放棄每一位學生」、「成就每一位學生」，以及「一個都不能少」的零中輟理念，因此若根據以上理念，學校教育輔導人員可以透過哪些適性輔導、多元課程與中介教育措施，來「預防中輟、避免再輟」，貫徹「零拒絕」、「適性揚才」的教育理念，成就他們的優勢天賦與能力呢？

4. 中輟輔導工作需要整合教育、輔導、社福、警政、民政、司法、醫療衛政等不同系統與資源網絡的團隊合作，來建立中輟輔導完整的資源網絡與聯繫合作機制，其中，各縣市教育主管機關與中輟業務相關人員，包括：資源式中途班、合作式中途班、慈輝班、中途學校、中輟資源中心學校、專兼任輔導老師、專業輔導人員、學生諮商中心、中

輟輔導替代役男輔導責任區、民間團體等，開設預防中輟的高關懷彈性課程，以提升中輟生的預防輔導效能。深入分析中輟生的中輟因素，個人因素是主要原因，其次是家庭因素、社會因素，其中個人因素又以「生活作息不正常」排名第一。請問：如果你是校內專業輔導人員，遇到一位不想來上學的中輟生，對於該生的中輟成因、個案評估、諮商目標與方向，以及諮商介入的策略與處遇為何？請舉實例加以說明。

延伸閱讀與相關影片、網站

1.書籍與法規

Todd Rose, L., & Ellison, K.（2014）。翻轉過動人生：從中輟生，到哈佛博士的重生之旅（江坤山譯）。天下雜誌。（原著出版年：2013）

Fox, M. J.（2011）。青春就是要跌跤：這樣才能學會一生受用的道理（鄭煥昇譯）。李茲文化。（原著出版年：2010）

高雄市學生心理諮商中心（2010）。我不壞，我只想要愛（高雄市諮商案例故事集）。心靈工坊。

鄭秀琴（2008）。**97 年度中輟溫馨案例：看見希望 看見愛**。教育部。

山崎道代、松田知子（2006）。中輟生的天空（全）。東立。

內政部警政署（2004）。警察機關辦理國民中小學中途輟學學生協尋通報作業規定（2004 年 7 月 26 日修正）。作者。

兒童及少年性剝削防制條例（2018 年 1 月 3 日修正公布）。

國民小學與國民中學未入學或中途輟學學生通報及復學輔導辦法（2020 年 6 月 8 日修正發布）。

強迫入學條例（2019 年 4 月 17 日修正公布）。

教育部國民及學前教育署補助辦理中輟生預防追蹤與復學輔導工作原則（2021 年 12 月 10 日修正發布）。

2.影片

三個傻瓜（簡介：三位反抗填鴨式教育學生如何為自己找到一條出路。時間：170 分。語言：印度語發音、中文字幕。出版：威望國際）

青鳥（簡介：探討校園內的霸凌議題，村內老師認為「對於他人的痛苦充耳不聞，才是真正的霸凌」。面對霸凌、欺侮等種種校園問題，學校設立「青鳥信箱」接受學生諮詢，而孩子則因為與村內老師相遇，而開啟他們不同的人生。時間：105 分。語言：日語發音、中文字幕。出版：天馬行空）

飛行少年（簡介：三十個桀驁難馴的孩子騎車環台考驗的紀錄片。時間：120 分。語言：國語發音、中文字幕。出版：群和國際）

卡特教頭（簡介：籃球教練幫助非行少年創造美好未來。時間：136 分。英語

發音、中文字幕。出版：環球影業）

放牛班的春天（簡介：充滿創意與愛心的老師如何感化一群無可救藥的孩子。

　　時間：95 分。語言：法語發音、中文字幕。出版：金革科技）

重獲新生（簡介：認識中輟生與有效輔導策略。時間：87 分。語言：國語／

　　法語發音、中文字幕。出版：好消息電視台）【老師上課了（III）：赤子

　　心、師生情】

麥兜故事（簡介：低學業成就學生也有一個不平凡的人生。時間：74 分。語

　　言：國語發音、中文字幕。出版：巨圖科技）

心靈推手（簡介：在社工陪伴下行為偏差孩子找回善良與希望。時間：116。

　　語言：英語發音、中文字幕。出版：華亞國際）

3. 網站

教育部全球資訊網
www.edu.tw

教育部全國國民中小學
中輟生通報及復學系統
mlss.k12ea.gov.tw

全國中輟學生復學輔導
資源研究發展中心
dropout.heart.net.tw

台灣心理諮商資訊網
www.heart.net.tw

921 災後心理輔導與諮商
資訊網
921.heart.net.tw

全國法規資料庫
law.moj.gov.tw

參考文獻

中文部分

內政部警政署（2004）。警察機關辦理國民中小學中途輟學學生協尋通報作業規定（2004 年 7 月 26 日修正）。作者。

王一芝（2009，10 月）。搶救逃太郎。遠見雜誌，**280**。

王麗斐（2020）。國民中學學校輔導工作參考手冊（第二版）。教育部。

王麗斐、杜淑芬（2017）。諮商心理師與國小學校輔導行政人員跨專業合作面臨的諮商倫理議題與因應策略：以台北市駐區心理師方案為例。台灣諮商心理學報，**4**（1），63-86。

台北市政府教育局（2018）。台北市國民中小學中途輟學學生通報及復學輔導實施要點。https://reurl.cc/LmxZ8K

兒童及少年性剝削防制條例（2018 年 1 月 3 日修正公布）。

國民小學與國民中學未入學或中途輟學學生通報及復學輔導辦法（2020 年 6 月 8 日修正發布）。

國民教育法（2016 年 6 月 1 日修正公布）。

強迫入學條例（2019 年 4 月 17 日修正公布）。

教育部（1999）。中途輟學學生通報及復學輔導方案。作者。

教育部（2016）。教育統計專題分析及論述彙編（101 學年度中輟原因）。https://stats.moe.gov.tw/files/ebook/analyses/105analyses.pdf

教育部（2019）。教育統計 **2019**（102～106 學年度中輟原因）。https://stats.moe.gov.tw/files/ebook/Education_Statistics/108/108edu.pdf

教育部統計處（2014）。近年各級學生輟學及休退學概況分析（101 學年度中輟原因）。https://stats.moe.gov.tw/files/analysis/103_all_dropout.pdf

教育部國民及學前教育署補助辦理中輟生預防追蹤與復學輔導工作原則（2021 年 12 月 10 日修正發布）。

鄭瑞隆（2000，12 月 26 日）。學校社會工作處理學生中輟問題之探討。「中輟學生與青少年犯罪問題研討會」發表之論文，國立中正大學法學院。

Robinson, K., & Aronica, L.（2011）。讓天賦自由（謝凱蒂譯）。天下遠見。（原著出版年：2009）

英文部分

Bronfenbrenner, U. (1979). *The ecology of human development.* Harvard University
　　Press.

CHAPTER *11*
心理疾病學生的認識與輔導

黃政昌

前 言

想想看？如果有一天，學生壓力大到一定程度時，可能會出現什麼樣的異常狀況呢？

☐1. 不想講話、覺得很難過、很自卑，很容易感傷、掉眼淚……

☐2. 突然心情變得很愉快、很有自信、充滿各種計畫，到處向人訴說自己的理念……

☐3. 不敢上台報告、不敢和人說話，過度害怕別人注意自己……

☐4. 什麼大小事都擔心緊張，變得很容易生氣、肌肉緊繃、坐立不安……

☐5. 過度怕髒，什麼都要清洗；害怕犯錯、發生危險，什麼都要重複確認與檢查……

☐6. 什麼都想吃、吃個不停，吃完後，心情卻變得更沮喪……

☐7. 總覺得旁邊的人在跟蹤我，會趁我不注意時陷害我……

☐8. 開始過度喝酒、抽菸、服用安眠藥，或嘗試一些非法藥物……

上述的異常狀況都可能是某一種心理疾病的徵兆或症狀，例如：憂鬱症、

躁鬱症、社交焦慮症、廣泛性焦慮症、強迫症、暴食症、妄想症、物質使用障礙等，這些症狀的出現提醒輔導人員，需要立即注意和協助學生面對這些問題，以避免問題惡化或嚴重影響心理功能。

第一節　心理疾病的定義與認識

壹、心理疾病的定義與分類

一、「異常或偏態」的界定標準

　　生理會因適應不良，而出現一些不適徵兆，甚至罹患生理疾病；同樣的，心理也會因適應不良，而出現一些不適的徵兆，甚至衍生成心理疾病。而我們經常會用「怪怪的」、「變態」、「偏態」、「偏差」等術語，來描述這些在認知、行為、情緒、生理等反應上和一般人明顯不一樣的情形，這就是「異常」（abnormality）的概念；因此，常態（或正常）和偏態（或異常）之間是「相對概念」，而非「絕對標準」，猶如光譜的兩端，有些人比較偏向常態或正常，有些人則比較偏向偏態或異常。

　　其次，還需同時考慮多種標準而非單獨一個標準來進行區別，如果多種標準都是偏向異常，則才有信心推斷個體的心理狀態的確屬於偏態或異常的情形。常見的判斷標準包括以下幾種：

　　1. **常態分配（統計上）的標準**：行為數量在平均數左右者為「常態」，兩極端者為「偏態」，例如：吃東西吃個不停、一直瘋狂花錢、重複檢查；或相反的，都不講話、不吃東西、不洗澡、不出門等，這些都是行為數量不在正常範圍之內，因此會被視為異常。

　　2. **社會規範的標準**：順從社會規範者為「常態」，背道而馳者為「偏態」，例如：無故使用異性廁所、穿著花花綠綠參加喪禮、作弊被

捉到卻還不以為意，或是在公開場合裸露身體或私處等，這些都是行為本身遠離社會規範的正常標準，因此會被視為異常。

3.**生活適應的標準**：生活適應良好者為「常態」，適應不良者為「偏態」，例如：無法維持規律的生活作息、無法正常的上課出席或面對學校課業之要求，或是無法與同學、朋友、師長保持和諧的互動關係等，這些都是生活適應不正常的情形，因此會被視為異常。

4.**心理成熟的標準**：身心二方面的成熟度相當者為「常態」，差距過大者為「偏態」，例如：大學生遇到課業壓力、感情困擾、人際困境等問題時，總是用逃避躲起來、指責或怪罪他人、哭求他人原諒等方式來面對，這都不合乎此年齡的正常處理方式，因此會被視為異常。

5.**個人主觀感受的標準**：主觀感受經常為正向情緒者為「常態」，經常負向情緒者為「偏態」，例如：經常異常的擔心、焦慮、悲苦、緊張、害怕、煩躁，或是極端的討厭自己與無法自我接納等，這些都是非常不正常的主觀感受，因此也會被視為異常。

二、如何辨識心理疾病

當心理疾病出現時，通常會伴隨著一些明顯且異常的想法、情感、行為等跡象，讓我們覺得怪怪的、非常難以理解，這就是心理疾病的「症狀」（symptom）；因此，學習分辨這些症狀，就是辨識心理疾病的第一步。筆者根據臨床實務經驗，將常見症狀的評估類別與內容，整理如表 11-1 所示。

心理疾病的發生因人而異，有些人發展速度較緩慢，在不知不覺中進行；有些人則會突然而迅速的發展，而明顯導致生活或學習適應上的障礙。不過，一旦發現表 11-1 之任何症狀時，都應盡速向輔導處（室）尋求進一步的協助或轉介治療。

表11-1　心理疾病常見症狀檢核表

類別	症狀內容
儀表障礙	□1.蓬頭垢面、衣著骯髒、言語不連貫。 □2.打扮誇張、穿著花花綠綠、言談急促。 □3.表情愁苦、說話動作緩慢、衣著邋遢。 □4.表情冷酷、眼光有敵意、墨鏡不易取下。
意識障礙	□1.混亂：意識不清，對時、地、人無法定向。 □2.朦朧：意識模糊、昏昏欲睡。 □3.譫妄：除混亂、朦朧外，尚有錯覺、幻覺等知覺障礙，呈現緊張不安。 □4.僵呆：對周圍刺激毫無反應，呈現發呆現象。
情感障礙	□1.興奮：過度得意、大膽、誇大，伴隨活動量增加。 □2.憂鬱：過度的悲傷、愁苦。 □3.焦慮：對任何人、事、物，都廣泛性的長期擔心與緊張。 □4.恐懼：對特定的事物或情境感到害怕。 □5.恐慌：極度的緊張害怕，擔心失控或死亡。 □6.冷漠：對外界漠不關心、缺乏情感表露。 □7.矛盾：同時存在兩種極端的情緒，例如：又愛又恨。 □8.不當情感：內在情緒表現和外在談話內容不符合。 □9.情感遲鈍：情緒表達的強度顯著減少。 □10.情感平淡：情緒表達平直無變化。
行為障礙	□1.刻板動作：無意義的重複某些機械性的動作或言語。 □2.強迫行為：無法控制某些重複性的動作，例如：重複洗手、檢查。 □3.怪異行為：有著特別奇怪、難以理解的行為，例如：當眾膜拜。 □4.退縮行為：很少與人互動，幾乎沒有社交行為。 □5.攻擊行為：明顯失控的攻擊或傷人的行為。 □6.過動行為：明顯的愛說、愛動、愛管閒事。
語言障礙	□1.意念飛躍：聯想力增加，想法一個接著一個的講出來，好像沒有終點。 □2.思考中斷：話說到一半忽然停頓，腦中一片空白，想不出來原來的思緒。 □3.說話繞圈：說話內容過於詳細，最後才提到重點。 □4.語無倫次：語句內容缺乏連貫性，令人難以理解。 □5.字句拼盤：表達出來的言語就像一盤拼湊而無關的沙拉盤。 □6.不語症：一貫性的不說話或特定情境的不說話。 □7.貧語症：對問話簡短而遲滯，且自發性語言數量有侷限性。

表11-1 心理疾病常見症狀檢核表（續）

類別	症狀內容
思考障礙	□1.魔術性思考：思考方式違反常理或因果定律，猶如魔術般思考。 □2.強迫意念：無法控制去思考某些不好的意念或想法。 □3.殺人意念：想要去殺人的意念或想法。 □4.慮病意念：過分擔心自己的身體健康。 □5.被迫害妄想：相信有人要用計謀陷害自己，甚至想殺害、毒死自己。 □6.誇大妄想：相信自己有非凡的能力、地位、成就等。 □7.嫉妒妄想：相信自己的配偶或異性伴侶有外遇或不貞行為。 □8.宗教妄想：相信自己有能力與神溝通、有神附身或相信自己是神的化身。 □9.色情妄想：相信別人正深深地愛著自己，甚至想要和自己結婚。
知覺障礙	□1.聽幻覺：耳朵聽到聲音，他人卻聽不到。 □2.視幻覺：眼睛看到影像，他人卻看不到。 □3.味幻覺：舌頭舔到有異味，他人卻不覺得。 □4.嗅幻覺：鼻子聞到有異味，他人卻聞不到。 □5.觸幻覺：如感覺皮膚裡有蟲子在爬。 □6.體幻覺：如感覺體內的器官爛掉或流出來。 □7.自我感喪失：覺得自己不是自己，好像是另一個人。 □8.去現實感：覺得四周環境都不像是真實的，好像在夢境或演戲一般。
智能障礙	□1.判斷力障礙：無法判斷一些基本問題，例如：橘子和香蕉有何相同之處。 □2.時間定向障礙：嚴重的分辨不清楚現在的時間。 □3.人物定向障礙：嚴重的分辨不清楚周遭人物的姓名。 □4.地點定向障礙：嚴重的分辨不清所處的地點名稱。 □5.近事失憶症：無法記起近期發生的事情。 □6.遠事失憶症：無法記起過去發生的事情。 □7.順向失憶症：無法記起事件發生後的事情。 □8.逆向失憶症：無法記起事件發生前的事情。 □9.問題解決能力障礙：明顯失去解決問題的能力，例如：看到失火不知如何處理。 □10.計算力障礙：基本的計算能力出現障礙，例如：無法進行減法的過程。
病識感障礙	□1.病識感低：知道自己生病（有問題），但不願意主動接受治療。 □2.無病識感：完全不承認自己生病（有問題）的事實，通常是被強制治療。

註：讀者可自行檢核，並於□中打勾。

三、心理疾病的分類

目前心理疾病的分類診斷系統，主要為「美國精神醫學會」（American Psychological Association, APA）的《精神疾病診斷與統計手冊》（第五版）（*Diagnostic and Statistical Manual of Mental Disorders*, 5th ed.，簡稱 DSM-5），以及「世界衛生組織」（World Health Organization, WHO）的「國際疾病分類系統」（International Statistical Classification of Diseases and Related Health Problems, 10th ed.，簡稱 ICD-10）。筆者結合了此二套系統，進行粗略分類，整理如表 11-2 所示。

表 11-2 雖然不具有充分性與嚴謹性，但其目的在幫助一般人對於心理疾病能快速的了解。首先，將心理疾病是先根據生物器質因素所引發（例如：腦傷、腦部發炎、中毒、藥物引發、醫學狀況導致等），或是明顯功能上出現障礙（例如：思考異常、情感異常、行為異常、身體不適等），區分為「器質性心理疾病」與「功能性心理疾病」；其次，再將「功能性心理疾病」，根據現實感的高低與症狀嚴重程度，區分為「精神病」（psychosis）與「精神官能症」（neurosis）二類：精神病是指思考障礙與雙相情緒障礙等較嚴重的心理疾病，而精神官能症則是指憂鬱症、焦慮症、解離及身體障礙、飲食障礙等較輕微的心理疾病。

精神病和精神官能症是心理疾病中，最快速與簡單的二元劃分法。筆者為了幫助一般人對此二類心理疾病有一個快速的認識和印象，特別將兩者之差異整理如表 11-3 所示。

表11-2 常見心理疾病的分類大綱

心理疾病	器質性心理疾病	1. 譫妄症、癡呆症、失憶症。	
		2. 其他器質性心理疾病,例如:器質性妄想症、器質性幻覺症、器質性情感症、器質性焦慮症、器質性人格疾患等。	
	功能性心理疾病	精神病	1. 思考障礙	(1) 妄想症 (2) 短暫精神病症 (3) 類思覺失調症 (4) 思覺失調症
			2. 情感障礙	(1) 第一型雙相情緒障礙症 (2) 第二型雙相情緒障礙症
		精神官能症	1. 憂鬱症	(1) 侵擾性情緒失調症 (2) 鬱症(憂鬱症) (3) 持續性憂鬱症(輕鬱症)
			2. 焦慮症	(1) 特定畏懼症 (2) 社交焦慮症 (3) 恐慌症 (4) 特定場所畏懼症 (5) 廣泛性焦慮症 (6) 強迫症 (7) 創傷後壓力症 (8) 急性壓力症 (9) 適應障礙症
			3. 解離及身體障礙	(1) 解離性失憶症 (2) 解離性身分障礙症 (3) 失自我感/現實感障礙症 (4) 身體症狀障礙症 (5) 罹病焦慮症 (6) 轉化症
			4. 飲食障礙	(1) 厭食症 (2) 暴食症

表11-3 精神病與精神官能症之比較

項目	精神病	精神官能症
現實感	低	高
人格	解組	統整
病識感	低	高
症狀	幻聽、妄想、語言與行為障礙	緊張、焦慮、失眠與身體不適
治療	藥物治療為主,心理治療為輔	心理治療為主,藥物治療為輔
住院	需要長期住院療養與復健	危機時(自傷或傷人)需短期住院

貳、校園常見心理疾病的認識

筆者根據學校心理衛生工作的實務經驗,將兒童和青少年學生最常出現的心理疾病類別與內容,整理如表 11-4 所示,並進一步介紹各類疾患中常見的心理疾病。

表11-4 校園常見心理疾病的分類與名稱

類別	疾病名稱
情緒障礙	憂鬱症、雙相情緒障礙症(躁鬱症)
焦慮障礙	恐慌症、特定場所畏懼症、社交焦慮症、特定畏懼症、廣泛性焦慮症、強迫症、創傷後壓力症、急性壓力症
飲食障礙	厭食症、暴食症
思考障礙	思覺失調症、妄想症
成癮障礙	物質使用障礙症、網路成癮
兒童常見障礙	發展異常、行為異常、情緒異常、生理異常

一、情緒障礙

(一)憂鬱症(Major Depressive Disorder, MDD)

在憂鬱發作時,病情會嚴重影響日常生活及工作或學習能力,常伴隨自殺意念或自殺企圖,嚴重時甚至會產生罪惡妄想、虛無妄想,或呈現出精神病狀態,故又俗稱「重鬱症」。鬱態(depressive state)或鬱期、憂鬱發作(depressive episode),是指其情緒極度低落、憂愁不樂的狀態,至少持續二週以上,包括下列幾項症狀:

1. **情緒**:情緒低落、心情鬱悶,總是無精打采、悲傷愁苦,眼睛有時泛著淚光。

2. **態度**:悲觀、消極,對任何事都提不起興趣來;做事缺乏決心和勇氣,優柔寡斷、過度考慮、無法下決定,做了決定,又後悔不已,對自己的能力、將來毫無自信。

3.**動作**：行動遲緩、減少，經常靜坐發呆，有時整天臥床不動。

4.**講話**：沉默寡言，甚至無語；非必要不開口，即使開口亦是緩慢或停頓，但思緒仍能連貫；講話聲音小且低沉，難以聽懂。

5.**思考**：思考遲鈍、簡單，內容貧乏、缺乏動力；富有悲觀、消極、虛無、憂愁的色彩；有時無價值感或罪惡感會導致「自殺意念」或「自殺計畫」。

6.**身體**：胃口減低、食慾不振；勉強進食，亦是覺得淡而無味；出現便秘、性慾減低，甚至陽萎現象，女性則會導致月經停止；身體常疲憊或四肢無力；失眠或睡眠過度。

7.**行為**：鬱態的表現常因年齡而不同，例如：兒童患者常引起「分離焦慮」、「學校恐懼」；青少年患者則會出現反抗行為，想離家或拒絕與家人接觸；老人患者則是記憶、注意力與定向感欠佳，類似失智。

（二）雙相情緒障礙症（Bipolar Disorder）

假如患者呈現躁期，則不管是否曾有過鬱期，即歸屬於雙相情緒障礙症（大多數有躁必會有鬱，但有鬱不一定會有躁）。此類患者會週期性的呈現躁期及鬱期，俗稱躁鬱症（Manic-Depressive Psychosis, MDP），其情緒會有兩極端的變化與擺動，故正式診斷名稱為「雙相情緒障礙症」。一般而言，會先呈現躁症，大多在青春期或是成年期早期發病；常常在數日內興奮升高、急速發作，連續維持數日至數月不等。發生過躁症的患者遲早會患有鬱症，鬱期之發生較為緩慢，經數日至數週而漸成憂鬱。在躁期與鬱期之間，患者通常會完全恢復其正常情況，但 20～30%的患者會有殘餘症狀，無法恢復原來的社會適應能力。躁態（manic state）或躁期、狂躁發作（manic episode），是指其情緒呈現極端的高興、興奮或易怒，至少持續一週以上，包括下列幾項症狀：

1.**情緒**：自覺非常高興、興奮、輕鬆、愉快，常樂不可支，有時則

脾氣暴躁、情緒失控。

2. **態度**：興趣廣泛、愛管閒事、膽大；過分自信、對人慷慨大方、對事當機立斷，敢做敢當。

3. **動作**：動作增加、整天到處走動、馬不停蹄，做事沒完沒了，一刻也停不下來。

4. **講話**：非常喜歡講話，滔滔不絕，有時嗓子說啞了，也不肯休息（pressure to keep talking）。

5. **思考**：思緒澎湃，聯想力增快，常有「意念飛躍」（flight of ideas）之感；有時會「誇大妄想」，自以為異於常人，有超人的能力、財富和地位。

6. **身體**：食慾增加、性慾亢進、睡眠需求減少、過度熱情。

7. **行為**：從事事後會帶來痛苦的享樂性活動，例如：拚命花錢買東西、刷爆信用卡、輕率的性活動（嫖妓、縱慾）、亂捐款、亂投資等。

二、焦慮障礙

根據 DSM-5 中焦慮障礙相關的疾病類別，筆者將經常出現的焦慮徵兆與可能診斷，摘要整理如表 11-5 所示，以供讀者能快速參考使用。

表11-5　常見焦慮障礙的類別

焦慮徵兆	可能診斷
一再出現未預期的恐慌發作，每次發作時有強烈害怕或不適感受，包括：心悸、出汗、發抖、呼吸困難、梗塞、噁心、頭暈、失去現實感、怕發瘋、怕死去等症狀，並在十分鐘內達到最嚴重程度。	恐慌症（Panic Disorder）
害怕處於人多的地方或公共場合，擔心發生非預期的恐慌時，出現生命危險或無法獲得立即的醫療處置，因而不敢前去這些地方，如處在百貨公司、捷運站的群眾或隊伍中等。	特定場所畏懼症（Agoraphobia）

表11-5　常見焦慮障礙的類別（續）

焦慮徵兆	可能診斷
害怕在一種或多種社交場合中表現自己，例如：說話、表演、唱歌等，會害怕因行為失當而招致羞辱或困窘。通常伴隨著害羞、臉紅、發抖、說話結巴等症狀。	社交恐懼症（Social Phobia）
對特定情況或物體產生過度不合理的害怕，常急於逃離、躲避，且已經影響到生活、社交、職業、學習等功能，例如：恐懼狗、蟑螂、蛇、昆蟲、高度、水、暴風雨、血、打針、隧道、橋樑、飛行等。	特定畏懼症（Specific Phobia）
連續六個月以上，幾乎對任何事件都存有病態性的過度焦慮，且擔心的對象或理由並不特殊。焦慮時，常伴隨著坐立不安、容易疲累、注意力不專心、易怒、肌肉緊張、睡眠障礙等症狀。	廣泛性焦慮症（Generalized Anxiety Disorder, GAD）
強迫思考是指，腦海中反覆出現各種不合理的思考（如怕髒、怕危險），而造成當事人莫大的焦慮或痛苦；強迫行為則是指，為避免或減少強迫思考帶來的焦慮而採取的行為（如重複洗手、檢查等）。	強迫症（Obsessive-Compulsive Disorder, OCD）
遭遇重大災難（如戰爭、地震、水災、強暴、凶殺等）一個月後，患者出現極端害怕、無助感或驚慌之反應，包括：重複回想、夢魘、人際退縮、生存罪惡感、反應性麻木、經驗再現（flashback）、悲觀、易怒、哭泣、失眠、食慾降低等身心症狀。	創傷後壓力症（Post Traumatic Stress Disorder, PTSD）
同「創傷後壓力症」，即遭遇重大災難（如戰爭、地震、水災、強暴、凶殺等）後，患者出現極端的害怕、無助感或驚慌之反應，但是強調在重大事件發生後馬上開始，且症狀持續至少三天至一個月。	急性壓力症（Acute Stress Disorder, ASD）

三、飲食障礙

（一）厭食症（Anorexia Nervosa）

　　此類患者在心理上很關心自己的體重，縱使體重過輕，仍強烈害怕體重增加或肥胖，因而少吃或不吃，較常出現於青少年階段的女生，甚

至體重明顯下降。診斷準則如下：

1. 限制進食量以致於無法維持健康體重；體重顯著的低於正常值。

2. 縱使體重過輕，仍強烈害怕體重增加或肥胖。

3. 對自己的體重與身材的經驗方式有障礙，否認過低體重的嚴重性。

此症狀有 95%以上之患者都是女性，常發生在 25 歲以前，其中有 50%之患者因而罹患憂鬱症；嚴重時會導致過度消瘦，而變成「皮包骨」，約有 15～21%之患者死於挨餓；雖然怕胖，其實患者並不胖，但卻自認為過胖，而拚命地以飢餓或強迫性運動來減輕體重。

（二）暴食症（Bulimia Nervosa）

此類患者在一段時間內，所吃下的食物量明顯過量，卻無法控制自己的飲食行為（停止吃或吃少一點），但因害怕體重會增加，而禁食、過度運動，甚至自我催吐，較常出現於青少年階段。診斷準則如下：

1. 在一段時間內吃下的食物量，明顯大於一般人所能吃的食物量。

2. 無法控制自己的飲食行為，例如：停止吃或吃少一點。

3. 一再出現不當的補償行為以避免體重增加，例如：自我催吐；使用瀉藥、利尿劑、灌腸或其他藥物；禁食；過度運動等。

4. 暴食及不當的補償行為同時發生的頻率，每週至少一次，共達三個月以上者。

5. 自我評價的高低被體重及身材所不當影響。

此症狀的 90%以上之患者都是年輕女性，其中有 23～70%之患者因而罹患憂鬱症，其次如酒癮、藥物濫用或邊緣人格。患者通常對身材的意象會有扭曲感，個性屬於完美主義者，47%的厭食症患者也是暴食症患者；暴食症患者也怕胖，但是減肥方式與厭食症患者不同，通常是在大吃之後，再想辦法讓自己吐出來。

四、思考障礙

（一）思覺失調症（Schizophrenia）

　　「思覺失調症」在 DSM-IV 中文版之前均翻譯為「精神分裂症」，該詞最早是由瑞士精神科醫師 Bleuler 在 1911 年以「Schizophrenia」（原意為 split mind：分裂的心靈）一詞，來加以描述患者在思考、知覺、情感等多方面與現實（reality）產生明顯脫節，呈現人格崩潰的狀態。DSM-5 於 2013 年 5 月在美國出版後，台灣精神醫學會隨即進行翻譯，並在 2014 年 8 月出版中文版時，同時將其改譯為「思覺失調症」，以避免此疾病名稱的汙名化現象。思覺失調症屬於「精神病」的一種，其診斷準則如下：

　　1. **妄想**（delusion）：對於事情做錯誤的解釋，卻深信不疑。

　　2. **幻覺**（hallucination）：常見如聽幻覺、視幻覺等。

　　3. **解構語言**（disorganized speech）：如語無倫次、答非所問等。

　　4. **混亂或僵直行為**（disorganized/catatonic behavior）：如跪地膜拜、特殊儀式、作息顛倒、僵直行為等。

　　5. **負性症狀**（negative symptom）：如人際退縮、不愛活動、行動緩慢等。

　　6. 患病期間至少六個月以上，且明顯對於社會、職業／學習、生活等功能造成明顯障礙。

　　7. 上述情形，並非由物質濫用或一般醫學（如用藥、身體疾患）狀況所引起。

　　思覺失調症的相關類群及常見精神病，還包括：

　　1. **短暫精神病症**（Brief Psychotic Disorder）：出現疑似思覺失調症的症狀，但症狀較輕微，且發作時間僅一天至一個月內，最後能完全恢復病前的功能水準。

2. **類思覺失調症**（Schizophreniform Disorder）：符合思覺失調症的診斷準則，但是發作時間至少一個月，但不超過六個月。

3. **情感思覺失調症**（Schizoaffective Disorder）：符合思覺失調症的診斷準則，但是發作時間同時會出現一種情緒障礙症，例如：躁期發作（雙相型）、鬱期發作（憂鬱型）。

至於影響思覺失調症預後好壞的相關因素，筆者根據臨床經驗與相關資料，整理如表 11-6 所示。

表11-6 影響思覺失調症預後好壞的因素一覽表

預後好（good prognosis）	預後差（poor prognosis）
急性短期發作	慢性長期發作
明顯誘因	無明顯誘因
正常病前人格	異常病前人格
無家族疾病史	有家族疾病史
正性症狀	負性症狀
維持工作及婚姻	無法維持工作及婚姻
晚年發病	早年發病
藥物療效佳	藥物反應差
家屬是低度情緒表現（low emotional expression, LEE）	家屬是高度情緒表現（high emotional expression, HEE）

註：經過治療後，約有四分之一的患者可以完全恢復；約有二分之一的患者可以得到改善；約有四分之一的患者慢性化，甚至惡化成痴呆狀態。

（二）妄想症（Delusional Disorder）

妄想症乃是統覺（apperception）上的障礙，對於事情常做錯誤的解釋，並且深信之。雖然無知覺上的障礙，但對事情的因果關係，仍憑其心理狀態來做主觀和非事實的解釋，而且深信不疑。常見的類別包括：

1. **關係妄想**（delusion of reference）：相信周圍發生的事都和自己有關。

2. **誇大妄想**（delusion of grandeur）：相信自己具有特殊的能力、身分或是偉大人物。

3. **宗教妄想**（delusion of religion）：相信自己有能力與神溝通、有神附身，或自己是神的化身。

4. **被控制妄想**（delusion of control）：相信自己的思想、行為都受到外力所控制，自己只是傀儡。

5. **被迫害妄想**（delusion of persecution）：深信有人要陷害自己，甚至想殺害或毒死自己。

6. **嫉妒妄想**（delusion of jealous）：相信自己的配偶或性伴侶有外遇或不貞的行為。

7. **色情妄想**（erotic delusion）：深信異性深愛著自己，甚至要和自己結婚。

8. **身體妄想**（somatic delusion）：相信自己的身體已罹患疾病或絕症。

9. **罪惡妄想**（delusion of guilt）：相信自己做了對不起他人的事、犯下滔天大罪、罪該萬死。

10. **虛無妄想**（delusion of nihilism）：相信自己身上的某些器官，或自己、他人，甚至這個世界，都已經不存在。

五、成癮障礙

（一）物質使用障礙症（Substance Use Disorder）

物質濫用者或稱藥物濫用者，通常具有二大心理特質：「憂鬱」或「反社會性格」；其次，則缺乏安全感、挫折容忍度低、自我控制力差。他們傾向遇到情緒困擾時，即使用「中樞神經藥物」來麻痺或改變自己的知覺、想法和感覺，以逃避這些外在現實壓力所帶來的焦慮或痛苦。

　　中樞神經藥物是指，人體攝取後會引起精神狀態變化的化學物質，因此也稱為「精神作用物質」（psychoactive drugs）。為了避免這些藥物所帶來的成癮傷害與社會犯罪問題，它們大部分是屬於管制藥物。常見的中樞神經藥物之作用、類別與管制等級，如表 11-7 所示。

表11-7　中樞神經藥物的常見類別

屬性	作用	常見類別
鎮靜劑 （depressants）	減低感覺，降低生理反應、心理緊張，使人進入鬆弛狀態。	酒精、抗焦慮劑、安眠藥，例如：煩寧（Valium）（四級毒品）、Erimin（一粒眠）（四級毒品）、美得眠（FM2）（三級毒品）、K他命（四級毒品）
麻醉劑 （narcotics）	抑制感覺、放鬆肌肉、解除焦慮，以及止痛之用，可使人進入睡眠狀態。	鴉片、嗎啡、海洛英（一級毒品）可待因、美沙酮、速賜康（二級毒品）
興奮劑 （stimulants）	增加感覺，使人精神亢奮，或進入爽快狀態。	咖啡因、尼古丁、古柯鹼（一級毒品）、安非他命、搖頭丸（MDMA）（二級毒品）
幻覺劑 （hallucinogens）	扭曲感覺，使人進入迷幻狀態，產生感官知覺的改變。	大麻（二級毒品）、搖腳丸或一粒沙（LSD）（二級毒品）

註：整理自衛生福利部食品藥物管理署（無日期）。

　　其次要了解，攝取這些中樞神經藥物到什麼樣的狀態時，才是一種異常行為或心理疾病。在 DSM-5 中最常見的問題稱為物質使用障礙症〔註：在 DSM-IV 中則是分為物質依賴（substance dependence）與物質濫用（substance abuse）〕，這些常見物質的類別，包括：酒精、咖啡因、大麻、幻覺劑、吸入劑、鴉片、鎮靜／安眠／抗焦慮劑、興奮劑、菸草及其他。物質使用障礙症在 DSM-5 中的診斷標準整理如表 11-8 所示。當發現周遭的學生已經出現這些診斷標準時，應該盡速協助其轉介至相關治療單位進行勒戒或治療。

表11-8 DSM-5 中的物質使用障礙症之診斷準則

A.物質使用問題型態導致臨床上顯著苦惱或減損，至少在十二個月期間出現以
　下二項：
　1.比預期的還大量或長時間攝取該物質。
　2.持續渴望或無法戒除或是控制使用該物質。
　3.花很多時間在購買或取得該物質。
　4.渴求或有強烈慾望使用該物質。
　5.反覆使用該物質，引起無法完成工作、學校或居家的重大義務。
　6.儘管使用該物質導致持續或反覆的社交或人際問題，仍持續使用。
　7.因為使用該物質而放棄或是減少重要的社交、職業或休閒活動。
　8.在傷害身體的情況下反覆使用該物質。
　9.儘管知道使用該物質恐引起持續或反覆的生理或心理問題，仍持續使用。
10.耐受性（tolerance）的定義為以下二項之一：
　a.顯著增加使用該物質之需求而導致中毒或想要的效果。
　b.持續使用等量的該物質而效果顯著降低。
11.戒斷（withdrawal）的表現如以下二項之一：
　a.該物質的戒斷特色（註：詳見準則中各種物質的戒斷準則）。
　b.使用該物質（或相當接近的物質）來解除或避免戒斷症狀。

註：整理自 APA（2013/2014, pp. 233-283）。

（二）網路成癮（Internet Addiction Disorder, IAD）

　　網路成癮是指，電腦與網路的過度使用，而造成個人職業、學業等
身心功能減弱，並已達到身心依賴且功能損害，但無法戒除，會出現無
法克制上網的衝動、放棄其他生活目標、遇到重要事情時無法停下等失
控行為。在 2013 年 5 月出版的 DSM-5 中，並未將「網路成癮」列入正
式的臨床診斷，只有將「網路遊戲疾患」（Internet Gaming Disorder）的
研究準則列入書中，期許未來有更進一步研究。學者認為，網路成癮可
以區分為網路關係沉迷（如聊天交友）、網路強迫行為（如購物或賭
博）、網路性沉迷（如色情圖片或成人網站）、資訊過度負荷沉迷（如
逛網頁或資料庫），或電玩沉迷（如線上遊戲）等（許佳惠，2010）。

　　「網路成癮」（IAD）一詞剛開始是由美國精神科醫師Ivan Goldberg

所提出，他用 IAD 來形容過度使用網路而生活失常的人（王智弘，2010），並且參照 DSM-IV 對於「病態性賭博症」的定義，認為網路成癮者可能出現的症狀包括以下幾項：

1. 為求得滿足，上網時間會顯著增加。

2. 會花更多時間在與網路有關的事物上（例如：上網訂購書籍、測試新的瀏覽器等）。

3. 停止或減少網路使用，將導致在數天或一個月內發生下列狀況：心因性肌肉運動的不安現象、心情焦慮、對網路上所有發生的事情有反覆的思念、產生與網路有關的幻想，以及自發性或非自發性的手指打字動作。

4. 曾努力想要控制或停止網路使用，卻徒勞無功。

5. 重要的社交、娛樂等活動，均深受網路使用的影響而放棄或減少。

6. 即使發現由於過度使用網路，而導致在心理、生理、社交或工作上不斷出現問題（如睡眠時間減少、遲到或怠忽職守等），也不會停止使用網路。

網路成癮者並不會同時出現上述所有的症狀，但若行為中有一種或多種符合上述症狀，則可確定該使用網路者可能具有網路成癮症的傾向。

六、兒童常見疾患

筆者主要是根據 DSM-5 的診斷類別中，兒童期較可能出現的疾病診斷，進一步整理並區分成發展異常、行為異常、情緒異常、生理異常等四大類，在每個困擾類別中，經常出現的困擾徵兆與可能診斷，整理如表 11-9 所示，以供評估者快速參考使用。

表11-9　兒童常見的困擾徵兆與可能診斷

困擾類別	困擾徵兆	可能診斷
發展異常	兒童在智力及社會適應功能上（如溝通、自我照顧、家居生活、人際關係、動作技能、學習等）明顯的比同年齡的孩子差。	智能障礙（Mental Retardation, MR）
	兒童在閱讀、數學、文字表達等領域的學習上，明顯比預期表現來得差（在衡量生理年齡、智能、教育情形的條件下之判斷）。	特定的學習障礙症（Specific Learning Disorder, LD）
	兒童在各種情境中持續出現語言溝通及社交互動的缺損；其次出現刻板、重複的行為、興趣或活動模式，導致語言溝通和人際社交方面出現嚴重的適應障礙。	自閉症類群障礙症（Autistic Spectrum Disorder, ASD）
	未滿6歲之幼兒，在知覺、認知、動作、語言及溝通、社會情緒、心理或自理能力等方面之發展，較同年齡幼兒顯著遲緩（註：此為特殊教育中的定義，DSM-5中無此診斷）。	發展遲緩（Developmental delay）
行為異常	兒童在家中和學校等場合，表現出活動量過大（如爬上爬下、手不停玩弄物品、無法安靜坐著、多話）、衝動（如問題未說完就搶答、常打斷或干擾他人、需輪流時無耐心等待）、注意力不集中（如上課不專心、粗心大意、無法照指示完成工作、對於規劃工作及需專心投注的工作有困難、健忘、常掉東西）等三類行為。	注意力缺陷／過動症（Attention-Deficit/ Hyperactivity Disorder, ADHD）
	出現一種重複而持續的行為模式，侵犯他人基本權益或違反與年齡相稱的主要社會標準或規範，包括：攻擊他人及動物、破壞他人物品、詐欺及偷竊、嚴重違反規定（逃學、蹺家）等。	行為規範症（Conduct Disorder, CD）
	不願配合要求或規則，因而常與大人或管教者衝突；蓄意激怒他人，常將自己的過錯或行為失當歸咎於他人；容易被人激怒，常常無法控制脾氣，常懷有敵意或想報仇的心態。	對立反抗症（Oppositional Defiant Disorder, ODD）
	兒童幾乎天天發生不自主的抽動現象，包括：眨眼、頸部急動、聳肩、扮鬼臉等身體抽動，以及叫聲、吠吼、穢語等聲語抽動。	妥瑞氏症（Tourette's Disorder, TD）
	在預期應該說話的特定情境中（如學校、與同伴玩耍時）異常安靜、完全不說話，但在其他場合（如家裡）卻能正常的說話。	選擇性不語症（Selective Mutism, SM）

表11-9　兒童常見的困擾徵兆與可能診斷（續）

困擾類別	困擾徵兆	可能診斷
情緒異常	當離開家或父母時，兒童會表現出過度的焦慮（如緊抱著父母不放、害怕、哭泣、耍賴、哭躺在地上等），導致拒絕上學或外出活動。	分離焦慮症（Separation Anxiety Disorder, SAD）
	對某些特定事物有明顯超乎常理的恐懼（如怕小動物、昆蟲、怕血、怕高等），而引起強烈的緊張或不適（如哭泣、發脾氣、顫慄、依戀行為），兒童會盡量避免接觸這些，且這些恐懼已經影響到日常生活或學習適應功能。	特定畏懼症（Specific Phobia）
	平常生活適應非常正常，但一旦要上學，則出現明顯拒絕上學的行為，例如：害怕、哭泣、耍賴、身體不適等，常發生在剛開學、換學校、換年級，以及假日或長假之後。	學校恐懼症（School Phobia）
	除一般常見的對事物失去興趣、飲食和睡眠習慣改變、容易哭泣、憂愁不快樂外，容易合併身體症狀（如頭痛或胃痛）、在校成績退步、注意力分散、害怕膽怯、社交退縮（覺得自己做錯事，別人都討厭他）、無法適應小挫折、容易暴怒、與人衝突等。	憂鬱症（Major Depressive Disorder, MDD）
	擔心在他人面前說話或表現，也害怕與陌生人互動。容易出現緊張的問題，特別是對人際關係和自己在學校的表現，可能會出現煩躁、易疲累、睡眠障礙、肌肉緊繃、難保持專心等情形。	社交焦慮症（Social Anxiety Disorder, SAD）
	指兒童出現一些反覆而持續的想法與動作（如重複的洗手、重複的檢查門窗、無故擔心自己會傷害他人等），因此而焦慮不安，而這些強迫意念及行為，會造成顯著的情緒痛苦與適應問題。	強迫症（Obsessive-Compulsive Disorder, OCD）
	兒童本身的特質、能力尚未發展成熟，在遇到課業或生活上的壓力，例如：考試考不好、父母離異、交不到朋友、轉學等問題時，若自己想不出解決的方法，又找不到可以協助的人時，即會出現憂鬱、焦慮、行為偏差等適應障礙；當壓力源停止後，症狀通常在六個月內可減除。	適應障礙症（Adjustment Disorder, AD）

表11-9　兒童常見的困擾徵兆與可能診斷（續）

困擾類別	困擾徵兆	可能診斷
情緒異常	兒童在親眼目睹或親身經歷重大的生命意外或暴力事件（如地震、車禍、強暴、目睹殺人等）之後，會出現腦海中的畫面不斷重現、過度警覺驚嚇、反覆作惡夢、焦慮、憂鬱、躁動、易怒或注意力不集中等症狀。	創傷後壓力症（Post Traumatic Stress Disorder, PTSD）
生理異常	兒童在面臨生活或學習壓力之後，會開始出現一系列的身體症狀，例如：頭痛、喉嚨痛、胸悶、胃痛、腹瀉等，似乎將無法面對的情緒壓力轉化成為身體的症狀來表現。	身體症狀障礙症（Somatic Symptom Disorder, SSD）
	重複出現失眠、嗜睡、猝睡、睡眠呼吸中止、夢魘等行為，但並非精神症狀、藥物使用或其他一般醫學狀況所引發的生理反應。	睡醒障礙症（Sleep-Wake Disorder）
	不論白天或黑夜，兒童常不自主反覆地遺尿至床褥或褲子上，5歲以上兒童至少持續三個月內每週發生二次以上，造成生活、人際或學習上的重大功能障礙。	遺尿症（Enuresis）
	在心理上很關心自己的體重，縱使體重過輕，仍強烈害怕體重增加或肥胖，因而少吃或不吃；較常出現於青少年階段的女生，甚至會出現月經停止的現象。	厭食症（Anorexia Nervosa）
	在一段時間內吃下的食物量明顯過量，卻無法控制自己的飲食行為（如停止吃或吃少一點），但因害怕體重會增加，而禁食、過度運動，甚至自我催吐，較常出現於青少年階段的女生。	暴食症（Bulimia Nervosa）

註：修改自黃政昌（2020，頁558-561）。

第二節　心理疾病的成因分析與輔導策略

壹、心理疾病的成因分析

　　心理疾病的成因解釋，包括單一取向模式與多元取向模式。單一取向模式是指，從單一角度或論點，來分析心理疾病發生的原因，例如：生物醫學模式、精神分析模式、認知行為模式、人本存在模式、家庭系統模式、社會文化模式等；多元取向模式則是認為，心理疾病發生的原因並非由單一因素所造成，而是由多個因素間交互作用的結果，常見如：壓力－素質模式（diathesis-stress model）、生物－心理－社會模式（bio-psycho-social model）等。因篇幅有限，以下僅介紹多元取向模式。

一、壓力－素質模式

　　壓力－素質模式指出，個體若有傾向得某種心理疾病的素質，就特別容易受壓力的情境影響，而產生相對應的偏差行為（Kring et al., 2012）。上述所提到的「素質」包括：體質缺點、遺傳限制、易致病性等內在的因素，如基因缺損、家族遺傳、腦中神經傳導物質不平衡、生理疾病的影響、早年的成長陰影、特殊的氣質、人格特質等。而「壓力」則包括：身體病痛、課業壓力、情感困擾、父母管教、親子問題、人際關係、生涯規劃、身體外表，甚至居住空間、環境衛生、噪音汙染、生活便利、生活瑣事等內外在壓力源。

　　因此，「素質」與「壓力」會同時影響個體是否出現心理異常的現象。如表11-10所示，如果個體在低素質、低壓力下，通常不會發病；若是在高素質、高壓力時，則通常會發病；若是在低素質、高壓力下，也有可能會發病；若是在高素質、低壓力時，則不一定會發病。

表11-10　壓力和素質的互動關係表

	低壓力	高壓力
低素質	通常不會發病	可能會發病
高素質	不一定會發病	通常會發病

二、生物－心理－社會模式

（一）生物因素

1.遺傳學

　　遺傳學認為，心理疾病的原因來自於隱性基因的家族遺傳，通常「雙親患病的子女罹患率＞雙親單方患病的子女罹患率＞同胞兄弟罹患率＞一般人罹患率」；同理，「同卵雙胞胎一起養大共患率＞同卵雙胞胎共患率＞同卵雙胞胎分開養大共患率＞異卵雙胞胎共患率」，例如：60～80％的情感疾患患者有家族病史，且雙極疾患的遺傳率遠高於重鬱症；父母有酒癮者，子女出現酒癮現象的情形也比較高，且兒子之易受性高於女兒。

2.生化學

　　生化學認為，心理疾病的原因來自於腦部各種神經傳導物質濃度的不平衡，例如：思覺失調症和多巴胺（dopamine）有關，當腦部有著過多的多巴胺活動時，就會產生正性症狀；反之，過少的多巴胺活動，就會產生負性症狀。情感疾患和正腎上腺素（norepinephrine）、血清素（serotonin）的傳遞量有關，過低會導致憂鬱的發生，而過多則會導致躁症的發生。焦慮疾患則和γ-氨基丁酸（γ-Aminobutyric acid, GABA）有關，當 GABA 減少時，會降低抑制神經傳導物質的作用（導致正腎上腺素及血清素的傳導增加），因而產生焦慮或激動反應。

3. 其他生物因素

(1)染色體異常：5～20 %的自閉兒有「X 染色體脆弱症候群」，且只發生於男性；從殺人犯的研究發現，大多數的殺人男性罪犯多了一個男性染色體 Y，而成為「XYY」。

(2)藥物引起：如長期服用安非他命、幻覺劑、酒精等，會引起妄想型精神分裂症。臨床也發現，治療癲癇或氣喘的藥物副作用，有時會造成兒童過動及不專心等問題。

(3)產時創傷：如生產時的低體重、出血、缺氧等，可能和發展遲緩或智能障礙有關。

(4)先天氣質：約有 70 %的好性情嬰兒與 18 %的壞性情嬰兒，壞性情嬰兒日後有較高比率出現適應障礙症、憂鬱症與行為規範症。

（二）心理因素

1. 重大壓力或創傷經驗：如年幼時遭受身體或性虐待者，容易出現解離、憂鬱症狀，嚴重時會導致自我功能退化回以本我為主，拒絕以成熟方式面對問題，思考行為逐漸脫離外在現實。

2. 特殊人格特質：敏感、對人缺乏基本信賴、自我界限（self-boundary）不清等，容易產生焦慮疾患；常使用「否定」（denial）和「投射」（projection）、「反向」（reaction）等防衛機轉，來處理心理困擾或罪惡感者，容易導致妄想形成；缺乏安全感、挫折容忍力低、自我控制力差，容易產生物質使用障礙症與反社會性格。

3. 負面情緒表達困難：心理分析取向認為，不能被接受的意念、衝動或感覺，未經原本的方式表達，而轉化到身體上，會以身體障礙的方式表現出來，例如：手舉不起來、腳不能動等，稱為「轉化症」；小朋友也常在假期結束、恢復上學時，出現頭暈、肚子痛等身體不適症狀，以逃避上學的壓力或恐懼。

4.**扭曲的思考模式**：如憂鬱症患者，容易對「自己、情境、未來」等三方面做過度悲觀的解釋，因而產生習得無助感（learned helplessness）或絕望感（hopelessness）；飲食疾患患者，容易對身材意象產生扭曲思考，認為「苗條才是美」、「不夠瘦，就是不好，不受歡迎」，因而自信心低，偏向於由身體印象來決定自我價值高低。

5.**超我要求過高或過低**：超我過低者，無法遵守社會規範，可能會依賴藥物或酒精來逃避現實問題，或出現行為規範症與反社會行為；反之，超我過高者，總是無法滿意自己的表現，屬於過度完美主義者，則容易引發焦慮與憂鬱的現象。

（三）社會因素

1.**父母的管教態度**：父母的期望遠超過子女的能力，具有常批評子女、喜歡挑剔、態度冷酷、重處罰、過少社會讚賞等管教態度，常和子女的憂鬱症、焦慮症有關；父母管教態度極端不一致，讓子女無所適從，易出現所謂的「雙綁理論或雙重束縛」（double-bind theory）現象，則子女罹患思覺失調症的比率較高；父母若是有反社會人格、藥物濫用、過動症等病史，則管教出來的孩子較容易出現行為規範症。

2.**家庭環境氣氛**：破碎家庭、父母不睦、管教不當、家庭貧窮等家庭氣氛，和子女出現行為規範症、適應障礙症有明顯的高相關，例如：早期家庭氣氛缺乏安全感與溫暖，則孩子容易出現人際退縮與逃避社會的行為；若同儕和父母都有藥物或酒精濫用的情況，則在此不當示範的家庭環境下，很容易引起青少年的藥物濫用和反社會行為；若家庭氣氛是屬於「高度情緒表達」（HEE），即家庭氣氛充滿高度的「批評、敵意、情緒過度涉入」等三種特徵，相對於「低度情緒表達」（LEE），則家中子女思覺失調症的復發率明顯較高。

3.**學校社會環境**：在學校遭受排斥、拒絕或冷漠對待，甚至霸凌

（bully）時，不但學習表現會較為消極、學習成就低劣，日後較有可能出現情緒困擾、心理疾病或中途離校的情況；校內外如果非法藥物普遍存在、容易接觸或購買，學生就有很高的機會去嘗試、模仿，甚至產生藥物濫用的問題。社會階層角色和心理疾病的發生率也有高度相關，例如：以情緒障礙症或焦慮症而言，通常的盛行率是：女＞男、離婚者＞已婚者、都市人＞鄉村人、社經高＞社經低。而大眾傳播的不當渲染，也會促發特定心理疾患的發生率，例如：過度強調苗條、消瘦的女性才會受到社會大眾喜愛，就是造成女性較容易出現飲食障礙的因素之一。

貳、心理疾病的輔導策略

一、學校系統的協助

（一）預防重於治療的概念

學校是學生生活適應與課業學習的重要地方，然而在科技進步與資訊發達的二十一世紀，雖然學生的物質生活充裕、教育機會充足，但學生的心理需求卻未必能得到充分的滿足，例如：學業挫折、感情困擾、人際衝突、同儕壓力、自我認同危機、親子關係緊張等環境問題或個人因素，所引發的自傷、逃學、中輟、鬥毆、飆車等不適應行為，都是令家長、學校與社會所震驚關注的。此時，與其在問題發生或問題惡化時再來勞師動眾、亡羊補牢，不如預先增進學生的適應能力，滿足學生的成就感，防患問題發生於未然。

因此，校園心理衛生的工作模式與精神，仍是以教育性與預防性活動為主，也就是預防重於治療的概念。常見的實施方式，例如：班級座談、集會宣導、文宣廣告、親職教育、團體輔導、心理測驗、家庭晤談等，透過不斷強化學生的心理功能與生活適應能力，希望將來遇到環境適應不良或其他危機困擾時，能有效防止心理問題或偏差行為的發生率。

（二）團隊合作的精神

在校園三級預防模式中，不論是初級預防的「預防問題發生，增進全校學生生活適應能力」，或是次級預防的「早期發現、早期處理，以防止問題惡化」，甚至是三級預防的「預防危機個案問題惡化成生命傷亡」。參與人員絕非僅是輔導處（室）、生活輔導組、教官、導師等少數人員，而是全校教職員工都是校園心理衛生工作的人員，只是每個人的角色與功能不同，猶如一個系統或團隊，大家各司其職，但共同為學生的心理健康而努力。

舉例來說，各科教師致力於教學工作，讓學生產生學習興趣與熱忱，學生不但會主動學習且擁有滿意的學習成就，如此幫助學生安心就學、樂於學習，自然就能促進學生的心理健康，達到初級預防的目的；其次，以總務處人員為例，應建構全校硬體環境的安全設施，例如：大樓頂樓空間的進出管制、廁所或校園角落的影像監控等，留意是否有學生從事自我傷害的行為，必要時得通報相關輔導人員，進行輔導處遇，以防止危機發生，這就是次級預防的精神；最後，在面對危機事件或特殊個案之狀況時，往往需要相關輔導、行政人員共同組成處理團隊，甚至召開個案會議，研討危機介入與相關處遇措施，以化危機為轉機，避免傷亡發生，這就是三級預防的精神。總之，學校的心理衛生工作是全校教職員工共同的責任，這是團隊合作的精神與過程。

（三）整合校外的專業資源

面對嚴重心理疾病或高自殺風險的危機個案時，雖然校內有相關輔導人員可以協助處理，但有時個案的心理問題過於複雜與特殊，僅依靠校內資源可能無法有效面對，因此必須適時納入校外專業資源的協助。常見的方式有二種：第一種方式是邀請校外專業人員參與校內的個案研討會議，提供其專業方面的意見與建議，供校內人員輔導參考，例如：

學生出現嚴重憂鬱與自殺嘗試時，此時參與人員除了校內的輔導教師、生活輔導組人員、教官、導師、家長等外，校外部分則可邀請精神科醫師、心理師、社工師等專業人員，透過參與個案問題的深入研討，提供學校更專業有效的輔導處遇措施，以協助個案解決危機問題。

另一種方式，則是轉介到校外接受更專業的協助，例如：當學生出現嚴重的思覺失調症或躁鬱症的急性症狀時，此時即需轉介至精神醫療單位，接受進一步的精神科診斷與藥物治療，甚至可能需要住院，接受一段時間的密集治療；又如：當學生遭受性侵害，出現嚴重的身心創傷反應時，此時可能需要轉介至縣市政府的「家庭暴力暨性侵害防治中心」，由受過訓練的專業輔導人員進行進一步的身心輔導與創傷治療，以平復心情，避免產生憂鬱或自我傷害的危機。上述這些特殊狀況都是需要轉介至校外專業單位，再透過校內、外資源的整合，才能有效化解危機，恢復個案的適應能力。

二、專業的治療方式

（一）心理治療

心理治療是指，透過心理師和個案所建立的專業性與治療性的人際關係，運用心理學的原理和方法，來改善患者認知、情緒和行為上的問題，以協助個案了解自己，達成自我成長，或是減除臨床症狀，增進人格統整。由於在本書第 5 章中，已詳細介紹心理諮商治療的原理與相關學派，在此不再贅述，僅列出常見的心理治療方式如下：

1. **分析性治療**：分析潛意識的衝突、焦慮與行為模式的關係。
2. **支持性治療**：鼓勵以宣洩情緒的方式，表達內心的壓力與挫折。
3. **行為治療**：自我肯定與社交技巧訓練，以及相關的行為改變技術。
4. **認知治療**：矯正不合理的信念，增進合理思考的邏輯。
5. **人際治療**：培養人際互動與衝突解決的能力。

6.**家族治療**：透過家庭支持系統的介入，幫助患者積極改善心理問題。

（二）藥物治療

嚴重的心理疾病，通常比較多的可能是來自於生物因素，因此主要是以藥物治療為主，心理治療為輔。筆者簡單整理了精神科常用的藥物種類、主作用、主要原理、副作用、常見藥物等，如表 11-11 所示。

表11-11　精神科常用的藥物種類一覽表

種類	主作用	主要原理	副作用	常見藥物
抗精神病藥物	思覺失調症（躁動、幻覺）、妄想症	多巴胺拮抗劑	斜頸、眼睛上吊、牙關緊閉、舌頭收縮、無法靜坐、假巴金森氏症	脫蒙治（Dogmatyl）好度（Haldol）可致律（Cclozaril）理斯必妥（Risperdal）金菩薩（Zyprexa）思樂康（Seroquel）
抗憂鬱劑	憂鬱症、社交焦慮症、強迫症、厭食症、暴食症、衝動攻擊	增加血清素和正腎上腺素	嗜睡、頭暈、拉肚子、煩躁、手抖、姿勢性低血壓、心跳加快、口乾、便秘、殘尿	百憂解（Prozac）樂復得（Zoloft）無鬱寧（Luvox）美舒鬱（Mesyrel）克憂果（Seroxat）希普能（Cipram）
抗躁劑（情緒穩定劑）	雙相情緒障礙症、癲癇（痙攣、抽動）	減少正腎上腺素和血清素	噁心、嘔吐、腹痛、稀便、尿多、手抖、四肢無力、甲狀腺腫大	鋰鹽（Lithium）帝拔癲（Depakine）癲通（Tegretal）
抗焦慮劑	畏懼症、各種焦慮症、肌肉鬆弛	加強 GABA，以減少正腎上腺素及血清素	嗜睡、頭暈、走路不穩	煩寧（Valium）安定文（Ativan）贊安諾（Xanax）癒利舒盼（Erispan）
安眠藥	短效誘導助眠或長效安眠使用。	作用於大腦皮質，減低細胞活化，進入鬆弛或睡眠狀態	會抑制呼吸中樞，容易有成癮作用	史蒂諾斯（Stilnox）宜眠安（Imovane）戀多眠（Lendormin）悠樂丁（Eurodin）美得眠（俗稱 FM2）

註：整理自 KingNet 國家網路藥典（無日期）。

（三）環境治療

透過有目的、有計畫的結構，組織患者周圍環境中有密切關係的人、事、物，以幫助患者了解及控制其問題行為，學習及發展適當的心理社會調適技巧，以增進患者應付日常生活的能力。在硬體環境治療方面，包括：環境設計、空間規劃、色彩裝潢、音樂燈光、療育花園等；在軟體環境治療方面，則包括：溫暖氣氛、治療活動、體能運動、職能治療、休閒娛樂等。

（四）身體治療

1.**電氣痙攣療法**（electroconvulsive therapy, ECT）：這是在精神科治療中，長期對於藥物治療或心理治療都沒有改善的情況下，所不得已採取的侵入性療法，主要是在治療重度憂鬱症、僵直型思覺失調症。它是透過電流瞬間通過腦部產生昏迷和痙攣的作用，讓大腦神經電位重組，類似電腦重新開機的原理。此療法容易有一些併發症，例如：暫時性記憶障礙、骨折、脫臼、頭痛、噁心、嘔吐、腦壓升高等，因此需要非常小心的評估與進行。

2.**光照療法**（light therapy, LT）：有些憂鬱症患者容易在陽光不足的季節發病，即所謂的「季節情感障礙症」（Seasonal Affective Disorders）或「冬季憂鬱症」（Winter Depression）。針對此類患者，可以使用光線照射方式替代陽光不足，光線透過眼睛射入因而刺激腦部血清素的分泌，通常可以產生一定的治療效果。

3.**精神外科手術**：在精神科治療中，如果藥物治療或心理治療，甚至連電療也無法進行或改善，而患者又會產生嚴重的生活障礙或危險性的情況下，精神外科手術是不得已採取的破壞性療法，例如：「額葉切割術」、「腦部燒灼術」、「腦部深層電擊術」（DBS）等。但由於精神外科手術會伴隨併發症與人格改變的後遺症，通常會有較多質疑與爭議。

第三節　心理疾病學生的輔導策略與案例說明

誠如上一節所述，心理疾病的發生有生物因素的部分，也有心理、社會因素的原因，這些因素彼此交互作用的結果，造成患者被迫進入另一個身不由己的世界。因此，我們必須正確了解心理疾病學生的無奈與痛苦，才能知道如何面對與有效幫助他們。以下透過幾個常見的案例情境，進一步討論與說明。

壹、學生開始出現怪異的言行舉止，該怎麼辦？

【案例一】

　　老師，我跟你說：「小明自從半年前父親意外車禍過世後，就開始變得怪怪的！不是一個人獨處不講話、表情呆滯，就是突然自言自語、上課傻笑，同學們都覺得好怪喔！最近他更誇張的到處跟同學說，有人在跟蹤他，不管他走在路上、坐公車、在教室，都有人用特殊的攝影機在監控他，他覺得有人想害死他，心理感到非常害怕，甚至不太敢外出上學了……老師！小明到底怎麼了？」

小明自從父親意外車禍過世後，可能深受打擊、哀慟不已，這是一個明顯的壓力事件，加上小明本身可能就有心理疾病的素質傾向，根據「壓力－素質模式」，小明的確出現心理疾病的可能性會比較高。其次，由症狀反應來看：「自言自語、上課傻笑，甚至出現關係妄想與被迫害妄想」，顯然是屬於精神病的發病初期，由於精神病識感很低，甚至幾乎沒有，因此當事人通常不知道自己生病了，當然也就不會主動就醫接受治療。

倒是身邊的父母、同學、師長等人,會開始覺得他非常怪異,相當擔心;此時,應該及早知會輔導教師,經過輔導教師初步評估後,進一步轉介至精神醫療單位進行精神科診斷或相關藥物治療,以把握早期發現、早期治療的黃金時間。當然,如果學生自己不願意配合就醫,又喪失生活的基本能力,甚至出現自殺、傷人的危險之虞時,則需考慮強制送醫與強制住院治療的方式。

貳、校園中遇到罹患心理疾病的同學,該如何面對?

【案例二】

> 小莉在門口大聲叫著小娟:「小娟,妳趕快過來看!隔壁班那個強迫症的男生,又在重複洗手了,我剛剛算了一下,他已經抹了六次香皂,也用清水沖洗了六次,今天的重複洗手次數可能會突破七遍喔!真的是好好笑喔!怎麼會洗手洗個不停呢?妳看他袖子捲得很高,小心翼翼的在洗手,真的是好奇怪的動作!妳注意看……他待會兒也會用香皂清洗水龍頭……真是個怪胎……而且還浪費那麼多水,真是可惡呀!……」

沒有人願意生病,特別是心理疾病,透過密集的藥物治療與心理治療,這些症狀都可以獲得一定程度的改善。然而,他人的異樣眼光與拒絕排斥,卻往往是造成患者自暴自棄、人際退縮的主要原因,有時甚至會導致個案情緒失控、病情惡化。因此,適時向班上學生澄清和說明,藉機教育學生正確的認識心理疾病,避免因為心理疾病的汙名化,而對個案或其家屬造成二次傷害。如果教師與同學能夠真正了解個案生病的無奈與痛苦,這樣的覺察與態度,便已經非常不容易了,因為當我們真正了解時,我們就會知道該如何去關心他們、協助他們。

至於向班上同學說明的時機為何?如何說?由誰說?最好都能和個案本身或其家屬討論,例如:若個案的症狀介於輕微或中度之間,也就

是上學期間大部分可以控制，大致不會影響到學習或造成人際困擾，此時可以考慮暫緩向同學說明，以避免引起不必要的揣測和誤會，而間接影響個案的自信心；萬一個案的症狀已經到達中度，甚至重度，同學們都可以輕易發現其言行舉止的怪異，以致於出現疑問與異樣的眼光時，則建議最好與個案本身或其家屬討論並獲得同意後，請輔導教師或導師在班上進行簡單的心理衛教，幫助同學正確認識此症狀，也請同學想想可以如何協助個案，甚至主動安排幾位與其要好的同學，多關心、鼓勵個案，主動協助其適應學校生活，使其覺得這個班上具有人情味，且大家的態度是接納而非投以異樣的眼光，這樣的同儕協助將是非常重要的一股助力。

參、同學在醫療系統接受治療期間，該如何協助？

【案例三】

　　教務處的老師約談阿強，提及：「阿強同學，你這個學期出席狀況很差呀！經常請假，或是中午才到校上課，很多科任老師也說你上課都在打瞌睡，這次段考也考得很差，成績幾乎都是個位數……雖然導師有告訴我你的身心狀況，但是你自己的意志力也要堅定呀！挫折容忍度不要那麼低嘛……現在都已經高二了，不要再渾渾噩噩的過日子，要加油啊！要不然怎麼對得起你父母呢！」阿強低著頭，沮喪無助的離開教務處。

　　有時候，學校老師或行政人員的關心是善意的，但是卻常因不了解而造成無心的傷害。誰願意一直請假，讓老師盯呢？誰願意中午才進教室，而接受同學異樣眼光呢？又有誰願意考試成績都是個位數呢？這當然是身不由己的結果啊！當個案心理疾病急性發作時，需要密集的接受藥物治療與症狀控制；而台灣大部分的醫院都是在白天看診，特別是需

要在每週特定時間複診，因此經常需要每週請同一天的假，而耽誤該科目的上課進度，這實在是情非得已！所以，個案在向教師們請假的過程中，請教師們務必給予體諒，切勿冷言冷語。其次，由於藥物副作用，通常會「頭暈、噁心、腹脹、嗜睡」等，因此記憶、反應等認知能力，通常會變差，成績或出席狀況往往也有可能會日漸退步，請師長和同學盡量給予協助與鼓勵。

罹患心理疾病、曾經服用精神科藥物，甚至住院過等因素，都可能影響到個案如何重新看待自己，間接影響其自我價值感與自尊心。個案若常常覺得自己是異類，而無法接納當下的自己，會因此缺乏自信和不與同學互動，而導致人際退縮與適應困難。有時，個性反而會變得更敏感，容易過度在乎他人的用詞與評價，甚至導致言語衝突或人際困境，這些情形都需要更多的體諒與包容。

肆、學生住院治療或在家休養返校後，如何繼續幫忙？

【案例四】

> 輔導老師告訴小君的導師說：「小君去年上學期末，因為躁鬱症發作，住院接受治療，後來父母就來辦理休學，在家養病。這學期復學和下一屆學弟妹在同一班上課，他父母表示，小君目前還在服用藥物控制中，因此學習能力會明顯受到影響，個性也變得比較敏感、會有自卑的現象……」導師聽完後很緊張的說：「那我要怎麼幫忙呢？可以讓班上同學知道她生病的事嗎？要不要安排小天使來協助她的人際與學習適應呢？……」

面對上述的情況，導師可以藉機宣導並澄清正確的心理衛生概念，進一步讓全班同學了解到，個案生病是不得已的，因為我們大家都不願生病或住院，進而邀請全班同學一起來幫助個案重新適應學校環境，並

早日康復,切不可消極因應或置之不理,而讓個案在班上自生自滅。導師也可以主動安排二至三位熱心助人的同學擔任小老師或小天使,主動帶領個案參與人際活動,協助其補救落後的課業與教導學習困難之處。

其次,課業上的適應將是個案返回學校中,最直接面對的重要課題,由於請假住院(或休學靜養)、病情干擾及藥物副作用等因素的影響,會使得個案在學習速度與效果上,大不如前,若繼續以一般學生的成績標準要求,則終將導致學生學習上的挫敗。因此,面對此類學生個案,的確需要提供「個別化教育計畫」(IEP),亦即各科目制訂不同的學習目標與成績考核標準,以幫助學生獲得適當的成就水準,並順利通過各科的成績考核。

結　語

沒有人喜歡那種「討厭自己」的感覺,也沒有人願意長期處在不快樂的狀態,更沒有人想要生病、生心理的病,那是一種無奈、無助與忿忿不平的感覺。然而,由於受到生物、心理、社會等因素的影響,很不幸的,有些人在特定的人生週期或是遇到壓力時,可能會併發各種心理疾病。然而,生病絕對不是他們的錯,也不是任何一位家人的錯,更不是罪有應得的懲罰,但是他們與家屬卻是要長期承受身心煎熬。因此,早期發現、早期治療,才是面對心理疾病最佳的策略;除了專業的藥物與心理治療外,你、我、他等周遭的人們,需長期給予接納、支持、關懷、鼓勵和協助,這才是患者真正邁向復原的最佳長效劑。

問題與反思

基本題

1. 有些專家會說：「沒有人是完全心理健康的，也沒有人是完全心理不健康的。」請從「異常」或「偏態」的標準，來說明它可能的意涵是什麼？

2. 精神官能症與精神病，兩者的病識感有何差異？病識感的高低對於尋求專業治療的動機與參與治療的程度，有何不同的影響？

3. 我們經常說某個人怪怪的，好像心理生病了？心理疾病患者通常會在哪些方面出現異常徵兆或所謂的症狀呢？

4. 雙相情緒障礙症（躁鬱症）的典型症狀有哪些？請至少舉出五種以上。

5. 「精神分裂症」為何要改譯為「思覺失調症」？請從心理疾病汙名化的角度來加以說明。

6. 校園中最讓老師傷腦筋的偏差行為學生，最有可能的診斷是什麼？請說明你的推論理由。

7. 小朋友每到週一早上上學，就開始出現頭暈、肚子痛等身體不適的症狀，但是下課後或週六、日卻無此症狀？你覺得最有可能的診斷是什麼？請說明你的推論理由。

8. 厭食症和暴食症患者都非常在乎體重與身材，兩者的最大差異是什麼？

進階題

1. 何謂心理疾病的「壓力一素質模式」？請以思覺失調症為例，進一步說明。

2. 嚴重的心理疾病通常需要服用精神科藥物來治療，相對的也會出現一些不舒服的藥物副作用。此時該如何面對此現象呢？

3. 如果你是一位國小（國中、高中）輔導處（室）主任，你會如何進行

憂鬱症的三級預防工作？分別有哪些預防目的與實施活動呢？

4. 想像你在國高中時，某天導師對你說：「班上有位同學因為患有嚴重的強迫症，怕東怕西，不敢碰觸學校物品，嚴重影響其學習或人際活動，想邀請你擔任小天使來幫忙他，你願意嗎？」不論願不願意，請說說你的理由或考量。

延伸閱讀與相關影片、網站

1. 書籍

日本 Newton Press（2022）。認識常見精神疾病：淺析憂鬱症、焦慮症、強迫症等心理疾患（吳家葳譯）。人人。（原著出版年：2019）

黃政昌（2020）。心理評估：在諮商中的應用（第二版）。雙葉。

Kring, A. M., Davidson, G. C., Neale, J. M., & Johnson, S. L.（2017）。變態心理學（第三版）（張本聖、徐儷瑜、黃君瑜、古黃守廉、曾幼涵譯）。雙葉。（原著出版年：2012）

American Psychological Association（2014）。**DSM-5 精神疾病診斷準則手冊**（台灣精神醫學會譯）。合記。（原著出版年：2013）

林家興（2009）。心理疾病的認識與治療。心理。

Kronenberger, W. G., & Meyer, R. G.（2008）。兒童臨床工作手冊（唐子俊、王士忠、孫肇玢、唐慧芳、唐慧娟、陳聿潔、…戴谷霖譯）。心理。（原著出版年：2001）

唐子俊、黃詩殷、王慧瑛（2005）。青少年心理障礙快速診斷手冊。心理。

Frances, A., & First, M. B.（2002）。為什麼我的孩子和別人不一樣？精神疾病的判斷與預防（胡東霞譯）。新自然主義。（原著出版年：2002）

黃政昌（2001）。青少年精神病患出院後學校適應問題之探討與輔導。師友月刊，**404**，33-35。

台北市立醫院松德院區社工室（主編）（1999）。走出迷惘：精神病知多少。作者。（目前網頁上有電子檔可供下載）

American Psychological Association（1997）。**DSM-IV 精神疾病診斷準則手冊**（孔繁鐘、孔繁錦譯）。合記。

2. 影片

我們與惡的距離（簡介：共 10 集，全劇以 2010 年代的隨機殺人案件發生後，加害者、加害者家屬、被害人家屬、辯護律師、精神疾病患者等各方人物的心境與糾葛為主題。時間：每集 50 分。語言：國語發音、中文字幕。出版：公共電視台）

神鬼玩家（簡介：強迫症患者的症狀與人生。時間：168 分。語言：英語發音、中文字幕。出版：福斯）

跨越極限的愛系列（簡介：共 10 集，每集是各種常見心理疾病的認識與案例治療故事。時間：每集 30 分。語言：國語發音、中文字幕。出版：公共電視台）

打開身心靈門窗（簡介：共 4 集，擷取 Heath Prophecy 節目製成中文版，包括：強迫症、注意力失調與過動、創後失調症、自閉症、過動症。每集 60 分。語言：國語發音、中文字幕。出版：公共電視台）

美麗境界（簡介：思覺失調症患者的症狀與治療過程。時間：134 分。語言：英語發音、中文字幕。出版：環球影業）

Discovery 認識心理疾病系列（簡介：自閉症、憂鬱症、躁鬱症、焦慮症的認識與治療。時間：30 分。語言：國語發音、中文字幕。出版：協和影視）

女生向前走（簡介：邊緣人格疾患的病程與早期精神病院的治療情形。時間：126 分。語言：英語發音、中文字幕。出版：得利影視）

認識校園精神疾病（簡介：教學影片。時間：43 分。語言：國語發音、中文字幕。出版：心理出版社）【諮商實務有聲圖書（二）】

伴我情深（簡介：躁鬱症患者的生病與治病的心路歷程。時間：102 分。語言：英語發音、中文字幕。出版：UIP）

發條橘子（簡介：行為規範症青少年的性暴力與行為治療。時間：136 分。語言：英語發音、中文字幕。出版：華納兄弟）

3. 網站

昱捷診所心靈園地（接手「心理園地」，曾是全球華人最大專業精神醫療及心理衛生網站）
www.psychpark.org

董氏基金會：心理衛生中心（憂鬱症預防的相關文宣、測驗與影片）
www.jtf.org.tw/psyche

教育部學生輔導諮商中心
ccme.cloud.ncnu.edu.tw

台灣心理諮商資訊網（台灣最大的心理諮商資源網站）
heart.ncue.edu.tw

參考文獻

中文部分

KingNet 國家網路藥典（無日期）。精神科常用的藥物種類。hospital.kingnet.com.tw/medicine

王智弘（2010）。我的孩子會網路成癮嗎？今周刊，**200911**，101-123。

許佳惠（2010 年 8 月 26 日）。網路成癮症 2013 年列入正式精神病。壹蘋果，**2 版**。

黃政昌（2020）。心理評估：在諮商中的應用（第二版）。雙葉。

衛生福利部食品藥物管理署（無日期）。常見濫用藥物分類。www.fda.gov.tw/TC/site.aspx?sid=10086&r=807293697

American Psychological Association（1997）。**DSM-IV 精神疾病診斷準則手冊**（孔繁鐘、孔繁錦譯）。合記。

American Psychological Association（2014）。**DSM-5 精神疾病診斷準則手冊**（台灣精神醫學會譯）。合記。（原著出版年：2013）

英文部分

Kring, A. M., Davison, G. C., Neale, J. M., & Johnson, S. L. (2012). *Abnormal psychology* (12th ed.). John Wiley & Sons.

CHAPTER *12*

自殺危機學生的認識與輔導

陳玉芳

前　言

　　當新聞媒體報導有關年輕學子自殺身亡的消息時，大家最直接的反應通常是：「怎麼會這樣？這個學生平常看起來好好的呀！」、「為什麼事情發生得這麼突然，讓人措手不及？」除了震驚和不解之外，心裡往往還有深沉的傷痛與惋惜，尤其是當主角為某名校的「好學生」、「資優生」時，更是會引發社會大眾的高度關切，免不了也在我們心裡掀起一團疑雲。究竟是有什麼不得已的原因，使得一個年輕的生命走向極端的自殺？「死亡」對這些花樣年華的學生來說，真的是「輕如鴻毛」嗎？還是因為生命中有太多徬徨、痛苦，那「重如泰山」的壓力讓死亡變得如此微不足道？

　　根據世界衛生組織（WHO）的統計，自殺已成為全球 15～29 歲人口第四大死因，而在 15～19 歲男性中，自殺死因排名第四，女性則排名第三（WHO, 2019）。根據 2019 年全國自殺防治中心的統計，國內青少年自殺的死亡率攀升，且近十年來兒少自殺通報人次亦有逐年上升趨勢，且於 2018 年起大幅上升。衛生福利部（2021）於 2020 年度的統計分析亦顯示，蓄意自我傷害（自殺）已成為國內 15～24 歲年輕族群第二大死因，1～14 歲的兒童及青少年自殺死亡人數及死亡率亦高於往年，自殺年齡有日益年輕化的現象。

這些數據讓我們不得不從這個驚訝不解的沉痛中找尋方向，因為當一個年輕學子因自殺而成為國家統計上的一個數字時，所有的惋惜都已經太遲了。就教育層面而言，這已是學生心理健康的問題，就好像我們對香菸的處理一樣，有必要從預防的觀點著手，探討自殺行為的種種機制，建立適切的輔導策略，以陪伴學生走出人生的幽谷。

第一節　自殺的定義

聽聞「自殺」事件，總是會引起人們內在強烈的情緒波瀾，古希臘人就曾經用鮮明決斷的字眼來形容它，例如：「粉碎生命」、「自我屠殺」等。在諮商輔導的實務工作中，自殺危機學生的處理確實是非常棘手的，而與其相近的「自我傷害」（self-injurious behavior，簡稱「自傷」）案例，對輔導人員來說也相當具有挑戰性，兩者皆須予以重視。但何謂「自殺」呢？「自殺」及「自傷」之間又有什麼區別？本節將解答這些問題，並對自殺行為做概括性的介紹。

壹、「自殺」相關詞語的定義

根據《牛津英語字源學字典》（*Oxford Dictionary of English Etymology*），「自殺」（suicide）一詞源自拉丁字 sui（意思是「自己」）和 cidium（意思是「殺死」），合起來就是「殺死自己」的意思，是一種自我傷害、自動結束自己生命的行為。世界衛生組織（WHO）在許多自殺的研究中，對自殺給了這樣的定義：「不同程度的求死意圖所造成的自我傷害而導致死亡的結果。」由此看來，「自殺」一詞涵蓋了自殺者的認知和行為特質（Heeringen, 2002）；因此，如果用「自殺意念」（suicidal ideation）、自殺意圖（suicide intent）、自殺企圖行為（suicide attempt）來說明，可能會更清楚。

一、自殺意念

「自殺意念」又稱為「自殺念頭」，指的是任何可能終結自己生命的想法或念頭，但尚未有具體計畫與行動，例如：「我想過去死，但我還有很多事沒有達成，我不會真的去做。」依據 2020 年全國自殺防治中心的電話普查，過去一年國人大約有 2.2%，也就是差不多四十四萬人曾經認真地想過自殺（衛生福利部，2021）。

不論模糊的或具體的、不管是否真的有死亡打算，自殺意念的產生都值得我們關注，有些時候它不見得是有立即危險或具傷害性，但也不容忽視，例如：當學生初次面臨生活中的壓力或是人際衝突時，短暫出現自殺意念，它可能是個瞬間閃過腦海中的念頭、一種對生活現狀不滿的暗示，或是一種心智尚不成熟的狀態下所想出來的問題解決方式。

二、自殺意圖

「自殺意圖」的危機程度高於「自殺意念」，指的是有自殺的打算、意圖或決定，例如：「我已經想好在房間用上吊的方式結束生命。」此情形雖尚無具體行為，但必須高度關切。研究調查發現，在一般青少年族群中有高達 20%的受訪者表示：「當遭遇困難時，曾經考慮過自殺」（Kienhorst et al., 1991），可見對青少年來說，將考慮自殺當成是在面對問題時所能選擇的解決方案之一，是個相當普遍的現象。然而，這不表示我們可以因此輕忽它，畢竟從自殺意念到自殺意圖，其嚴重性是因人而異的，須審慎以待。舉例來說，在不同的兩個學生身上出現相同的自殺意念或自殺意圖時，可能代表著不同程度的自殺風險，這要看他們過去生活中所經歷的問題而定，例如：對於曾經重複自我傷害、曾經遭受家暴或性虐待的學生來說，確實有必要將他的自殺意念視為較具傷害性、較具自殺風險的問題。

三、自殺企圖行為

「自殺企圖行為」是指個案企圖或嘗試自殺，且已有實際行動，一般泛指自殺未遂的行為，例如：「我坐在陽台欄杆上準備跳下去，沒想到被爸爸拉下來。」這類自殺行為是涵蓋許多致命或非致命的自我毀滅行為，行為的背後具有死亡動機或意圖，而且行動者明確知道如此行為的後果；假如自殺行為導致生命結束，通常稱之為自殺身亡（suicide complete）。

然而，在實務工作上卻發現，有不少自殺者的舉動具有高度的「工具性」；也就是說，自殺者的自殺行為並不是真的想要結束生命，而是為了讓對方知道自己有多失望或多痛苦、讓他人後悔曾經那樣對待自己，或者是要藉由自殺行為所引起的威脅感，企圖改變他人的心意或決定；而這種情形往往增加了輔導工作的複雜度，例如：假使輔導人員和個案在自殺理由的認定上有明顯的差距，這種不一致或多或少會影響到助人者與求助者之間的關係，畢竟「真誠」是任何助人關係的最重要基石。

從研究發現來看：有自殺行為的人往往會先有自殺的想法，爾後再逐漸發展成自殺行動（Brent et al., 1986），可見想法往往是行動的前兆。在輔導工作上，有必要將有自殺意念的學生視為須注意的高危險群，他們往往是初級和二級預防工作的標的對象。

貳、「自殺」與「自傷」的區別

根據前文所述，定義「自殺」的關鍵在於明顯或隱微的自殺意圖所導致的自殺行為。至於「自傷」呢？Simeon 與 Hollander（2001/2005）將它定義為：「刻意的、直接的造成身體的傷害，而這個行為的目的不是想要造成自己死亡的結果。」在這個定義當中，所謂「刻意」是表示這樣的行為是一種意識上而非潛意識的動機。

　　事實上，自傷行為本身究竟是否想造成死亡結果，至今仍多所爭議。因為真正想要自殺的學生，自殺行為的強度常是因人而異的，而且當下多處在矛盾的情緒之中。倘若詢問自我傷害的學生，他們這樣的行為是不是想要造成自己的死亡，這些學生大多能夠回答：「不是。」在輔導實務工作中所觸及的案例亦多是如此。表面上我們可以得知，他們在做出該行為時，多處於自覺糟糕的狀態，認為自傷的行為可以讓自己緊繃的狀態暫時得到解脫，例如：時下青少年以刀片割劃手腕，或者使用利器在手臂上刻字等行為。然而，精神分析取向的心理治療者多認為，在自傷行為之下仍舊有死亡的驅力潛伏著。

　　自殺與自傷之間，有其難以明確區分的模糊地帶。行為者是否具有清楚的自殺意念，是判定的關鍵，而自殺意念的強弱將會呈現出不同的傷害程度與強度。大部分自殺完成的學生，其死前多有嚴重的自傷行為，有些則是頻繁、長期的自傷，在失控的情況之下意外地結束了自己的生命。然而，儘管判定的界線不清楚，從輔導的實務工作來看，我們相信個案「主觀的真實」有其不得已的原因，大多數自殺者往往不想結束其生命，自殺的企圖或行動常是一種「我很痛苦」、「我無能為力」、「我需要幫助」的訊息，而這些訊息的被理解，或許正是挽救生命的契機。

第二節　自殺的成因分析

　　想要活著，是人求生的本能。但究竟是什麼原因，讓人背道而馳的選擇以自殺來結束生命呢？儘管國內外已有諸多相關的研究，但我們對自殺的了解卻仍然是很有限的。在判斷自殺者的死因時，遺書常常是偵查的起點，但實際上，它所傳達的訊息通常沒有我們想像的那麼多。因此，不論研究者多麼希望能拼湊出自殺者的心理世界，其所能掌握的證據常是間接而不足的。

回顧過去文獻，自殺行為的發生並非受單一因素所誘發，其背後的原因常是廣泛而複雜的，所以要對學生「為什麼選擇自殺」找到完整的解釋，並不容易。綜合國內外的研究發現，自殺的危險因子包含了外在壓力源與自殺模仿效應等促發因素，以及心理疾病、認知模式、對自殺的看法等潛在因素；另外還有針對生物社會因素做分析，例如：性別、性取向、社會文化的觀點等。不同面向的研究結果提供我們不同的寶貴資訊，輔導工作者若對此了解愈多，就愈不會冷不防的被時而明顯、時而隱晦的自殺行動特質給誤導了。

壹、自殺的促發因素

聽聞學生的自殺事件時，我們不禁要問：「他（她）到底發生了什麼事？怎麼會這樣？」誠如當下的直覺反應，促發因素確實是自殺成因之一。以下分別就外在壓力源與自殺模仿效應加以說明。

一、外在壓力源

新聞報導：「某高中學生疑似無法接受女友分手的要求，而選擇跳樓自殺……」、「某中年男子不堪長期失業之苦，而攜子燒炭自盡……」，類似事件層出不窮。而研究也證實，無論是突然降臨的重大生活事件，或者是一般的壓力事件，這些壓力源都可能成為「生命中不可承受之重」，而使個人感受到莫大的壓力與情緒波動，即所謂「壓死駱駝的最後一根稻草」。而外在壓力源與青少年的自殺意圖或自殺行為之間的關聯，可從壓力事件及主觀壓力感受來看，說明如下。

（一）壓力事件

對學生來說，常見的外在壓力源，包含：被重要他人拒絕、情感失落、被當眾羞辱、嚴重疾病、人際挫敗、對自己的要求過高、過分追求

課業上或外在的成功而忽略內在價值、親友驟逝等因素，這些都可能對個人產生不同程度的心理衝擊。而哪些壓力源是導致青少年產生自殺意圖或自殺行為的主因呢？2019 年全國自殺防治中心進行 15 歲以上民眾之「心理健康及自殺防治認知與行為」電話調查，統計結果發現青少年自殺的原因之中，「情感／人際關係」之原因占此年齡層最高，且「精神健康／物質濫用」及「校園學生問題」有逐年上升趨勢。近年來，隨著網際網路及智慧型裝置普及化、社群媒體於年輕群體盛行，亦為兒少自殺防治帶來挑戰，包括：提高對自殺工具及方法等相關資訊來源的可近性、產生網路霸凌及網路成癮之現象等（李明濱，2021）。

此外，Allberg 與 Chu（1990）過去曾對青少年自殺行為做相關的研究，在研究中也發現，家庭因素是頗為重要的面向，這包含了：家人的忽略或遺棄、親子關係的衝突或疏離、青少年對父母有高度敵意卻又伴隨很深的罪惡感等。若是從家庭系統的觀點來切入，自殺行為反映的也常是一個出問題、極待協助的家庭。

面對挫折或壓力要能適時因應，是人生中很重要的課題，對青少年而言，更是生活中常要經驗的挑戰與學習。遭逢外在壓力事件未必會與自殺意圖或行為產生直接的關聯，但若此壓力是青少年長期、慢性的困擾，甚至因此引發低落、憂鬱的情緒時，一定是有必要加以介入與協助的。

（二）主觀壓力感受

壓力大小的關鍵不在於事件發生的大小，而是當事人主觀的認知，因為人們有可能在認知上，將一個相當小的壓力事件扭曲成一個致命的壓力源。輔導人員如果要準確地評估學生的自殺行為，就必須注意他們一直以來應付問題的模式和個別的心理特質，而不單單只側重於事件本身。

　　舉例來說，面對一個在「88 風災」喪失親人的學生，我們會謹防其是否會出現自殺意念；但我們要如何看待一位首次在課堂上遭受老師言詞糾正的學生，或一位成績不理想而被父親指責的青少年呢？我們很容易認為，這種壓力源看起來並不嚴重，而忽略了壓力大小乃是決定於當事人對事件的主觀解釋，以及事件在當時所代表的社會意涵（social context）。更詳細地說，大部分學生都能把這種挫折感或失落感加以轉化，而視為生命中的許多挫敗之一，然後加以調適；但假設遭受老師言詞糾正的學生是來自於受虐家庭，在其成長歷程中又經常遭受父親肢體或言語的暴力相向，對他而言，老師對待他的方式，挑起的可能是一種對重要他人信任或希望的破滅，而這只有在進入他的內在世界，理解其如何以獨特的觀點來看待外在壓力源時，才有機會清楚顯現。

　　由此可以發現，生活中破壞性極大的外在壓力源扮演著催化的角色，有可能導致自殺意念或行為。但有些時候，個案內在扭曲或混亂的現象，也可能會在累積已久的壓力事件再次發生時反映出來。

二、自殺模仿效應

【案例一】

　　個　　案：怎麼辦？又來了，我又想結束自己了！

　　輔導人員：近三個月以來，你的狀況都蠻穩定的。發生了什麼事嗎？

　　個　　案：○○藝人燒炭自盡了，電視新聞不斷播放，我竟然一直在注意媒體報導說他用了多少木炭、怎麼封住門窗、怎麼不被發現等，我好怕自己遲早會步上他的後塵！

　　輔導人員：這件事對你產生很大的衝擊！你已經注意到自己確實受到影響了，我們一起來看看這個部分。

　　類似的對話真實發生在個案與輔導人員的晤談過程中，儘管自殺的模仿效應不致於發生在每個人身上，但若原本已經是自殺高風險者，例如：憂鬱症、酗酒、個性衝動、遭遇生活上的親友、健康、工作、財物等的失落，一旦接觸到有關自殺的渲染報導時，發生自殺行為的風險將大大提升（Cheng, Hawton, Chen et al., 2007a）。美國犯罪防治專家 Stack（2003）就曾根據實證研究的結論指出：「真實的自殺故事比小說或戲劇中的自殺故事，多了 4.03 倍的機會產生自殺模仿效應；而演藝圈或政治界偶像人物自殺事件的報導，比一般人的自殺事件引發自殺模仿效應之可能性大上 14.3 倍。」

　　2005 年 4 月，資深藝人倪敏然自縊身亡，台灣媒體持續長達十七天大幅且密集報導此新聞，當時國內的自殺研究學者鄭泰安博士，即以自殺未遂者、憂鬱症患者、自殺身亡者為對象進行相關研究，探討這段期間媒體的大幅報導是否會影響其隨後發生的自殺行為。結果發現：經過媒體大幅報導後，90%的受訪者坦承有接觸到媒體有關倪敏然自殺的新聞報導，而其中 23.4%的受訪者提到，此新聞對其產生了不良的影響；且倪敏然自殺身亡後三週（2005 年 5 月 2 日起），企圖自殺的人數顯著增加了 55%，其中男性是女性的 2.6 倍。而過去一年曾有自殺企圖者自述，媒體報導是導致其再度企圖自殺的重要因素，風險評估高達五十二倍，有非常顯著的增加（Cheng, Hawton, Lee et al., 2007b）。

　　其實早在 2000 年，世界衛生組織（WHO）就明確規範自殺案例新聞報導的準則。台灣於 2019 年公布實施之《自殺防治法》第 16 條亦明定：

「宣傳品、出版品、廣播、電視、網際網路或其他媒體，不得

報導或記載下列事項：

一、教導自殺方法或教唆、誘使、煽惑民眾自殺之訊息。

二、詳細描述自殺個案之自殺方法及原因。

三、誘導自殺之文字、聲音、圖片或影像資料。

四、毒性物質或其他致命性自殺工具之銷售情報。

五、其他經中央主管機關認定足以助長自殺之情形。」

廣播、電視事業如有違反前述規定者，將處以相應罰鍰，且須限期改正。但媒體還是常對自殺提出簡化、單一的解釋，甚至充斥迷信與八卦。事實上，自殺通常是許多因素之間複雜的交互影響所導致，最後促成自殺的因素並非該自殺事件的唯一原因，大多數自殺者早有內在心理問題，但這些問題在媒體報導中常不受注意。

鄭泰安（2008）進一步分析發現，受訪者受到的不良心理影響包含下列幾項，說明如下。

（一）模仿

媒體以同情的語調描述自殺身亡者的生平，對其遭遇寄予同情，同時又高度肯定他的成就，此情形會引發受訪者想模仿自殺的動機。「如果選擇自殺，我所有的痛苦都會像他一樣跟著消逝！」、「自殺可以像他一樣成為光榮的舉動，永遠被追思、懷念！」、「好想學他的樣子，死了一了百了……」受訪者如此說。

（二）合理化

媒體對自殺身亡者的高度關注，讓受訪者給自己找到了自殺的合理藉口，例如：「人生如舞台，一個巨星已經逝去，平凡如我何不效法？」、「人們只有在你自殺之後才會關心你。」

（三）無望感

受訪者從媒體報導自殺身亡者選擇自殺的掙扎過程，而產生萬念俱灰的感受。有受訪者如此述說：「憂鬱症的結局是自殺，像他一樣，治

療是沒有用的！」、「我遲早會步上他的後塵！」、「他看了醫生還走
上這條絕路，那我看醫生也沒有用。」

（四）學習自殺方法

自殺身亡者，尤其當他是眾人崇拜的名人時，會清楚地告訴失意的
人，其所採用的方法會成功，且會得到世人的同情、哀悼與頌揚，而這
正是媒體報導自殺個案時最具影響力之處，例如：有受訪者說：「我一
直在注意媒體報導他在那棵樹上怎樣綁繩索來上吊。」、「電視報導說
上吊很好死，一下子就掛了，所以想嘗試看看……」。

由此看來，不當的媒體自殺報導，確實會導致自殺行為的增加。因
此，媒體報導自殺新聞，尤其是特定自殺案例時，不能不慎重，必須警
惕有無散布自殺的不當想法或暗示。而在輔導工作上，如有自殺高風險
的個案時，更須特別關注類似事件對他們所產生的影響。

貳、自殺的潛在因素

學生為什麼會自殺？理由通常不會只有一個。若有機會了解，往往
會發現某些情緒問題甚至是精神症狀，可能已經潛伏了好一段時日，或
者習慣的思考方式不時在背後推波助瀾，而遲遲沒有被覺察，抑或對自
殺所形成的扭曲看法，讓人以為這是個絕佳的脫困方式等，這些潛在的
因素可能獨立或交錯並存。以下就自殺的潛在因素加以說明。

一、心理疾病

自殺行為最常見的因素就是心理疾病。歐美及亞洲各國的研究都一
致顯示：在自殺的案例中，高達 90～95%的自殺者被診斷有心理疾病，
在青少年自殺者中，超過 90%在死前都患有可診斷的心理疾病，而有嚴

重自殺企圖（例如：反覆出現自我傷害行為）的人，也有很高比例有精神病理方面的問題（Jamison, 1999）。在這些心理疾病中，與自殺有特別強烈關聯的，以憂鬱症所占的比率最高，其次是酒癮、藥癮，再其次是帶有衝動性特徵或情緒不穩定的性格障礙，以及思覺失調症患者（鄭泰安，2008）。

而從臨床調查數據也發現，與心理疾病相關的自殺人數，遠超過因內科疾病所導致的自殺人數。乍聽之下也許令人覺得奇怪，因為許多內科疾病足以帶給病人高程度的身心痛苦，甚至導致形銷骨毀的外觀、尊嚴被破壞，它往往帶著患者逐步朝向死亡邁進，但竟然與自殺的關聯性不大！事實上，許多臨床上因內科疾病而自殺者，多同時伴隨有心理疾病，或其內科疾病發源自大腦和其他神經生理系統，嚴重造成患者頻繁而極度的情緒變化。由此可推測，心理疾病容易導致個體思考錯亂、心神喪失、癱瘓所以為人的活力、使人陷入陰鬱空洞的深淵，經常呈現無望、無動力、槁木死灰的狀態，是更令人窒息的恐懼與痛苦。這種折磨超過生理上的痛楚，使人容易選擇以自傷，甚至以自殺來作為生命的結束。

二、認知模式

承上所述，心理疾病中與自殺行為最有關聯的莫過於憂鬱症。而在憂鬱和自殺意念發展的歷程中，的確都有一些常見的認知型態，包括：過度類化（把某事件所產生的極端信念，不恰當地應用在不相似的事件或情境中）、災難化（對任何事情都往最壞的地方想）、自我貶損（遇事過度貶低、責怪或怪罪到自己身上）、過度兩極化（以全有或全無、非黑即白的方式對經驗做歸類）等。究竟自殺行為背後是否存在著特定的思考習慣呢？Williams 與 Pollock（2002）對自殺的心理歷程做了許多深入的探究與分析，他們發現，自殺行為背後往往存在著一個值得被注

意的認知模式：感到挫敗（對挫敗敏感）➔感到無處可逃（受困的感受）➔沒有人可以幫助我（缺少正向預期）。在這樣的情況下，當事人會比較容易產生無助感，進而出現絕望，甚至自殺的念頭，進一步舉例，說明如下。

（一）對挫敗敏感

【案例二】

宇凡（化名），高二學生，曾有自我傷害行為，容易焦慮，在課業上常感到無能為力，對自己缺乏自信。他在週記上透露自己心裡的想法：「壓力好大，同學都在注意我，我卻什麼事都做不好，班上如果少了我應該也沒差吧！……」字裡行間所流露出的失落與絕望令導師感到擔憂，因而將宇凡轉介給輔導老師。

一般來說，人們為了確保對自己重要的訊息不被遺漏掉，通常都會特別去注意，這是很正常的知覺反應。對宇凡來說，也許剛開始是經常回想與挫敗或別人的評價有關之事，但久了卻會對挫敗、他人眼光或被拒絕等變得敏感，甚至在放鬆的狀態時，也會不由自主地注意相關的負面訊息，而導致惡性循環。因此，對「挫敗」的相關刺激過於敏感的人，往往會有較高的風險產生挫敗的反應。

正如宇凡認為：「同學都在注意我」、「我什麼事都做不好」，但也許大家並沒有特別注意他，他也不見得什麼事都做不好，可是假如宇凡自己一直去注意這些訊息，那麼在主觀上就容易產生這樣的感受。因此，在輔導的過程中，可以適時引導宇凡去留意自己在什麼樣的情況下，會對挫敗的訊息特別敏感，以增加他對這部分的覺察。

（二）受困的感受

只是感到挫敗並不會導致崩潰，但如果加上「無處可逃」、「被困住」的感受，那就不一樣了（Williams & Pollock, 2002）。當一個人無法了解問題的癥結在哪裡，想不出對策來處理的時候，受困的感覺就容易隨之而來。先來看看以下的對話：

輔導老師：你認為班上如果少了你應該沒差。這是什麼情形？

宇　　凡：已經學期中了，我在班上沒有朋友，應該是沒有一
　　　　　個人跟我熟吧！我在想是不是算了，應該也不會有
　　　　　人想跟我交朋友，少了我真的沒差。

輔導老師：試著說說看你和班上同學相處的情形？

宇　　凡：怎麼說呢！其實很普通，也沒怎麼樣！

輔導老師：試著回想和同學交談、互動的經驗？

宇　　凡：借東西、傳考卷，然後就沒了。

當輔導老師試著將宇凡的人際互動歷程具體化時，他並未提起特定的經驗，而是很模糊、粗略的帶過。研究發現，請曾經有自殺行為的人，回想過去曾經發生過讓其感到快樂的事情時，他們傾向忽略某些重要的細節，或者會將幾件事情的經驗合在一起講，而負向的事件也是如此。這有可能是因為，他們過去有太多創傷性的記憶，進而發展出將記憶整合的策略，以調適負面情緒，或者不去回想事件的細節，以免這些細節挑起過去創傷性的經驗。這樣的機制看似是一種自我保護，但模糊且簡化的記憶習慣，使其在面臨問題時，難以回想過去相關經驗的細節，於是便無法有效利用過去經驗的結果，而降低解決問題的能力，容易落入「受困」的泥淖裡。所以在宇凡的案例中，可以讓他用更具體的方式來記憶與描述人際經驗，這對宇凡來說，將會是個極大的改變與挑戰。

（三）缺少正向預期

宇　　凡：有些人覺得，升高二選組重新分班，一切都會是新
　　　　　的開始，我蠻懷疑的。

輔導老師：對於這個新的開始，你似乎不太敢懷抱期待。

宇　　凡：因為也許到時候會更失望，萬一我在班上還是這樣，
　　　　　怎麼辦？

輔導老師：好像對於自己較沒把握的事，宇凡你會習慣用負向
　　　　　的角度來看待，心情也會隨之受影響。

　　當人遭逢困境時，是什麼樣的因素決定個人認為自己、他人，或是環境可否改善現狀呢？這點出了「預期性認知」的議題，也就是人們判斷負向事件或正向事件的發生機率。研究發現，曾有自殺行為的人相較於一般人的差別，在於對未來相當缺乏正向的預期，遇到挫敗時也比較不能預期之後會發生正面的事情，比較不會認為有任何因素可以幫助自己，這將會加深其無處可逃的感受，而掉入深沉的無望感之中。所以輔導人員可以引導個案發現自己的認知習慣，鼓勵個案多練習與想像近幾天內可能發生的正向事件，或者引導個案發現過去的例外經驗，以帶出有機會可以改變現狀的感覺。

　　從「認知模式」的探討與分析，我們更看見了自殺行為背後複雜的心理歷程。從長遠的輔導目標來看，協助有自殺危機的學生，其實正是一個深入其內心世界，去懂得個案所思、所想、所感、所做的細膩過程。

三、對自殺的看法

> 「如果我自殺，那不是要毀滅我自己，而是要將我自己重新組合。
> 藉由自殺，我重新組合自己，而且完全按照我的意志來形塑。」
>
> 　　　　　　　　　　　　　　　～法國超現實主義劇作家 Antonin Artaud

Antonin Artaud（1896-1948）以優美的詩句描述他對自殺的看法，把自殺當作是在相對無法控制的世界中，重新獲得控制感的方式。這種看待自殺的認知型態，在自殺行為的背後扮演著推波助瀾的角色。雖然不是每位自殺的高風險者都對自殺有扭曲的想法，但是的確在某些個案身上可以找到類似的認知型態，說明如下：

1.**將死亡美化成浪漫情懷**：認為死是暫時的，是解決問題、獲得原諒的有效利器，甚而有些青少年擁有「反正有人會救」、「自殺並不會死」的錯誤想法。

2.**把自殺視為報復的手段**：「經由傷害自己可以間接去傷害他人」，這是充滿敵意的想法，而且敵意通常是衝著活著的人而來，特別是在「無力挽回」的情境下，例如：社會新聞中的感情事件，當兩個人的關係面臨分手之際，感覺上弱者的一方經常會以此方式來「喚回」或「報復」對方，其內在動力是：「我死了你就會後悔」、「他將會一輩子為我內疚，無法忘卻」。

3.**以自殺來博取他人重視或操控他人**：當自殺行為發生之後，周圍親友通常會因此感到震驚、內疚、百思不解，以及關心；於是以前感覺被忽視的人，此刻卻受到極大的關注。然而，因此獲得的關注維持一段時間之後，一切又恢復原狀，為了再次被注意，又再度自殺，而形成惡性循環。

如果有自殺行為的人這麼做的原因是想要獲得關注，或者想藉此得到他們希望的回應，那麼我們該認真的看待嗎？是的，儘管心裡有被操控的負面感覺，我們仍須認真看待所有透露出自殺訊息、威脅要自殺，或真的已經採取行動的人。因為當一個人沮喪到要用自殺來獲取他人的關心時，我們的忽視往往等於逼其採取更強烈的方式；他需要認真且實際的幫助，以學習突破困境，用合理的方式得到被重視的感覺。

參、生物社會因素

自殺的危險因子除了從促發因素及潛在因素的角度來探討之外，生物社會因素也經常是國內外文獻所提及的向度，有必要特別加以探討。以下就性別、性取向、社會文化的觀點等做概括說明，以幫助我們對於自殺行為形成更清楚的輪廓。

一、性別

研究發現，性別差異在青少年的自殺意圖與自殺行為中，確實有顯著的差異存在。相較之下，在青少年之中，女性通常比男性較容易有自殺意圖和行為，比例是男性的二到三倍，但男性自殺身亡的比例卻是女性的四倍（Cole, 1989; Jamison, 1999）。何以如此呢？若從性別在心理疾病的差異來看，女性的憂鬱指數高於男性，而憂鬱是神經質的向度之一，這可用以解釋為什麼女性的神經質與自殺觀念息息相關的原因。

雖然憂鬱症常見於女性，但是病情中衝動和暴力的成分卻比男性少，可能因此女性較少使用暴力的方式自殺。男性的憂鬱症有比較多攻擊和激躁的成分，也比較不願意為了心理困擾或精神問題尋求醫療協助，且其較易使用酒精和藥物，並較容易持有槍械等危險性物品，這些情形都增加了自殺的危險性。也有證據顯示，男性比較會因為「失敗的」自殺企圖而覺得差恥，致使男性自殺多採取致命的方法，例如：槍擊或上吊（Velting, 1999）。以國內青少年自殺的案例來看，過去曾連續兩年有知名高中男性資優學生自殺的事件，他們皆以上吊或從高處跳下的方法來完成自殺，而女學生則普遍以服藥過量、割腕的方法來進行。

二、性取向

「一名 13 歲的少年，被同學們無情地嘲弄他的性傾向，他選擇

上吊自殺……」

「Bililukasi，15 歲，上吊自殺的幾個星期前，遭受到同學們議
論他是男同性戀的騷擾。」

這兩個青少年自殺的沉痛案例是來自於美國。青少年時期，「自我認
同」（self-identity）是很重要的發展任務，倘若在這個階段又面臨自己究
竟是否為同性戀的疑惑時，其本身已足以引起內在很大的困擾，更何況遭
受到同儕的嘲諷或排擠。Popenhagen 與 Qualley（1998）曾對青少年同性
戀者進行研究，發現同性戀者自殺的比率約為異性戀者的二至六倍，其原
因可能包括：同性戀者較缺乏社會支持系統、易遭受社會排斥，以及現身
（coming out）的過程中所承受的極大壓力和孤立的感覺。現今這個問題
在美國社會已受到極大的關注，保護同性戀青少年遠離自殺風險，是美國
當局極為重視的議題。

而在台灣，青少年為同性戀議題感到困擾，甚至因此造成憂鬱等情
緒問題者，亦非少見案例。因此，如何加強情感與性別教育，適時納入
同性戀議題，亦是重要的面向。

三、社會文化的觀點

不同文化對自殺所造成的死亡有不同的看法。有好幾種文化，例如：
愛斯基摩人、薩摩亞人等，不但接受，甚至鼓勵老人和病人的「利他性」
犧牲。而不同時代背景下，對自殺也形成不同的看待角度，像是第二次
世界大戰的日軍，為了避免被敵軍俘擄而自我了斷，被視為光榮的事蹟；
在中國歷史上，為堅守信仰或哲學信念而死的賢人，被後世傳頌千年。

雖然歷史上人們對自殺的看法林林總總，但大體而言，自殺這種毀
滅性的行為是不被鼓勵的，這可從自殺者死後的喪葬儀式得知。猶太人
的風俗禁止有人在葬禮中為自殺者致辭，中國社會對於家中有人自殺，

多不聲張,而低調進行,甚至不鼓勵親人披麻戴孝。

　　社會變遷對人類的生命安全有直接的衝擊與影響。過去五十幾年來,年輕學子自殺身亡者至少增加了三倍,已經無可爭議地成為當前最嚴重的公共衛生問題之一。許多社會學家、心理學家推測,這與現代年輕人容易取得槍械、喝酒和使用毒品的年齡提早、嚴重心理疾病的發病年齡提前、憂鬱症比例提高、挫折忍受力低、報章媒體對自殺新聞的不當報導等都有關,而這些現象也都與自我傷害或自殺行為直接相關,是值得我們關注的。

第三節　自殺危機學生的輔導策略與案例說明

　　自殺已成為國內學生第二大死因,預防和處理自殺危機的計畫絕不能輕忽,它應該是全面而有系統的,並且包含三個主要的部分:自殺發生前的預防、自殺發生時的處置,以及自殺發生後的介入,其工作內涵可結合三級預防的模式,形成清楚的架構(如圖 12-1 所示)。其中,在篩選高危險群、自殺事件發生時的輔導介入等兩部分,由於常常是處在突發事件的當下,輔導人員要有條不紊的解決危機更顯困難,因此本節將對此特別說明;至於其他部分受限於篇幅,讀者可進一步參考延伸閱讀或相關資料。

壹、篩選高危險群

　　學生的自殺行為其實是有跡可尋,極少是突然發生的,絕大多數的學生都曾向朋友透露出自己的想法、感受,甚至自殺的念頭和計畫。而此階段預防的工作重點正是篩選出這些高危險群,且及早介入輔導,以避免出現嚴重的後果。那麼究竟誰是處於風險狀態的學生呢?這是最關鍵的問題。因此學校必須建立篩選制度,落實自殺風險評估的工作,以

圖12-1　自殺危機之三級預防模式圖

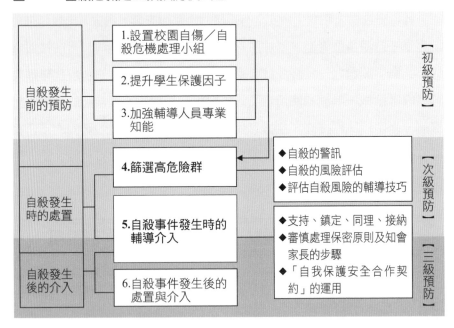

及盡快轉介處於風險狀態的學生接受輔導。以下針對自殺的警訊、自殺的風險評估、評估自殺風險的輔導技巧，加以說明。

一、自殺的警訊

　　大量研究指出，學生在自殺之前通常會發出各種警訊，其中最普遍的自殺癥兆包括：憂鬱的症狀、以口頭或文字表示要結束自己生命或有自殺的計畫，以及對死後做出安排等，且當學生同時有多個癥兆出現時，往往代表自殺的意圖或危險性愈高，更須特別留意。自殺的警訊包含：心理健康的線索、語言上的線索、行為上的線索，說明如下。

（一）心理健康的線索，例如：罹患心理疾病，特別是憂鬱的症狀

【案例三】

　　小緯（化名），高職二年級學生，這個學期變得很容易發脾氣，經常編各種理由不去上學，課業明顯落後，父母實在拿他沒辦法，一度懷疑他是不是在外頭結交了壞朋友。最近他連最熱愛的籃球社也不去了，和社團同學漸行漸遠，班級事務也置之不理，同學對他愈來愈無法諒解，這和原本外向活潑、有責任感的他實在大相逕庭。父母轉而尋求輔導室的協助，在輔導老師介入了解後，才發現小緯已有明顯的憂鬱症狀，且需要定期的心理諮商與藥物治療。

　　罹患心理疾病不一定會有自殺的行為，但是在自殺致死的學生之中，患有心理疾病（特別是憂鬱症）卻是頗為普遍的。不過從實務經驗可以發現，學生是否有憂鬱症，有時並不容易察覺，因為兒童及青少年的憂鬱症狀經常不會那麼典型，它可能會先反映在易怒或不滿的情緒、偏差的行為、退縮的人際、失序的作息上（如小緯的案例），且自殺行為的發生往往是在憂鬱症狀開始有改善後的幾天或幾個月內發生。所以家長、教師、輔導人員、其他專業人員，對於學生在行為及個性上出現極端的改變要有所警覺，且對憂鬱症有必要認識清楚，並能即時確認出嚴重精神失常的徵兆。

（二）語言上的線索，例如：在口頭或文字上表現出想死的念頭或有自殺計畫等

【案例四】

　　小嘉（化名）在週記上寫著：「考這麼差，真想撞牆，不如跳樓死一死算了！」、「沒有我，爸媽可能會更好過一點！」

這兩句話讓導師看了十分擔憂，趕緊主動關切小嘉，並且轉介
給輔導老師。

誠如案例所示，學生可能在口頭或在其所作的文章、詩詞中，反映
出自殺的訊息，例如：「你們快要不用再擔心我了！」、「如果睡著了
就不用再醒來，該有多好！」、「你等著，我死給你看！」等，這些都
是明顯的警訊，言語之間表明了自己是處於絕望的困境，透露著可能隱
藏自殺的意圖。但是，很多時候這些警訊會讓聽的人覺得是一種威脅，
不覺得對方是認真的，於是便不予理會，直到最後才發現這是自殺的警
訊時，可能已經太遲了。因此，當任何學生以開玩笑的方式或隨便的口
吻表達出自殺的訊息時，我們都應該認真看待與處理。

（三）行為上的線索，例如：以行動做出最終的安排等

【案例五】

小如（化名）突然將自己珍藏已久的偶像簽名照轉送給最
要好的朋友，還留下了一句話：「送給你，我想我以後再也不
需要這些東西了。」這個突如其來的舉動，讓好友覺得很納悶，
對照小如的近況，不禁在心裡泛起一陣擔憂。

許多學生在自殺行動之前，都會將自己的物品或事務做出最後的安
排，像是將珍貴的物品轉送給朋友或家人、安排朋友撫養自己的寵物、
寫遺囑，或突然針對自己以前的過錯向朋友或同學道歉等。因此，輔導
人員在評估個案的自殺風險時，須留意其是否將自己的事務做出最後的
安排，如果有的話，意味著自殺行為正在逼近，輕忽不得。

而其他行為上的線索，諸如：突然出現明顯的學習或行為問題，以
及突然增加酒精或藥物的濫用等，亦是值得關注的面向。

二、自殺的風險評估

自殺風險評估的目的，是要了解學生發生自殺行為的危險程度，評估的內容主要是確認其有沒有具體的自殺行動計畫、過去是否曾有自殺意圖、當前的環境壓力、自殺徵兆、支持系統、有關自殺想法的表達方式、心理健康狀況等，這些判斷指標各依其狀況，可區分成低、中、高的危機程度。當面臨學生有自殺風險時，可善用「自殺危機評估表」這樣的工具，協助進行評估（請參見表 12-1）。但輔導人員進行評估時，須特別留意預測的結果並非必然的，也就是說，「高風險者」不一定自殺，「低風險者」也不表示可以不予關注。

三、評估自殺風險的輔導技巧

「假如直接詢問學生對自殺的想法，會不會反而是在刺激他們，而導致自殺行為更容易發生？」、「我不曾和任何人公開談論過自殺，要面對想自殺的個案實在有困難。」這是輔導人員在面對有自殺意圖的個案時，容易在心中產生的疑惑。究竟評估學生的自殺風險時該注意哪些事？有什麼晤談技巧是可以著手練習的呢？說明如下。

（一）晤談之前的準備：克服談論自殺的禁忌，增進相關的專業知能

在諮商的動態歷程中，輔導人員的價值觀如何影響晤談的過程，一直是相當重要且值得加以覺察的部分。其中，對於自殺此一敏感議題，輔導人員更須主動探索，了解個人對自殺所抱持的信念與態度，關切這類議題是否可能產生反移情而讓自殺行為的討論受到影響，例如：「你認為自殺是不道德的、罪惡的，而不願談論它嗎？」、「你是否覺得自殺者是懦弱、自私的，而流露出對這類個案的負面評斷？」、「你會不會因為害怕個案有自殺意圖，而導致反應過度？」等，諸如此類的問題

表12-1　自殺危機評估表

○○高級中學自殺危機評估表 屬校內機密檔案文件

學生：_____　輔導人員：_____　評估日期：__年__月__日__時__分

	Level Ⅰ：低度危機	Level Ⅱ：中度危機	Level Ⅲ：嚴重危機
1.當前自殺計畫			
A.細節	□想法模糊	□部分明確	□具體計畫了時間、地點、方法
B.構思	□沒有或一閃即過	□在計畫中	□已有詳細計畫
C.時間	□沒有明確時間	□在幾個小時內	□隨時
D.方法致命性	□服藥丸、割腕	□藥物和酒精、有毒氣體、撞車	□自縊、從高處躍下
E.別人介入的機會	□大多數時間有人在旁	□若求救會有人來	□孤立無援
記錄：			
2.過往自殺紀錄			
	□沒有，或只有一次輕微的自殺行為	□有一次較為嚴重或多次輕微的自殺行為，並曾多次揚言要自殺	□曾有一次非常嚴重或多次較為嚴重的自殺行為
記錄：			
3.所承受的壓力			
	□沒有明顯的壓力	□對失去一些心愛的人和物，或環境改變，產生較強烈反應	□對失去一些心愛的人和物，或環境改變，產生強烈反應
記錄：			
4.徵兆			
A.因應行為	□生活如常，只有一些小改變	□生活的規律、飲食、睡眠和學習出現混亂	□生活的功能嚴重混亂
B.憂鬱	□輕微，稍感低落	□中度，有些鬱悶、悲傷、易怒、孤獨及提不起勁	□感到絕望、悲傷及生存無價值
記錄：			
5.支援			
	□有關心及願意協助他的人	□有家人及朋友，但並不願意長期協助他	□家人及朋友不願意給予支持，或對他充滿敵意，感到厭煩
記錄：			

表12-1　自殺危機評估表（續）

	Level Ⅰ：低度危機	Level Ⅱ：中度危機	Level Ⅲ：嚴重危機
6.溝通模式	□直接表達出感受和自殺的意圖	□自殺的目的是為了使他人感到懊悔	□用間接或非語言方式去表露極度負面的內在自殺想法，例如：罪咎感、無價值感
記錄：			
7.生活方式	□人際關係、個性和學習表現皆穩定	□近期出現衝動行為，濫用藥物，有較具危險性的自殺行為	□情緒困擾，與同儕、家人和師長的關係長期惡劣
記錄：			
8.心理狀態／心理健康	□沒有明顯的用藥需求	□突發但短期需要服用藥物或有精神上的需要	□患精神病或嚴重的急性病而需要長期服藥
記錄：			

檢核：Level Ⅰ ☑共＿＿＿項，Level Ⅱ ☑共＿＿＿項，Level Ⅲ ☑共＿＿＿項

學生是否已簽定不自傷（殺）契約？　□是　□否

學生自傷（殺）情形，是否已聯繫家長？

□是，日期：＿＿＿　□否，原因：＿＿＿

學生自傷（殺）情形，是否已聯繫導師？

□是，日期：＿＿＿　□否，原因：＿＿＿

提示：當有必要為學生填寫本表時，表示其可能出現自殺傾向，假如結果多數顯示為低危機程度，也存在一定的風險，仍不可輕忽。

註：修改自 Smith（1988）。

都是輔導人員在晤談之前，需要先加以探索與整理的。當輔導人員能夠實際且細膩的詢問個案對於自殺的意圖時，往往也能夠將自殺從隱晦、羞愧，轉變成可以解決的問題。

　　此外，自殺學生的個別輔導與危機事件的處理，非常需要相關的專業知能，因此輔導人員平時即應參與相關課程的進修，包含：自殺高危險群學生的辨識與篩選、危機當下的處理、減壓團體的帶領等專業技能。切記！足夠的準備與演練將是危機發生之際能夠沉著應對的力量。

（二）晤談時的問話技巧：靈活敏銳的應對，沉著鎮定的關切

【案例六】

輔導老師：你有任何想要傷害自己的想法嗎？

個　　案：不曾有過。（個案看起來神情低落、坐立不安）

輔導老師：那你有任何想要結束自己生命的想法嗎？

個　　案：有，我想了很多這方面的事，也藏了很多沒吃掉的
安眠藥，想找一天試試看把它全部吃掉。

輔導老師：為什麼剛剛會說「不曾有過」呢？

個　　案：你問我是不是想傷害自己，我很怕痛，所以不可能
傷害自己，如果要自殺，我也會想一種不會痛苦、
一定會成功的方法。

　　誠如本案例，輔導老師警覺到個案當前有許多自殺的危險因子存在，因此主動詢問。一開始採用較間接的方式，卻得到否定的答案，但隨即察覺到個案所流露出來的肢體語言訊息，再次進一步關切後，發現個案的自殺風險是頗高的。身為輔導人員應鼓勵學生談及自己的感受，並審慎使用詢問自殺時所選擇的字句，同時留意學生的非語言訊息所透露的意涵，這樣才能在危機發生的初期，評估其自殺的風險程度。以下將實用的問話技巧加以整理與說明，如表 12-2 所示，輔導人員可視實際情形彈性運用。

　　在輔導實務上，想要預防自殺行為的發生，一定得先了解相關的警訊，並評估其危險性，這也是預防自殺行為發生的重要步驟。除了一般口頭的探問與了解之外，有些評估向度也是重要的參考指標，例如：是否有嚴重的情緒失調（如焦慮、激動等）、是否有心理疾病、失望無助的程度、自我傷害的種類和嚴重程度、是否有酒精或藥物濫用的情形、有無自傷或自殺的過去史、取得致命方法的容易程度等。因此，完整評估學生的自殺行為，是後續介入和治療成功的重要關鍵。

表12-2　評估自殺風險時可用的晤談問句

問句	評估內容／問話目的
1.「發生了什麼事讓你覺得這麼痛苦呢？」	• 評估學生是否願意坦露自己的困境➔學生愈願意合作，輔導人員就愈有機會有效處理危機。 • 評估學生當前所經歷的壓力事件為何➔主觀感受到的困擾問題愈多、愈複雜，則自殺風險愈高。
2.「你有任何想要自殺的念頭或想法嗎？」	• 坦然用「自殺」兩個字，讓學生知道可以坦誠與輔導人員談論自殺，有助於紓解其壓力。 • 評估學生是否有自殺念頭或想法。
3.「你有自殺的計畫嗎？」	• 若學生所描述的自殺計畫愈詳細，自殺風險就愈高，例如：自殺的時間、地點、方法、工具、是否有機會獲救等。
4.「你曾經嘗試過自殺嗎？」 「你有自殺的行動嗎？」	• 學生若回答「是」，則自殺風險愈高。
5.「你認為自殺帶給你什麼好處？什麼壞處？」	• 評估學生對於自殺在思考上的想法是否有不當之處，說出愈多好處、愈少壞處，表示自殺風險愈高。此問句亦傳達出輔導人員著重了解，而非一味說服的態度。
6.「你認為死亡像什麼？」	• 評估學生是否將死亡視為浪漫的表現或問題解決的方法，愈是如此看待，則自殺風險愈高。
7.「你有好幾次自殺的衝動，是什麼讓你沒有真的行動？」	• 評估學生是否有從自殺的衝動中克制下來的能力，並增強這部分的作為。
8.「當你在學校或家裡出現自殺的念頭時，誰可以幫助你？」	• 評估學生的支持系統，以及其是否能善用周邊的資源。
9.「在什麼情況下你會想要自殺？」	• 了解引發學生想要自殺的情境。
10.「如果1分是最低，10分是最高，哪個數字最能代表你現在會嘗試自殺的可能性？」	• 評估學生自殺的危險程度，數字愈大，風險愈高。 • 輔導人員在與學生會談後，亦可在1到10之間給予評估。

貳、自殺事件發生時的輔導介入

當學生自殺事件發生時，危機處理的輔導目標是和學生建立合作關係，協助學生在急性期時，是先減低其當前的困擾和風險程度，以避免自殺行為再次發生，而先不進行深入的輔導，待情況較穩定之後，再安排進入較長期的輔導與追蹤。由於自殺事件的實際情況很多元，輔導介入的過程自然是因情況而異，不過有一些重要且實用的行動方針，是必須注意的。

一、支持、鎮定、同理、接納

面對有自殺行為的學生時，教師或輔導人員不宜表現得緊張、恐慌，而是要能以支持、鎮定的態度來面對，並且予以同理、接納的傾聽是絕對必要的，因為這些處於風險狀態的學生通常陷於困擾已有好一段時間，對於自己的情緒和舉動往往不知所措，對於內在需要些什麼，恐怕也是混亂的，亟需有人願意真心了解他們的感受，藉此充分表達出心裡的痛苦，即使那可能是抱怨、怒氣、具侵略性的言語、煩惱、不安或反感等，都將有助於他們從高張的緊繃狀態中緩和、平靜下來。以下是適合運用的參考例句：

「如果你傷害自己，我會非常傷心、痛苦。」

「我很想聽一聽究竟是發生了什麼事，讓你這麼痛苦。」

「我非常關心你，也很願意幫助你。」

「讓我們先談一談，看看有什麼方法可以讓情況改善。」

「願不願意給我一個機會來了解你、幫助你？」

「如果我沒辦法幫助你，我也會找其他人來幫你。」

相對的，當教師或輔導人員面對著自殺危機當下的學生時，有一些

問話是比較不適合的：

> 「我以前也遇過同樣的問題，但是我都沒想過要自殺。」
>
> 「你怎麼可以自殺，這是違反宗教信仰的！」
>
> 「相較之下，你已經很幸運了，你應該要感恩了，不是嗎？」

像是這類爭辯自殺是否為好方法，或者評價學生自殺行為的語言，都不是危機之際適合採用的，這些話往往只會增加學生的內疚感，或讓學生感覺不被了解而已。

二、審慎處理保密原則及知會家長的步驟

「保密」是諮商關係中的基本原則，在道義上或倫理上，學生的資料也是應該保密的，這麼一來，學生在接受輔導時，可以更自在的表達自己，有助於建立信任的關係；但是，在涉及有緊急的危險性、危及個案本身或其他第三者等情況時，則是例外，這一點在諮商關係建立的初期就應予以說明。所以，當學生有自殺危機發生時，我們要問的不是「該不該保密？」或「需不需要知會家長？」而是要思考：「如何與個案溝通這部分，以降低其對諮商關係的衝擊？」以及「該怎樣對家長說？」即使是學生主動要求保密，輔導人員或教師都應該基於情況危險，且學生的生命可能受到威脅，而審慎說明無法保密的理由，並且盡快知會家長或其他負責人。以下是可參考使用的說法，說的時候應以溫和且堅定的語氣來陳述：

> 「這件事已經危及到你的生命安全，我有責任要告知你的家長，請他們一起來看顧你的生命安全。」
>
> 「如果要跟家長告知，我將針對你自傷／自殺行為的部分，而不涉及你在晤談過程中所談的其他內容。」

「當我提到告知家長時，我感覺到你非常焦慮。是不是談一談
你的擔心或顧慮？」

「你猜父母如果知道了，他們會怎麼樣？」

「如果要告知家長，我將這麼進行⋯⋯」

很多時候，個案對於輔導人員告知家長關於其自殺行為的事件時，
通常會懷著許多的擔憂和想像，於是對此採取抗拒的態度。倘若輔導人
員可以進一步了解個案的擔憂，將如何知會家長的過程與安排加以說明，
並幫助個案面對家長，往往能夠將抗拒的阻力化為助力。一般來說，知
會家長時有一些原則：

1. 當學生發生自傷或自殺行為時，一定要知會家長或其監護人，且
最好其中一人是目前與學生同住的家人，以個案較信賴者為優先。

2. 邀請家長到學校當面知會，比電話中知會更加妥當。

3. 喚起家長對事件的重視，幫助家長了解事態嚴重，教導家長如何
加強防範以及幫助孩子。

4. 請家長將家裡可能致命的物品妥為收藏，例如：藥品、刀、繩索
等，以減少學生取得的機會，降低風險程度。其中，過度用藥是常見的
自殺方式，如個案有身心科看診的用藥，應由家長收管。鎮痛解熱的家
庭常備用藥亦有致命風險，須特別留意。

5. 有些個案一時無法信任輔導人員與家長的溝通，而要求參與會談
過程。此時，可視情形同意個案參與全程或一部分會談，晤談時的技巧
及措詞拿捏須有不同的注意之處。

6. 視個案情形，提供衛教及精神醫療的資訊，建議家長尋找適合孩
子的專業醫療資源，陪伴孩子穩定就醫。

7. 如個案的家長本身就是高度情緒脆弱之對象，他們本身可能就需
要轉介專業協助，則輔導人員可適時提供轉介資源。

8.如果家長是導致學生自殺的原因，或是家長不配合抑或未發揮應有的角色功能，仍要試著邀請家長到校協助，必須時得通報社會局（處）或相關主管單位。

9.當日之下課或放學，須確定學生是在有監管或看顧的情況下離開學校，例如：由家長接送。

三、「自我保護安全合作契約」的運用

在自殺危機出現時，輔導的主要目的之一是幫助學生控制其自殺的衝動，降低自殺行為發生的風險。為了有效達到這個目的，簽定「不自殺契約書」（no-suicide contracts）或「不自殺承諾書」（no-suicide promises）是經常被運用的方法，有些單位將之改稱為「自我保護安全合作契約」，或許能讓學生更易接受。它不是法律文件，而是一個明確的協議，屬於輔導工具的一種，最好是書面形式，一式兩份；其用意不是要減輕教師或輔導人員的擔憂或用以避免承擔責任，而是在確保學生安全。其主要功能說明如下：

1.輔導人員以契約的形式，引導學生同意在一段時間內願意遵守不自殺／自我保護的約定。

2.幫助學生在自殺意圖產生時，能夠找到幫助自己的方法，例如：找些事情來做，以轉移注意力，或與他人聯繫等。

3.當學生有自殺的意圖產生時，願意嘗試一些緩和衝動情緒的作法，例如：尋求資源協助自己。

4.藉此幫助學生對自殺建立較正確的心態。

不過，究竟「自我保護安全合作契約」是否具有效用？這是個頗具爭議的問題。有實務工作者表示，在簽署無數次「自我保護安全合作契約」的經驗中，確定其對於防止自殺是很有效的，它雖不是萬靈丹，但卻是很好的輔導工具（Kevin, 2011）。此外，也有學者用較為科學的方

法進行研究，結果顯示這種契約對於有中度自殺行為的人（詳見表 12-1「自殺危機評估表」）是有幫助且非常適合的，但對於有嚴重或輕度自殺行為的人則只有輕微的作用（謝永齡，2007）；且這樣的方式就認知發展的層面來看，較適合成人或 12 歲以上的青少年，倘若要使用在兒童身上時，就要以非常淺顯易懂的詞彙來表達。

幫助學生約束其自殺行為，「自我保護安全合作契約」只是輔導的方式之一，使用時必須非常謹慎且細膩，以下提供「自我保護安全合作契約」的範例（如表 12-3 所示），並進一步說明契約的主要內容及簽定的注意事項。

（一）主要內容

1.同意在任何情況之下都會採取行動來保護自我人身安全，不會選擇自殺。

2.註明當有自殺的衝動時，可以聯絡的人之姓名及其電話號碼。

3.強調當其有立即的自殺危險時，可撥打 119 或當地的緊急電話。

4.契約書之內容必須簡短、易懂，非必要事項不需放在契約當中。

5.在契約書中學生須署名，並註明簽定的日期。

（二）簽定「自我保護安全合作契約」的注意事項

1.在學生簽定契約之後，應再次確認其完全了解契約中的內容，而且也清楚當他想自殺時可以做些什麼，以控制這個衝動。

2.確定學生同意在任何情況之下都不會選擇自殺。

3.確定學生會將契約放在安全且容易找到的地方。

4.當學生毫不猶豫或很快就答應簽定契約時，不表示其自殺風險較低，有時反而需要更加留意。

5.學生同意簽署契約，並不表示學生就一定不會選擇自殺。

表12-3　「自我保護安全合作契約」範例

自我保護安全合作契約

我_____承諾，當我感到低落、憂鬱、有傷害自己的念頭，或無法應付的狀況時，我同意採取下列行動來保護我自己的人身安全：

1. 我願意盡力讓自己有充足的睡眠以及正常的飲食，遠離那些可能會傷害自己或他人的危險物品。

2. 我會提醒自己，無論發生什麼事，我都不會用任何方式傷害自己或企圖自殺。

3. 萬一發現自己可能會有立即傷害自己的衝動念頭時，我會立刻打電話給以下我信任的聯絡人，我會持續跟別人聊天、講電話，直到想自殺的念頭過去。

　(1)_____（姓名），_____（電話）

　(2)_____（姓名），_____（電話）

　(3)_____（姓名），_____（電話）

4. 如果我找不到前述的聯絡人，我也會打電話到以下單位：
   - 本校校安中心二十四小時專線：_____
   - 衛生福利部二十四小時安心專線：1925
   - 本校心理輔導單位（上班時間）：_____
   - 生命線二十四小時：1995
   - 張老師（上班時間）：1980

5. 一旦我有自傷的行為，學校將通知我的導師及家屬來協助我：
   - (1)_____（關係：____），電話：_____
   - (2)_____（關係：____），電話：_____
   - (3)_____（關係：____），電話：_____

6. 假如上述這些人沒有聯繫上，我會撥打電話，尋求協助：
   - 衛生福利部二十四小時安心專線：1925
   - 各縣市生命線：1995
   - 各縣市張老師：1980
   - 119專線

立承諾書人：_____

輔導老師：_____

時間：____年____月____日____時____分

參、自殺事件發生時的通報與系統合作

台灣自 2006 年開始系統性實施針對自殺企圖行為者的通報關懷工作，並訂有標準作業流程，同時《自殺防治法》（2019）第 11 條第 1 項規範：「中央主管機關應建置自殺防治通報系統，供醫事人員、社會工作人員、長期照顧服務人員、學校人員、警察人員、消防人員、矯正機關人員、村（里）長、村（里）幹事及其他相關業務人員，於知悉有自殺行為情事時，進行自殺防治通報作業。」

一、自殺行為之重要通報事宜

前述「自殺防治通報系統」由衛生福利部管轄，學校人員（多數由輔導人員擔任自殺防治通報之專責人員）須於知悉有自殺行為情事時，於該系統進行線上通報作業（https://sps.mohw.gov.tw）。學校輔導人員須清楚了解，在通報的收案對象中，僅有自殺意念、自殺意圖等，無具體自殺行為，皆未達通報標準。此所謂自殺行為情事是指自殺企圖或自殺死亡個案。

當校園出現學生自殺危機時，系統性的資源連結是十分重要的，而自殺通報是重要的專業判斷，亦有將資源連結之功能。輔導人員進行通報時，有諸多須注意的事項。依據《自殺防治法施行細則》第 13 條之規定，「知悉」有自殺行為情事後二十四小時內，須依中央主管機關建置之自殺防治通報系統進行通報作業，通報內容包括：可得知之自殺方式、自殺行為人資料、自殺原因與處置情形、通報人聯絡方式等。通報資料須正確填寫，且盡可能填寫所有欄位，以利衛生單位於接獲通報後，盡速聯繫個案進行評估及關懷訪視。

學校輔導人員在進行自殺防治通報後，亦須知會校內相關人員進行「校園安全及災害事件通報」（以下簡稱「校安通報網」）。由於自殺

行為在校安通報中屬《自殺防治法》之法規通報事件，應在知悉後於「校安通報網」通報，至遲不得逾二十四小時。而一旦自殺行為情事發生且進行自殺防治通報、校安通報後，學校輔導人員亦應依教育部之規定，填寫「學生自我傷害後之狀況及學校處理簡表」（詳見表 12-4），以進行後續必要之處理回報。

二、自殺防治通報資源連結

當校園出現學生自殺行為情事時，學校輔導人員應藉由通報或相關專業作為，讓系統合作有機會形成。自殺防治通報後，各縣市衛生局管轄範圍內的自殺關懷訪視員將介入，其工作目標是落實社區高危險群及自殺企圖者之個案管理，以關懷及協助個案為出發點，減少自殺高危險群重複發生自殺行為，並提供自殺企圖者家屬情緒支持、資源介入及評估處遇等，降低其危險性。主要任務包含：

1. 接受衛生局之自殺企圖個案轉介並於二十四小時內開案。

2. 定期以電話、面對面協談、家庭訪視等方式安排訪視，並以「簡式健康量表」（BSRS-5）[1] 評估個案再自殺風險，提供三至六個月的關懷服務及情緒支持。

3. 在了解個案狀況之後，視個案實際需求提供政府、民間、社會支援機構資源轉介，包括：社會資源、救助服務、醫療協助、輔導與心理支持、就業服務等。

---

[1] 「簡式健康量表」（The 5 Item Brief Symptom Rating Scale, BSRS-5，俗稱「心情溫度計」）是由台灣大學李明濱教授等人所發展，主要是在作為精神疾患之篩檢表，目的在於能迅速了解個人之心理照護需求，進而提供所需的心理衛生服務，幫助我們具體了解個案的心情及釐清他們情緒困擾的程度，並且根據得分結果做適當的處理。

表 12-4　學生自我傷害後之狀況及學校處理簡表

項目	說明
資訊來源	□新聞媒體（新聞標題：　　　） □校安中心通報（事件序號：　　　） □民意信箱陳情（教育部公文文號：　　　）
自傷學生狀況描述	
學校全銜	
性　別	□男 □女 □其他
學制／系級	□國小 □國中 □高級中等學校 □五專 □二專 □四技 □二技 □大學 □研究所 □博士班 □其他（　　　　　） 年級：（　　　）　科／系所名稱：（　　　　）【無則免填】
學生身分別 （可複選）	□一般生 □當學年度轉學生 □當學年度復學生 □自學生 □進修部學生 □外籍生 □大陸地區生 □港澳生 □僑生 □延畢生 □中報生 □中離生 □休學生 □特殊需求學生（□資優生、□身心障礙生）□其他（　　　）
家庭狀況 （可複選）	□三代同堂家庭 □雙親家庭 □隔代教養 □單親家庭（□父母離異 □父歿□母歿） □其他疑似脆弱家庭（家庭因貧窮、犯罪、失業、物質濫用、未成年親職、有嚴重身心障礙兒需照顧、家庭照顧功能不足等易受傷害的風險或多重問題，造成物質、生理、心理、環境的脆弱性，而需多重支持與服務介入的家庭）
學習狀況	□無特殊學習狀況 □原學習狀況佳 □學習狀況不佳（可複選）：□嚴重曠課 □成績不佳 　　　　　　　　　　　　　□無學習動機□其他：（　　　）
住宿處	□家中 □學校宿舍 □賃居處 □其他（ ）
學校措施及事前輔導 （求助輔導）	請勾選符合項目： □訂有自我傷害三級預防實施計畫 □定期舉辦促進心理健康（含正向思考、衝突管理、情緒管理、以及壓力與危機管理）之活動 □辦理提昇學校人員及家長之憂鬱與自殺風險度之辨識與危機處理能力活動，以協助高關懷群之早期辨識與及早介入協助 □已建立自殺與自殺企圖之危機處理與善後處置作業流程 個案事前求助：□有□無 最近一年曾接觸校內、外輔導或服務： □校內（晤談、諮商、個管或轉介紀錄等）； □校外（醫療、衛生、社福或諮商機構）。如：醫療、衛生、社福或諮商機構若有，輔導狀況：（　　　　　　　）
發生日期 及時間	＿＿年＿＿月＿＿日星期（＿）時間：AM/PM＿＿＿＿＿
發生地點	校內 □宿舍 □廁所 □教室、輔導室等室內空間 □校內室外空間 □校內其他
	校外 □家中 □租屋 □他人家中 □公共場所 □校外其他（　　　）
自傷方式	□1.藥物過量 □2.非法藥物過量 □3.瓦斯　□4.燒炭　□5.農藥 □6.吞食化學藥劑 □7.上吊、窒息 □8.溺水 □9.槍砲 □10.自焚 □11.割腕 □12.割頸 □13.切割其他身體部位 □14.切割部位不明 □15.跳樓或其它高處墜落 □16.遭車輛或火車撞擊 □17.騎乘車輛撞擊 □18.其他（　　　　　　）□19.不詳

表 12-4 學生自我傷害後之狀況及學校處理簡表（續）

項目			說明
	類別		可能原因
	身心狀態	個人	□身體疾病 □憂鬱相關問題／疾患 □網路／手機使用問題／成癮 □酒精使用問題／疾患 □藥物使用問題／疾患 □其他精神問題／疾患 □自傷史
		其他	□其他（ ）
		校園	□待澄清（ ）
發生可能原因（可複選）	壓力事件	校園	□同儕關係問題 □師生關係問題 □校園霸凌 □學業問題 □課外活動或社團問題 □校園適應問題（轉學生、休學生）
		網路	□網路霸凌
		失落經驗	□親友過世
			□親友自殺
		親密關係	□感情問題
			□親密關係暴力
			□人際疏離或孤獨
		家庭與外在事件	□家庭關係問題 □家人身體疾病 □家人精神疾病 □家人酒精／藥物使用問題 □家暴 □被收養孩童 □經濟與居住問題 □司法問題
		創傷	□重大災難事件
			□性侵害、性騷擾、性霸凌事件的被害人或行為人
		性別	□多元性別
		其他	□其他（ ）
		待澄清	□待澄清（ ）
學校處理經驗描述（請針對事件發生後當時的實際處理經驗以列舉方式加以描述）			
處理流程			□學校協助處理單位（請依照各校編制填寫）： □人力支援狀況（請依照各校編制填寫）： □事件處理流程： 　1.第一現場發現者： 　2.第一現場處理者： 　　　　　　　　　　　（若表格不敷使用請自行增列）
回顧與精進			□未來精進策略： □執行困境與建議： □可供學習與參考之經驗： 　　　　　　　　　　　（若表格不敷使用請自行增列）

註：引自教育部校園學生自我傷害三級預防工作計畫（2022）。

三、自殺防治之立意及系統合作

學校輔導人員在面對通報相關事宜與流程時，可能還有以下需注意的事項。

（一）通報的立意是讓更多人一起參與個案安全的守護

台灣針對自殺企圖行為者進行後續關懷追蹤工作，曾經被證實這些關懷行動有延長個案再次企圖自殺的時間，且降低 22.5%的自殺死亡（Pan et al., 2013）。在教育現場經常使用「通報」這個詞彙，它指涉的可能是讓校安中心、諮輔中心、導師或班級老師、健康中心，甚至家長、親友知道目前的危機事態。事實上，通報與系統關懷最主要的目的是讓身陷危機的學生能理解並接受既有的支持關係，同時邀請更多人一起幫忙共度難關。

（二）在安全責任的前提下，努力建立與個案的信任與理解關係

實務上，學校相關人員經常面臨「信任關係」與「安全責任」的兩難困境：學生不希望自己的狀況被揭露，通報讓他們覺得不安，也可能使得原有的支持關係變得動盪，甚至有被拋棄或是做錯事的感覺，這些都是在討論廣義的「通報」時需要被處理的問題。如何克服學生對於廣義「通報」的擔心與不舒服感覺，有賴於輔導人員的專業技術，以及平時與各縣市衛生局或社安網委託的自殺通報關懷工作單位建立互動關係，增進彼此了解，知曉學生被通報至校外的這個系統後接下來可能發生的事情。輔導人員在此過程中除了熟悉相關系統與資源外，也應協助學生了解其背後立意，使其對過程有所了解和準備。

結　語

　　學生自殺不是一朝一夕的事，他們往往是經過一段長時間的困擾，而產生憂鬱、焦慮等心理問題，在沒有傾訴對象或未能即時獲得幫助的情況下，陷入受困的泥淖中，而逐漸邁向自殺的選擇，甚至付諸行動。因此，在學校的輔導系統中，倘若師生對自殺的徵兆有所警覺，能夠對自殺風險予以評估，在學生自殺行為尚未出現之前，篩選出處於風險狀態的學生，立刻進行轉介及輔導，那麼自殺行為是有機會預防並減少發生機率的。然而，學生自殺行為的預防及輔導工作，並非輔導人員單打獨鬥就能夠妥善處理的，它需要投入大量資源，需要整個系統對此議題予以重視，且在平時就做足準備，如此才能在事發之前，讓有自殺傾向的學生盡快得到輔導資源，在事發當下做出最適切的危機處理及判斷，並且讓傷害減到最低，而從中獲得學習。

問題與反思

基本題

1. 「自殺」與「自傷」之間，雖有其難以明確區分的模糊地帶，但兩者確實是不同的，請詳述兩者的差異。

2. 自殺的促發因素、潛在因素有哪些？

3. 對自殺的扭曲想法可能是導致自殺的原因之一，請說明自殺行為者對於自殺可能會有的認知型態。

4. 評估自殺風險時可用的晤談問句大致有哪些？

5. 自殺的警訊包含哪些線索呢？請加以說明。

6. 進行自殺風險評估時，其目的為何？評估的內容有哪些？

7. 什麼樣的個案須進行自殺防治通報？通報時須注意哪些事項？

8. 協助青少年自殺危機個案時，若須知會家長並與家長建立合作機制，應注意哪些步驟？

進階題

1. 自殺行為的背後往往存在著值得被注意的認知模式，試舉例說明自殺行為者較常見的認知型態。

2. 自殺防治的工作重點之一是篩選出高危險群，且及早介入輔導，避免出現嚴重的後果，但究竟「誰是處於風險狀態的學生」呢？這是最關鍵的問題。請針對學生自殺的徵兆、自殺的風險評估、評估自殺風險的輔導技巧加以說明。

3. 請依三級預防的模式，簡要說明預防和處理自殺危機的重點工作有哪些？

4. 與個案訂定「自我保護安全合作契約」時，應該留意哪些事項呢？為什麼？

延伸閱讀與相關影片、網站

1.書籍

王玉珍、田秀蘭（主編）（2022）。校園自我傷害防治處理手冊。教育部。

Hollander, M.（2020）。協助自傷青少年：了解與治療自傷（國家教育研究院譯）。五南。

Rudd, M. D., Joiner, T., & Rajab, M. H.（2011）。自殺防治：有效的短期治療取向（李錦虹、劉同雪、陳坤虎、葉在庭、王鵬智譯）。心理。（原著出版年：2001）

Jobes, D. A.（2010）。自殺危機處遇：合作取向（賴佑華、謝月英、戴麗紅譯）。五南。

Shea, S. C.（2008）。自殺衡鑑實務（陳秀卿、呂嘉寧、梁瑞珊譯）。五南。

陳俊欽（2003）。搶救自殺行動：如何對向你表達自殺意圖的親友伸出援手。遠流。

自殺防治法（2019 年 6 月 19 日制定公布）。

自殺防治法施行細則（2020 年 8 月 6 日訂定發布）。

2.影片

如何幫助憂鬱或是想自殺的朋友（簡介：青少年自殺的預防。時間：27 分。語言：英語發音、中文字幕。出版：百禾文化）

預防青少年自殺：永遠不嫌晚（簡介：青少年自殺的預防。時間：26 分。語言：英語發音、中文字幕。出版：百禾文化）

預防青少年自殺：父母和老師必需知道的事（簡介：青少年自殺的預防。時間：26 分。語言：英文發音、中文字幕。出版：百禾文化）

防止青少年自殺系列 1.遠離憂鬱：對抗青少年憂鬱症的策略（簡介：自殺相關議題的探討。時間：30 分。語言：英語發音、中文字幕。出版：百禾文化）

防止青少年自殺系列 6.警訊：如何幫助有自殺傾向的人（簡介：憂鬱與自殺的探討。時間：27 分。語言：英文發音、中文字幕。出版：百禾文化）

美夢成真（簡介：自殺相關議題的探討。時間：116分。語言：英語發音、中文字幕。出版：學者國際多媒體）

3. 網站

社團法人台灣自殺防治
學會
www.tsos.org.tw/p/tsos

社團法人台灣憂鬱症
防治協會
www.depression.org.tw/
prevention/mind.asp

參考文獻

中文部分

自殺防治法（2019 年 6 月 19 日制度公布）。

李明濱（2021 年 4 月 8 日）。全國自殺防治中心計畫案 **110** 年度期末成果報告。https://dep.mohw.gov.tw/domhaoh/lp-4905-107.htm

衛生福利部（2021 年 7 月 4 日）。**109** 年度死因統計。https://dep.mohw.gov.tw/dos/lp-5202-113.html

衛生福利部心理及口腔健康司（2021 年 7 月 15 日）。自殺通報後關懷作業流程及結案標準表。https://dep.mohw.gov.tw/domhaoh/cp-4902-57509-107.html

鄭泰安（2008）。媒體與自殺：自殺可以預防嗎？台灣商務。

謝永齡（2007）。青少年自殺：認識、預防及危機處理。香港中文大學出版社。

Simeon, D., & Hollander, E.（2005）。自我傷害的評估與治療（唐子俊、郭敏慧譯）。五南。（原著出版年：2001）

英文部分

Allberg, W. R., & Chu, L. (1990). Understanding adolescent suicide: Correlates in a developmental perspective. *The School Counselor, 37*, 343-350.

Brent, D. A., Kalas, R., Edelbrock, C., Costello, A. J., Dulcan, M. K., & Conover, N. (1986). Psychopathology and its relationship to suicidal ideation in childhood and adolescence. *J Am Acad Child Psychiatry, 25*(5), 666-673.

Cheng, A. T. A., Hawton, K., Chen, T. H. H., Yen, A. M. F., Chen, C. Y., Chen, L. C., & Teng, P. R. (2007). The influence of media coverage of a celebrity suicide on subsequent suicide attempts. *Journal of Clinical Psychiatry, 68*, 862-866.

Cheng, A. T. A., Hawton, K., Lee, C. T. C., & Chen, T. H. H. (2007). The influence of media reporting of the suicide of a celebrity on suicide rates: A population-based study. *International Journal of Epidemiology, 36*(6), 1229-1234.

Cole, D. A. (1989). Psychopathology of adolescent suicide: Hopelessness, coping beliefs and depression. *Journal of Abnormal Psychology, 98*, 248-255.

Heeringen, K. V. (Ed.) (2002). Understanding suicidal behaviour: *The suicidal process approach to research, treatment and prevention.* John Wiley & Sons.

Jamison, K. R. (Ed.) (1999). *Night falls fast: Understanding suicide.* Random House.

Kevin, C. (2011, August 20). No-suicide contracts: What they are and how you should use them. [Online forum comment] www.suicide.org/no-suicide-contracts.html

Kienhorst, C. W. M., de Wild, E. J., Diekstra, R. F. W., & Wolters, W. H. G. (1991). Construction of an index for predicting suicide attempts in depressed adolescents. *British Journal of Psychiatry, 159,* 676-682.

Pan, Y. J., Chang, W. H., Lee, M. B., Chen, C. H., Liao, S. C., & Caine, E. D. (2013). Effectiveness of a nationwide aftercare program for suicide attempters. *Psychological Medicine, 43*(7), 1447-1454. dx.doi.org/10.1017/S0033291712002425

Popenhagen, M. P., & Qualley, R. M. (1998). Adolescent suicide: Detection, intervention, and prevention. *Professional School Counseling, 1*(4), 30-36.

Smith, J. (1988). *Suicide risk assessment worksheet.* Unpublished manuscripts, Dallas Independent School Districts.

Stack, S. (2003). Public health policy and practice: Media coverage as a risk factor in suicide. *Journal of Epidemiology and Community Health, 57,* 238-240.

Velting, D. M. (1999). Suicidal ideation and the five-factor model of personality. *Personality and Individual Differences, 27,* 943-952.

Williams, J. M. G., & Pollock, L. R. (2002). Psychological aspects of the suicidal process. In K. V. Heeringen (Ed.), *Understanding suicidal behaviour: The suicidal process approach to research, treatment and prevention* (pp. 76-93). John Wiley & Sons.

World Health Organization. [WHO] (2019). *Preventing suicide: A resource for filmmakers and others working on stage and screen.* Author. reurl.cc/GxRmyv

國家圖書館出版品預行編目（CIP）資料

輔導原理與實務／黃政昌、黃瑛琪、連秀鸞、陳玉芳
著；黃政昌主編. -- 三版. -- 新北市：心理出版社股
份有限公司, 2022.09
　　面；　　公分. --（輔導諮商系列；21134）
　　ISBN 978-626-7178-13-3（平裝）

1. CST: 教育輔導　　2. CST: 輔導人員

527.4　　　　　　　　　　　　　　　　111013591

輔導諮商系列 21134

輔導原理與實務（第三版）

主　　　編：黃政昌
作　　　者：黃政昌、黃瑛琪、連秀鸞、陳玉芳
總 編 輯：林敬堯
發 行 人：洪有義
出 版 者：心理出版社股份有限公司
地　　　址：231026 新北市新店區光明街 288 號 7 樓
電　　　話：(02)29150566
傳　　　真：(02)29152928
郵撥帳號：19293172　心理出版社股份有限公司
網　　　址：https://www.psy.com.tw
電子信箱：psychoco@ms15.hinet.net
排 版 者：辰皓國際出版製作有限公司
印 刷 者：辰皓國際出版製作有限公司
初版一刷：2012 年 1 月
二版一刷：2015 年 6 月
三版一刷：2022 年 9 月
三版三刷：2024 年 3 月
I S B N：978-626-7178-13-3
定　　　價：新台幣 550 元